Kohlhammer

Ursula Hochuli Freund/Walter Stotz

Kooperative Prozessgestaltung in der Sozialen Arbeit

Ein methodenintegratives Lehrbuch

2., durchgesehene Auflage

Verlag W. Kohlhammer

2. Auflage 2013
Alle Rechte vorbehalten
© 2011 W. Kohlhammer GmbH Stuttgart
Umschlag: Gestaltungskonzept Peter Horlacher
Gesamtherstellung:
W. Kohlhammer Druckerei GmbH + Co. KG, Stuttgart
Printed in Germany

ISBN 978-3-17-023077-4

Vorwort

Das vorliegende Lehrbuch ist aus einer jahrelangen Auseinandersetzung der Autorin und des Autors mit den Fragen nach der Struktur, der Gestalt- und der Methodisierbarkeit sowie der Lehrbarkeit professionellen Handelns hervorgegangen. Beide haben sich sowohl als Praktiker/in, als Lehrende/r und als Wissenschaftler/in in unterschiedlichen Phasen ihres Lebens an diesen Grundfragen der Professionalisierung der Sozialen Arbeit abgearbeitet, die letztlich in der Frage nach der praktikablen Verbindung von Theorie und Praxis im professionellen Handeln münden. Vielleicht ist es dieser biografisch-multiperspektivischen Auseinandersetzung geschuldet, dass im Ergebnis eine überaus differenzierte und facettenreiche Systematik des professionellen Handlungsbogens entstanden ist, wie er in seinen Grundzügen z. B. von Abbott als ‚assessment, inference, treatment' gefasst worden ist. Dieses einfache und in seiner theoretischen Schlichtheit vollkommen überzeugende Ablaufschema jeglichen professionellen Handelns hat es gleichwohl spätestens dann in sich, wenn es darum geht, dies im konkreten professionellen Handeln zu realisieren. Jeder einzelne Prozessschritt – und es sind letztlich ja noch weitere – ist anspruchsvoll. Daher bedarf jeder einzelne Prozessschritt unter den Qualitätsanforderungen, die an professionelles Handeln zu stellen sind, des Wissens, der Methodik, der Technik, der Instrumente und – und das vor allem – der kompetenten Nutzung dieser Komponenten. Dem trägt dieses Lehrbuch Rechnung.

Doch damit alleine nicht genug: Es geht um eine generalisierbare Systematik des gesamten Prozessbogens. Es erscheint mir besonders wichtig, dass die Professionellen der Sozialen Arbeit durchgehend wissen, dass es diesen Gesamtzusammenhang gibt und geben muss, wenn das Prädikat ‚professionell' gerechtfertigt sein soll. Hinter eine solche methodische und methodisierte Fallarbeit darf die Soziale Arbeit nicht zurückfallen, was gleichwohl längst nicht in jeder Praxis der Sozialen Arbeit gewährleistet ist. Umso wichtiger erscheint es mir, dass die Studierenden lernen, verstehen und nachvollziehen können, dass es diesen roten Faden gibt und dass er hilfreich und notwendig ist – und dass er praktikabel ist. Die Praktikabilität einer professionellen Prozessgestaltung führt mich zu einem weiteren Punkt, der mir an dieser Stelle hervorzuheben wichtig erscheint. Professionelle Soziale Arbeit ist nicht eine monomethodische Veranstaltung. Es reicht bei weitem nicht, eine Methode zu beherrschen. Je nach Fall und Prozess und auch institutionellen Spielräumen sind unterschiedliche Vorgehensweisen angemessen. Mit diesem methodenintegrativen Lehrbuch wird auf eindrückliche Weise demonstriert, dass die unterschiedlichen Methoden, Techniken, Instrumente und Wissensbestände integrierbar sind und in jedem einzelnen Fall zu unterschiedlichen Mixturen führen. Das besondere Verdienst der vorliegenden Methodik ist es, dass dies nicht in eine Beliebigkeit führt, sondern dass auf der Basis von einigen Grundprinzipien, die theoretisch hergeleitet wurden, der systematische Charakter der professionellen Prozessgestaltung stets erhalten bzw. mindestens im Bewusstsein gehalten wird.

Deshalb eignet sich die Methodik nicht nur für ein spezifisches Praxisfeld, sondern ist prinzipiell im gesamten Arbeitsfeld der Sozialen Arbeit verwendbar.

Von den soeben erwähnten Grundprinzipien will ich nur eines hier herausheben, weil dies gerade in einem Lehrbuch eine herausragende Bedeutung hat. Dieses Grundprinzip spiegelt sich auch im Titel des Buches. Es geht um die in die Methodik eingelassene Grundtatsache, dass mindestens die Problembeschreibung, die Interventionsplanung und die Umsetzung dieser Planung ein koproduktives Geschehen ist, ein Arbeitsbündnis voraussetzt und dass das angestrebte Ergebnis insofern ohne Kooperation mit Klienten(systemen) in der Regel nicht erzielt werden kann. Das Besondere ist, dass das Modell Kooperativer Prozessgestaltung diese Grundstruktur des professionellen Handelns nicht nur theoretisch und sozusagen nebenbei bzw. im Hintergrund mitlaufen lässt, sondern ins Zentrum der Methodik und der Überlegungen stellt, wie professionelles Handeln methodisch unterlegt und strukturiert werden kann und soll.

Es freut mich ganz besonders, dass dieses Lehrbuch letztendlich im Kontext des Instituts ‚Professionsforschung und kooperative Wissensbildung' seine nunmehr endgültige Gestalt gewonnen hat. Dieses Institut beschäftigt sich mit dem professionellen Handeln in der Sozialen Arbeit primär in einer Forschungsperspektive. Wie es im Namen zum Ausdruck kommt, liegt dabei ein besonderes Augenmerk auf der Kooperation. Auch wenn damit primär die Kooperation von Wissenschaft und Praxis gemeint ist, so sind die Prozesse mit denjenigen der Kooperation zwischen Klient/in und Sozialarbeiter/in vergleichbar, wenn nicht strukturhomolog. Eine aufgrund von Zuschreibungen und faktischen Differenzen asymmetrische Beziehung soll durch Kooperation zu Wissen über eine bestimmte Situation oder Problematik führen, das so aufgebaut ist, dass es das Handeln leiten und orientieren kann. Mit diesem Lehrbuch schlagen Ursula Hochuli Freund und Walter Stotz daher auch eine Brücke zwischen Forschung und Lehre. Mit Sicherheit haben sie dies innerhalb der Austauschprozesse getan, die innerhalb des Instituts stattgefunden haben. Ich denke aber, dass die Überlegungen, die hier zur Kooperation gemacht werden, in beide Richtungen, hin zur professionellen wie zur wissenschaftlichen Praxis, bedeutende Anregungen geben können.

Die Elemente dieses Buches sind längstens im Lehrbetrieb an der Hochschule für Soziale Arbeit an der Fachhochschule Nordwestschweiz erprobt und sozusagen in diesem Stahlbad immer weiter entwickelt und weiter veredelt worden. Von da her bin ich mir sicher, dass sich das vorliegende Buch als Lehrbuch eignet, und dass mit ihm die Ausbildung von vielen Professionellen der Sozialen Arbeit auf eine solide Basis gestellt werden kann. Damit leistet es für die Professionalisierung der Sozialen Arbeit insgesamt einen wichtigen Beitrag. Insofern wünsche ich mir und der Autorin und dem Autor eine weite Verbreitung und fruchtbare Rezeption.

Peter Sommerfeld
Leiter Institut Professionsforschung und Kooperative Wissensbildung
Hochschule für Soziale Arbeit Fachhochschule Nordwestschweiz

Inhaltsverzeichnis

Vorwort 5

1   Einleitung 13

Teil I 19

2   Soziale Arbeit 21
2.1   Gegenstand Sozialer Arbeit 21
    2.1.1   Historische Wurzeln: Sozialpädagogik und Sozialarbeit ... 22
    2.1.2   Soziale Arbeit als neuer Leitbegriff 25
    2.1.3   Soziale Arbeit als Disziplin und Profession 26
2.2   Praxisfelder und Auftrag der Sozialen Arbeit 28
    2.2.1   Praxisfelder 29
    2.2.2   Auftrag und Zielsetzung 32
2.3   Zusammenfassung der Erkenntnisse 37

3   Professionstheoretische Grundlagen 39
3.1   Professionstheoretischer Diskurs 39
    3.1.1   Modell der klassischen Profession 39
    3.1.2   Soziale Arbeit – eine Profession? 42
3.2   Strukturmerkmale professionellen Handelns 45
    3.2.1   Diffuse Allzuständigkeit für komplexe Probleme ... 45
    3.2.2   Doppelte Loyalitätsverpflichtung 48
    3.2.3   Nichtstandardisierbarkeit des Handelns 51
    3.2.4   Koproduktion 53
    3.2.5   Involviertheit der Professionellen als ganze Person ... 57
3.3   Zusammenfassung der Erkenntnisse 59

4   Ethische und rechtliche Grundlagen 61
4.1   Professionsethik 61
    4.1.1   Begriffsklärung und Dimensionen einer Ethik Sozialer Arbeit ... 61
    4.1.2   Menschenbild 63
    4.1.3   Grundlegende ethische Normen 65
    4.1.4   Verantwortungsethik 69
    4.1.5   Professionsmoralische Grundhaltungen und Care-Ethik ... 70
    4.1.6   Berufsethische Richtlinien 72

4.2	Rechtliche Aspekte des professionellen Handelns		73
	4.2.1	Grundlagen	74
	4.2.2	Verfassungsgrundsätze	75
	4.2.3	Menschenrechte	78
	4.2.4	Daten- und Vertrauensschutz	80
4.3	Zusammenfassung der Erkenntnisse		81
5	**Kooperation**		**84**
5.1	Arbeitsbeziehung mit Klientinnen		84
	5.1.1	Rahmenbedingungen	85
	5.1.2	Pädagogische Beziehungskonzepte	88
	5.1.3	Psychoanalytische Beziehungskonzepte	91
	5.1.4	Weitere Konzepte von Arbeitsbeziehungen in der Sozialen Arbeit	96
5.2	Kooperation auf der Fachebene		105
	5.2.1	Intraprofessionelle Kooperation	106
	5.2.2	Interprofessionelle Kooperation	108
5.3	Zusammenfassung der Erkenntnisse		110
6	**Methoden, Professionskompetenz und Grundhaltung**		**113**
6.1	Methoden der Sozialen Arbeit		113
	6.1.1	Konzept – Methode – Technik	113
	6.1.2	Systematisierungsmöglichkeiten	115
	6.1.3	Möglichkeiten und Grenzen der Methodisierbarkeit	117
6.2	Professionskompetenz, Habitus und Grundhaltung		118
	6.2.1	Kompetenzen	118
	6.2.2	Habitus und Grundhaltung	122
6.3	Zusammenfassung der Erkenntnisse		124

Teil II ... 127

7	**Kooperative Prozessgestaltung**		**129**
7.1	Anforderungen an professionelles Handeln		129
7.2	Prozessmodell als Struktur		132
	7.2.1	Notwendigkeit eines methodisch strukturierten Vorgehens	132
	7.2.2	Prozessmodell ‚Kooperative Prozessgestaltung'	135
7.3	Arbeit mit dem Prozessmodell		138
	7.3.1	Idealtypisches Modell als Denkstruktur	138
	7.3.2	Zeitliche Dimensionen	141
	7.3.3	Struktur für Kooperation und Qualitätssicherung	143
7.4	Reflexionskriterien für Methoden		145
7.5	Zusammenfassung der Erkenntnisse		146

8	Situationserfassung	148
8.1	Funktion des Auftrags	148
8.2	Aufgaben und Vorgehen	150
8.3	Methodische Hilfsmittel	152
	8.3.1 Arbeitsregeln	153
	8.3.2 Strukturierungsmöglichkeiten	153
8.4	Erkundungsgespräche	156
	8.4.1 Formen von Erkundungsgesprächen	156
	8.4.2 Narratives Interview	157
8.5	Beobachtung	159
	8.5.1 Beobachtung und Wahrnehmung	160
	8.5.2 Formen der Beobachtung	161
	8.5.3 Beobachtungsbogen	163
	8.5.4 Überlegungen zur Beobachtung in einzelnen Praxisfeldern	167
8.6	Aktenstudium	168
8.7	Reflexion des Prozessschrittes	169
	8.7.1 Methodenreflexion	170
	8.7.2 Evaluationsfragen	171
8.8	Übersicht Prozessschritt Situationserfassung	172

9	Analyse	174
9.1	Aufgabe und Vorgehen	174
9.2	Methoden der Perspektivenanalyse	179
	9.2.1 Perspektivenanalyse gemeinsam mit Beteiligten	179
	9.2.2 Perspektivenanalyse auf der Fachebene: Fallinszenierung	182
9.3	Analyse durch Reflexion des eigenen Erlebens	184
9.4	Notationssysteme	185
	9.4.1 Genogramm	185
	9.4.2 Zeitstrahl und biographischer Zeitbalken	187
	9.4.3 Netzwerkkarte	190
	9.4.4 Soziogramm	192
9.5	Quantitative Klassifikationssysteme	192
	9.5.1 Person-In-Environment-Classification-System	193
	9.5.2 Leitbogen der PRO-ZIEL-Basisdiagnostik	194
	9.5.3 Sozialpädagogische Risiko-Ressourcenanalyse	195
9.6	Qualitative Klassifikationssysteme	197
	9.6.1 Kompetenzanalyse	197
	9.6.2 Problem- und Ressourcenanalyse	199
9.7	Systemische Analysemethoden	200
	9.7.1 Problem- und Machtquellen-/Ressourcen-Analyse	200
	9.7.2 Lebensbereich- und Mikrosystemanalyse	202
	9.7.3 Systemische Analyse	203

9.8	Reflexion des Prozessschrittes	205
	9.8.1 Methodenreflexion	205
	9.8.2 Evaluationsfragen	208
9.9	Übersicht Prozessschritt ‚Analyse'	209

10 Diagnose ... 211
- 10.1 Aufgabe und Merkmale ... 211
- 10.2 Theoriegeleitetes Fallverstehen ... 216
  - 10.2.1 Beizug von Theoriewissen in verschiedenen Methodiken ... 216
  - 10.2.2 Methodisches Vorgehen bei der Relationierung von Fall und Theorie ... 218
  - 10.2.3 Beispiel theoriegeleiteten Fallverstehens ... 225
- 10.3 Rekonstruktives Fallverstehen ... 230
  - 10.3.1 Objektive oder Strukturale Hermeneutik ... 231
  - 10.3.2 Fallrekonstruktion ... 233
  - 10.3.3 Narrativ-biografische Diagnostik ... 234
  - 10.3.4 Sozialpädagogisch-hermeneutische Diagnose ... 236
- 10.4 Reflexion des Prozessschrittes ... 238
  - 10.4.1 Methodenreflexion ... 238
  - 10.4.2 Evaluationsfragen ... 241
- 10.5 Übersicht Prozessschritt Diagnose ... 242

11 Ziele ... 245
- 11.1 Aufgabe und Funktion ... 245
- 11.2 Lösungsorientiertes Arbeiten in der Sozialen Arbeit ... 248
- 11.3 Zielfindung und Verständigung ... 249
- 11.4 Formulierung von Zielen ... 252
- 11.5 Reflexion des Prozessschrittes ... 258
  - 11.5.1 Methodenreflexion ... 258
  - 11.5.2 Evaluationsfragen ... 259
- 11.6 Übersicht Prozessschritt Ziele ... 260

12 Interventionsplanung ... 262
- 12.1 Aufgabe und Formen ... 262
- 12.2 Planbarkeit und Rahmenbedingungen ... 265
- 12.3 Konzepte und Methoden ... 268
  - 12.3.1 Konzepte als Handlungsorientierung ... 268
  - 12.3.2 Spezielle Methoden und Techniken ... 269
  - 12.3.3 Evidenzbasierte Soziale Arbeit ... 270
- 12.4 Kooperative Planung ... 272
- 12.5 Vorgehen ... 275

12.6	Reflexion des Prozessschrittes	279
	12.6.1 Methodenreflexion	279
	12.6.2 Evaluationsfragen	280
12.7	Übersicht Prozessschritt Interventionsplanung	281
13	**Interventionsdurchführung**	**283**
13.1	Aufgabe und Bedeutung	283
13.2	Durchführung im engeren Sinne	284
13.3	Person als Arbeitsinstrument	287
	13.3.1 Rollenwechsel: Von aktiver Unterstützung hin zu Begleitung	287
	13.3.2 Emotionale Verstrickungen	289
13.4	Controlling	290
13.5	Dokumentation	291
13.6	Reflexion des Prozessschrittes	293
	13.6.1 Methodenreflexion	294
	13.6.2 Evaluationsfragen	295
13.7	Übersicht Prozessschritt Interventionsdurchführung	296
14	**Evaluation**	**298**
14.1	Formen und Aufgabe	298
14.2	Voraussetzungen	302
14.3	Vorgehen	304
	14.3.1 Zeitpunkte und Beteiligte	304
	14.3.2 Evaluationsdimensionen und -kriterien	305
14.4	Reflexion des Prozessschrittes	308
	14.4.1 Methodenreflexion	308
	14.4.2 Evaluationsfragen	310
14.5	Überblick Prozessschritt Evaluation	310
15	**Schlusswort oder Wie man Kooperative Prozessgestaltung lernen kann**	**312**
Literaturverzeichnis		**317**
Abbildungsverzeichnis		**335**

1 Einleitung

Handeln von Professionellen der Sozialen Arbeit – dies bildet das Thema des vorliegenden Lehrbuches. Diese Begrifflichkeit setzt voraus, was so selbstverständlich keineswegs ist: Dass es nämlich eine Profession der Sozialen Arbeit gibt. Von Sozialer Arbeit als Disziplin und Profession zu sprechen – noch vor zwanzig Jahren galt dies als Hybris, als Ausdruck von Profilierungssehnsüchten von Sozialarbeiterinnen und Sozialpädagogen, die an Universitäten lehrten. Ein Professionalisierungsbedarf der Sozialen Arbeit wird zwar auch heute, zu Beginn des 21. Jahrhunderts, noch konstatiert (vgl. z. B. Combe/Helsper 2002; Merten/Olk 2002; Heiner 2004), der Anspruch jedoch gilt nicht mehr als vermessen. Die Ausbildungen in Sozialer Arbeit haben sich in den letzten Jahren stark verändert, insbesondere in der Schweiz, wo Fachhochschulen erst 1998 geschaffen und eine akademische Ausbildung in Sozialer Arbeit damit viel später als beispielsweise in der Bundesrepublik Deutschland möglich geworden ist. Die Ausbildungen in Sozialer Arbeit auf Tertiärniveau sind selber Ausdruck der Professionalisierung der Sozialen Arbeit, zugleich leisten sie ihrerseits einen Beitrag zu dieser Entwicklung. Wenn Dewe et al. Professionalität in der Sozialen Arbeit als „Strukturort der Relationierung von Theorie und Praxis im Kontext dialogischer Prozesse" (2001:16) verstehen, dann kann es als *die* Aufgabe der Ausbildung an einer Hochschule bezeichnet werden, diese Verknüpfung von Theorie und Praxis zu lehren. Nicht nur Wissen sollen Studierende in Sozialer Arbeit im Rahmen ihrer Ausbildung an einer Hochschule erwerben, sondern auch die Kompetenz, dieses Wissen situations- und fallbezogen anzuwenden. Diese Transformationsleistung ist in der praktischen Arbeit immer wieder neu zu leisten. Die Hochschule kann als der Ort bezeichnet werden, an dem Professionskompetenz erworben und (weiter-)entwickelt wird.

Auch die Vielzahl der Publikationen in den letzten Jahren ist ein Ausdruck dieser Entwicklung der Sozialen Arbeit zur Profession. Einerseits wurden Fragen der Professionalisierbarkeit und der Professionalität in der Sozialen Arbeit behandelt (u. a. Dewe et al. 2001; Combe/Helsper 2002; Pfadenhauer 2005; Harmsen 2004; Klatetzki 2005), andererseits entstanden viele Veröffentlichungen zur Thematik der Theorie-Praxis-Transformation, insbesondere Sammelbände zu Diagnostik und Fallverstehen in der Sozialen Arbeit (u. a. Peters 1999; Ader et al. 2001; Henkel et al. 2002; Heiner 2004; Schrapper 2004), und in jüngerer Zeit zum rekonstruktiven Fallverstehen (u. a. Oevermann 2000b; Kraimer 2000; Haupert 2007; Goblirsch et al. 2007). Der Diskurs zu Professionalität ist in vollem Gange.

Trotz der erwähnten Vielzahl an Publikationen besteht zumindest im deutschsprachigen Raum, auf den wir uns beziehen und den wir überblicken, u. E. eigenartigerweise weiterhin ein Mangel. Es gibt mittlerweile einige sog. ‚Methodenbücher', welche jeweils im Titel auf diesen Fokus verweisen: Angefangen vom ‚Sozialpädagogischen Können' von Müller (2009, 1. Ausgabe 1993) über sog. ‚Arbeitshilfen' (u. a. Schilling 2005; von Spiegel 2006; Michel-Schwartze 2009) zu Methodensammlungen, die eher als Landkarten unterschiedlicher Konzepte zu verstehen sind (Stimmer 2006; Galuske 2007) oder zu Methodiken mit einer spezifischen theoretischen Ausrichtung (Cassée 2007; Geiser 2009) bis hin zum Entwurf eines methodenintegrativen Modells (Zwilling 2007) finden sich unterschiedliche methodische Zugänge. Manche Arbeiten (u. a. Schwabe 2008; Pantuček 2009) verweisen auf Methoden, Techniken und Instrumente, nehmen aber nur ansatzweise Bezug auf ein umfassendes Verständnis professionellen Handelns. Die grosse Vielfalt an Begrifflichkeiten – wie z. B. Methode, Verfahren, Methodik, Konzepte, Techniken, Instrumente –, die darüber hinaus sehr unterschiedlich verwendet werden, trägt auch nicht zu einer Klärung in der Methodendiskussion bei, wie beispielsweise Krauss (2006) und Galuske (2007) feststellen. Im Fachdiskurs wurde in den letzten Jahren immer wieder darauf hingewiesen, dass bisher keine Standards und Verfahren entwickelt worden sind, die in der *Praxis* Anwendung finden könnten und es grosse Defizite im Methodenwissen und dessen Umsetzung in der Praxis gebe (vgl. u. a. Verein für Kommunalwissenschaften e. V. 2005:1). Versuche übergreifender Systematiken zum Methodischen Handeln in der Sozialen Arbeit seien nach wie vor eher die Ausnahme, schreibt Zwilling (vgl. 2007:1). Im Hinblick auf eine theoretisch reflektierte Methodenintegration, welche eine Verknüpfung unterschiedlicher handlungstheoretischer Ansätze ermöglicht, sei die Situation noch problematischer. Die Methodenentwicklung und -reflexion sei im Diskurs der Sozialen Arbeit – sowohl innerhalb der Disziplin wie auch der Profession – vernachlässigt worden, konstatiert er (vgl. ebd.:2). Sein eigener Entwurf eines Modells zur Methodenintegration bleibt jedoch eng ausgerichtet auf ausgewählte Praxisfelder und wenige Methoden (wie z. B. klassischer sozialarbeiterischer Beratungskontext). Heiner beschreibt diese Lücke im methodischen Fachdiskurs wie folgt: „Die Soziale Arbeit in der Bundesrepublik und im deutschsprachigen Europa verfügt derzeit nicht über ein tätigkeitsfeldübergreifendes, erfolgreich erprobtes, getestetes und weitgehend konsensfähiges Diagnoseverfahren" (2004:7).

Aus dem Anspruch, nicht nur ein erprobtes und weitgehend konsensfähiges Diagnoseverfahren zu entwickeln, sondern dieses zu einem umfassenden Modell zu erweitern, haben wir – als Wissenschaftler und Wissenschaftlerin mit langjähriger Berufserfahrung in verschiedenen Praxisfeldern der Sozialen Arbeit – über Rahmenbedingungen und Möglichkeiten des Handelns mit und für Klienten innerhalb institutioneller Rahmenbedingungen von Praxisorganisationen der Sozialen Arbeit nachgedacht. Wir haben bestehendes Methodenwissen systematisiert und selber weiterentwickelt – Wissen, das die Grundlage bildet für die Ausbildung von Kompetenz und das Professionellen der Sozialen Arbeit ermöglichen soll, ihre Unterstützungsprozesse sinnvoll zu gestalten. Dazu haben wir eine *Methodik* entwickelt, die sog. ‚Kooperative Prozessgestaltung', die sich auf professionelles Handeln in der Sozialen Arbeit insgesamt bezieht. Davon ausgehend, dass Soziale Arbeit im Spannungsfeld von Individuum und Gesellschaft an unterschiedlichsten Brennpunkten, Lebenslagen und Orten und auf verschiedenen Ebenen soziale

Probleme von Einzelnen, Gruppen und Gemeinwesen zu bearbeiten und einer Lösung zuzuführen hat, nimmt die Methodik Bezug auf alle Praxisfelder der Sozialen Arbeit und ist *praxisfeldübergreifend* einsetzbar. Wir verstehen die Methodik Kooperative Prozessgestaltung als Antwort auf die speziellen Anforderungen in der Sozialen Arbeit, die durch die konstitutiven Rahmenbedingungen professionellen Handelns charakterisiert sind (wie z. B. dass Zuständigkeiten für die Lösung komplexer Problemlagen oftmals unklar sind und dass das Handeln nicht standardisiert werden kann, siehe 3.2.1 und 3.2.3). Angesichts der Komplexität möglicher Themen- und Problemstellungen und der latenten Verstrickung der eigenen Person in Hilfeprozesse ist an eine technologische Anwendung erworbener Wissensbestände nicht zu denken. Die in diesem Lehrbuch hergeleitete und aufbereitete Methodik orientiert sich an diesen Rahmenbedingungen. Im Zentrum steht ein verstehender Zugang zu Klienten und Problemlagen – denn nur auf der Grundlage eines vertieften Verständnisses von Entstehungsbedingungen, aktueller Lebenslage, Ursachen für ein Verhaltensmuster etc. können sinnvolle Interventionen geplant und umgesetzt werden. In der Methodik werden die grundlegende Strukturen von Unterstützungsprozessen (in der Bundesrepublik Deutschland meist Hilfeplanung genannt) sowie ausgewählte Methoden und Instrumente herausgearbeitet und in einer Systematik geordnet dargestellt. Damit wird eine Übersicht über einzelne Schritte sozialarbeiterischer und sozialpädagogischer Tätigkeit ermöglicht und zugleich deren innerer Zusammenhang dargelegt. Ziel ist, dass Professionelle das eigene Handeln entlang einem roten Faden strukturieren können, dass sie erkennen und begründen können, was sie tun, wenn sie etwas tun, und dass sie in Transparenz das planen können, was auch tatsächlich planbar ist. Ebenso wird das Strukturmerkmal der sog. Koproduktion berücksichtigt, das besagt, dass Professionelle und Klientin stets gleichzeitig und gemeinsam an der Lösung eines Problems arbeiten (siehe 3.2.4). Unterstützungs- und Vernetzungsprozesse werden gemäss der Methodik immer in Kooperation mit Klientinnen, Klientensystemen und grösseren sozialen Systemen realisiert. Das Lehrbuch macht den Stellenwert und die grundlegende Bedeutung der Kooperation in der Gestaltung von Unterstützungsprozessen deutlich und es enthält immer wieder Hinweise, wie diese Kooperation anzugehen und zu gestalten ist.

Das Prozessmodell Kooperative Prozessgestaltung bietet eine Struktur für das professionelle Handeln, bei der Komplexität in verschiedenen Prozessschritten so reduziert wird, dass sie handhabbar ist und doch keine wesentlichen Aspekte wegfallen. Das *methodenintegrative* Lehrbuch zeigt auf, in welcher methodisch strukturierten Weise reflektierte Erfahrung, erworbene Wissensbestände und Kompetenzen gewinnbringend in Hilfeprozesse eingebracht werden können. Dazu haben wir den aktuellen Stand des Diskurses zu professionellem Handeln in der Sozialen Arbeit im deutschsprachigen Raum aufgearbeitet und aufgenommen. So haben wir die erwähnte Vielfalt der Publikationen kritisch durchforstet und versucht, das Durcheinander der Begrifflichkeiten und Zugänge zu lichten und einen Überblick zu schaffen. Wir wählten dabei Methoden aus, die wir als relevant erachten und die grundsätzlich auf jeden Kontext der Sozialen Arbeit bezogen werden können. Eine besondere Bedeutung messen wird jenen Methoden zu, die dazu dienen, einen Fall zu analysieren und die Fallthematik herauszuarbeiten oder zu erklären und zu verstehen, was schwierig ist für Klienten, welches die Hintergründe und Entstehungsbedingungen für eine Problematik sein können. Leitgedanke bildet dabei nach Dilthey, dass Fallverstehen einen hermeneutischen Zugang erfordert (vgl. Müller 2009:11). Dazu haben wir selber die Diagnosemethode ‚Theoriegeleitetes Fallverstehen' entwickelt, die es erlaubt unter Beizug von theoretisch fundierten Erklärungszugängen Zusammenhänge zwischen theorie- und empiriebasiertem Wissen und dem Fall herzustellen. Dabei wird – so hoffen wir – erkennbar, dass die Relationierung von Theorie und Praxis als höchst spannender Prozess verstanden werden kann, der bei einer systematischen Vorgehensweise einen Beitrag leistet zur Professionalisierung der Sozialen Arbeit.

Der Hauptzweck dieses Lehrbuchs besteht darin, dass es für Professionelle der Sozialen Arbeit, für Studierende wie für Praktikerinnen ein nützliches Studien- und Handbuch, ein übersichtliches Nachschlagewerk darstellt. Dazu sollen die wichtigsten Grundlagen professionellen Handelns (wie z.B. Strukturmerkmale, Kooperation, Professionsethik), das Modell Kooperative Prozessgestaltung und ausgewählte Methoden in übersichtlicher und verständlicher Weise dargestellt werden. Nützliches Buch für das Studium meint, dass sich kapitelweise damit arbeiten lässt, und dass es eine Vielfalt an methodischen Zugängen aufweist, die für Studierende einen breiten Orientierungsrahmen bieten. Nachschlagewerk soll bedeuten, dass es gut strukturiert und gegliedert ist, dass auf der Basis der wichtigsten Grundlagenkenntnisse der Sozialen Arbeit alle Prozessschritte und die relevantesten Methoden dargestellt sind und sich Literaturhinweise zur Vertiefung finden. Sinn macht ein Lehrbuch vor allem dann, wenn darin geblättert, nachgeschlagen, nachgelesen werden kann und es immer wieder etwas neu zu entdecken gilt. So kann man z.B. über einen längeren Zeitraum hinweg auf eine bestimmte Analysemethode setzen und eines Tages entdecken, dass diese doch nicht immer zum gewünschten Resultat führt. Durch eine vertiefte Auseinandersetzung mit anderen Methoden kann sich plötzlich ein Weg auftun, den man vorher gar nie bemerkt hat. Das Lehrbuch soll eine Fundgrube darstellen, in der zu stöbern es sich lohnt.

Nach dieser Einleitung werden in einem ersten Teil die Grundlagen der Profession und Disziplin der Sozialen Arbeit vorgestellt, die den Rahmen für professionelles Handeln bilden. Dabei werden zunächst Gegenstand, Auftrag und Praxisfelder der Sozialen Arbeit dargelegt. Durch die Skizzierung der professionstheoretischen Basis soll ein weiterer wichtiger Zugang zum Thema professionelles Handeln geschaffen werden. Ausgehend von der Skizzierung des professionstheoretischen Diskurses werden die Strukturmerkmale professionellen Handelns im Einzelnen erörtert, die für die Gestaltung von Unterstützungsprozessen leitend sind (wie z.B. Nichtstandardisierbarkeit professionellen Handelns, Koproduktion). Da sich professionelles Handeln im gesellschaftlichen Kontext abspielt, ist eine Auseinandersetzung mit den professionsethischen Grundlagen (wie z. B. Menschenbild oder Care-Ethik) ebenso notwendig wie das Aufzeichnen der rechtlichen Aspekte. Den Menschenrechten kommt dabei eine besondere Bedeutung zu. Ein weiteres Grundlagenkapitel befasst sich mit der Kooperationsthematik. Die Rahmenbedingungen der Kooperation auf Klientenebene werden aufgezeigt und unterschiedliche Konzepte von Arbeitsbeziehungen vorgestellt. Ausserdem werden Formen und Bedeutung der Kooperation auf Fachebene beschrieben. Im letzten Grundlagenteil werden methodische Aspekte des professionellen Handelns erläutert und Fragen der Methodisierbarkeit diskutiert. Schliesslich wird nach einer Klärung des Kompetenzbegriffs dargelegt, über welche Kompetenzen Professionelle verfügen müssen und auf welcher Grundhaltung sich ihr Handeln abstützen soll.

Vor dieser Hintergrundfolie wird in einem zweiten Teil das der Methodik zugrundeliegende Modell Kooperative Prozessgestaltung hergeleitet und vorgestellt. Dieses unterscheidet die sieben Prozessschritte Situationserfassung, Analyse, Diagnose, Ziele, Interventionsplanung, Interventionsdurchführung und Evaluation. Jedem dieser Prozessschritte ist ein Kapitel gewidmet. Zunächst wird jeweils die Bedeutung und Aufgabe des Prozessschrittes herausgearbeitet und der Stand des Fachdiskurses nachgezeichnet, anschliessend werden ausgewählte Methoden oder methodische Hilfsmittel und Instrumente beschrieben. Diese werden abschliessend einer kriteriengeleiteten Reflexion unterzogen, die sich auf die im ersten Teil erarbeiteten Erkenntnisse bezieht. Dabei wird beispielsweise geprüft, in welcher Weise eine vorgestellte Methode die Kooperation auf Klienten- oder/und Fachebene vorsieht, ob sie die grundlegenden Zielsetzungen Sozialer Arbeit unterstützt oder ob sie sich in allen Praxisfeldern eignet, etc.. Abschliessend erfolgt in einer Übersicht eine Zusammenfassung der wichtigsten Erkenntnisse eines Kapitels.

Wir möchten uns an dieser Stelle ganz herzlich bedanken: Vor allem bei all unseren Studierenden – für ihre kritischen Fragen zu professionellem Handeln und für die weiterführenden Anregungen, die wir während vielen Jahren in der Lehre erhalten haben, und die das Projekt dieses Lehrbuches damit vorangetrieben haben. Unseren Kolleginnen möchten wir für die fachlichen Diskussionen danken. Die Rückmeldungen aktueller und früherer Studierender zu einer ersten Fassung des Lehrbuches haben dazu geführt, dass manche Passagen nun klarer herausgearbeitet sind. Ein besonderer Dank gilt dabei Raphaela Ursprung, die das Lehrbuch während des gesamten Entstehungsprozesses begleitet und durch ihre sorgfältige Lektüre unterstützt hat. Herzlich bedanken möchten wir uns auch bei Urs Amiet, der als Grafiker unsere Überlegungen zu Abbildungen vorzüglich umzusetzen wusste.

Anmerkung

Mit dem Begriff Profession wird die Berufsgruppe der in der Sozialen Arbeit tätigen Personen, Sozialpädagogen und Sozialarbeiterinnen bezeichnet (siehe 2.1.3). Wir verwenden in diesem Lehrbuch alle drei Begriffe – *Professionelle der Sozialen Arbeit, Sozialpädagogin, Sozialarbeiter* – abwechslungsweise und synonym.

Dies gilt auch für die weibliche und männliche Sprachform. Eine geschlechtergerechte Sprache ist uns ein Anliegen, die ständige Doppelnennung beider Geschlechter jedoch erachten wir als schwerfällig. Deshalb verwenden wir da, wo geschlechtsneutrale Bezeichnungen fehlen, abwechslungsweise die weibliche und männliche Form, und stets ist das andere Geschlecht mitgemeint (bei ‚Sozialarbeiterin' also beispielsweise auch alle Sozialpädagogen).

Teil I

(118)

2 Soziale Arbeit

In diesem ersten Kapitel des Grundlagenteils soll der Kontext des professionellen Handelns geklärt und dargelegt werden, was unter Soziale Arbeit zu verstehen ist. Zunächst werden die beiden Traditionslinien – Sozialpädagogik und Sozialarbeit – skizziert und die Etablierung von Sozialer Arbeit als neuer Leitbegriff wird begründet. Es wird erläutert, was mit der Unterscheidung zwischen Disziplin und Profession der Sozialen Arbeit gemeint ist. Ein Überblick über die unterschiedlichen Praxisfelder und Hilfeformen und deren Systematisierung soll eine Orientierung ermöglichen und zugleich einen Eindruck vermitteln von der Komplexität des Feldes der Sozialen Arbeit. Unter den Stichworten ‚Parteiliche Vermittlung zwischen Individuum und Gesellschaft' und ‚Bearbeitung sozialer Probleme' werden zwei Zugänge zur Umschreibung des Auftrags der Sozialen Arbeit vorgestellt, und es wird auf wichtige Zielsetzungen und Werte eingegangen.

2.1 Gegenstand Sozialer Arbeit

Was tun Professionelle der Sozialen Arbeit, Sozialpädagogen und Sozialarbeiterinnen? Sie beraten und unterstützen zum Beispiel Familien mit Erziehungsproblemen in deren Alltag, oder sie erziehen Kinder, die vorübergehend oder für längere Zeit nicht mehr in ihrer Herkunftsfamilie leben können; sie vermitteln materielle Unterstützung und machen Schuldenberatung; sie begleiten Menschen, welche ihre Gefängnisstrafe abgebüsst haben; sie realisieren Bedarfsanalysen in Stadtteilen und Gemeinden und konzipieren dort gemeinsam mit den Bewohnerinnen neue Angebote; sie begleiten und assistieren Menschen mit Entwicklungsbeeinträchtigungen; und sie beraten Menschen mit Suchtproblemen, sie realisieren Gewaltpräventionsprojekte in der Schule.... Die Liste der Aufgaben und Tätigkeiten könnte noch lange weitergeführt werden. Professionelle der Sozialen Arbeit können offenbar vieles, das Arbeitsfeld ist äusserst breit. ‚Vielfältig und spannend' – so könnte der erste Eindruck bei einem pragmatischen, tätigkeitsorientierten Zugang zur Sozialen Arbeit lauten. Wenn wir hingegen einen theoretischen Zugang wählen und den Gegenstand Sozialer Arbeit beschreiben wollen, dann lautet ein erstes Fazit wahrscheinlich ‚komplex und schwierig zu fassen'. Der Hintergrund dieser Einschätzung soll im Folgenden dargelegt und dabei dennoch der Versuch unternommen werden, den Gegenstand theoretisch zu beschreiben.

2.1.1 Historische Wurzeln: Sozialpädagogik und Sozialarbeit

Die Schwierigkeiten, den Gegenstand der Sozialen Arbeit zu fassen, zeigen sich bereits bei der Begrifflichkeit. *Soziale Arbeit* hat sich etwa seit Beginn des 21. Jahrhunderts als neuer Leitbegriff etabliert. Mit diesem Begriff wird versucht, das gesamte, vielfältige Arbeitsfeld begrifflich zu rahmen und ein einheitliches Funktionssystem abzugrenzen (z.B. gegenüber dem Medizinsystem oder Rechtssystem, vgl. u.a. Thole 2005a:15). Daneben werden jedoch auch weiterhin andere Begriffe verwendet, insbesondere *Sozialarbeit* und *Sozialpädagogik*. Diese beiden Begriffe verweisen auf die unterschiedlichen historischen Traditionslinien, welche in der Sozialen Arbeit integriert werden. Während Sozialpädagogik für die pädagogisch-erziehungswissenschaftliche Linie steht und die Wurzel für die heutige Kinder- und Jugendhilfe darstellt, so steht die Sozialarbeit als ‚Fürsorgewissenschaft' in der sozial- und wirtschaftswissenschaftlichen Tradition und ist die Wurzel der Sozialhilfe (vgl. u.a. Gängler 2005:1044; Thole 2005a:15). Im Hinblick auf Theoriebildung und Argumentationskultur könne ‚Sozialarbeit' als Erbe der bürgerlichen Frauenbewegung im ausgehenden 19. Jahrhundert, ‚Sozialpädagogik' hingegen als Erbe von Reformpädagogik und bürgerlicher Jugendbewegung im frühen 20. Jahrhundert gelesen werden, so Niemeyer (vgl. 2005:133). Die beiden Traditions- und Entwicklungslinien werden nachfolgend skizziert.

Sozialpädagogik

Die Sozialpädagogik hat einen bildungstheoretischen Ursprung, der in den Beginn der europäischen Moderne zurückgeht. Damals hat sich die Idee eines eigenständigen, freien, bildsamen Individuums etabliert, eines Individuums also, das sich selber bilden und entwickeln kann. Indem die traditionelle Ständeordnung an Bedeutung verlor, entstand nicht nur die Möglichkeit individueller Entwicklung, zugleich wurden Menschen auch aus diesen ständischen Bindungen freigesetzt. Als Reaktion darauf entstanden pädagogische Gemeinschaftsbegriffe, um das Individuum wiederum an soziale Sphären zurück zu binden. Genau dies ist das Thema der Sozialpädagogik: Sie befasst sich mit dem Verhältnis von Individuum und Gemeinschaft und fragt nach Möglichkeiten und praktischer Gestaltbarkeit der *Vermittlung zwischen Individuum und Gemeinschaft*, zwischen Mensch und Gesellschaft. Wie können Menschen sich entwickeln und bilden, ihr Leben eigenständig gestalten und sich selber verwirklichen, autonom handeln – und zugleich in ein soziales Gefüge eingebettet, in eine Gemeinschaft integriert sein und an gesellschaftlichen Errungenschaften teilhaben? Historisch gesehen wurde Gemeinschaft als pädagogische Aufgabe immer dann virulent, wenn das Verhältnis von Individuum und Gesellschaft als problematisch wahrgenommen wurde – denn die Gemeinschaft ist das entscheidende Medium sozialer Integration. Das sozialpädagogische Nachdenken über das Verhältnis zwischen Individuum und Gemeinschaft erfolgte stets im Sinne einer Anwaltschaft für das freie, selbsttätige Subjekt (vgl. Reyer 2002:27f.; Hochuli Freund 2005:174f.).

Eine weitere Wurzel der Sozialpädagogik liegt in den wirtschaftlichen und sozialen Folgen der industriellen Revolution, welche im 19. Jahrhundert zur Verarmung und Verelendung breiter Bevölkerungskreise geführt hat. Mit den Anstalten zunächst für arme, verwaiste und gefährdete Kinder und – in der zweiten Jahrhunderthälfte auch für verwahrloste Jugendliche – entstand jenes Praxisfeld, das später *Heimerziehung* genannt wurde (vgl. Hochuli Freund 1999). Die Anstalten verstanden ihren Auftrag als Erziehung von Kopf, Herz und Hand (gemäss Pestalozzi), als Rettung im religiösen Sinne sowie als Rettung aus verkommenen gefährdenden Verhältnissen, und schliesslich – und dies war in der Realität wohl am bedeutsamsten – als Disziplinierung mit dem Ziel gesellschaftlicher Anpassung. Sozialpädagogik kann also auch verstanden werden als gesellschaftliche und pädagogische Antwort auf die sozialen Probleme des 19. Jahrhunderts, als Versuch, diesen mit Mitteln der Erziehung zu begegnen (vgl. Hochuli Freund 2005a:174f.).

Die Praxisfelder der Sozialpädagogik sind im Verlaufe des 20. Jahrhunderts vielfältiger und breiter geworden. Sozialpädagogik als *Kinder- und Jugendhilfe* befasst sich mit den Entwicklungsproblemen von jungen Menschen beim Hineinwachsen in das gesellschaftliche Umfeld und mit angemessenen Unterstützungsangeboten zur Bewältigung dieser Schwierigkeiten. Darüber hinaus beansprucht die Sozialpädagogik zunehmend *Zuständigkeit für den ganzen Lebenslauf*, indem sie sich auf ein erweitertes Sozialisationskonzept als Metakonzept bezieht, das Bildung als lebenslange Aufgabe ansieht; Chassé/von Wensierski (2004a:8) bezeichnen dieses Phänomen als ‚Sozialpädagogisierung der Lebensphasen'. Entsprechend vielfältig sind heute die sog. sozialpädagogischen Praxisfelder. Böhnisch bezeichnet die Sozialpädagogik einerseits als erziehungswissenschaftliche Disziplin und gleichzeitig als Theorie besonderer Praxisinstitutionen, insbesondere der Jugendhilfe. Als Disziplin beschäftige sie sich „mit jenen sozialstrukturell und institutionell bedingten Konflikten zwischen subjektiven Antrieben und Vermögen der Kinder und Jugendlichen und gesellschaftlichen Anforderungen, wie sie in Familie, Schule, Arbeitswelt und Gemeinwesen vermittelt sind. Sie versucht, diese Konflikte aufzuklären, ihre Folgeprobleme zu prognostizieren und in diesem Kontext die Grundlagen für erzieherische Hilfen zu entwickeln" (Böhnisch 1979:22 zit. in Hamburger 2003:14).

Sozialarbeit

Die Sozialarbeit hingegen hat sich aus der Armenfürsorge entwickelt und steht im Kontext der Herausbildung des Sozialstaates in der zweiten Hälfte des 19. Jahrhunderts. Hintergrund war auch hier die Entstehung der Industriegesellschaft und der mit ihr verbundenen sozialen Probleme. Das Armutsproblem verschärfte sich und verwandelte sich in die sog. ‚soziale Frage', der allein mit polizei- und ordnungspolitischen Strategien nicht mehr begegnet werden konnte. Zuvor war die Armenpflege seit langer Zeit kommunal organisiert gewesen. Die Gemeinden waren zur Unterstützung der Hilfsbedürftigen verpflichtet. Voraussetzung allerdings war die Prüfung der Anspruchsberechtigung. Die materielle Unterstützung war knapp bemessen und an diskriminierende Umstände gebunden (vgl. Müller 2008:756, Hammerschmidt/Tennstedt 2005:64).

Bürgerliche Reformbestrebungen führten in der zweiten Hälfte des 19. Jahrhunderts – zumindest in den grösseren Städten Deutschlands – dazu, dass diese materielle Hilfe ergänzt wurde durch eine individuelle Hilfe und Begleitung durch ehrenamtliche Bürger als sog. Armenpfleger. Durch diese kommunal organisierte und ehrenamtlich realisierte Hilfe von ‚Mensch zu Mensch' veränderte sich die Armenfürsorge zur *socialen Fürsorge*: Dies war der erste Schritt auf dem Weg hin zur Sozialarbeit. In der Schweiz basierte die freiwillige Fürsorge für Arme auf privater, philanthropisch und religiös motivierter Wohltätigkeit von Einzelpersonen – oftmals bürgerlicher Frauen – und von karitativen Organisationen (z. B. ‚Hilfsgesellschaften'), die ebenfalls auf Privatinitiative zurückgingen. Der zweite Schritt bestand in der Einbindung der kommunalen Wohlfahrtspflege in den Wohlfahrtsstaat (vgl. Hammerschmidt/Tennstedt 2005:63 ff.). Im Zuge der Etablierung der Sozial- und Wirtschaftspolitik im ausgehenden 19. Jahrhundert wurde die Armenfürsorge zunehmend zur Aufgabe des Staates. Diese Veränderung ist eng verknüpft mit den Anfängen der Sozialpolitik, welche die wichtigsten Daseinsrisiken durch Versicherungsleistungen abzudecken suchte. Die sog. Sozialversicherungen entstanden in Deutschland in den 1880er Jahren (Krankenversicherung, Unfallversicherung, Invaliden- und Altersversicherung – 1927 dann auch Arbeitslosigkeitsversicherung, vgl. Münchmeier 2008:366), in der Schweiz deutlich später (1918 Kranken- und Unfallversicherung, 1948 Alters- und Hinterlassenenversicherung, 1959 Invalidenversicherung, obligatorische Arbeitslosenversicherung erst 1983). Die finanziellen Transferleistungen der neuen (Arbeiter-)Versicherungen entlasteten die kommunalen Träger der Armenpflege und setzten Ressourcen frei. Darüber hinaus basierte die neue staatliche Armenpflege auf der Erkenntnis, dass auf die sozialen Probleme mit individuell ausgerichteter Hilfe reagiert werden muss: Mit ihren Prinzipien der Individualisierung, der Einzelfallhilfe und der persönlichen Beziehung zwischen Helferin und Hilfeempfänger vollzog sich eine Abkehr von einer nur auf materielle Sicherung bezogenen Hilfe (vgl. Münchmeier 2008:366). Damit begann die erste Phase der Verberuflichung der ehemals meist weiblichen ehrenamtlichen Fürsorgetätigkeit durch die Gründung sog. ‚sozialer Frauenschulen'.

Neben einem hochgradig verrechtlichten, ökonomisierten und bürokratisierten System sozialer Sicherung – auf der Basis des Erwerbs individueller Anspruchsberechtigung – entstand also die moderne Sozialarbeit als personenbezogene Hilfe (vgl. Gildemeister 1993:60). Bis heute erfüllt Sozialarbeit Aufgaben im Bereich der Armutsbekämpfung und Existenzsicherung. Sie leistet dies einerseits mit *materieller Hilfe* (Geld- und Sachleistungen), andererseits mit *immateriellen Dienstleistungen* (Beratung, Unterstützung, Koordination von Hilfemassnahmen). Die drei sog. ‚klassischen Methoden' der Sozialarbeit – Einzelfallhilfe, soziale Gruppenarbeit und Gemeinwesenarbeit – verweisen auf die Ausdifferenzierung der Praxisfelder der Sozialarbeit im Laufe des 20. Jahrhunderts. Dabei seien drei unterschiedliche Zielbestimmungen festzumachen (vgl. Becker et al. 2005:160 f.):

- Bearbeitung von Problemlagen, welche von den betroffenen Individuen, Familien, Gruppen oder Gemeinwesen nicht ohne fremde Hilfe gelöst werden kön-

nen – sofern diese in einem politischen Entscheidungsprozess als zu lösende Probleme anerkannt und die entsprechenden rechtlichen und materiellen Grundlagen vorhanden sind
- Bearbeitung von Problemen eines Gemeinwesens, ohne dass Betroffene um Hilfe ersucht hätten (u. a. auch Prävention und rechtspflegerische Kontrollaufgaben)
- Verbesserung gesellschaftlicher Rahmenbedingungen (u. a. durch Gemeinwesenarbeit).

2.1.2 Soziale Arbeit als neuer Leitbegriff

Bis gegen Ende des 20. Jahrhunderts wurde an der Unterscheidung zwischen Sozialarbeit und Sozialpädagogik festgehalten, gleichzeitig wurde sie zunehmend hinterfragt. So bezeichnete Pfaffenberger bereits 1966 die Zweiteilung als historisch zufällig und überholt und skizzierte demgegenüber die Soziale Arbeit als „einheitliches Funktionssystem gesellschaftlicher Hilfen" (zit. in Chassé/von Wensierski 2004 a:7). Zahlreiche Publikationen befassten sich in den darauffolgenden Jahrzehnten mit der Angemessenheit bzw. Überholtheit dieser Unterscheidung (vgl. u. a. Merten 1998, 2002, 2008b; Mühlum 2001; Niemeyer 2005; Thiersch/ Rauschenbach 2002). Merten (2008b:762) verweist darauf, dass es nach wie vor keine allgemein geteilte Begriffsbestimmung gibt, was unter Sozialer Arbeit bzw. Sozialarbeit und Sozialpädagogik inhaltlich verstanden wird. Er unterscheidet analytisch insbesondere zwei kategorial verschiedene Positionen:

- *Differenzansatz:* Aus den je unterschiedlichen historischen Ursprüngen leiten sich auch sachlogische Differenzen zwischen Sozialarbeit und Sozialpädagogik ab, die bis heute relevant sind. In der theoretischen Diskussion ist die sog. Sozialarbeitswissenschaft hier zu verorten – z. B. Mühlum 2004, Staub-Bernasconi 2007 –, welche die Differenz gegenüber der erziehungswissenschaftlich geprägten und zu verortenden Sozialpädagogik betont und einen Anspruch als Grundlagentheorie der Sozialen Arbeit erhebt.
- *Identitätsansatz:* Trotz der differenten Wurzeln hat sich bis heute eine so starke Annäherung sowohl der theoretischen Reflexion als auch der Praxisfelder vollzogen, dass empirisch keine Unterschiede mehr festzustellen sind. Thole (2005a:16) beispielsweise argumentiert, dass die beiden Begriffe Sozialarbeit und Sozialpädagogik heute keine verschiedenen wissenschaftlichen Fächer mehr kodieren, und auch keine voneinander klar abgrenzbare Praxisfelder, und schliesslich auch keine klar unterschiedlichen Ausbildungswege und -inhalte mehr. In ähnlichem Sinne resümiert Niemeyer (2005:134), es stehe zunehmend in Frage, ob es noch Sinn mache, zwischen Sozialarbeit und Sozialpädagogik nach Massgabe angeblich unterschiedlicher Objektbereiche trennen zu wollen, und er konstatiert, das terminologische Problem sinke zu einem Scheinthema herab.

Die aktuellen Handbücher und Wörterbücher nehmen fast alle den neuen Leitbegriff im Titel auf: ‚Grundriss Soziale Arbeit' (Thole 2005), ‚Glossar zur Sozialen Arbeit' (FHA 2005), oder ‚Wörterbuch Soziale Arbeit' (Kreft/Mielenz 2008). Lediglich Otto/Thiersch (2005) verwenden auch in der überarbeiteten Auflage ihres Handbuches nicht den neuen Begriff, sondern stellen im Titel ‚Handbuch Sozialarbeit Sozialpädagogik' weiterhin die beiden ‚alten' Begriffe nebeneinander.

Wenn wir in diesem Lehrbuch über professionelles Handeln in der Sozialen Arbeit nachdenken, dann gehen wir von der Position des Identitätsansatzes aus, davon, dass es heute keine entscheidenden Unterschiede mehr gibt zwischen Sozialarbeit und Sozialpädagogik – zumindest keine, die eine Unterscheidung in ‚Professionelles Handeln in der Sozialarbeit' und ‚Professionelles Handeln in der Sozialpädagogik' rechtfertigen würden. Im Hinblick auf die Berufsbezeichnung allerdings wirft die Aufhebung der Trennlinie zwischen den beiden Fächern Schwierigkeiten auf. Denn die traditionellen Begriffe Sozialarbeiter und Sozialpädagogin sind damit überholt, ohne dass eine neue prägnante Bezeichnung in Sicht wäre. ‚Professionelle der Sozialen Arbeit' ist die nahe liegende neue Bezeichnung. Für die schriftliche Kommunikation erscheint dieser Begriff durchaus sinnvoll, in der mündlichen Kommunikation hingegen ist er ausgesprochen sperrig, und auch im Hinblick auf die Berufsidentität erscheint er nicht sonderlich geeignet. Wir nehmen an, dass sich in den kommenden Jahren eine neue Bezeichnung herauskristallisieren und etablieren wird. Derweil gehen wir pragmatisch mit der Übergangssituation um und verwenden alle drei Begriffe – *Professionelle der Sozialen Arbeit, Sozialpädagogin, Sozialarbeiter* – abwechslungsweise und synonym.

2.1.3 Soziale Arbeit als Disziplin und Profession

Soziale Arbeit gilt also als neuer Leitbegriff für Disziplin und Profession. Im Folgenden soll aufgezeigt werden, was mit dieser Unterscheidung gemeint ist.

Stichweh (1994) schlägt vor, Disziplin und Profession als zwei unterschiedliche Systeme mit je eigenen funktionalen Aufgaben auszuweisen. So sind *Disziplinen* Wissenschaftszweige, welche einen spezifischen Ausschnitt der Wirklichkeit auf bestimmte Weise betrachten. Zu jeder Disziplin gehören Forschungsgegenstände, Methoden, Theorien und Forschungszwecke (vgl. Wilhelm 2005:43). Disziplinen sind Ergebnisse einer Binnendifferenzierung des Systems Wissenschaft. Spezifisch für eine Disziplin sind nicht nur der Gegenstand, sondern auch die jeweilige Fragestellung und die Problemperspektive, d.h. die Art und Weise des Blickes auf den spezifischen Wirklichkeitsausschnitt. Sinnvoller als über den Gegenstand kann eine Disziplin bestimmt werden über die Zuständigkeit, so Merten (2002:39), mit Hilfe der Frage, welche Probleme als zur Disziplin zugehörig betrachtet werden. Er fasst die Strukturmerkmale von Disziplinen folgendermaßen zusammen:

- Scientific community, d.h. die soziale Gemeinschaft von Wissenschaftlern

- Disziplinspezifische Sozialisationsprozesse (die sich innerhalb spezifischer Ausbildungsbedingungen an den Hochschulen vollziehen)
- besondere Fragestellungen, besonderer Problembezug
- aktueller Diskussionsstand
- besondere Methoden und Lösungsverfahren (vgl. ebd.: 41).

Im Vergleich zu andern Wissenschaftszweigen ist die Soziale Arbeit eine junge Disziplin. Das zeigt sich insbesondere darin, dass die akademische Ausbildung eine kurze Geschichte hat. In der Bundesrepublik Deutschland wird als Leitbegriff für das wissenschaftliche Feld teilweise auch Sozialpädagogik verwendet, in der Schweiz oft auch – verweisend auf den angelsächsischen Diskussionsstrang – der Begriff Sozialarbeitswissenschaft (vgl. u.a. Tohle 2005a:16; Chassée/von Wensierski 2004a:7).

Mit dem Begriff *Profession* wird demgegenüber nicht einfach nur die ‚Praxis' der Sozialen Arbeit, das Handeln, gefasst (im Gegensatz etwa zur ‚Theorie' der Sozialen Arbeit). Der Begriff bezeichnet vielmehr die Berufsgruppe der hier tätigen Personen sowie die Orte und Institutionen des Praxissystems, des gesamten Arbeitsfeldes also, das Beratung, Unterstützung und Hilfe für bestimmte Klienten offeriert. Gemäss Thole wird mit dem Begriff Profession „das gesamte fachlich ausbuchstabierte Handlungssystem, also die berufliche Wirklichkeit eines Faches" beschrieben, der Begriff bezeichne „die Realität der hier beruflich engagierten Personen sowie die von ihnen offerierten Hilfe-, Beratungs- und Bildungsleistungen auf der Basis der von der Gesellschaft an sie adressierten Ansprüche und Wünsche" (2005a:17).

Aufgrund dieser kurzen Umschreibungen von Disziplin und Profession zeigen sich deutliche *Unterschiede* zwischen den beiden Systemen. Professionen zeichnen sich aus durch Handlungsorientierung, sie zielen ab auf Veränderung von Situationen oder Personen. In der Disziplin hingegen ist Handlungsentlastetheit eine unabdingbare Bedingung für die Möglichkeit wissenschaftlicher Tätigkeit. Die Profession der Sozialen Arbeit zielt also auf Wirksamkeit – und dabei muss sie sich stets fragen, ob das Handeln dem Kriterium Angemessenheit genügt, d.h. ob es geeignet war oder nicht. In einer wissenschaftlichen Disziplin hingegen geht es darum, mittels Forschung, Produktion und Reflexion von Theorien Welt- und Gesellschaftsbilder zu kreieren und zu beeinflussen. Die Disziplin setzt auf Wahrheit und Richtigkeit, ihre Argumentationen müssen schlüssig sein (vgl. Merten 2008a; Merten 2002; Thole 2005a; Stichweh 1994). Die nachfolgende Abbildung von Merten fasst die Unterschiede zwischen Disziplin und Profession prägnant zusammen:

	Disziplin	**Profession**
Zieldimension	Wahrheit/Richtigkeit	Wirksamkeit
Validitätskriterium	Widerspruchsfreiheit	Angemessenheit

Abb. 1: Differenz Disziplin – Profession (Merten 2002:44)

Inwiefern diese beiden Systeme – Disziplin und Profession – in einem hierarchischen Verhältnis zueinander stehen (weil theoretisches Wissen höher zu bewerten ist) oder aber zwar divergent, aber gleichwertig sind, wird vielfach diskutiert. In der Sozialen Arbeit gilt das Verhältnis von Theorie und Praxis in besonderer Weise als problematisch. Die Kluft zwischen den Welten des beruflichen Alltags der Professionellen und des Wissenschaftssystems sei gross, konstatiert beispielsweise Schone (vgl. 2008:981), das Verhältnis zwischen den Angehörigen der beiden Gruppen sei distanziert und durch Vorurteile geprägt. Idealerweise bereichern, durchdringen und befruchten sich die beiden Systeme gegenseitig: Professionelle nutzen wissenschaftliches Wissen um einen konkreten Einzelfall einordnen und verstehen zu können und auf dieser Basis Interventionen planen zu können. Wissen ist eine notwendige Voraussetzung für professionelles Handeln. Gleichzeitig lassen sich aus wissenschaftlichem Wissen keine Regeln für das konkrete berufliche Handeln im Einzelfall ableiten, ist der ‚Nutzen' von wissenschaftlichem Wissen immer beschränkt. Auch wenn es unabdingbar ist, den konkreten Einzelfall auf der Folie des Allgemeinen beleuchten zu können, so reicht das theoretische Wissen nie aus, um das konkrete Handeln im Fall bestimmen zu können. Professionelle der Sozialen Arbeit müssen nicht nur in der Lage sein, wissenschaftliches Wissen auf den Fall zu übertragen, zu transformieren, sondern darüber hinaus auch zu verknüpfen mit den Informationen von Klientinnen zu ihrer Lebenssituation und zu ihrer eigenen Deutung dieser Situation (vgl. u. a. Merten 2008 a:670; siehe dazu auch 10.2.1).

2.2 Praxisfelder und Auftrag der Sozialen Arbeit

Im vorangehenden Kapitel haben wir bereits auf die Vielseitigkeit der Aufgaben der Sozialen Arbeit und auf den historischen Prozess der zunehmenden Ausdifferenzierung von Praxisfeldern und Hilfeangeboten hingewiesen. Dieser Prozess kann nur verstanden werden vor dem Hintergrund des sozialen Wandels und der zunehmenden Komplexität der Gesellschaft. Gegen Ende des 20. Jahrhunderts lässt sich der gesellschaftliche Modernisierungsprozess umschreiben mit den Stichworten Enttraditionalisierung von Milieus und Sozialformen sowie Pluralisierung der Lebensformen, Strukturwandel der Institution Familie, Krise der (Erwerbs-)Arbeitsgesellschaft, Erosion der sog. Normalarbeitsbiographie, Entkoppelung von Bildung und Beruf, demographischen Veränderungen (u. a. in Bezug auf das Alter), Veränderung der Geschlechterrollen, Strukturwandel der Jugendphase, etc. (vgl. u. a. Chassé/von Wensierski 2004a:10f.; Parpan-Blaser 2005:136). Im Zeitalter von Globalisierung und Wissensgesellschaft ändern sich die sozialen Probleme und die Muster sozialer Ungleichheit und Benachteiligung immer schneller – und damit verändern sich stets auch die Aufgaben sozialer Integration.

2.2.1 Praxisfelder

Die Antwort der Sozialen Arbeit auf den beschleunigten gesellschaftlichen Wandel lässt sich zunächst als *Expansion* beschreiben, als quantitativer Ausbau ihrer Angebote. Einerseits wurden neue Aufgabenfelder erschlossen, andererseits vollzog sich innerhalb der Aufgabenfelder eine Diversifizierung und Spezialisierung der Angebote, die auf eine höhere *Qualität* der Hilfe hinweisen. Otto/Thiersch (2005:V) sprechen von einer sektoralen und strukturellen Differenzierung, welche die „Expansion als Profession und Disziplin" begleitet habe. Der quantitative und qualitative Ausbau ging einher mit einem umfassenden Professionalisierungsprozess, einer Verrechtlichung und Versozialwissenschaftlichung der Tätigkeiten und Aufgabenbereiche, konstatieren Chassé/von Wensierski (2004a:9).

Systematisierungsmöglichkeiten des Feldes

Das herausragende Merkmal des Feldes der Sozialen Arbeit ist heute die grosse Heterogenität. Entsprechend schwierig ist es, dieses Feld zu systematisieren. (Nebenbei bemerkt zeigt sich hier ausserdem eine begriffliche Schwierigkeit, werden doch die Begriffe Handlungsfelder, Praxisfelder, Arbeitsfelder und Aufgabenfelder in der Literatur uneinheitlich verwendet.) Als Kriterien für die Einteilung der Einrichtungen und Massnahmen der Sozialen Arbeit werden beispielsweise vorgeschlagen (vgl. Parpan-Blaser 2005:135; Müller 2008:758f.):

- *Problemstellung* (z.B. Abhängigkeit, Erwerbslosigkeit, soziale Auffälligkeit, Entwicklungsbeeinträchtigung, u.a.m.)
- Zielgruppe nach Problemstellung (z.B. wohnungslose Menschen, Menschen mit Entwicklungsbeeinträchtigungen, straffällige Jugendliche und junge Erwachsene, u.a.m)
- *Zielgruppe nach biographischen Stationen im Lebenslauf* (z.B. Kinder, Jugendliche, Erwachsene, Alte)
- *Methode/Angebot* (z.B. Beratung, Bildungsarbeit, Unterstützung, Prävention)
- *Organisationsform* (z.B. aufsuchende Soziale Arbeit, Heimerziehung, Beratungsstellen, polyvalenter Sozialdienst, psychiatrische Tagesklinik, etc.).

Chassé/von Wensierski haben ihren Versuch einer konsistenten Gliederung des Feldes für den Sammelband ‚Praxisfelder der Sozialen Arbeit' (2004a) verglichen mit dem Bemühen von Sisyphos (vgl. ebd.:13). Auf ihre etwas komplizierte Systematik soll hier kurz eingegangen werden, um die Schwierigkeit einer Einteilung deutlich zu machen. Sie nehmen einerseits die sozialpädagogische Traditionslinie mit der ‚Sozialpädagogisierung der Lebensalter' auf und unterscheiden dabei die drei Bereiche *Kinder- und Jugendhilfe, Erziehungs- und Familienhilfen* sowie *Altenhilfe*. In einem zweiten Teil nehmen sie die These der Ausdifferenzierung und Spezialisierung der Sozialen Arbeit auf und stellen Artikel zu Sozialer Arbeit in spezifischen Bereichen zusammen, welche in den letzten 30 Jahren als eigenständige, professionalisierte und hoch spezialisierte Aufgabenfelder der Sozialen Arbeit entstanden seien (Beratung, Sexualerziehung, Soziale Dienste im Gesundheitswesen, Sozialpsychiatrie, Strafvollzug, schliesslich Migration und Soziale Arbeit sowie Selbsthilfe, u. a. m.). Zwei Bereiche jedoch konnten in diese Systematik nicht integriert werden und werden daneben gestellt: Die Frauenbewegung und ihre Institutionen (Fraueninitiativen und -projekte sowie Frauenhäuser), und das Thema Armut und Benachteiligung im Sozialstaat (mit den spezifischen Ansätzen der Sozialen Arbeit mit Randgruppen, Sozialhilfe, Schuldnerberatung, Arbeitslosenarbeit).

Heiner (2007:88 ff.) greift in ihrer Gliederung der Aufgabenfelder Sozialer Arbeit zunächst die *Etappen des Lebenslaufs* auf ('Altersgruppe, Lebensphase'), darüber hinaus führt sie eine zielbezogene Aufgabengliederung ein, die sie mit den Begriffen *Personalisation, Qualifikation, Reproduktion, Rehabilitation und Pflege* sowie *Resozialisation* umschreibt.

Thole (vgl. 2005 a:19 f.) bezieht sich in seiner Systematisierung zunächst auf die beiden Traditionslinien der Sozialarbeit und Sozialpädagogik, und er schlägt vor, dann von einem Arbeitsfeld der Sozialen Arbeit zu sprechen, wenn „öffentlich organisierte, soziale, unterstützende beziehungsweise pädagogische Hilfen und Dienste zur sozialen Lebensbewältigung oder Bildung angeboten oder organisiert werden". Ganz allgemein gehe es in der Sozialen Arbeit um „öffentlich organisierte Aufgaben der sozialen Grundversorgung, Hilfe, Unterstützung und Bildung durch fachlich einschlägig qualifizierte Personen" (ebd.). Auf der Grundlage dieser Definition unterscheidet er vier grosse Praxisfelder der Sozialen Arbeit: *Kinder- und Jugendhilfe, Erwachsenenbezogene Soziale Hilfen, Altenhilfe, Angebote im Gesundheitssystem* – und daneben bzw. darüber hinaus – *Gemeinwesenarbeit/Stadtteilarbeit, Sozialraumbezogene* Soziale Arbeit Die einzelnen Arbeitsfelder (innerhalb dieser Praxisfelder) werden bei Thole nach Intensität der Intervention bzw. ‚Einmischungsgrad' unterschieden: *Lebenswelt ergänzend, Lebenswelt unterstützend, Lebenswelt ersetzend.*

In dieser Systematik werden altersbezogene, zeit-, orts- und zielgruppenorientierte Aspekte weitgehend ignoriert, so der Autor; auch bilde sich darin nicht ab, dass seit den 1990er Jahren zielgruppenbezogene Angebote an Bedeutung gewonnen haben, und dass sich die Soziale Arbeit für spezifische neue Problemkonstellationen sensibilisiert hat (wie z. B. für geschlechterspezifische oder interkulturelle Arbeit, vgl. ebd.:24).

Die Systematik von Thole (siehe Abb. 2) stellt eine mögliche Gliederung dar, die einen guten Überblick bietet über das Spektrum der Sozialen Arbeit. Im Gegensatz zu Thole unterscheiden wir in diesem Lehrbuch jedoch nicht zwischen Arbeits- und Praxisfeldern, sondern sprechen lediglich von *Praxisfeldern* innerhalb des Feldes der Sozialen Arbeit. In Bezug auf den Einmischungsgrad verwenden wir die Unterscheidung zwischen stationären, teilstationären und ambulanten Angeboten.

Intensität der Intervention/ Arbeitsfeldtypen	Kinder- und Jugendhilfe	Soziale Hilfe	Altenhilfe	Gesundheitshilfe
Lebenswelt-«ergänzend»	– Kindertageseinrichtungen – Kinder- und Jugendarbeit, insbesondere Jugendfreizeitarbeit und Jugendverbandsarbeit – Allgemeiner Sozialer Dienst	– Hilfen für Sozialhilfeempfänger – Schuldnerberatung – Unterstützung von allein stehenden Nichtsesshaften und Obdachlosen – Hilfen zur Familienplanung – Betreuung von Flüchtlingen, Aussiedlern und Asylbewerbern – Resozialisierungsmassnahmen und -hilfen – Betriebliche Soziale Arbeit/ Arbeitslosenzentren	– Ambulante Pflegedienste – Altenclubs und Alten-Service-Center	– Sozialpsychiatrische Dienste – Betriebliche Gesundheitsdienste – Beratungsstellen und Gesundheitszentren – Selbsthilfegruppen
Lebenswelt-«ergänzende» und arbeitsfeldübergreifende Projektansätze	Gemeinwesenarbeit/Stadtteilarbeit Sozialraumbezogene Soziale Arbeit Soziale Netzwerkprojekte Sozialstationen Gemeindenahe, psychosoziale Zentren			
Lebenswelt-«unterstützend»	– Kinder- und Jugendarbeit inklusive Jugendsozialarbeit – Hilfen zur Erziehung, z.B. die Sozialpädagogische Familienhilfe – Allgemeiner Sozialer Dienst – Besonderer Sozialer Dienst – Jugendgerichtshilfe	– Unterkünfte für nichtsesshafte und obdachlose Männer und Frauen – Vormundschaft, Pflegschaft und Betreuung von Volljährigen – Bewährungs- und freie Haftentlassenenhilfe	– Tageseinrichtungen für ältere Menschen – Offene Altenhilfe/ Altenbildung	– Teilstationäre Rehabilitationsmassnahmen – Berufsbildungswerke und Bildungszentren – Werkstätten für Behinderte/Arbeitsprojekte für psychisch Kranke und Drogenabhängige – Soziale Dienste in Krankenhäusern und Rehabilitationszentren
Lebenswelt-«ersetzend»	– Hilfen zur Erziehung, insbesondere die Formen der Fremdunterbringung – Mädchenzentren – Jugendgerichtshilfe	– Frauenzentren/ -häuser – Soziale Arbeit im Justizvollzug	– Altenzentren – Altenheime – Altenpflegeheime – Hospize	– Sozial-therapeutische und rehabilitative Einrichtungen – Kurhäuser
Unterstützende Aktivitäten	Sozialpädagogische Aus-, Weiter- und Fortbildung Sozialpädagogische Forschung und Evaluation Sozialpädagogische Supervision und Praxisberatung Sozialplanung und Sozialberichterstattung			

Abb. 2: Systematisierung von Praxisfeldern (Thole 2005a:22)

Trägerschaft

Neben der Unterteilung in Praxisfelder (und Interventionsintensität) ist des Weiteren die Unterscheidung wichtig hinsichtlich der Trägerschaft von Einrichtungen. Hier finden sich zwei Typen:

- *Öffentliche Trägerschaft:* Dies sind Institutionen, mit denen der Staat seine soziale Verantwortung und seine gesellschaftlichen Integrationsbemühungen, seine sozialen Hilfeanliegen und Bildungsbemühungen organisiert und adressiert. Auch alle Interventionen auf gesetzlicher Grundlage – z. B. öffentliche Sozialhilfe, Vormundschaftsrecht, Strafrecht – werden durch staatliche Dienste und Ämter erbracht bzw. organisiert.
- *Private Trägerschaft:* Dazu gehören Einrichtungen und Angebote, die auf private Initiative hin entstanden sind. Sie stellen das Netz der Freien Träger Sozialer Arbeit dar. Häufig sind solche private Sozialwerke als Verbände oder Vereine organisiert. Ihre Kosten werden teils durch Spenden, zunehmend jedoch auch von öffentlichen Subventionen getragen.

Darüber hinaus ist darauf hinzuweisen, dass der Freiwilligenarbeit (z. B. in der Begleitung von Alten, Kranken, Strafenentlassenen, etc.) sowie der Selbst- und Nachbarschaftshilfe im Feld der Sozialen Arbeit eine hohe Bedeutung zukommt. An den Schnittstellen zwischen professioneller und freiwilliger Arbeit bzw. Selbsthilfe nehmen Sozialarbeiterinnen wichtige Funktionen wahr in Ausbildung und Anleitung, Koordination und Vermittlung. (Vgl. u. a. Gildemeister 1993:6; Thole 2005a:20f.; Zwicky/Fehlmann 2005:168f.)

2.2.2 Auftrag und Zielsetzung

Die bisherigen Ausführungen zu den historischen Wurzeln der Sozialen Arbeit und zu den Praxisfeldern enthielten – mehr oder weniger explizit – immer auch Aussagen zu Aufgabenstellung und Zielsetzung der Sozialen Arbeit. Der gesellschaftliche Auftrag, den die Soziale Arbeit erfüllt, ist damit jedoch noch nicht hinreichend beschrieben. So soll im Folgenden geklärt werden, für welche gesellschaftliche Aufgabe die Soziale Arbeit Zuständigkeit beansprucht und wie sie diese Aufgabe versteht. Ohne auf die Debatte zum Stand der Theoriebildung in der Sozialen Arbeit einzugehen und auch ohne ausgewählte Theorien Sozialer Arbeit vorzustellen, wollen wir versuchen, die unterschiedliche Antworten auf die Frage nach Aufgabe und Zielsetzung Sozialer Arbeit aus dem aktuellen Theoriediskurs zusammenzutragen und deren Kern zu bestimmen.

Parteiliche Vermittlung zwischen Individuum und Gesellschaft

Soziale Arbeit ist ein Moment das Sozialstaatsprinzips moderner Gesellschaften, sie nimmt Aufgaben wahr innerhalb des arbeitsteilig organisierten Sozialstaates. Das Sozialstaatsprinzip war die Antwort auf die gesellschaftlichen Brüche in der modernen Industriegesellschaft, auf die ungleiche Verteilung von Besitz und Einkommen und auf die Probleme sozialer Desintegration, auf den Verlust traditionaler sozialer Systeme der Hilfe und Unterstützung (insbesondere der Familie) und die Überforderung traditionaler Hilfen (wie z. B. der Kirchen). Heute ist es die Antwort auf neue Formen von Entfremdung, Verarmung und Randständigkeit in der globalisierten Arbeitsgesellschaft. Dabei hat der Sozialstaat nicht nur marktausgelöste soziale Ungerechtigkeit zu kompensieren, sondern auch eine aktive Verteilungspolitik zu verfolgen. (Vgl. Schröer 2008:355) Das Sozialstaatsprinzip setzt auf die Würde des Menschen, auf ihre Anerkennung als Subjekte des Lebens, und es repräsentiert den Anspruch auf soziale Gerechtigkeit innerhalb einer Gesellschaft. Angesichts gesellschaftlicher Verhältnisse jedoch, die geprägt sind durch alte und neue Ungleichheiten und durch die zunehmende Brüchigkeit traditioneller Klassen und Milieus ist eine Vermittlung nötig, damit menschliche Würde und Anerkennung als Subjekt des Lebens realisiert werden können. Hier hat die Soziale Arbeit ihre spezifische Aufgabe. (Vgl. Thiersch 2002:11)

Thole (2005 a:20) formuliert zunächst neutral, dass Soziale Arbeit stets ein institutionelles Angebot darstellt, das sich zwischen dem Staat als gesellschaftliches Gesamtsubjekt beziehungsweise in dessen Vertretung und Auftrag handelnde Organisationen auf der einen Seite und einzelnen Subjekten, Familien oder Gruppen auf der andere Seite verortet. Der Sozialen Arbeit kommt dabei die Aufgabe zu, zwischen Individuum und Gesellschaft, zwischen System und Lebenswelt zu vermitteln, so Heiner, und sie bezeichnet dies als die ‚intermediäre Funktion' der Sozialen Arbeit (vgl. 2004:155). Diese Vermittlung wird jedoch nicht neutral gesehen, vielmehr ist der spezifische Zugang der Sozialen Arbeit derjenige einer *parteilichen* Vermittlung: „Soziale Arbeit ist engagiert in den Problemen, die die Menschen in sich und mit sich selbst haben und erst in zweiter Linie an den Problemen, die die Gesellschaft mit ihnen hat. (Dafür sind im Rahmen unserer Gesellschaft Gesetz, Justiz und Polizei zuständig.) Soziale Arbeit vermittelt also zwischen Subjekt und Gesellschaft in der Perspektive des Subjekts". (Thiersch 2002:212) Sie sehe Menschen in ihren subjektiven Schwierigkeiten und Hoffnungen und ihren individuellen Anstrengungen, mit den vielfältigen Anforderungen des konkreten Alltag zurecht zu kommen. Und Gildemeister (1992:216) hält fest, die Soziale Arbeit sei der einzige Beruf, „der die Solidarität mit den Leidenden, Ausgestossenen, Problembeladenen nicht aufgeben kann, ohne ein konstitutives Element zu verlieren". Parteilichkeit für Klienten gilt als Maxime Sozialer Arbeit (vgl. Müller 1991:144).

Der Auftrag der Sozialen Arbeit sei ein *nachrangiger*, betont u. a. Heiner: In der sozialstaatlichen Arbeitsteilung soll die Soziale Arbeit in der Regel erst dann aktiv werden, wenn andere gesellschaftliche Systeme versagt haben beziehungsweise deren Problemlösungsansätze nicht greifen. Die Soziale Arbeit sei zuständig für alle Aspekte der komplexen Problemlagen der Klientel. Diese sozialpolitische Nachrangigkeit der Sozialen Arbeit, ihre Auffangfunktion als letztes soziales Netz der Gesellschaft führe dazu, dass sie es meist mit sehr komplexen, oftmals chronifizierten Problemlagen zu tun habe (vgl. Heiner 2004:156f.).

Bearbeitung sozialer Probleme

In einer soziologischen und systemtheoretischen Perspektive wird der Sozialen Arbeit die Aufgabe der Bearbeitung sozialer Probleme zugewiesen (Gildemeister 1993; Staub-Bernasconi 2005). Soziale Arbeit wird dabei verstanden als Funktionssystem gesellschaftlicher Hilfen für Individuen und Gruppen, die von sozialen Problemen betroffen sind. Das setzt einen gesellschaftlichen Definitions- und Aushandlungsprozesse voraus, was als soziales Problem zu bezeichnen ist, wo Abweichungen von der ‚Normalität' gesellschaftlicher Lebenspraxis als so gravierend beurteilt werden, dass (Ab-)Hilfe nötig ist – wann also ein soziales Problem zu einem Thema für die Soziale Arbeit wird. Anders als beispielsweise die Sozialpolitik geht Soziale Arbeit jedoch nicht direkt auf soziale Probleme ein, vielmehr bearbeitet sie die individuellen Probleme, die sich für Betroffene daraus ergeben. Es gehe ihr eher um „individualisierend ansetzende Massnahmen" (vgl. Gildemeister 1993:59). Soziale Arbeit ist in dieser *individuellen Perspektive* „für das Wohlergehen, die Entwicklung und Selbstverwirklichung von Menschen zuständig. (...) Es geht also darum, Menschen zu befähigen, ihre Bedürfnisse so weit wie möglich aus eigener Kraft, d. h. dank geförderter und geforderter Lernprozesse zu befriedigen". (Staub-Bernsconi 2005:253 f.) Hilfe zur Selbsthilfe zu leisten gilt als zentrales Grundprinzip in der Sozialen Arbeit.

Die Soziale Arbeit ist mit der lebenspraktischen Lage ihrer Klienten konfrontiert, die in komplexer Weise mit den Strukturen und Dynamiken der Gesellschaft zusammenhängt. Individuen, Familien und Gruppen in der Realisierung ihrer je eigenen Lebensentwürfe zu unterstützen, Bildungsprozesse zu ermöglichen, Chancen und Zugang zu Ressourcen zu eröffnen, das seien die wesentlichen Aufgaben Sozialer Arbeit, konstatiert Parpan-Blaser; diese allerdings bringen oft die Thematisierung gesellschaftlicher Strukturen und Ungleichheit mit sich, insbesondere dann, wenn gesellschaftliche Integration durch die kompensatorischen Hilfen der Sozialen Arbeit nicht mehr zu realisieren ist (vgl. 2005:135).

Ob die Soziale Arbeit neben der individuumsbezogenen Aufgabe auch ein politisches Mandat – also eine explizit *gesellschaftsbezogene Funktion* – hat, ist umstritten. Staub-Bernasconi (1995, 1998, 2005, 2007) tritt klar hierfür ein. Sie betont, dass sich die Soziale Arbeit in (sozial-)politische Entscheidungsprozesse einzumischen habe, um auf diese Weise dazu beizutragen, dass „menschenverachtende soziale Regeln und Werte von sozialen Systemen in menschengerechte Regeln und Werte" transformiert würden, damit Menschen überhaupt in die Lage versetzt werden, ihre Bedürfnisse zu befriedigen. Auch habe Soziale Arbeit die Aufgabe, öffentlichen Entscheidungsträgern Wissen über die Entstehung sozialer Probleme zur Verfügung zu stellen (vgl. Staub-Bernasconi 2005:254). Der Fokus bei der Bearbeitung von Problemen sei immer ein doppelter, so Heiner (2004:157): Es gehe sowohl um Veränderungen der Lebensbedingungen als auch der Lebensweise der Klientinnen. Diesen doppelten Fokus der Intervention hat bereits Alice Salomon (1926) formuliert. Für Heiner ist er ein Spezifikum der Sozialen Arbeit. Wenn die Aufgabe politischer Einmischung und Optimierung der sozialen Infrastruktur dazu gedacht werde – und hier bleibt sie in ihrer Positionierung offen –, dann lasse sich von einem ‚*trifokalen Fokus*' der Sozialen Arbeit sprechen (vgl. ebd., auch Gildemeister 1992:209, u. a.). Staub-Bernasconi bezeichnet dies als Tripel-Mandat der Sozialen Arbeit (vgl. 2007:18).

Soziale Gerechtigkeit, Integration und Autonomie

Je nach theoretischem Entwurf wird der Auftrag der Sozialen Arbeit, zwischen Individuum und Gesellschaft aus der Perspektive des Subjekts zu vermitteln, mit anderen, weiteren Begrifflichkeiten umschrieben, die zugleich eine Zielsetzung beinhalten.

Es gilt als wesentliche Aufgabe der Sozialen Arbeit, *soziale Integration* zu unterstützen und immer wieder neu zu sichern, also den Zugang von Menschen zu allen relevanten Bereichen der Gesellschaft zu ermöglichen. Gemäss Böhnisch ist die Soziale Arbeit die gesellschaftlich institutionalisierte Reaktion in der Folge gesellschaftlich bedingter sozialer Desintegration (vgl. 2005:199). In seinem Konzept biographischer Lebensbewältigung kommt der Sozialen Arbeit die Aufgabe zu, individuelles Bewältigungshandeln zu verstehen und soziale Integration zu sichern, welche durch individuelles Bewältigungshandeln immer wieder aufs Spiel gesetzt werden muss. In systemtheoretischen Entwürfen wird die Funktion der Sozialen Arbeit bestimmt als Exklusionsvermeidung, Inklusionsvermittlung und Exklusionsverwaltung. *Inklusionsvermittlung* bedeutet, Zugang zu sozialen Systemen (z. B. Arbeitsmarkt, Bildungswesen, Gesundheitssystem) vermitteln und damit Exklusion zu verhindern. Gelingt die Inklusionsvermittlung in soziale Systeme längerfristig nicht, so tritt an ihrer Stelle die *Exklusionsverwaltung*, die Begleitung der Marginalisierten. (Vgl. Heiner 2004:157; Bommes/Scherr 2000: 88 ff.) Basis des Integrationsgedankens ist die Vorstellung *sozialer Gerechtigkeit* (siehe oben, vgl. u. a. Schröer 2008; Thiersch 2002; Schütze 1992). Haupert bezeichnet die Soziale Arbeit als „Kerndisziplin der sozialen Integration", deren Ziel die „Herstellung und Erhaltung sozialer Gerechtigkeit und Gleichheit, bzw. die Kompensation entsprechender Ungerechtigkeiten" sei (2007:61 f.).

Viele Theoretikerinnen der Sozialen Arbeit benennen die Autonomie der Klientinnen oder die *allgemeine Autonomie der Lebenspraxis* als zentralen Wert, den es zu fördern gilt (u. a. Oevermann 2002; Heiner 2004; Dewe et al. 2001 – vgl. auch die Zusammenstellung bei Becker-Lenz/Müller 2009:60 f.). So bestimmen beispielsweise Dewe et al. Soziale Arbeit als Hilfe, „die in dialogischen Prozessen erbracht wird, und die auf die Wiedergewinnung und Steigerung der Handlungsautonomie ihrer Adressaten ausgerichtet ist" (2001:18). ‚Achtung vor der *Würde* und dem *Selbstbestimmungsrecht* des Menschen' (vgl. Müller 1991:144), Anerkennung der Klienten als „Subjekt ihres Lebens" (Thiersch 2002:11) sind weitere Umschreibungen für die Autonomie der Lebenspraxis, welche die Soziale Arbeit unterstützt (siehe dazu auch 4.1).

Rauschenbach/Zürcher (2005:157) stellen nach ihrer Durchsicht der aktuellen theoretischen Beiträge zur Sozialen Arbeit fest, dass sich derzeit drei Richtungen unterscheiden lassen. Die Soziale Arbeit reagiere im Wesentlichen – je nach theoretischem Entwurf in unterschiedlicher Betonung – auf drei soziale Tatbestände:

- auf die ‚*Erziehungstatsache*', die vielschichtiger werdenden Herausforderungen des Aufwachsens (in Schule, Familie und jenseits davon) und die unterschiedlichen Modalitäten der individuellen und gesellschaftlichen Reaktionen darauf
- auf *soziale Probleme*, alte und neue Ungleichheiten, Fragen der sozialen Integration und Desintegration, der Inklusion und Exklusion
- auf ‚*Risiken der individuellen Lebensführung und der alltäglichen Lebensbewältigung*', also auf die durchschnittlichen sozialen Risiken, auf die Biografien und Lebensläufe und die damit einhergehende Gestaltung und Bewältigung von Lebenslagen.

Vor diesem Hintergrund umreissen Rauschenbach/Zürcher die gesellschaftliche Bedeutung und fachliche Identität der Sozialen Arbeit in der Summe als „öffentliche Reaktion auf einen politisch anerkannten Hilfebedarf von Personen und Personengruppen – gleich welcher Art und welchen Alters – in modernen Gesellschaften" (ebd.). Und Thole (2005 a:24) resümiert, ganz allgemein gehe es in der Sozialen Arbeit um „öffentlich organisierte Aufgaben der sozialen Grundversorgung, Hilfe, Unterstützung und Bildung durch fachlich einschlägig qualifizierte Personen".

Soziale Arbeit ist ein Moment innerhalb des Sozialstaatsprinzips, sie ist ausgerichtet darauf, soziale Gerechtigkeit in einer Gesellschaft sichern und die Würde von hilfebedürftigen Menschen und Gruppen wahren zu helfen und zur Bewältigung individueller Schwierigkeiten beizutragen. Sie leistet einen Beitrag zu sozialer Grundversorgung und Bildung, sie bietet Unterstützung in der Alltagsgestaltung und Lebensbewältigung an und trägt bei zu sozialer Integration. Im spannungsreichen Verhältnis zwischen Individuum und Gesellschaft vermittelt sie anwaltschaftlich für das als selbsttätig und autonom verstandene Individuum. Mit den Begriffen ‚*soziale Gerechtigkeit*', ‚*soziale Integration*' und ‚*Autonomie in der individuellen Lebenspraxis*' sehen wir die Zielsetzung Sozialer Arbeit umrissen.

In einzelnen Organisationen der Sozialen Arbeit wird dieser Auftrag der Profession in Hinblick auf eine Zielgruppe und/oder Problematik spezifiziert und beinhaltet jeweils eine bestimmte Hilfeform. Der allgemeine Auftrag der Sozialen Arbeit als übergeordnete Ausrichtung und der konkretisierte organisationsspezifische können als Leitplanken für das professionelle Handeln verstanden werden. Beide sind nicht nur beim professionellen Handeln, sondern auch beim Nachdenken über die Methodisierbarkeit dieses Handelns stets mit zu berücksichtigen.

In diesem Lehrbuch thematisieren wir das professionelle Handeln im Hinblick auf die sog. individuumsbezogene Funktion Sozialer Arbeit, mit ihrem Fokus auf die Veränderung von Lebensweise und Lebensbedingungen. Dies beinhaltet die Arbeit mit Einzelpersonen, Familien, Gruppen und Gemeinwesen. Auch wenn wir als AutorInnen die gesellschaftsbezogene Funktion der Sozialen Arbeit für wichtig erachten, so müssen wir akzeptieren, dass Einbezug und Thematisierung des politischen Mandats die Grenzen dieses Lehrbuches sprengen würde.

2.3 Zusammenfassung der Erkenntnisse

Die Soziale Arbeit hat zwei Traditionslinien, eine sozialarbeiterische und eine sozialpädagogische Linie. Diese historische Unterscheidung zwischen Sozialpädagogik und Sozialarbeit gilt heute als überholt, als neuer Leitbegriff wird Soziale Arbeit verwendet. Bereits die beiden historischen Wurzeln verweisen auf verschiedene, durchaus unterschiedliche Praxisfelder. Aufgrund der Expansion der Angebote in der zweiten Hälfte des 20. Jahrhunderts ist das Feld der Sozialen Arbeit noch breiter geworden. Neue Aufgabenfelder wurden erschlossen, innerhalb der einzelnen Praxisfelder vollzog sich eine Diversifizierung und Spezialisierung der Angebote, die auch einen qualitativen Ausbau bedeuteten. Das Feld der Sozialen Arbeit zeichnet sich heute aus durch Vielfalt und Heterogenität.

Soziale Arbeit ist eine junge Disziplin und zugleich eine Profession. Die Disziplin ist ein Wissenschaftszweig, sie untersucht den Forschungsgegenstand der Sozialen Arbeit mit spezifischen Fragestellungen und Methoden, generiert spezifisches Wissen und stellt die akademische Ausbildung des Nachwuchses sicher. Unter Profession wird das gesamte Praxissystem der Sozialen Arbeit verstanden: Sie umfasst die hier beruflich tätigen Personen ebenso wie die Orte und Institutionen und die offerierten Dienstleistungen. Die Profession zeichnet sich aus durch ihre Handlungsorientierung, es geht ihr um Veränderungen von Situationen und Personen. Professionelles Handeln zielt ab auf Wirksamkeit, und es muss dem Kriterium der Angemessenheit genügen.

Soziale Arbeit ist ein gesellschaftliches Funktionssystem, das soziale Gerechtigkeit und die Wahrung der Würde von Menschen sichern soll. Sie leistet einen Beitrag zu sozialer Grundversorgung und Bildung, sie bietet Unterstützung in der Alltagsgestaltung und Lebensbewältigung an und trägt bei zu sozialer Integration. Die Zielsetzung Sozialer Arbeit lässt sich umschreiben mit den Begriffen soziale Gerechtigkeit, soziale Integration und Autonomie in der individuellen Lebenspraxis. In den einzelnen Organisationen innerhalb der verschiedenen Praxisfelder der Sozialen Arbeit wird dieser allgemeine Auftrag in Hinblick auf eine Zielgruppe und/oder Problematik spezifiziert und beinhaltet jeweils eine bestimmte Hilfeform. Der allgemeine Auftrag der Sozialen Arbeit als übergeordnete Ausrichtung und der konkretisierte organisationsspezifische Auftrag können als Leitplanken und Zielrichtung für das professionelle Handeln gelten.

Eine der Kategorisierungen der Hilfeformen unterscheidet zwischen ‚Arbeit mit Einzelnen (und Familien)', ‚Arbeit mit Gruppen' und ‚Arbeit mit Gemeinwesen'. Gemäss einem Grundprinzip Sozialer Arbeit geht es bei allen Hilfeformen um die Veränderung von Lebensweise *und* von Lebensbedingungen. Aus dieser zweiten Ausrichtung ergibt sich ein politisches Mandat der Sozialen Arbeit.

Vertiefungsliteratur

Merten, Roland (2002). Sozialarbeit/Sozialpädagogik als Disziplin und Profession. S. 29–87 in: Schulze-Krüdener, Jörgen/Homfeldt, Hans Günther/Merten, Roland (Hg.). Mehr Wissen – mehr Können? Soziale Arbeit als Disziplin und Profession. Schneider Verlag, Hohengehren.

Thole, Werner (2005 a). Soziale Arbeit als Profession und Disziplin. Das sozialpädagogische Projekt in Praxis, Theorie, Forschung und Ausbildung – Versuche einer Standortbestimmung. S. 15–60 in: Ders. (Hg.). Grundriss Soziale Arbeit. Ein einführendes Handbuch. 2., überarbeitete und aktualisierte Auflage. VS Verlag für Sozialwissenschaften, Wiesbaden.

3 Professionstheoretische Grundlagen

Einleitend haben wir ausgeführt, dass in diesem Buch eine Methodik zu ‚professionellem Handeln' in der Sozialen Arbeit entwickelt wird. Diese Begrifflichkeit impliziert, dass es sich bei der Sozialen Arbeit um eine Profession handelt. Inwiefern dem so ist, soll in diesem Kapitel erläutert werden. Zu Beginn werden die Merkmale klassischer Professionen – wie Ärzte, Geistliche, Juristinnen – dargelegt, an denen die Soziale Arbeit zunächst gemessen wurde. Die Debatte über die Möglichkeiten und Bedingungen der Professionalisierung, die zum Anspruch auf ein eigenständiges Professionalitätsmodell geführt hat, wird kurz nachgezeichnet. Dabei werden die spezifischen Rahmenbedingungen und strukturellen Widersprüchlichkeiten des Handelns in der Sozialen Arbeit als ‚Strukturmerkmale' bezeichnet. Diese Strukturmerkmale – diffuse Allzuständigkeit, doppelte Loyalitätsverpflichtung, Nicht-Standardisierbarkeit, Koproduktion – werden im zweiten Teil ausführlich erläutert.

3.1 Professionstheoretischer Diskurs

Seit Anfang der 1970er Jahre wird im deutschsprachigen Raum eine intensive fachliche Diskussion geführt über die Professionalisierbarkeit der Sozialen Arbeit: über deren Rahmenbedingungen, Möglichkeiten und Grenzen. In der Aufbruchsphase wurde als Ziel eine umfassende Professionalisierung der Sozialen Arbeit proklamiert. Eine wichtige Grundlage hierfür war die Expandierung des Arbeitsfeldes seit den 1960er Jahren (siehe 2.2.1). Themen in dieser Debatte über die gesellschaftlichen Perspektiven der Sozialarbeit und Sozialpädagogik waren das Berufsbild und der Status von Sozialarbeiterinnen und Sozialpädagogen, vor allem aber die Notwendigkeit und die Möglichkeiten der wissenschaftlichen Fundierung der Ausbildung. Bis in die 1980er Jahre handelte es sich vornehmlich um eine standespolitische Debatte, in der es um Legitimationsfragen geht: Gelingt eine Anhebung des Ausbildungs- und Prestigeniveaus der Berufsgruppen der Sozialen Arbeit – gelingt Soziale Arbeit als ‚Aufstiegsprojekt'? (vgl. Dewe/Ferchhoff/Radtke 1992:11f., Dewe/Otto 2005a:1399).

In dieser ersten Phase entstanden Professionalisierungstheorien für die Soziale Arbeit, die sich an den klassischen Professionen orientierten. Dieses Vorbild-Modell soll zunächst beschrieben werden.

3.1.1 Modell der klassischen Profession

Professionen sind eine besondere Art von Berufen. Es sind ‚gehobene' Berufe, mit hohem Einkommen, Status, Prestige, und das berufliche Handeln ist anspruchsvoll und qualitativ hochwertig. Um diese Sonderform eines Berufs zu verstehen, muss geklärt werden, was ein ‚Beruf' ist. Unter Beruf wird eine bezahlte Tätigkeit verstanden, für die eine spezifische Qualifizierung, eine Ausbildung nötig ist. Aus wissenssoziologischer Sicht braucht jeder Beruf ein Mandat und eine Lizenz: Es braucht ein gesellschaftlich anerkanntes Wissen darüber, wozu und in welchem Bereich ein Beruf gut und nützlich ist (= gesellschaftlicher Auftrag, Mandat) und was die Angehörigen eines Berufs tun dürfen und tun sollen, und welche Ausbildungsanforderungen hierfür bestehen (= Lizenz). Ein Mandat wird den einzelnen Berufen allerdings nicht einfach zugewiesen, diese fordern die Zuständigkeit für eine bestimmte Aufgabe auch aktiv ein. (Vgl. Schütze 1992:140, Müller 2005:732) Bei Professionen nun sind die Anforderungen an Mandat und Lizenz besonders hoch. Solche hohen Anforderungen sind dann nötig, wenn die Berufstätigkeit zentrale Bereiche menschlichen Lebens betrifft, wenn der Privat- oder sogar Intimbereich von Menschen berührt ist und deshalb auch Verletzungen in diesem sensiblen Bereich möglich sind. Dies trifft vor allem für drei Lebensbereiche zu, und dazu haben sich seit der frühen Neuzeit die drei sog. klassischen Professionen ausgebildet: Für den Bereich des menschlichen Körpers, seine Gesundheit und deren Gefährdung, haben Ärzte Mandat und Lizenz. Alles, was mit der menschlichen Seele und ihrer Gefährdung zusammenhängt, liegt (oder lag) in der Zuständigkeit von Geistlichen (heute auch in derjenigen von Psychologen und Psychotherapeutinnen). Und schliesslich gehört alles, was mit den Rechten von Menschen und ihrer Verletzbarkeit zusammenhängt, in den Zuständigkeitsbereich von Juristinnen. (Vgl. Müller 2005:733)

Aus dem besonderen gesellschaftlichen Mandat von Professionen – der Zuständigkeit für wichtige und sensible Lebensbereiche – ergeben sich auch besondere Anforderungen hinsichtlich ihrer gesellschaftlichen Lizenz, also hinsichtlich der Organisation von Ausbildung und der Tätigkeitsausübung. Daraus lassen sich die nachfolgend dargelegten *exklusiven Merkmale von Professionen* ableiten (vgl. Schütze 1992:135 ff., Combe/Helsper 2002:9 f., Merten 2008 a:671, Müller 2005:734, Galuske 2007:123).

Gemeinnützige Aufgabe

Probleme, zu deren Bearbeitung Professionen herangezogen werden, sind gesellschaftlich und individuell hoch bedeutsam. Die Kompetenz der Klienten jedoch reicht zur Problemlösung nicht aus. In dieser Situation hoher Gefährdung wäre eine marktförmige Hilfe unangemessen, da sie eine existentielle Abhängigkeit schaffen würde. Deshalb wird professionelle Hilfe quasi gemeinwirtschaftlich organisiert, indem Professionen von der Gesellschaft zur Problembearbeitung beauftragt werden und sich dabei zur Orientierung am Wohle des Klienten verpflichten. Aufgrund der Zuständigkeit für einen wichtigen und sensiblen Lebensbereich kann die Tätigkeit von Professionellen als Dienst an der Allgemeinheit interpretiert werden: Sie hat eine gemeinnützige Funktion. Zugleich sichert das gesellschaftliche Mandat den Professionellen ein Monopol bei den von ihnen erbrachten Leistungen (*Exklusivität der Zuständigkeit*, Handlungsmonopol).

Wissensbasis und wissenschaftliche Ausbildung

Angehörige von Professionen müssen in besonderer Weise kompetent sein, damit sie nicht selber Schäden anrichten in den sensiblen Lebensbereichen, für die sie zuständig sind und wo sie Hilfe leisten sollen. Daraus ergeben sich hohe Anforderungen an die Wissensbasis einer Profession und an den Kompetenzerwerb. Professionen verfügen über ein besonderes Wissen in Bezug auf die sozialen Handlungsprobleme, sie haben eine *exklusive Wissensbasis*, ein systematisiertes, wissenschaftlich fundiertes (Sonder-)Wissen. Dieses bedarf spezieller Verfahren der Aneignung, d. h. es braucht akademische Ausbildungsgänge, die zumeist auch lange dauern.

Autonomie in der Berufsausübung

Menschen, die bei privaten, intimen Angelegenheiten Hilfe suchen bei Professionellen, sind in hohem Masse verletzbar. Deshalb muss verhindert werden, dass irgendwelche Interessensgruppen hier Einfluss nehmen könnten. Professionelle sind deshalb unabhängig von Weisungen in fachlichen Dingen, die praktische Berufausübung geschieht in *weitestgehender Autonomie*. Das Ideal ist die selbständige, freiberufliche Tätigkeit. Mittel, um die Unabhängigkeit zu sichern, sind das Zeugnisverweigerungsrecht sowie eine materielle Privilegierung, welche die finanzielle Unabhängigkeit sicher stellen soll. Die Berufsausübung ist auch durch ein hohes Mass an Freiheit von Fremdkontrolle, d. h. von Beurteilungen der Leistungen von aussen, gekennzeichnet. An deren Stelle tritt die Selbstkontrolle: Eine berufsständische Organisation übt eine *fachliche Selbstkontrolle innerhalb der Profession* aus und beschränkt die Möglichkeit, geschäftliche Eigeninteressen zu verfolgen. Dieses Recht der Profession auf Selbstkontrolle basiert auf einem impliziten Vertrag zwischen Gesellschaft und Profession.

Berufsethische Codices

Durch die Zuständigkeit für Probleme in sensiblen Lebensbereichen und die gemeinnützige Aufgabe ergeben sich ein spezifischer Wertbezug und eine am Gemeinwohl ausgerichtete Handlungsorientierung. Diese Bindung an zentrale gesellschaftliche Werte wird im Berufsethos verkörpert, welches die Standesorganisation (Berufsverband) auch nach aussen hin offensiv artikuliert. In einer explizit artikulierten Professionsethik wird ein Kanon an kodifizierten Verhaltensregeln (*code of ethics*) festgelegt. Die Standesorganisation hat die Aufgabe, die Berufsausübung auch nach ethischen Standards zu überwachen. Mangelhafte Qualität der Arbeit in einem sensiblen Lebensbereich kann schwerwiegende Folgen für die Klienten haben, die abhängig sind von fachlicher Hilfe. Das wichtigste Mittel zur Vermeidung des Missbrauchs dieser Abhängigkeit ist die (Aus-)Bildung eines spezifischen *professionellen Habitus*: D. h. Professionelle internalisieren das Berufsethos und die zentralen professionellen Verhaltensregeln.

Die Professionssoziologie befasst sich ausführlich mit diesen (Exklusivitäts-)Merkmalen und den unterschiedlichen Professionsmodellen. An dieser Stelle soll lediglich darauf hingewiesen werden, dass die einzelnen Merkmale in den verschiedenen Professionalisierungstheorien unterschiedlich akzentuiert und kritisch untersucht werden.

3.1.2 Soziale Arbeit – eine Profession?

In der ersten Aufbruchsphase in den 1960er und 1970er Jahren orientierte sich die Soziale Arbeit – ähnlich wie die Bildungs- und die Pflegeberufe – an den Merkmalen des klassischen Professionsmodells. All diese Berufe erfüllen *gemeinnützige Funktionen in sensiblen Lebensbereichen,* in denen mangelhafte Qualität der Arbeit gravierende Folgen für die betroffenen Klientinnen haben kann. Dies begründete den Professionalisierungsbedarf dieser Berufe, insbesondere die Notwendigkeit einer *akademischen Ausbildung.* Alsbald machte sich – Mitte der 1970er Jahre – allerdings Ernüchterung breit. Denn trotz einer grossen Bandbreite von Antworten in der Debatte zur Professionalisierung und Professionalisierbarkeit der Sozialen Arbeit bestand relative Einigkeit darin, dass die Soziale Arbeit gemessen an den oben beschriebenen Merkmalen noch keine Profession ist: Eine einheitliche wissenschaftliche Grundlage, ein Sonderwissensbestand fehlt weitgehend. Es ist kaum möglich, einen exklusiven Zuständigkeitsbereich der Sozialen Arbeit zu bestimmen, charakteristisch für die Soziale Arbeit ist vielmehr die enge Zusammenarbeit mit und auch Angewiesenheit auf andere Berufsgruppen. Auch die fachliche Autonomie ist weder gegeben noch erscheint sie – u. a. durch die Einbindung in bürokratische Handlungskontexte – erreichbar. In Hinblick auf materielle Privilegierung kann die Soziale Arbeit ebenfalls nicht mit den klassischen Professionen mithalten. Die berufsständische Selbstorganisation steckt in den Kinderschuhen – nur ein kleiner Teil der Berufsangehörigen gehört einer Berufsorganisation an – und eine professionelle Kontrollinstanz fehlt. Gleichzeitig formierte sich auch Widerstand gegen die ‚Expertisierung' der Sozialen Arbeit, die in der Forderung nach ‚Deprofessionalisierung' mündeten (vgl. Gildemeister 1992:208).

Positionen

All diese Befunde führten zunächst zu einer tendenziell negativen Einschätzung der Entwicklungsmöglichkeit der Sozialen Arbeit von einem Beruf zur Profession. Dabei lassen sich verschiedenste Positionen unterscheiden, die von den Polen ‚unerwünscht' bis hin zu ‚realisierbar' reichen (vgl. Galuske 2007:124ff.). Drei wichtige sollen im Folgenden skizziert werden.

Die unvollständige Professionalisierung der Sozialen Arbeit wird als Zwischenphase in einem Entwicklungsprozess gesehen. Beim Sozialarbeitsberuf handle es sich um einen „halb professionalisierten Beruf", konstatierte beispielsweise Lingesleben (1973:53 zit. in Galuske 2007:124), der sich *auf dem Weg zur Profession* befinde.

Eine andere Position geht davon aus, dass Soziale Arbeit bestimmte Merkmale des klassischen Professionsmodells gar nie wird erfüllen können (aufgrund der erwähnten Bedingungen wie fehlende Autonomie, fehlende interne Standeskontrolle, etc.). Deshalb könne die Soziale Arbeit lediglich den Status einer ‚*Semiprofession*', d.h. einer ‚halben Profession' oder ‚Quasi-Profession' beanspruchen. Das Konzept der ‚Semi-Profession' stammt aus dem US-amerikanischen Diskurs und bezeichnet Berufe, die nur teilweise und unvollkommen eine eigene Kompetenz gegenüber Laien wie auch der Gesellschaft durchsetzen können, die also kein klares gesellschaftliches Mandat für Probleme in einem spezifischen Lebensbereich haben. Daraus resultierten eine diffuse Allzuständigkeit und ein geringes Mass an Spezialisierung. (Vgl. Dewe/Otto 2005: 1405 ff.)

In einem Aufsatz von 1992 bezeichnete Fritz Schütze die Soziale Arbeit als ‚*bescheidene Profession*'. Im Bezugsrahmen der interaktionistischen Professionstheorie argumentiert er, dass die Soziale Arbeit zwar nicht über eine monopolisierte, exklusive Wissensbasis verfügt und nicht den Grad an Autonomie wie die klassischen Professionen erworben hat, dass sie jedoch ein gesellschaftliches Mandat für einen besonderen Dienst an Klienten hat sowie eine Lizenz, für die anbefohlenen Menschen Problembearbeitungsmassnahmen zu planen und durchzuführen, die zwar Hilfe zu bringen versprechen, zugleich aber in die Lebenssphäre von Betroffenen eindringen und von diesen selber als unangenehm oder bedrohlich empfunden und u. U. auch abgelehnt werden können (vgl. Schütze 1992:142 f.). Dieser Widerspruch sei eine von vielen „universalen Systemschwierigkeiten und Paradoxien des professionellen Handelns", die jede Profession grundsätzlich auszeichnen und die in der Sozialen Arbeit besonders prägnant zutage treten (ebd.:144).

Wurzeln eines eigenständigen Professionalitätsmodells

Seit den 1980er Jahren wurde zunehmend auch die Professionalisierungsdebatte selber hinterfragt, weil sie sich viel zu stark am klassischen Professionsmodell ausrichte (vgl. z.B. Gildemeister 1992:208). So kritisiert beispielsweise Müller (2005:735 ff.) die Professionalitätsansprüche, die an die Soziale Arbeit gestellt werden und verweist darauf, dass sich in der Geschichte der Sozialen Arbeit Wurzeln finden lassen für ein Professionalitätsmodell Sozialer Arbeit, das unabhängig von den Exklusivitätsmerkmalen der klassischen Professionen konzipiert ist. Er verortet den Beginn der Professionalisierung der Sozialen Arbeit bereits bei der Generation der Gründerinnen beruflicher Sozialarbeit und Sozialpädagogik. Dabei unterscheidet er zwei Linien der Begründung eines eigenständigen Professionalitätsanspruchs und -modells, wovon sich eine auf die Methodisierung, die andere auf die Institutionalisierung der Sozialen Arbeit bezieht.

Alice Salomon steht mit ihrem 1926 veröffentlichten Buch ‚Soziale Diagnose' für die Begründungslinie der *Methodisierung*. Sie stellte den neuen Beruf der Sozialarbeiterin neben die klassischen Professionen (Pfarrer, Ärztin, Richter) und begründete dies mit der Entwicklung einer eigenen Methodik der Diagnose und Intervention. Deren Besonderheit sei, dass sie auf den „ganzen Menschen" eingestellt sei und nicht nur auf Teilaspekte menschlichen Lebens. Methodik der Sozialen Arbeit beinhalte die Befähigung, „Verschiedenes für verschiedenartige

Menschen zu tun" (Salomon 1926:6,60, zit. in Müller 2005:735 f.). Damit war das Prinzip der ‚Individualisierung der Hilfe' begründet.

Gertrud Bäumer andererseits leitete den Professionalitätsanspruch Sozialer Arbeit aus der Entwicklung von *Institutionen* ab. Sie argumentierte, dass im 20. Jahrhundert den Notlagen einzelner Menschen nicht mehr wie früher durch karitative freiwillige ‚Liebestätigkeit' von Einzelnen oder von Ordensgemeinschaften begegnet werden könne. Vielmehr müssten diese Notlagen als soziales Problem erkannt werden, und Hilfe statt einzelfallbezogen über Einrichtungen der Sozialen Arbeit organisiert werden. Diese Einrichtungen bräuchten berufliches Personal, das sie durch eigene Ausbildungsgänge selber heranziehen sollten. Die Vergesellschaftung sozialer Aufgaben schafft nach Bäumer die Voraussetzungen für einen eigenen Professionalitätstyp. Erforderlich sei verwaltungstechnisch-juristisches, sozialwissenschaftliches und institutionelles Wissen – Wissen, über das nicht nur die einzelnen Sozialarbeiterinnen verfügen sollten, sondern das auch institutionalisiert werden müsse (vgl. Müller 2005: 736 f.).

Daraus lässt sich ableiten, dass einerseits spezifische Methoden der Sozialen Arbeit, andererseits die Institutionalisierung der Problembearbeitung (bzw. der Organisationskontext) wichtige Aspekte eines Professionalitätsmodells Sozialer Arbeit sind. Soziale Arbeit könne sich also immer nur im Kontext ihrer organisatorischen Struktur professionalisieren, konstatiert Müller (vgl. ebd.:739 f.). Soziale Arbeit brauche ein spezifisches Methodenrepertoire, und es müsse bestimmt werden, welche Kompetenzen die einzelnen Professionellen zur Erfüllung ihrer spezifischen Aufgabe benötigen. Darauf wird im zweiten Teil dieses Lehrbuchs ausführlich eingegangen.

Eigenständiges handlungsorientiertes Professionalitätsmodell

Die Kritik an der Professionalisierungsdebatte in den 1980er Jahren führte zu einer allmählichen Abkehr von der sog. ‚indikatorischen' professionssoziologischen Perspektive, in der die Soziale Arbeit gemessen wird an den Merkmalen (Indikatoren) der klassischen Professionen. Stattdessen wird nun eine ‚strukturtheoretische' Perspektive genutzt, um Aufgaben und Strukturbedingungen der Sozialen Arbeit beleuchten zu können. Es werde an einem Theorieentwurf gearbeitet, der „die *Grammatik institutionalisierten pädagogischen Handelns*" ins Zentrum der Aufmerksamkeit rückt, und bei dem es „auf die Aufklärung der Binnenstrukturen und der Logik pädagogischen Handelns" ankommt, formulierten Dewe et al.(1992:12). Heiner bezeichnet den Paradigmenwechsel als Abkehr von einer berufsstrukturellen Perspektive hin zu einer *handlungs- und kompetenzorientierten Perspektive*, in welcher die Handlungsvollzüge in der Sozialen Arbeit analysiert werden (vgl. 2004:16 f.). Damit dringt der Professionalisierungsdiskurs in den Mikrobereich des professionellen Handelns vor. Neu werden auch Fragen der Professionalisierbarkeit mancher Tätigkeiten unter gegebenen institutionellen Rahmenbedingungen diskutiert (vgl. Dewe/Otto 2005:1400 f.), es wird berücksichtigt, dass sich professionelles Handeln im *Kontext von Organisationen* inszeniert und dieser Kontext mit analysiert werden muss (vgl. Nadai/Sommerfeld 2005). Die spezifischen Bedingungen sozialarbeiterischen und sozialpädagogischen Handelns werden untersucht und auf strukturelle Widersprüche hin analysiert. Auf dieser Grundlage lassen sich konkrete Handlungsspielräume und notwendige Kompetenzen bestimmen. Der Professionalisierungsdiskurs versucht auf diese Weise Einfluss zu nehmen auf das berufliche Handeln selber (vgl. Gildemeister 1992:210).

3.2 Strukturmerkmale professionellen Handelns

Im Folgenden soll dargelegt werden, welches die spezifischen Bedingungen sind, unter denen Soziale Arbeit ihre gemeinnützige Aufgabe der Unterstützung von Menschen hinsichtlich Alltagsgestaltung und Lebensbewältigung sowie sozialer Integration (siehe 2.2.2) wahrnimmt.

Die Soziale Arbeit ist gekennzeichnet durch besondere Konstitutionsbedingungen und durch strukturelle Widersprüchlichkeiten, welche als Strukturprobleme des professionellen Handelns bezeichnet werden. Im deutschsprachigen Raum hat Schütze im bereits erwähnten Aufsatz von 1992 zu Sozialarbeit als ‚bescheidener Profession' erstmals explizit herausgearbeitet, dass es in der Sozialen Arbeit aufgrund ihrer spezifischen Bedingungen „immer wieder zu Paradoxien professionellen Handelns" komme, „d. h. zu Schwierigkeiten und Dilemmata im Arbeitsablauf, die nicht aufhebbar und nicht umgehbar sind, in die sich also der Professionelle mit Notwendigkeit verstrickt." Verschiedene Autorinnen haben seither solche Strukturprobleme thematisiert, wobei Anzahl, Bezeichnung und Systematisierung jeweils variieren (vgl. u. a. Gildemeister 1992; Galuske 2007). Auf der Basis unterschiedlicher Texte im aktuellen Professionalisierungsdiskurs werden nachfolgend wesentliche Strukturmerkmale und -probleme erläutert.

3.2.1 Diffuse Allzuständigkeit für komplexe Probleme

Klassische Professionen zeichnen sich aus durch ein Monopol hinsichtlich Zuständigkeit und Leistungen (siehe 3.1.1); die Medizin beispielsweise ist für den Bereich des menschlichen Körpers zuständig, für seine Gesundheit und deren Gefährdung – und sie kann eine einigermassen klar umreissbare ‚Krankheit' behandeln. Die Soziale Arbeit hingegen beschäftigt sich mit Problemen in sozialen Lebenssituationen und der individuellen alltagsweltlich konkreten Lebenspraxis – und diese sind potentiell sehr komplex und oftmals diffus. Die konkrete, praktische Problemstellung, welche es zu bearbeiten gilt, sei nur schwer und nie eindeutig einzugrenzen, so Gildemeister/Robert (1997:28 f.). Bommes/Scherr (2000:57) bezeichnen den Gegenstandsbereich der Sozialen Arbeit mit „Organisation unspezifischer Hilfsbereitschaft". Gemäss Heiner (2004:157) ist die „umfassende Zuständigkeit für alle Aspekte der komplexen Problemlagen der Klientel (von der zu engen Wohnung über die unzureichende Ausbildung bis zu Ehe-, Erziehungs- und Selbstwertproblemen)" kennzeichnend für die Soziale Arbeit. Alles, was das Alltagsleben an Problemen mit sich bringt, kann potentiell zum Gegenstand sozialpädagogisch-sozialarbeiterischer Unterstützungsleistungen werden, stellt Galuske fest (vgl. 2007:36), ein klarer Fokus ihres Tätigseins fehle, konstatiert Gildemeister (1992:209). So ist die Soziale Arbeit durch eine nicht klar bestimmbare Zuständigkeit, eine diffuse ‚Allzuständigkeit für komplexe Probleme' gekennzeichnet, die sich am ehesten noch negativ bestimmen lässt: „Soziale Arbeit wird dann tätig, wenn andere Professionen nicht mehr oder noch nicht tätig werden können" (Kleve 2002b zit. in Becker-Lenz/Müller 2009:64). So haben wir denn auch in Kap. 2.2.2 festgehalten, dass der Auftrag der Sozialen Arbeit ein nachrangiger ist.

Eingrenzung der Zuständigkeit

Diese ‚Allzuständigkeit' ist in mehrfacher Hinsicht problematisch. Auf der Makroebene führt dies zur Schwierigkeit, eine Definition des Gegenstandes Sozialer Arbeit zu finden (siehe 2.1). Ebenso spiegelt sie sich wider in der grossen Breite und Heterogenität der Arbeitsfelder (siehe 2.2.1). Für die Profession bedeutet dies, dass der Grad an Spezialisierung – zumindest in der Grundausbildung – nur sehr gering sein kann. Mit der Heterogenität der Arbeitsfelder einher geht auch eine fehlende Monopolisierung des Tätigkeitsfeldes (vgl. Galuske/Müller 2005:489). So arbeiten nur selten ausschliesslich eine Sozialarbeiterin und ein Klient an einem Thema; meistens sind weitere Fachleute aus unterschiedlichen Professionen und Berufen in einen Fall involviert, mit denen die Sozialarbeiterin in irgendeiner Form zusammen arbeitet. Soziale Arbeit vollzieht sich also zumeist in *interprofessionellen Kontexten* (siehe 5.2). Dabei haben Professionelle der Sozialen Arbeit manchmal mit Statusproblemen zu kämpfen, die u.a. durch die wenig klar abgrenzbare Zuständigkeit mitbedingt ist.

Auf der Mikroebene der alltäglichen Intervention stellt sich diese Allzuständigkeit als Schwierigkeit dar, die eigene Zuständigkeit einzugrenzen.

Ein Beispiel: In der Beratung einer jungen Frau, die Sozialhilfe bezieht, lautet der organisationsinterne Auftrag, die Erwerbsintegration zu thematisieren; dabei geht es hauptsächlich um die Themen Finanzbedarf der Familie, Arbeitssuche bzw. Ausbildung sowie um die extrafamiliale Betreuung der beiden kleinen Kinder und die Schulprobleme des ältesten Sohnes. Sind nun die ehelichen Schwierigkeiten, welche die Frau neu auch anspricht, ebenfalls Thema der sozialarbeiterischen Unterstützung? Ab welchem Intensitätsgrad sollte die Klientin diesbezüglich an eine andere Beratungsstelle verwiesen werden?

In Bezug auf Zuständigkeit und Spezialisierung unterscheidet sich die Soziale Arbeit also deutlich von anderen Professionen. Anders als beispielsweise eine Ärztin habe der Sozialpädagoge nur einen schwach ausgeprägten thematischen Filter, mit denen er Probleme aussteuern könne, konstatiert Galuske (2007:37), und er fährt fort: „Der Begriff Allzuständigkeit impliziert nicht, dass alles ein sozialpädagogisches Problem *ist*, sondern dass es eine enorme und diffuse Bandbreite von Problemen gibt, die prinzipiell zum Gegenstand Sozialer Arbeit werden *können*. Was faktisch Gegenstand der Bearbeitung *wird*, konkretisiert sich im situativen und institutionellen Kontext der Fallbearbeitung und ist nicht zuletzt ein Produkt der Aushandlung zwischen SozialpädagogInnen und KlientInnen." (ebd.: 38, Hervorh. Original). Was in einem Fall ‚der Fall ist', muss also immer zunächst eingeschätzt und diskursiv ausgehandelt werden.

Müller verweist auf die Gefahr dieser diffusen Allzuständigkeit. Weil Soziale Arbeit den Anspruch verfolgt, sich um die Alltagsprobleme des ‚ganzen Menschen' in seiner jeweiligen Lebenssituation zu kümmern, gerate sie „in die Gefahr eines totalitären, weil *prinzipiell grenzenlosen Zugriffs* auf den Alltag ihrer Klienten zu kommen" (1991:112). Das ganzheitliche und alltagsnahe Handlungsverständnis der Sozialen Arbeit habe für die Klientenseite notwendigerweise ein Doppelgesicht: Es ermögliche zunächst, dass die Komplexität der belastenden Lebenslagen überhaupt sichtbar werden kann. Die Kehrseite sei, dass die Kontrollmöglichkeit des Klienten, welche Leistungen er konkret erwarten kann und welche nicht, ebenfalls diffus wird (vgl. ebd.:113). Das Aushandeln der Grenze der Intervention mit der Klientin ist für Müller deshalb ein wesentliches Strukturmerkmal der Intervention selber (vgl. ebd.:114).

Fokus der Problembearbeitung

Wir haben festgestellt, dass die grundsätzlich umfassende Zuständigkeit für alle Aspekte der komplexen Problemlagen von Klientinnen ein Kennzeichen Sozialer Arbeit ist. Der Problembearbeitungsfokus ist dabei immer ein doppelter oder sogar dreifacher (siehe 2.2.2): Es geht um Unterstützung der Klienten zur *Veränderung ihrer Person und Lebensweise* einerseits, um Unterstützung zur *Veränderung der Lebensbedingungen* des Klienten andererseits. Zu diesem doppelten Fokus der fallbezogenen Problemstellung kommt ausserdem die fallunabhängige und fallübergreifende Optimierung der sozialen Infrastruktur. Dieser doppelte (bzw. trifokale) Fokus hinsichtlich Aufgabenstellung impliziert, dass Professionelle der Sozialen Arbeit in der Lage sein müssen, grundsätzlich mit Situationen von *Ungewissheit* (Kontingenz) umgehen zu können: Ungewissheit, was der Fall ist und wo der Unterstützungsfokus liegen wird, Ungewissheit auch, was die eigene Zuständigkeit betrifft. Die „Bewältigung von Ungewissheit" gilt deshalb als Kern professioneller Handlungskompetenz (Olk 1986:151 zit. in Müller 2002:40; vgl. auch Gildemeister 1993:64; Dewe/Otto 2005:1416). Zugleich bleibt die Kompetenzdomäne der Sozialen Arbeit systematisch unscharf (vgl. Gildemeister 1992:211).

Geringe gesellschaftliche Anerkennung

Eine weitere Schwierigkeit in Zusammenhang mit der diffusen Allzuständigkeit ist das teilweise unklare gesellschaftliche Mandat (siehe 3.1.1) und die tendenziell geringe gesellschaftliche Anerkennung. So führt beispielsweise Thiersch aus, dass sich die Soziale Arbeit entwickelt habe aus der Institutionalisierung und Professionalisierung von Aufgaben, die traditionell in Familie und Nachbarschaft und in ehrenamtlichen Tätigkeiten in Vereinen oder der Gemeinde wahrgenommen wurden (siehe auch. 2.2.2). Ob man wirklich institutionellen und professionellen

Aufwand brauche für diese Aufgaben, die früher doch auch anders und unaufwändiger bewältigt worden seien, stehe immer wieder in Frage. Diese geringe Akzeptanz führe zu Selbstzweifel der Sozialen Arbeit (vgl. Thiersch 2002:210). Auch Galuske verweist auf die Schwierigkeit der Sozialen Arbeit, Kompetenzansprüche durchzusetzen, die solche des täglichen Lebens sind. Die Probleme, mit denen es die Soziale Arbeit zu tun habe, seien häufig so beschaffen, dass es insbesondere für Laien schwer zu durchschauen ist, warum es zu ihrer Lösung eine spezifische Kompetenz braucht (vgl. Galuske 2007:40ff., Galuske/Müller 2005:489). Aufgrund der diffusen Allzuständigkeit sind also auch Mandat und Lizenz der Sozialen Arbeit nur teilweise klar.

Geringe Spezialisierung, fehlende Monopolisierung, eine systematisch unklare und nicht eingrenzbare Zuständigkeit sowie die Bewältigung von Ungewissheit sind konstitutiv für die Soziale Arbeit. Damit ist eine erste Strukturbedingung professionellen Handelns benannt. Diese gilt es bei den Ausführungen zu kooperativer Prozessgestaltung in Teil II zu berücksichtigen. So folgt aus dem Strukturmerkmal diffuser Allzuständigkeit u.a., dass in jedem Fall die Thematik zunächst eingeschätzt und ausgehandelt, dass die Frage der eigenen Zuständigkeit geklärt und die Grenzen der Intervention gemeinsam mit einer Klientin oder einem Klientensystem ausgehandelt werden muss, und dass die professionelle Unterstützung eines Klienten oft in Zusammenarbeit mit anderen Fachkräften realisiert wird.

3.2.2 Doppelte Loyalitätsverpflichtung

Eine der Klassikerinnen der Sozialen Arbeit, Gertrud Bäumer, hat den Professionalitätsanspruch Sozialer Arbeit aus der Entwicklung von Institutionen abgeleitet (siehe 3.1.2) und gefolgert, dass die Institutionalisierung der Problembearbeitung – und damit der Organisationskontext – wichtige Aspekte eines Professionalitätsmodells Sozialer Arbeit sind. Diese institutionelle Einbindung beinhaltet zugleich spezifische Probleme.

Widersprüchliche Handlungslogiken

Soziale Arbeit ist gekennzeichnet durch eine starke Abhängigkeit von staatlicher Steuerung und direkter Einbindung in bürokratische Organisationen. Sie agiert im Rahmen eines weit verzweigten, komplizierten Sozialrechts (siehe 4.2), ist abhängig von staatlicher Finanzierung und zumeist eingebunden in bürokratische Strukturen mit bestimmten geregelten Verfahrensabläufen (vgl. Gildemeister 1992:210; Galuske 2007:47). Die *Einbettung des professionellen Handelns in bürokratische Organisationen* wird in der Literatur kritisch bewertet, und sie hat weitreichende Konsequenzen. Sozialarbeiterinnen agieren einerseits im administrativ-rechtspflegerischen Bereich sozialer Kontrolle bzw. sozialpolitischer Interventionen und andererseits – zumeist gleichzeitig – im Bereich der Beratung, Bildung und Begleitung. Nun folgt die professionelle Beratung und Begleitung allerdings einer anderen Logik und Rationalität als bürokratisches Handeln: Professionelles Handeln im Bereich der Beratung und Begleitung orientiert sich an der individuellen Problemlage und Lebenswelt und respektiert die Autonomie und Eigenwilligkeit der Lebenspraxis eines Klienten, und sie braucht Freiraum für flexible, individuelle Lösungen. Im Bereich der administrativ-rechtspflegerischen Praxis hingegen geht es um Norm sicherndes bürokratisches Rechtshandeln, das von einem hohen Grad an Standardisierung und Normierung gekennzeichnet ist und ‚Gleichbehandlung' zu gewährleisten hat. Sozialarbeiterinnen sind also zwei unterschiedlichen Handlungslogiken gleichzeitig unterworfen – was ein handlungslogisches Dilemma ergibt. (Vgl. Dewe/Otto 2005:1407; Becker-Lenz/Müller 2009:66 f.)

Doppeltes Mandat

Eng verknüpft mit diesem strukturellen Widerspruch hinsichtlich Handlungslogik aufgrund der Einbindung in bürokratische Organisationen ist die Problematik der Loyalitätsverpflichtung der Professionellen der Sozialen Arbeit. Insbesondere in den 1970er Jahren wird die Funktion der Sozialen Arbeit und die Ambivalenz öffentlich organisierte Hilfe kritisch diskutiert: Diese kann demnach nicht nur als Hilfe verstanden, sondern muss zugleich auch als Kontrollmechanismus gegenüber den Hilfesuchenden begriffen werden. Die Professionellen der Sozialen Arbeit werden als Träger eines sog. ‚doppelten Mandates' gesehen: Sie sind einerseits den Anliegen und Interessen der Hilfesuchenden verpflichtet, andererseits ihrem Auftraggeber, dem Staat bzw. der Kommune (vgl. u. a. Gängler 2005:772). Nun erwartet die Gesellschaft, welche definiert, welche Hilfe Soziale Arbeit leisten soll, zusammen mit dieser *Hilfe* auch eine Anpassung der Hilfeempfänger an die herrschenden Normen (z. B. Bereitschaft zur eigenen Existenzsicherung), und von den Professionellen der Sozialen Arbeit eine *Kontrolle* dieser Anpassung und gegebenenfalls eine Disziplinierung der Klientinnen. So sind die Professionellen der Sozialen Arbeit angehalten, „ein stets gefährdetes Gleichgewicht zwischen den Rechtsansprüchen, Bedürfnissen und Interessen der Klienten einerseits und den jeweils verfolgten sozialen Kontrollinteressen seitens öffentlicher Steuerungsagenturen andererseits aufrecht zu erhalten" (Böhnisch/Lösch 1973:368). Professionelle der Sozialen Arbeit sind *beiden Seiten verpflichtet*: der Gesellschaft als Auftraggeber *und* den Klientinnen und ihrer Lebenswelt. Diese Loyalitätsbindung einerseits dem hilfesuchenden Individuum und andererseits der Gesellschaft gegenüber wird als widersprüchlich angesehen – Thiersch hat sie einmal als „kontrollierte Schizophrenie" bezeichnet (Thiersch 1986 zit. in Gängler 2005:783). Müller verweist auf die Notwendigkeit, dass Sozialarbeiterinnen ihre Kontroll- und Sanktionsfunktionen dem Klienten gegenüber transparent machen und die dadurch entstehende Begrenztheit des Hilfeangebots offen legen (vgl. 1991:119). Einzig Oevermann sieht in dieser *doppelten Loyalitätsbindung* ein grundsätzliches Professionalisierungshindernis: Wenn die beiden unterschiedlichen und sich widersprechenden Funktionsfoki gleichzeitig wahrgenommen werden müssen – Widerherstellung der Integrität der Klienten einerseits, Herstellung von Gerechtigkeit im Rahmen der Rechtspflege andererseits –, dann folge daraus ein „schier unlösbares Grundproblem für eine kohärente Professionalisierung" (vgl. Oevermann 2009:118f.). Die meisten Autoren hingegen begreifen den aus der Doppelaufgabe von Hilfe und Kontrolle und aus der doppelten Loyalitätsbindung entstehenden Widerspruch als konstitutives Strukturmerkmal der Sozialen Arbeit, sie postulieren einen reflexiven Umgang damit in der alltäglichen Handlungspraxis sowie eine Integration der doppelten Orientierung in das professionelle Selbstverständnis (vgl. u. a. von Spiegel 2006:595; Heiner 2004b:38f.; Gildemeister 1997:217; Bommes/Scherr 2000:44ff.). Demnach müssen Sozialarbeiterinnen stets im Schnittfeld dieser konfligierenden Erwartungen arbeiten und damit kreativ umgehen können, indem sie den eigenen Handlungsspielraum ausloten und Handlungsmöglichkeiten inszenieren.

Studien zum beruflichen Selbstverständnis zeigen allerdings, dass viele Professionelle ihre Aufgabe als Hilfe, als Unterstützung und anwaltschaftliche Vertretung verstehen und Mühe bekunden mit dem disziplinierenden Aspekt der Kontrolle, dass sie den Kontrollauftrag tendenziell ablehnen (vgl. Kähler 2005:73 ff.) und das eigene Kontrollhandeln verdrängen. So stellt beispielsweise Urban (2004:205) fest, dass die von ihr befragten Sozialarbeiterinnen des Allgemeinen Sozialdienstes das eigene Tun auch dann als Hilfe bezeichnen, wenn offensichtliches Kontrollhandeln stattfindet. Eingriffe in Elternrechte beispielsweise werden nicht als Kontrolle der Eltern, sondern als Hilfe für die Kinder bezeichnet.

Auch in der theoretischen Debatte wird der Kontrollaspekt teilweise negiert oder aber positiv umgedeutet. In dem seit den 1990er Jahren diskutierten Dienstleistungstheorem, in dem Klientinnen als Kundinnen aufgefasst werden, die eine Dienstleistung der Sozialen Arbeit in Anspruch nehmen, werde der Kontrollaspekt negiert und der strukturelle Widerspruch tendenziell überdeckt, führt Urban aus (ebd.: 206). Becker-Lenz/Müller (vgl. 2009:98 ff.) relativieren diesen potentiellen Widerspruch zwischen gesellschaftlichem Auftrag und individueller Hilfe, da die Inanspruchnahme von Hilfe immer nur auf Freiwilligkeit basieren könne, und die hilfeimmanenten Kontrollaspekte letztlich auch als Hilfe zu verstehen seien. Heiner (vgl. 2004b:32) plädiert demgegenüber für eine kreative intermediäre Funktion der Sozialen Arbeit: Die Wiederherstellung der autonomen Lebenspraxis der Klienten verlange nach einer Vermittlung zwischen System und Lebenswelt, Individuum und Gesellschaft (siehe 2.2.2). Die Bestimmung Sozialer Arbeit als intermediäre Instanz zwischen Individuum und Gesellschaft lasse eine positive Bewertung des gesellschaftlichen Mandates zu, so Heiner weiter. Möglicherweise werde dadurch allerdings das Verhältnis (zwischen Individuum und Gesellschaft) harmonisiert und die Widersprüchlichkeit der doppelten Loyalitätsbindung tendenziell überdeckt (vgl. ebd.: 33).

Die Doppelfunktion von Hilfe und Kontrolle kann als unaufhebbare, der organisierten Hilfe der Sozialen Arbeit immanente Paradoxie professionellen Handelns gesehen werden. Das Spannungsfeld verschiedener Anforderungen und Loyalitätsverpflichtungen lässt sich ebenso wenig aufheben wie das handlungslogische Dilemma zwischen bürokratischem Rechtshandeln und individuell ausgerichtetem, lebensweltorientiertem und autonomieförderndem Unterstützungshandeln.

Diese Widersprüche immer wieder fallbezogen neu zu reflektieren ist eine Anforderung an Professionelle der Sozialen Arbeit und zugleich ein Qualitätsmerkmal von Professionalität. So sind in jedem Fall die unterschiedlichen Erwartungen zu erfassen und kritisch zu beurteilen: ‚Fallverstehen' ist die Basis für den Umgang mit dem Strukturproblem doppelter Loyalitätsbindung. Auf der Handlungsebene ist es unabdingbar, gegenüber Klienten den Kontrollauftrag transparent zu machen.

3.2.3 Nichtstandardisierbarkeit des Handelns

Die Aufgabe der Sozialen Arbeit kann definiert werden als Unterstützung von Individuen oder Gruppen bei Problemen der Lebensbewältigung und der sozialen Integration. Ihr Gegenstand sind soziale Probleme, die sich auf das Passungsverhältnis zwischen Individuum und Gesellschaft beziehen (siehe 2.2.2). Die Implikationen der Bearbeitungsmöglichkeit dieser Probleme stellen ein weiteres Strukturmerkmal Sozialer Arbeit dar.

Strukturelles Technologiedefizit

Soziale Probleme sind komplexer und anders geartet als technische Probleme. Für letztere lassen sich standardisierte Lösungen finden, indem Technologien entwickeln werden: Bei einer spezifischen Problemkonstellation (A) wird mit einem definierten Verfahren (B) eine bestimmte Wirkung (C) erzielt. In den Sozialwissenschaften allerdings fehlen solche klaren Ursache-Wirkungs-Zusammenhänge. Soziale Prozesse sind komplex und unvorhersehbar. Die Soziale Arbeit verfügt über keine Technologien, mit denen Wirkungen planvoll hergestellt werden können. Luhmann/Schorr haben diesen Umstand in einem viel beachteten Aufsatz als das „strukturell begründete Technologiedefizit" des Erziehungssystems bezeichnet (1973:14). Sie folgern daraus, dass die Suche nach objektiven Kausalgesetzen in zwischenmenschlichen Beziehungen nutzlos sei, und schlagen stattdessen vor, Komplexitätsreduktionen vorzunehmen und mit fallbezogenen theoriegeleiteten Arbeitshypothesen zu operieren (vgl. ebd.:18f.). Dieses strukturelle Technologiedefizit ist ein Strukturmerkmal nicht nur für die Pädagogik, sondern auch für die Soziale Arbeit. Deshalb ist das professionelle *Handeln nicht standardisierbar*, gibt es keine Rezepte für die Bearbeitung von Fällen, können Aufgaben nicht gemäss Bedienungsanleitung erledigt werden, und deshalb ist die Wirkung einer sozialarbeiterischen Intervention nicht vorhersehbar, sondern ergebnisoffen.

Prozesse in der Sozialen Arbeit sind also nur in beschränktem Sinne plan- und steuerbar. Eine Erklärung hierfür findet sich auch bei der politischen Philosophin Hanna Arendt (1996). Sie unterscheidet verschiedene Formen von ‚Tätigsein'. ‚Handeln' wird jene Tätigkeitsform genannt, die sich auf das Geschehen zwischen Menschen bezieht. Charakteristisch für diese Tätigkeitsform ist, dass der Mensch die Folgen des Handelns weder bestimmen noch kontrollieren kann. Denn eine klare Verbindung zwischen Mittel und Zweck gibt es nur bei der Tätigkeit des

‚Herstellens': Beim Herstellen geht es um das Hervorbringen eines bestimmten Produkts, eines materiellen Dings, es geht um das Verfolgen eines Zwecks, zu dem der Herstellungsprozess selbst nur das Mittel ist. Das Handeln folgt demgegenüber *keiner Herstellungslogik*: Handeln beinhaltet die Möglichkeit, etwas Neues, Unvorhergesehenes anzufangen, in die Welt zu bringen. Was mit diesem ‚Neuen' geschieht, welche Prozesse dabei in Gang gesetzt werden, entzieht sich dem Einfluss der Handelnden. Handeln hat immer unabsehbare Folgen, welche der Einzelne nicht kontrollieren kann. Sozialpädagoginnen können mit ihrem Handeln also Prozesse in Gang setzen, deren Fortgang – die Wirkung – jedoch können sie nicht vorhersehen und bestimmen.

Notwendigkeit von Fallverstehen

Das strukturelle Technologiedefizit kann nur durch einen fallspezifischen rekonstruktiven Zugang kompensiert werden. So umschreiben Dewe/Otto professionelles Handeln als personenbezogenes kommunikatives Handeln „auf der Basis und unter Anwendung eines relativ abstrakten, Laien nicht zugänglichen Sonderwissensbestandes sowie einer praktisch erworbenen hermeneutischen Fähigkeit der Rekonstruktion von Problemen defizitären Handlungssinns" (Dewe/Otto 2005a:1407). Das Handeln sei typischerweise auf komplexe, prinzipiell als ganzheitlich zu betrachtende soziale Problemfälle bezogen, die sich wegen ihrer situativen Dichte, Kontextabhängigkeit und Spezifität nicht standardisieren lassen. Sie kennzeichnen dies als Strukturprinzip der ‚*Einheit von Wissensbasis und Fallverstehen*' (vgl. ebd.). Aus der Nichtstandardisierbarkeit des Handelns ergibt sich die Notwendigkeit für Professionelle, Theoriewissen und fallbezogenes Wissen aufeinander zu beziehen und Wissen in Handeln übersetzen zu können (vgl. u.a. Gildemeister 1992:313, Oevermann 1996:126, Gildemeister/Robert 1997:24). Diese ‚widersprüchliche Einheit' von Orientierung an wissenschaftlichem Wissen und Erklären einerseits und Fallverstehen andererseits gilt als weiteres Strukturmerkmal der Sozialen Arbeit.

Die Problemlagen von Klientinnen der Sozialen Arbeit sind typischerweise komplex, Schwierigkeiten der Lebenssituation und -bewältigung zeigen sich individuell unterschiedlich. Sie können nur verstanden werden vor dem Hintergrund der Biographie und der Lebenslage eines Menschen bzw. einer Familie bzw. auch der Infrastruktur eines Stadtteils. Soziale Arbeit ist einem ganzheitlichen Zugang verpflichtet, der Menschen in ihren sozialen Bezügen und ihrer Lebenswelt sieht. Professionelles Handeln basiert darauf, dass diese komplexen Problemlagen und individuellen Schwierigkeiten erfasst, ‚rekonstruiert' und ‚verstanden' werden, damit fallbezogen eine hilfreiche, angemessene Unterstützung von Individuen, Gruppen oder auch Gemeinwesen möglich ist. Interventionen können sinnvollerweise also nur auf der Basis einer Diagnose konzipiert werden (siehe 10.). Dennoch ist der Erfolg auch bei einem diagnosebasierten Vorgehen nicht garantiert. So verweist der Professionssoziologe Klatetzki auf die Tatsache, dass es auch keine eindeutige Koppelung zwischen Diagnose und Intervention gibt. Vielmehr müsse ein hypothetischer Zusammenhang zwischen Diagnose und Intervention hergestellt werden bzw. brauche es mehrere Interventionsschlaufen, wobei die Wirkung jeder Intervention beobachtet und überprüft werde und als Basis für die nächste Intervention diene (vgl. Klatetzki 2005:264 ff.). Auch auf der Basis von Fallverstehen ist es also nur eingeschränkt möglich, mit einer Intervention eine bestimmte Wirkung erzielen zu können.

Das Strukturmerkmal der Nichtstandardisierbarkeit begründet den *Status* der Sozialen Arbeit als *Profession*. So halten Dewe/Otto (2005 a:1416) fest, dass professionelles Handeln „hinfällig würde, wenn die Möglichkeit einer routinemässigen Bewältigung der in der jeweiligen Handlungssituation liegenden Ungewissheit gegeben wäre". Dass Sozialpädagoginnen in der Lage sein müssen, prinzipiell unter der Bedingung von Ungewissheit zu handeln und für die Problembestimmung und -bearbeitung keinerlei Rezeptwissen zur Verfügung haben, ist also nicht nur grosse Herausforderung, es macht sie zugleich zu ‚Professionellen'.

Im aktuellen Diskurs besteht weitgehend Einigkeit über die Rahmenbedingung des strukturellen Technologiedefizits und die Notwendigkeit von wissensbasiertem Fallverstehen als Basis der Konzeption fallbezogener professioneller Unterstützung. Der Sonderwissensbestand der Sozialen Arbeit beinhaltet ein breitgefächertes Theorie- und Methodenwissen. Professionskompetenz zeigt sich in der Fähigkeit zur Verschränkung von wissenschaftlichem und fallbezogenem Wissen, in der Nutzung von wissenschaftlichem Wissen zum Fallverstehen. Die Nichtstandardisierbarkeit des professionellen Handelns ist das Strukturmerkmal Sozialer Arbeit, das direkt zum Thema dieses Lehrbuchs führt und seinen Bedarf begründet. Ein fallbezogenes strukturiertes methodisches Vorgehen bei der professionellen Unterstützung von Klienten ist unabdingbar. Allerdings betont Galuske (2007:63) zu Recht: „Methodisches Handelns in der Sozialen Arbeit hilft die konstitutive Unsicherheit erzieherischer Prozesse zu reduzieren, beseitigt sie aber nicht. Insofern sind Methoden in der Sozialen Arbeit nicht nur darauf ausgerichtet, Unsicherheit zu reduzieren, sondern auch, sie ‚erträglicher' zu machen."

3.2.4 Koproduktion

Die Frage danach, wer denn eine Leistung in der Sozialen Arbeit erbringt, wer hier Handlungssubjekt ist, führt zu einem weiteren Strukturmerkmal Sozialer Arbeit. Es ist insbesondere in der Dienstleistungsdebatte der 1980er und 1990er Jahren herausgearbeitet worden (u. a. von Gross 1983).

Status der Klientin als Ko-Produzentin

Soziale Arbeit wird im Dienstleistungsansatz verstanden als soziale Dienstleistung im Rahmen der Sozialpolitik. Unterschieden werden sachbezogene und personenbezogene soziale Dienstleistungen. Zu einem kleinen Teil erbringt die Soziale Arbeit sachbezogene Dienstleistungen (beispielsweise in Form von Informationstätigkeit, Berechnung von Sozialhilfeansprüchen, Vermittlung von Sachmitteln/ Gütern wie etwa Kleidergutscheine, u. a.). Diese Güter kann der Klient – beziehungsweise der ‚Kunde' – zu einem späteren Zeitpunkt gebrauchen oder verbrauchen. Der weitaus grösste Teil der Dienstleistungen der Sozialen Arbeit jedoch vollzieht sich in personenbezogenen Prozessen, beispielsweise in den vielfältigen Beratungstätigkeiten, in der Kinder- und Jugendhilfe und der Behindertenhilfe, etc. (vgl. Gängler 2005:782). Personenbezogene soziale Dienstleistungen zeichnen sich dadurch aus, dass die Leistungen nicht gegenständlicher Natur sind, dass sie weder übertragen noch gelagert noch transportiert werden können, sondern im Moment entstehen und sich stets auf eine ganze, ‚untrennbare' Person beziehen. Ein weiteres und zugleich folgenreiches Charakteristikum besteht darin, dass Prozesse und Ergebnisse gleichzeitig ‚produziert' und ‚konsumiert' werden. Diese Gleichzeitigkeit von Produktion und Konsumption ist als *Uno-actu-Prinzip* bekannt. Die Sozialarbeiterin als ‚Produzentin' und der Klient als ‚Konsument' agieren gleichzeitig. Ohne Zutun des Klienten kann die Leistung nicht zustande kommen, kann kein befriedigendes Ergebnis erzielt werden. So ist es beispielsweise unmittelbar einleuchtend, dass die Erweiterung von Selbstkompetenzen einer erwerbslosen jungen erwachsenen Frau im Rahmen eines Beratungsgesprächs ohne Beteiligung der Klientin unmöglich ist. Die Klientin hat daher den Status einer *Ko-Produzentin*. Die personenbezogene soziale Dienstleistung kann nur in einem dialogischen Verständigungsprozess gemeinsam von Professionellem und Klientin erbracht werden. (Vgl. u.a von Spiegel 2006:32 f.; Galuske 2007:47 f.)

Der Umstand, dass eine Leistung in der Sozialen Arbeit unabdingbar eine durch Sozialarbeiterin und Klient gemeinsam produzierte Leistung ist – die Tatsache der Koproduktion also – verweist auf die Notwendigkeit von *Kooperation*. Schweitzer (1998: 24) definiert Kooperation (im engeren Sinne) als „eine zwischen mindestens zwei Personen abgestimmte, auf ein Ergebnis gerichtete Tätigkeit". Kooperation meint also die gemeinsame Ausrichtung des Handelns auf ein Ziel. Und dieses Ziel kann nur als gemeinsames Ziel zwischen dem, der auf sie angewiesen ist und dem, der Unterstützung anbietet, realisiert werden.

Die Tatsache der Koproduktion macht deutlich, dass in der Sozialen Arbeit der Begriff des ‚Kunden', der eine Dienstleistung in Anspruch nimmt und ‚konsumiert', unangemessen ist, weil hier der Aspekt der Eigenleistung und Beteiligung verschwindet. Treffender sind die Begriffe ‚Klientin' (namentlich in allen Formen der Beratung und den Bereichen der Tertiärprävention, wie z. B. Einrichtungen der stationären Kinder- und Jugendhilfe oder des Straf- und Justizvollzugs), allenfalls auch ‚Adressaten' (insbesondere im Bereich der Primär- oder Sekundärprävention, wie z. B. der Gemeinwesenarbeit, Schulsozialarbeit).

(Un-)Freiwilligkeit

Das Strukturmerkmal der ‚Koproduktion' wirft spannende Fragen auf. Dass es unmöglich ist, eine Veränderung einer Person ‚herzustellen', haben wir bereits in Zusammenhang mit dem Strukturmerkmal der Nichtstandardisierbarkeit des professionellen Handelns festgestellt (siehe 3.2.3). Nun wurde noch einmal von einer anderen Seite her deutlich, dass Veränderung ohne Beteiligung des Klienten, ohne gemeinsames zielorientiertes Handeln von Sozialpädagogin und Klientin nicht denkbar ist. Diese Kooperation unbedingt zu wollen und zu suchen ist ein wesentlicher Aspekt einer professionellen Grundhaltung (siehe 6.2.2). Dieses strukturelle Angewiesensein auf Kooperationswilligkeit und -fähigkeit der Klienten verweist darüber hinaus auf eine spezifische Seite professioneller Kompetenz. Insbesondere da, wo die Kontaktaufnahme einer Klientin mit einer Institution der Sozialen Arbeit nicht freiwillig bzw. unter Druck erfolgt – wie z. B. im Straf- und Justizvollzug, aber auch in manchen stationären Einrichtungen der Kinder- und Jugendhilfe, in der Suchtberatung, etc. – und damit eine eigenständige (intrinsische) Motivation und ein Kooperationswille nicht einfach vorausgesetzt werden können, sind die Sozialpädagogen gefragt, zunächst das zu erarbeiten und zu ermöglichen, worauf sie unabdingbar angewiesen sind: die Kooperationsbereitschaft eines Klienten. Es gelte das Paradoxon zu bewältigen, „die anfängliche *Unmöglichkeit* eines Bündnisses als Voraussetzung für die *Möglichkeit* der Entwicklung eines Bündnisses zu akzeptieren", so Müller (1991:119, Hervorh. original). „Verhandlungsfähigkeit kann nicht vorausgesetzt werden. Es kommt darauf an Vertrauen zu gewinnen und den Willen zur Veränderung erst zu wecken", so Thiersch (2002:216): „Verhandlung muss immer auch Positionen deutlich artikulieren; sie muss bereit sein zur Werbung, ja zu Streit und Kampf – und dies ist dann die manchmal bittere Konsequenz – zur Niederlage."

Die Fähigkeit, die Kooperation des Klienten zu erarbeiten und gewinnen, gilt bei den meisten Autorinnen als ein Aspekt von Professionskompetenz. Einzig bei der Konzeption des Arbeitsbündnisses nach Oevermann gelten Freiwilligkeit und Motivation des Klienten als unabdingbare Voraussetzung für eine Kooperation, und die Tatsache, dass diese in vielen Praxisfeldern der Sozialen Arbeit nicht vorhanden sind, wird als Professionalisierungshindernis bezeichnet (vgl. u. a. Oevermann 1996:162 ff., 2009:121 ff.). Anderseits sind in jüngerer Zeit auch Veröffentlichungen erschienen, in denen thematisiert wird, auf welche Weise Kooperation in Zwangskontexten erfolgreich sein kann (vgl. Kähler 2005; Conen/ Cecchin 2008; Gehrmann/Müller 2007).

Das aktive Bestreben der Sozialpädagogin, in eine Kooperation mit einer Klientin zu kommen, kennt allerdings keine Garantie – der Begriff ‚Niederlage' im Zitat von Thiersch bringt dies deutlich zum Ausdruck. So wie Professionelle der Sozialen Arbeit grundsätzlich in der Lage sein müssen zu akzeptieren, dass ein von der Sozialen Arbeit definierter Adressat ein Angebot – z. B. eine Beratung in einer Familienberatungsstelle oder die Gesprächsmöglichkeit in einem niederschwelligen offenen Angebot für Menschen mit Suchtmittelabhängigkeit – nicht annehmen will und sich nicht adressiert fühlt, so müssen sie auch in einem Zwangskontext akzeptieren können, wenn sich eine Klientin nicht auf eine Arbeitsbeziehung einlassen will und sich der Kooperation verweigert.

Ein Bewusstsein der Grenzen der eigenen Möglichkeiten ist gemäss Heiner (2004 b:38 f.) ein wichtiger Teilaspekt der beruflichen Rollenklarheit. Ein anderer Aspekt betrifft die Integration der doppelten Loyalitätsbindung in das eigene professionelle Rollenverständnis (siehe 3.2.2). Im Kontakt mit Klienten verkörpern Professionelle der Sozialen Arbeit das institutionelle Angebot. Müller schildert dies sehr plastisch, wenn er betont, in einer Schuldnerberatungsstelle müsse sich der Berater seinen Klienten gegenüber ebenso glaubhaft mit seiner Funktion der Schuldnerberatung identifizieren, wie eine Jugendarbeiterin mit den Möglichkeiten und Grenzen des offenen Jugendtreffs: „Sie müssen ihre Funktion und ihr Angebot in Person *sein*. Sie müssen gegebenenfalls den Zorn über die Grenzen dieser Funktion aushalten können. (...) Dadurch können sie Klienten helfen, den nötigen Spielraum zu bekommen, um in Versuch und Irrtum herauszufinden, ob und wie sie selbst die reale Nützlichkeit jener Angebote und Funktionen für sie verwenden wollen". (Müller 2002a:88f.) Müllers Ausführungen fokussieren die Frage, wie Voraussetzungen geschaffen werden können, um Kooperation zu ermöglichen.

Strukturelle Asymmetrie

Schliesslich gilt es zu berücksichtigen, dass die Klientin zwar Ko-Produzentin der sozialen Dienstleistung ist, dass diese Koproduktion von Sozialarbeiter und Klientin gleichwohl unter Bedingungen von Ungleichheit stattfindet. Die Arbeitsbeziehung ist gekennzeichnet von einer strukturellen Asymmetrie: Der Sozialarbeiter verfügt aufgrund seines institutionellen Hintergrunds, seinem doppelten Mandat von Hilfe und Kontrolle sowie seines Wissensvorsprungs und seiner Kompetenz über mehr Macht als die hilfesuchende Klientin. So bezeichnet beispielsweise Michel-Schwartze Macht als Interaktionskonstante in der Sozialen Arbeit: Sozialarbeiterinnen verfügen als Repräsentantinnen hilfemächtiger Institutionen über Macht. Die strukturell vorgegebene Machtasymmetrie zeigt sich u.a. in der Komplementarität der Rollen – als hilfemächtige Professionelle einerseits und als hilfebedürftige Klientin mit Kompetenzdefizit andererseits (vgl. 1992:98f.). (Nebenbei: Diese Asymmetrie in der professionellen Beziehung kann potentiell noch durch die Geschlechterasymmetrie verstärkt werden – in der Konstellation Sozialarbeiter und Klientin – oder aber ‚gekreuzt' – in der Konstellation Sozialpädagogin und Klient. Dies kommt zum Tragen, wenn ein Interaktionsbeteiligter ein traditionelles Geschlechtsrollenverständnis männlicher Überlegenheit internalisiert hat.) Bommes/Scherr verweisen darauf, dass Sozialarbeiter auf der Basis der strukturellen Asymmetrie in der professionellen Beziehung „mit Deutungs-, Definitions- und Entscheidungsmacht insofern ausgestattet sind, als sie Hilfe zugestehen oder verweigern und die Fallproblematik in einer Weise fassen können, die von den Klienten abgelehnt werden kann und deshalb doch nicht verworfen werden muss, sondern im Rahmen der Organisation durch Entscheidung abgesichert werden kann" (2000:220). Auch viele andere Autorinnen analysieren professionelles Handeln als eine Form der Machtausübung (vgl. z.B. Heiner 2004b, Bang 1964 – anders hingegen Oevermann 2002 sowie Becker-Lenz/Müller 2009, die eine symmetrischen Sozialbeziehung postulieren). Gemeinsam ist den Diskussionen um Macht in der Sozialen Arbeit die überwiegende Anerkennung einer strukturellen Asymmetrie innerhalb der helfenden Beziehung sowie die Auseinandersetzung darüber, ob und wie diese Asymmetrie gegebenenfalls aufzuheben sei (vgl. Gängler 2005:783).

Subjektive Wirklichkeitskonstruktion

Ein wesentliches Moment um die Asymmetrie zu reduzieren besteht darin, dass Professionelle davon ausgehen und anerkennen, dass ihre eigene Sichtweise auf einen Fall, auf eine Situation kaum mit derjenigen der Klientin übereinstimmen wird – oder allgemeiner formuliert: Wenn sie anerkennen, dass es keine neutrale Situationsbeschreibung gibt, sondern Wirklichkeit immer subjektiv konstruiert ist. Was Menschen bei der Aufgabe ihrer Alltagsgestaltung als gelingend und was sie als problematisch empfinden, das ist das Ergebnis ihrer individuellen Sicht der Wirklichkeit; die Sozialarbeiterin wird als aussenstehende Beobachterin vielleicht eine andere Wahrnehmung, Beschreibung und Erklärung der Situation haben. Grundsätzlich müssen die Sichtweisen unterschiedlicher Beteiligter in ihrer Andersartigkeit als gleichwertig anerkannt werden (vgl. von Spiegel 2006:595). Dazu gehört, dass Professionelle einerseits versuchen, die Perspektive der Klienten zu erfragen und zu erfassen und sie vor dem Hintergrund ihres subjektiven Bedeutungskontextes zu rekonstruieren, und dass sie andererseits ihre eigene Sichtweise als ebenfalls subjektive Wirklichkeitskonstruktion erkennen und diese transparent in den Aushandlungsprozess mit Klienten einbringen (vgl. von Spiegel 2006:39).

Das Strukturmerkmal Koproduktion macht deutlich, dass eine Dienstleistung in der Sozialen Arbeit ohne Zutun des Klienten nicht zustande kommen kann, dass diese Leistung unabdingbar eine durch Sozialarbeiterin und Klient gemeinsam produzierte Leistung ist. Dies verweist auf die Notwendigkeit von Kooperation: Professionelles Handeln zeichnet sich aus durch gemeinsames Handeln von Sozialpädagoge und Klientin, durch die Ausrichtung auf ein gemeinsam ausgehandeltes Ziel. Deshalb gehört der Wille zur Kooperation mit Klienten unabdingbar zum professionellen Selbstverständnis. Da die Kooperationsbereitschaft jedoch auf Seiten der Klienten nicht in jedem Praxisfeld vorausgesetzt werden kann, müssen Professionelle der Sozialen Arbeit willens und in der Lage sein, um diese Kooperationsbereitschaft zu werben und sie zu ermöglichen.

Ein dialogischer Verständigungs- und Aushandlungsprozess ist nur auf der Basis einer gelingenden Beziehung zwischen Sozialpädagogin und Klient unter den strukturellen Bedingungen von Asymmetrie möglich. Wie diese Arbeitsbeziehung theoretisch konzipiert wird, soll deshalb in einem gesonderten Kapitel dargelegt werden (siehe 5.1).

3.2.5 Involviertheit der Professionellen als ganze Person

Wir haben festgestellt, dass personenbezogene soziale Dienstleistungen auf die ganze, untrennbare Person eines Klienten bezogen sind. Zugleich ist auch die Sozialpädagogin als ganze Person in diese Arbeitsbeziehung involviert. Diese Beteiligung des Professionellen als ganze Person verweist noch einmal – und von einer anderen Seite her – darauf, dass professionelles Handeln in der Sozialen Arbeit nicht auf die Anwendung von Methoden reduziert werden kann. Vielmehr stellt der Professionelle die Einheit von Theorie und Praxis in seiner Person, in seinem Handeln und in der Interaktion mit Klienten her (vgl. u. a. Gildemeister/Robert 1997:27). Von Spiegel bezeichnet diesen strategischen und reflektierten Einsatz der eigenen beruflichen Persönlichkeit mit „Person als Werkzeug" (2006:84). Bereits Alice Salomon hat die Persönlichkeit als „wesentliches Hilfsmittel" (Salomon 1926, zit. in Niemeyer 1999:133) bezeichnet. „Pädagogisches Handeln vermittelt sich – dies ist eine der ältesten pädagogischen Weisheiten – im wesentlichen über die Person des Pädagogen" (Niemeyer 1999:153). Als Person tritt sie in Kontakt zu einem Klienten, verkörpert sie das institutionelle Angebot und gestaltet sie die professionelle Beziehung. In diese Beziehungsgestaltung fliesst fachliches Wissen über Arbeitsbeziehungen mit ein, zugleich ist sie geprägt von der Persönlichkeit der Sozialarbeiterin.

Einer weinende Frau in einem Beratungsgespräch zuzuhören und sie zu trösten, in einem Jugendtreff in einen Streit einer Gruppe männlicher Jugendlichen, der in Gewalt auszuarten droht, einzugreifen – solche Situationen berühren die Emotionen eines Sozialpädagogen unmittelbar, und die Art und Weise, wie Sozialpädagogin A und Sozialpädagoge B handeln, hat viel zu tun mit deren biographischen Erfahrungen.

Seit die Idee des ‚geborenen Erziehers' verworfen und die Notwendigkeit von Ausbildung in der Sozialen Arbeit anerkannt ist, ist der Zusammenhang von Biographie und Professionalität in der Sozialen Arbeit ein Thema. Sozialarbeiter müssen in der Lage sein, eine reflexive Distanz zur eigenen Biographie herzustellen. „Eine auf die Profession bezogene biographische Selbstreflexion und Selbstdistanzierung bedeutet die kritische Auseinandersetzung mit den biographischen Anteilen im beruflichen Handeln, d. h. die kritische Auseinandersetzung mit sich selbst, mit dem eigenen Wissen sowie den eigenen Erfahrungen, Orientierungs-, Deutungs- und Relevanzsystemen", halten Grasshoff/Schweppe (2009:310) fest. Dies kann insbesondere während des Studiums eine grosse Verunsicherung mit sich bringen. Die „biographische Zumutung" (ebd.) beschränkt sich allerdings nicht auf die Ausbildung. Auch in der späteren beruflichen Tätigkeit ist die Konfrontation mit sich selbst, mit der eigenen Sicht auf die Welt und insbesondere den eigenen Gefühlen in der Begegnung und Auseinandersetzung mit Klienten nicht zu umgehen. Bereits 1964 hat Ruth Bang darauf hingewiesen, dass aus dieser Selbstbetroffenheit eine „Verantwortung des Sozialarbeiters sich selbst gegenüber, eine Verantwortung, die bewusst darauf gerichtet ist, Sorge dafür zu tragen, dass auch er in ausreichendem Masse Befriedigung erlebt" (ebd.:42) abzuleiten ist. Zu dieser Verantwortung gehört für sie auch die Auseinandersetzung mit den eigenen destruktiven Gefühlen, Gedanken und Impulsen (vgl. ebd.:48). Selbstverantwortung und Zufriedenheit sieht Bang als Aspekte seelischer Gesundheit.

Das Nachdenken über sich selber, über die Involviertheit der eigenen Person in das professionelle Handeln – die Fähigkeit zur Selbstreflexion mithin gilt denn auch unstrittig als ein zentrales Moment im professionellen Handeln und als Kernelement von Professionalität. Supervision als Gefäss, in dem Selbstreflexion ermöglicht wird, ist deshalb für die Kompetenzentwicklung wie auch für die Qualitätssicherung professionellen Handelns unabdingbar (vgl. u. a. Müller

2009:166f.). Sie hat sich denn auch in der Sozialen Arbeit wie in keiner anderen Profession etablieren können, betont Gildemeister (1992:211). Die Sozialarbeiterin müsse ihre Berufsrolle sozusagen ‚selbst inszenieren'; dies verlange ein hohes Mass an Flexibilität und Konfliktfähigkeit. Ohne einen Ort für die Reflexion gemeinsam mit andern Professionellen ist dies auf Dauer kaum zu leisten. Die Supervision sei „einer der wenigen Anker für die berufliche Identität" (ebd.), die sich institutionalisiert habe.

Weil der Sozialarbeiter im gemeinsamen Handeln mit Klientinnen und Klientensystemen als ganze Person beteiligt ist, weil er selber als Person sein eigenes Arbeitsinstrument ist, deshalb ist die reflexive Auseinandersetzung mit eigenen Emotionen und der eigenen Biographie unabdingbar. Die Fähigkeit zu biographischer Selbstdistanzierung und zu stetiger Selbstreflexion ist ein wichtiger Bestandteil von Professionskompetenz. Ohne Settings einzurichten für die gemeinsame Selbstreflexion der Professionellen (Intervision, Supervision) kann eine Praxisorganisation Professionalität und Qualität nicht sicherstellen.

3.3 Zusammenfassung der Erkenntnisse

Der Anspruch auf ein eigenständiges Professionalitätsmodell ist schon in den Anfängen der Sozialen Arbeit gestellt und begründet worden. Die Exklusivitätsmerkmale klassischer Professionen sind für die Soziale Arbeit unerreichbar. Ausgangspunkt für die Bestimmung eines eigenständigen Professionalitätsmodells sind die spezifischen Konstitutions- und Rahmenbedingungen der Sozialen Arbeit und die daraus folgenden Strukturprobleme des Handelns. Professionelles Handeln zeichnet sich aus durch *Ausbalancieren struktureller Widersprüchlichkeiten.*

Geringe Spezialisierung, fehlende Monopolisierung des Handlungsfeldes, eine systematisch unklare Zuständigkeit – bezeichnet als *diffuse Allzuständigkeit für komplexe Probleme* – sind konstitutiv für die Soziale Arbeit. Die Bewältigung von Ungewissheit – worum es geht in einem Fall, welche Unterstützung nötig ist, was in der eigenen Zuständigkeit liegt – gilt daher als Kern professioneller Handlungskompetenz. Die Unterstützungsaufgabe kann oft nur in Zusammenarbeit mit anderen Berufen und Professionen realisiert werden.

Professionelle der Sozialen Arbeit sind einerseits der Gesellschaft als Auftraggeber der Hilfe verpflichtet und andererseits den Anliegen und Interessen der Klientinnen und ihrer Lebenswelt. Die Doppelfunktion von *Hilfe und Kontrolle* ist eine unaufhebbare, der organisierten Hilfe der Sozialen Arbeit immanente Paradoxie professionellen Handelns. Professionelle müssen sich im Spannungsfeld dieser *doppelten Loyalitätsverpflichtung* bewegen können. Sie sind einerseits der Logik standardisierten bürokratischen Rechtshandelns verpflichtet, andererseits der Logik des lebensweltorientierten, immer auf die Individualität der Klienten ausgerichteten Unterstützungshandelns.

Professionelles Handeln in der Sozialen Arbeit folgt keiner Herstellungslogik und ist *nicht standardisierbar.* Rezeptwissen, einheitliche Lösungen und festgeschriebene Vorgehensweisen, mit denen sich eine bestimmte Wirkung herstellen lässt, *die* eine Methode – das gibt es in der Sozialen Arbeit nicht. Es ist ein Merkmal von Professionen, dass sie sich mit Arbeitsaufgaben befassen, die nicht routinisierbar und unbestimmt sind, sodass sich für die Problembearbeitung keine standardisierten Verfahren anwenden lassen. Professionelle unterscheiden sich von anderen Berufstätigen gerade darin, dass sie über die Kompetenz verfügen, solche Aufgaben zu bearbeiten. Aus dem *strukturellen Technologiedefizit* ergibt sich die Notwendigkeit eines methodisch strukturierten Vorgehens, bei dem unter anderem Theoriewissen und fallbezogenes Wissen aufeinander bezogen werden.

Personale Dienstleistungen in der Sozialen Arbeit kommen ohne Zutun des Klienten nicht zustande. Es handelt sich stets um eine durch Sozialarbeiterin und Klient gemeinsam produzierte Leistung (,*Koproduktion*'). Dies verweist auf die Notwendigkeit von Kooperation: Professionelles Handeln zeichnet sich aus durch die Ausrichtung auf ein gemeinsam ausgehandeltes Ziel. Der hierfür notwendige dialogische Verständigungs- und Aushandlungsprozess ist nur auf der Basis einer gelingenden Beziehung zwischen Sozialpädagogin und Klient unter den strukturellen Bedingungen von Asymmetrie möglich. In Zwangskontexten kann die Kooperationsbereitschaft von Klienten nicht vorausgesetzt werden, vielmehr muss sie erst ermöglicht werden.

Die Sozialpädagogin ist im gemeinsamen Handeln mit Klientinnen und Klientensystemen *als ganze Person involviert*, sie ist als Person ihr eigenes Arbeitsinstrument. Die reflexive Auseinandersetzung mit eigenen Emotionen und der eigenen Biographie ist für eine Sozialpädagogin deshalb unabdingbar. Die Fähigkeit zu biographischer Selbstdistanzierung und zu stetiger Selbstreflexion ist ein wichtiger Bestandteil von Professionskompetenz. Andererseits müssen Organisationen, welche Professionalität und Qualität sicherstellen wollen, Gefässe für die gemeinsame professionelle Selbstreflexion (Supervision, Intervision) institutionalisieren.

Vertiefungsliteratur

Müller, Burkhard (2005). Professionalisierung. S. 731–750 in: Thole, Werner (Hg.). Grundriss Soziale Arbeit. Ein einführendes Handbuch. 2., überarbeitete und aktualisierte Auflage. VS Verlag für Sozialwissenschaften, Wiesbaden.

Schütze, Fritz (1992). Sozialarbeit als ‚bescheidene Profession'. S. 132–170 in: Dewe, Bernd/Ferchhoff, Wilfried/Radtke, Frank-Olaf (Hg.). Erziehen als Profession. Zur Logik professionellen Handelns in pädagogischen Feldern. Leske + Budrich, Opladen.

4 Ethische und rechtliche Grundlagen

Den Fragen rund um Ethik und Recht sollen die Ausführungen in diesem Kapitel gewidmet sein. Wir werden zentrale Dimensionen von Ethik und Sozialer Arbeit aufzeichnen und das Menschenbild skizzieren, das diesem Buch zugrunde liegt sowie Normen bzw. zentrale Wertepositionen einer Professionsethik diskutieren, auf die sich das Handeln in der Sozialen Arbeit abzustützen hat. Diskutiert wird dabei auch die Rolle der Menschenrechte in der Sozialen Arbeit. Im Weiteren stellen wir ausgewählte rechtliche Aspekte dar, die den gesetzlichen Rahmen bilden für das professionelle Handeln und aufzeigen, dass das Recht Soziale Arbeit einerseits ermöglicht, anderseits auch begrenzt.

4.1 Professionsethik

Wenn Soziale Arbeit nach Thole (vgl. 2005:157) als öffentliche Reaktion auf einen politisch anerkannten Hilfebedarf von Menschen zu kennzeichnen ist, so steht dahinter immer ein Urteil, das sich auf bestimmte gesellschaftliche Normen und Werte abstützt. Weil Sozialarbeiterinnen zudem oft in Lebenszusammenhänge von Menschen eingreifen und dies häufig in einem unfreiwilligen oder halbfreiwilligen Rahmen geschieht, stellt dies Soziale Arbeit vor die Aufgabe einer kontinuierlichen Reflexion von Werten, Zielvorstellungen und Konsequenzen professionellen Handelns und des daraus entstehenden Machtgefälles (vgl. Heiner 2007:169). Nach Lob-Hüdepohl (vgl. 2007:117) ist der Berufsalltag der Sozialen Arbeit durch vielfältige moralisch verzwickte Situationen geprägt, die nicht mittels allgemeiner normativer Standards und Grundprinzipien Sozialer Arbeit gelöst werden können. Stimmer geht davon aus, dass die Basis für die essentiellen Kompetenzen zur Wahrnehmung der sozialarbeiterischen Tätigkeit in grundlegenden sozialphilosophischen, anthropologischen sowie ethischen Überlegungen zu legen ist (vgl. 2006:41). Demnach ist zu fragen, auf welchen ethischen Grundlagen sich Professionelle der Sozialen Arbeit in ihrem Tun abstützen können und sollen und welche Bedeutung Ethik und Moral in der Sozialen Arbeit zukommen.

4.1.1 Begriffsklärung und Dimensionen einer Ethik Sozialer Arbeit

Ethik kann verstanden werden als Denken über Moral und Ethos; Ethik Sozialer Arbeit ist nach Lob-Hüdepohl „die kritisch-konstruktive Reflexion moralischer Dimensionen und normativer Grundlagen beruflicher Sozialer Arbeit" (2007:117). Heiner versteht Ethik als Wissenschaft, die in systematischer Weise die Phänomene

Ethos und Moral kritisch diskutiert (vgl. 2007:169f.). Dabei geht es nach Eisenmann darum, dass Ethik die individuellen, sozialen und gesellschaftlichen Voraussetzungen von Ethos und Moral anerkennt, die Folgen ihrer Ausprägung erfasst und beschreibt (deskriptive Ethik) sowie auch ihre Angemessenheit begründet (normative Ethik) (vgl. 2006:36ff.). *Moral* kann aufgefasst werden als das Insgesamt von nicht reflektierten tradierten und biografisch gefärbten Vorstellungen vom ‚richtigen‘, ‚guten‘ ‚sozial adäquaten‘ Verhalten, das handlungsleitend ist für ein gelingendes Leben. Diese Vorstellungen sind geleitet von Zielen, Normen, Deutungsmustern und Gewissheiten vom richtigen Tun. Als *Ethos* können Verhaltensmassstäbe, Wertvorstellungen und Zielsetzungen gesehen werden, die reflektiert sind und bewusst übernommen wurden. (Vgl. Heiner 2007:169f.; Lob-Hüdepohl 2007:117; Stimmer 2006:41f.)

Deskriptive wie normative Ethik orientieren sich an Kriterien und Prinzipien, die wiederum hergeleitet werden müssen. Dabei stellt sich die Frage, an welcher übergreifenden, allgemeinen Ethik oder Moraltheorie sich diese Prinzipien orientieren. Geschah die Ausrichtung in der Sozialarbeit und Sozialpädagogik in früheren Zeiten nach emanzipatorischen oder religiösen Grundüberzeugungen, können Sozialpädagoginnen die Wahl ihrer Referenztheorie im Zeitalter der Globalisierung und Individualisierung nicht willkürlich auf individueller Ebene vornehmen in dem Sinne, dass sie nach ihren Vorstellungen von Gerechtigkeit, Fairness, gutem Leben ihren beruflichen Alltag gestalten. Die Orientierung soll einerseits in Bezug auf den Gegenstandsbereich der Sozialen Arbeit erfolgen. Das bedeutet, dass die spezifischen Anforderungen, Ausprägungen und Eigenheiten des jeweiligen Arbeitsbereichs der Sozialen Arbeit besonders zu berücksichtigen sind. Anderseits ist auf die fachliche Eigenlogik der Sozialen Arbeit zu achten, die sich erst in der wissenschaftsgestützten Entwicklung entsprechender Ansätze und Konzepte herauskristallisiert. Damit wird die „Ethik Sozialer Arbeit integraler Bestandteil einer reflexiven Theorie beruflicher Sozialer Arbeit insgesamt [...]. In diesem Sinne reflektiert eine Ethik Sozialer Arbeit alle moralischen Orientierungen und normativen Implikationen, die dem einzelnen sozialprofessionellen Handeln wie den institutionellen Vermittlungsformen [...] und strukturellen Rahmenbedingungen [...] Sozialer Arbeit faktisch innewohnen" (Lob-Hüdepohl 2007:118).

Schlittmaier (vgl. 2006:45f.) zeichnet verschiedene Dimensionen einer Ethik Sozialer Arbeit auf, auf die kurz eingegangen werden soll, weil sich die Herausforderungen dabei gut aufzeigen lassen. Als erste Dimension nennt er die *Praxis* Sozialer Arbeit als Resultat einer komplexen Konstitutionsleistung, an der verschiedene Variablen wie z.B. Professionelle, Klientinnen, Organisationen etc. beteiligt sind und in der die Ethik ein bestimmendes Element darstellt, weil sie auf die Intentionen und Interventionen der Professionellen, auf die Ausrichtung und Gestaltung von Organisationen sowie auf rechtliche Normierungen einwirkt. Im Bereich der *Wissenschaft* Sozialer Arbeit, die ja auch Auswirkungen auf die Praxis hat (siehe 2.1.3), ist in einer ethischen Reflexion der Geltungsanspruch zentraler Normen von wissenschaftlichen Ansätzen kritisch zu diskutieren. Aus ethischer Sicht ist weiter zu fragen, welche *wissenschaftstheoretische Grundlegung* für Soziale Arbeit angemessen ist. Schliesslich weisen die *Methoden* Sozialer Arbeit ethische Dimensionen auf, indem sie Zielsetzungen beinhalten, die in jedem Fall normativen Charakter aufweisen. Eine weitere Dimension umfasst die *Berufsethiken* von nationalen und internationalen Berufsverbänden, die sich auf Werte und Normen abstützen, die das Handeln leiten sollen. Nach Schlittmaier weisen diese Berufsethiken zweierlei Defizite auf, ein Begründungs- und ein Applikationsdefizit; er vertritt die Ansicht, dass eine Professionsethik erst durch einen wechselseitigen Anwendungs- und Begründungsdiskurs ihre Praxisrelevanz intensivieren kann (vgl. 2006:46). Becker/Müller vermerken in diesem Zusammenhang, dass die Berufsverbände von unterschiedlichen ethischen Grundhaltungen ausgehen, die zu beachten seien, kritisieren aber, dass diese Grundhaltungen unklar formuliert und teils unzulänglich begründet sind und auf einen Anwendungsdiskurs verzichten (vgl. 2009:33 ff.).

Eine ethische Reflexion ist in jeder Organisation Sozialer Arbeit angesagt, sollen deren Ziele legitimiert werden. Schliesslich, hält Schlittmaier fest, verlangt die Klärung der Frage nach den gesellschaftlichen Funktionen Sozialer Arbeit eine Bewertung aus ethischer Sicht (vgl. 2006:46).

4.1.2 Menschenbild

Geht man vom ungeschriebenen Recht aller Klientinnen der Sozialen Arbeit aus, als einmalige, einzigartige Individuen in ihrem je eigenen Prozess des Werdens wahrgenommen und behandelt zu werden, ist zu fragen, von welchen Vorstellungen des Menschseins das Handeln in der Sozialen Arbeit geleitet werden soll. Die Vielfalt an Anthropologien und Glaubensvorstellungen weist darauf hin, dass das Wissen um den Menschen aus unterschiedlichen Disziplinen einzubeziehen ist, soll das Wesenhafte des Menschen umfassend verstanden werden.

Zunächst ist festzuhalten, dass der Mensch nicht als eine feste unveränderbare Grösse betrachtet, sondern nur in seinem kontinuierlichen *Werden* verstanden werden kann. Dieses menschliche Werden steht in Wechselwirkung mit der natürlichen und sozialen Umwelt, die sich ebenfalls in einem ständigen Prozess der Weiterentwicklung befindet. Aus den Bedingungen der Vergangenheit kann sich der Mensch nach Bock jeden Augenblick neu in die Zukunft hinein entwerfen (vgl. 1984:18). Das Vergangene kann dabei als das aufgefasst werden, was man an Wissen erworben und verstanden hat, worüber ein Bewusstsein existiert und über das reflektiert werden kann. Menschsein ist demnach zunächst einmal geprägt von Verstehens- und Bewusstseinsprozessen und dem, was die Psychologie als ‚*Selbst*' bezeichnet (vgl. Friedrich: 2001:133). Der Begriff Selbst bezeichnet in diesem Zusammenhang das Sein des Menschen in seiner Gesamtheit, das nur in seiner Lebensgeschichte als fassbare Dimension beschreibbar ist. Nach Knapp ist das Selbst zeitlebens in einem potentiellen Zustand (vgl. 1988:113). Die Gegenwart bildet der aktuelle Akt des Wahrnehmens, Handelns, Reflektieren etc. Dieser Akt entsteht auf der erlebten, verstandenen und reflektierten Grundlage der Vergangenheit. Er beinhaltet einen gewissen Grad an Auswahlmöglichkeiten, an Unvorhergesehenem, an *Offenheit*, an Unwägbarkeiten, an Möglichkeiten des Gelingens wie auch Scheiterns.

Dadurch wird das Leben des Menschen, sein Werden fragil und er muss Strategien entwickeln, um sich vor Überraschungen, Unwägbarkeiten und dgl. zu schützen. Um nicht Gefühlen der Haltlosigkeit, Leere, Angst, Verzweiflung ausgesetzt zu sein, braucht der Mensch nach Knapp eine Sicherheit des Aufgehobenseins, die er mit den Begriffen Getragen- und Gehaltensein, Versorgtheit, Vertrauen und Anerkennung umreisst. Damit ist ausgedrückt, dass der Mensch von Grunde auf auf fremde menschliche Hilfe angewiesen ist; gleichzeitig bietet er andern Menschen Zuwendung, sowie ein Gehalten- und Aufgehobensein (vgl. 1988:136ff.). Die beschriebene *Fragilität* wie auch Offenheit des Lebens, die über den Tod hinaus geht, lässt den Menschen sein Leben lang nach Sinn, Halt, Orientierung wie auch Transzendenz suchen. Zum Leben gehören demnach *Religion* und *Metaphysik* (vgl. Friedrich 2001:168).

Vor dem Hintergrund dieser Angewiesenheit auf andere wird klar, dass Menschen im Laufe ihrer Entwicklung Aufgaben, Funktionen, Rollen zu übernehmen haben, die tradionellerweise von ihrer Umwelt wahrgenommen wurden. Diese Übernahme setzt vielfältige Lernprozesse voraus, in dem alle notwendigen Lebenszusammenhänge verstanden und entsprechende Kompetenzen für das Erreichen einer Lebenstüchtigkeit erworben werden müssen. „Die soziokulturell bedingte *Erziehungsbedürftigkeit* ergibt sich aus dem Faktum, dass der Mensch in eine natürliche, kulturelle, gesellschaftliche Umwelt hineingeboren wird und nicht alles, was er darin braucht, selbst entdecken und schaffen kann. Er braucht Naturalisations-, Enkulturations-, Sozialisations- und Personalisationshilfe" (Hamann 2005:124). Da zudem jedes Lebensalter kulturspezifische Entwicklungsaufgaben an den Menschen stellt, und jeder Wechsel von Aufgabe, (Berufs-)Rolle, Funktion, Zugehörigkeit etc. spezifische Kompetenzen erfordert, ist für den Menschen *lebenslanges Lernen* angesagt. Dies ist auch von der Natur her vorgesehen: Der Mensch hat die Aufgabe, sich letztlich zu seinem Ableben hin zu entwickeln. Entwicklung findet demnach immer statt, man könnte im Sinne von Watzlawicks Axiom (‚man kann nicht nicht kommunizieren') sagen, ‚man kann sich nicht nicht entwickeln'.

Mit den erwähnten Charakteristika des Menschseins wird deutlich, dass der Mensch von Beginn weg in Beziehung zu andern steht. Entwicklung ist immer als *Co-Entwicklung* zu verstehen, der Mensch steht in Beziehung zu seiner (über-)sinnlichen und erfahrenen Umwelt, er führt einen ständigen Dialog, der als existentiell angesehen werden kann. Dabei soll er die Erfahrung machen können, dass Glück wie Leid zur Existenz des Menschen beitragen, dass der Mensch erst durch das Erleben der vier Grenzsituationen Tod, Leiden, Kampf und Schuld existentiell wird, indem er durch diese einen neuen absoluten Wirklichkeitsbezug zu sich und zur Welt schaffen und zu einem aus der Tiefe erfüllten Sein gelangen kann (vgl. Jaspers 1973:204ff.).

Aus den bisherigen Ausführungen ist zu erkennen, dass der Mensch als ‚*freier Unfreier*' betrachtet werden kann. Er ist einerseits fähig zur Selbstbestimmung, zur

Übernahme selbstverantworteten Lebens, aber er ist gleichzeitig auch dazu gezwungen, will er überleben. Im Angewiesensein auf andere Menschen ist seine Freiheit beschränkt durch die Freiheit des andern, sie darf sich nicht auf Kosten des andern ausdehnen. Ein anderer Aspekt der Freiheit bezieht sich auf die Möglichkeiten zum Selbstentwurf. Nach Jaspers handelt der Mensch nicht nur in der Welt, sondern schafft in freier Entscheidung sein eigenes Wesen in geschichtlicher Kontinuität (vgl. 1973:182). Diese fortwährende Wahl fordert dem Menschen einiges an Engagement und Anstrengung ab. Hat er sich existentiell einmal für etwas entschieden, wird dies, da in der Regel nicht rückgängig zu machen, zur Grundlage für die nächsten Entscheidungen. Somit erfährt der Mensch in der fortwährenden Wahl Freiheit wie auch Zwang.

4.1.3 Grundlegende ethische Normen

Wie noch auszuführen sein wird (siehe 4.2), nehmen die gesetzlichen Bestimmungen über Sozialhilfe die Leitidee auf, dass Soziale Arbeit der *Menschenwürde* verpflichtet ist, indem als Aufgabe der Sozialhilfe gesehen wird Menschen so zu unterstützen, dass ihnen ein menschenwürdiges Leben gesichert ist (siehe 4.2.1). Menschenwürde, so ist zu folgern, ist somit nicht an noch zu bestimmende (Charakter-)Eigenschaften oder Kompetenzen gebunden, sondern dem Menschen *inhärent* (vgl. Fischer et al. 2007:348). Nach Spaemann (2001:109) stellt der Begriff Menschenwürde ein letztes unhintergehbares Element des Selbstseins dar und besitzt somit *normativen* Charakter. Menschenwürde stellt in Bezug auf das Handeln eine Grenze dar, die nicht überschritten werden darf. Die 1948 von den Vereinten Nationen entworfene Allgemeine Erklärung der Menschenrechte hat zum Ziel, die „allen Mitgliedern der menschlichen Familie innewohnende Würde und ihrer gleichen und unveräusserlichen Rechte" Geltung zu verschaffen (vgl. Heidelmeyer 1997:225). Da der Begriff ‚Menschenwürde' alltagssprachlich etliche Unschärfen aufweist und sehr unterschiedliche Vorstellungen gelingenden Lebens damit verbunden werden (wie z.B. Glück, Wohlergehen, Ganz- und Unversehrtsein, Gesundheit etc.), soll er im Folgenden hergeleitet und präzisiert werden.

Menschenwürde

Kant verweist in seiner Kritik der praktischen Vernunft (2008) darauf, dass der Mensch von sich aus frei ist, weil er sich von der Natur freigesetzt hat und zwischen Alternativen frei entscheiden kann. Damit ist zunächst die Willkürfreiheit gemeint, die alle Möglichkeiten einer Wahl offen lässt. Freiheit im eigentlichen Sinn erreicht der Mensch, wenn er sich von der praktischen Vernunft leiten lässt. Der Grundsatz, als *kategorischer Imperativ* formuliert, fordert von jedem Menschen sein Handeln nach der Regel auszurichten, an die sich alle Menschen halten sollen: „Handle so, dass du die Menschheit sowohl in deiner Person, als in der Person eines jeden andern, jederzeit zugleich als Zweck, niemals bloss als Mittel brauchest" (Kant 2008:61). Hinter dem kategorischen Imperativ steht die Vorstellung, dass Menschen als Vernunftwesen zur Autonomie (vor giech. autos = selbst und griech. nomos = Gesetz) bestimmt sind. Nach Hoerster (2002:7) bedeutet Menschenwürde eine Grenze, die verbietet, sich den Mitmenschen zum Werkzeug zur Erreichung der eigenen Ziele zu machen. Dieses *Instrumentalisierungsverbot* bildet nach Schlittmaier (2004:17) somit den Kern der Menschenwürde. Im Kontext der Bioethik ist diese Anschauung heftig umstritten, was für die Soziale Arbeit nicht ohne Folgen ist. Die traditionelle Position geht davon aus, dass Menschenwürde allen Menschen unabhängig von ihren Fähigkeiten zukommt, was bedeutet, dass auch Menschen mit schwersten Beeinträchtigungen Menschenwürde zugeschrieben wird. Die Gegenposition geht davon aus, dass Menschenwürde an bestimmte Fähigkeiten oder Eigenschaften gebunden ist (z. B. an die Fähigkeit zur Selbstachtung) und deshalb nicht a priori allen Menschen zukommt. In dieser Konzeption wird die Würde nicht am Menschen als solchen festgemacht, sondern an Wesen, die die geforderten Eigenschaften aufweisen. Wenn Menschen z. B. erniedrigt werden und dies nicht erkennen können, weil ihnen die entsprechenden Fähigkeiten fehlen, würde nach dieser Auffassung Menschen mit Demenz oder Behinderungen keine Würde zukommen, was sofort die Frage auswirft, ob sie ein Anrecht auf ein menschenwürdiges Leben haben.

Fischer schlägt in seinem Grundkurs Ethik (vgl. 2007:353 f.) vor, den Begriff der Menschenwürde von der Bedeutung her zu formulieren, die Menschen im Kontext von Zivilisation und ihrer Lebensweise haben. Die Bedeutung bemisst sich nach dem, was wir als dem Menschen angemessen oder unangemessen erachten. Das Wort Mensch erhält somit eine *normative Bedeutungskomponente*: „Menschenwürde zu haben heisst, ein Wesen zu sein, das als Mensch – in diesem normativen Sinne – zu achten und dementsprechend zu behandeln ist" (ebd.: 353). Der Inhalt dieser Würde lässt sich folglich nur über die normative Bedeutung des Wortes ‚Mensch' erschliessen. Dabei lassen sich wiederum zwei unterschiedliche Auffassungen ausmachen. Eine Position geht davon aus, dass Menschenwürde mit dem natürlichen Menschsein gegeben ist im Sinne eines intrinsischen Werts des Menschseins. Nach dieser Auffassung gilt es, den Wert zu achten, den das Individuum als Mensch hat. Die zweite Lesart geht davon aus, dass Menschenwürde „von der Anerkennungs- und Achtungsstruktur menschlicher Sozialität her begriffen" wird (ebd.: 354). Hier geht es darum, das Individuum als solches zu achten. Habermas definiert in diesem Zusammenhang Menschenwürde nicht „als eine Eigenschaft, die man von Natur aus ‚besitzen' kann wie Intelligenz oder blaue Augen; sie markiert vielmehr diejenige *Unantastbarkeit*, die allein in den interpersonalen Beziehungen reziproker Anerkennung, im egalitären Umgang von Personen miteinander Bedeutung haben kann" (Habermas 2005:62). Fischer vertritt mit Habermas den Standpunkt, dass Ethik sich an der zweiten Position zu orientieren hat und Menschenwürde nicht als ein Abstraktum zu bestimmen ist; Menschenwürde wird demnach erfahrbar in der *Achtung* konkreter Individuen in ihrer Einzigartigkeit. Hier ist ein wesentlicher Unterschied zur Konzeption von Kant feststellbar. Der Begriff Menschenwürde gründet nicht bloss auf dem Respekt vor der Autonomie des Menschen als Vernunftwesen; er ist inhaltlich noch nicht festgelegt. In Bezug auf das Recht kann zwar ausgesagt werden, dass jeder Mensch das Recht hat, nicht erniedrigt zu werden, es muss aber diskutiert werden, ob neben den Abwehrrechten gegenüber Verletzungen der Menschenwürde auch Anspruchsrechte zu formulieren sind (vgl. Fischer 2007:355).

Menschenrechte

Die eingangs formulierte allgemeine Erklärung der Menschenrechte kann auch als Versuch gesehen werden, den inhaltlichen Kerngehalt der Menschenwürde exakter zu fassen. Sie umfasst nach Lob-Hüdepohl ausschliesslich die Bedingungen, die es Menschen ermöglichen, ihr Leben eigenständig zu planen und zu führen (vgl. 2007:122). Die Menschenrechte bewegen sich dabei zwischen ethischen Grundforderungen und Rechtsansprüchen in Form von *persönlichen* Freiheitsrechten (Abwehrrechte wie z.B. Gedankenfreiheit, Schutz der Privatsphäre), *politischen* Rechten (Mitwirkungsrechte wie z.B. Wahlrecht, Recht freier Meinungsäusserung), *kulturellen oder sozialen* Rechten (Anspruchsrechte wie z.B. Recht auf Bildung oder Sicherheit). Diese Rechte stehen in einem engen Bezug zur Grundfigur von *Freiheit*, *Gleichheit* und *Teilhabe* und verweisen darauf, dass diese Grössen unteilbar sind. Persönliche Freiheit wird dann realisiert, wenn sie im öffentlichen Raum gemeinsam mit andern Menschen gelebt und erfahren werden kann. Dies setzt die Gleichheit aller Menschen voraus und macht deutlich, dass Menschenwürde unantastbar ist und nicht nach Situation und Person auszuhandeln ist. Soll Freiheit in Gleichheit erfahren werden können, müssen kulturelle, materielle und soziale Voraussetzungen erfüllt sein, die deren Vollzug sowie auch die Teilhabe ermöglichen. Nach Lob-Hüdepohl hat eine ethische Reflexion normativer Grundlagen zu berücksichtigen, dass Kultur- und Sozialrechte Grundvoraussetzung bilden für das zustande Kommen einer demokratischen Gesellschaft (vgl. ebd.: 124). Zudem verweisen die Menschenrechte moralisch auf den Begriff der Solidarität. Wenn mit Verweis auf die Achtung der Menschenwürde Freiheit, Teilhabe und Gleichheit eingefordert werden, ist dieser Anspruch allen Menschen zuzubilligen. Daraus ist zu folgern, dass die in einem Sozialstaat initiierte Soziale Arbeit die Wahrung der Menschenrechte und die Achtung der Menschenwürde zu gewährleisten hat und entsprechend gesellschaftlich zu organisieren, auszustatten und zu realisieren ist.

Soziale Gerechtigkeit

Es konnte aufgezeigt werden, dass Autonomie als Fundamentalnorm in der Sozialen Arbeit zu betrachten ist, geht es doch darum, Menschen zu unterstützen, ihr Leben eigenständig und selbstverantwortlich in die Hand zu nehmen und zu gestalten. Nun ist in einem weiteren Schritt zu fragen, wie *professionsethische Grundhaltungen* auf dieser Grundlage herausgebildet werden und das professionelle Handeln leiten. In der Erklärung der International Federation of Social Workers (IFSW) taucht neben dem Grundsatz der Menschenrechte derjenige der *Sozialen Gerechtigkeit* auf. Lob-Hüdepohl versteht darunter das Gewährleisten von gleichen Rechten und Einfordern gleicher Pflichten, den Ausgleich von Leistungen, die Mindestausstattung von Grundgütern sowie den Abbau struktureller Ursachen von ungleichen gesellschaftlichen Beteiligungschancen. Davon lassen sich drei Grunddimensionen ableiten, a.) *Gesetzesgerechtigkeit* (gleiche Rechte für alle Menschen in einem Staat), b.) *Tausch- oder Leistungsgerechtigkeit* (Gleichheit von Leistung und Gegenleistung) und c.) *Verteilungsgerechtigkeit* (jeder Mensch erhält aufgrund seiner Menschenwürde die notwendigen Ressourcen zur Bestreitung seiner Existenz). Diese Grunddimensionen sind Ausdruck des oben erwähnten Gebots der Gleichheit. Verteilungsgerechtigkeit zielt demnach darauf ab, dass elementare Grundbedürfnisse befriedigt werden, wie auch alle Menschen gleiche Zugangsmöglichkeiten zu materiellen und immateriellen Ressourcen einer Gesellschaft haben. Allerdings führt die Leistungsgerechtigkeit auch zu Ungleichheiten bezüglich Ausstattung in einer Gesellschaft und kann nicht immer durch Instrumente der Verteilungsgerechtigkeit aufgefangen werden. Rawls setzt sich in seiner Theorie der Gerechtigkeit in Anlehnung an die Menschenrechte für das Schaffen von bestimmten gesellschaftlichen Rahmenbedingungen ein, die zu einem kontinuierlichen und dynamischen Ausgleich durch angemessene Verteilung der erzielten Gewinne führen, ohne zu privilegieren oder zu nivellieren (vgl. 2006:335).

Solidarität

Mit der Vorstellung von sozialer Gerechtigkeit korrespondiert der Gedanke der *Solidarität*: Soziale Gerechtigkeit erfordert gegenseitige Unterstützung in unterschiedlichsten Lebenslagen, um eine grösstmögliche Autonomie zu gewährleisten. Diese Solidarität kann den Aspekt eines Konflikts aufweisen, wenn es z. B. um das Erkämpfen einer besseren Rechtsstellung geht. Seit der Antike ist in allen Staatwesen der Gedanke der Pflichtsolidarität verbreitet, um die Mitglieder eines Staates oder einer Gemeinschaft zur wechselseitigen Unterstützungspflicht anzuhalten. Betrachtet man die sozialen Sicherungssysteme in den modernen Gesellschaften, kann von einer Zwangssolidarität gesprochen werden, die diese Pflichtsolidarität abgelöst hat. Demgegenüber ist in unserem Zusammenhang von einer Solidarität zu sprechen, die nicht auf Reziprozitätserwartungen aufbaut, der sog. *Beistandssolidarität* (vgl. Lob-Hüdepohl 2007:132f.). Sie stellt einen „Akt der Stellvertretung in Situationen von Ungleichheit" dar (Hilpert 2005:154). Von der Warte der Menschenrechte aus stellt Beistandssolidarität eine grundsätzliche Verpflichtung gegenüber den Ansprüchen von Notleidenden, Bedürftigen, sozial Benachteiligten dar, indem sie versucht, eine gerechtere Verteilung materieller wie immaterieller Güter anzustreben.

Nachhaltigkeit und Subsidiarität

Die erörterten Grundwerte bilden einen Orientierungsrahmen für das professionelle Handeln zur Unterstützung möglichst autonomer Lebensführung wie auch zur Gestaltung von Lebensräumen und -welten, die den Grundbedürfnissen von Menschen wie auch deren Entwicklungserfordernissen entsprechen. Sie können aber nicht verhindern, dass es Rückschläge gibt und dass gelingende Lebensführung immer mit Risiken verbunden ist. Deshalb scheint es notwendig, dass die Durchsetzung der Menschenrechte *nachhaltig* gesichert wird und damit die Möglichkeiten gelingender Lebensführung nicht eingeschränkt werden. Eine wichtige Voraussetzung dafür bildet die auch in Zukunft garantierte Sicherung aller Ressourcen durch den Generationenkontrakt, damit die Möglichkeit zur Wahrung menschenwürdiger Lebenslagen aller Mitglieder einer Gesellschaft gewahrt bleibt. „Nachhaltigkeit in der Sozialen Arbeit ist folglich ein Qualitätsmerkmal eines sozialen Wandels, der bei grösstmöglicher Effektivität und Effizienz des Mitteleinsatzes zugleich die Finanzierungsbasis sozialer Sicherungssysteme verbreitert und damit dauerhaft belastbar hält" (Lob-Hüdepohl 2007:134).

Für das Selbstverständnis der Sozialen Arbeit lässt sich aus den genannten Grundwerten ableiten, dass sie sich als *subsidiäre vor- und nachsorgende* Profession zu betrachten hat. Hilfe und Unterstützung haben zum Ziel, Menschen zu befähigen, ihr Leben in der Gesellschaft gelingend zu gestalten, haben aber gleichzeitig darauf zu achten, dass durch die Hilfeleitung keine Kompetenzen beschnitten oder unterlaufen werden. Dabei ist zu berücksichtigen, dass Menschen Lebensführungskompetenzen zu entwickeln haben, die sie auch schwierige Situationen und Notlagen meistern lassen. Der Erwerb dieser Kompetenzen setzt Lernprozesse voraus, die durch institutionelle Hilfestellungen eines Staates zu unterstützen sind. Deshalb gilt nach dem Subsidiaritätsprinzip unter dem Stichwort „Hilfe zur Selbsthilfe" nicht nur, Individuen nachsorgend zu unterstützen, sondern vorsorgende Massnahmen vorzusehen. Nach Naegle besteht die Hilfeverpflichtung des Staates sogar stärker in seiner Vorleistungsverpflichtung, die Voraussetzungen schafft, dass sich Selbsthilfekompetenzen (nebst freiwilligem sozialen Engagement) entwickeln können, was z. B. in der Sozialraumorientierung in der Sozialen Arbeit deutlich zum Ausdruck kommt (vgl. 1983:44).

4.1.4 Verantwortungsethik

In der Ethik der Sozialen Arbeit geht es um Selbstaufklärung: Vorgefundene Normen und Werte werden reflektiert, um zu einem vertiefteren Verständnis zu gelangen, was z. B. ‚richtiges' Handeln in der Sozialen Arbeit ausmacht (vgl. Martin 2007:21). Schluchter schlägt vor, Professionsethik als *Verantwortungsethik* aufzufassen, die versucht unter Berücksichtigung situativer Gegebenheiten einen spannungsreichen Ausgleich zwischen der Orientierung an Grundwerten und der Effizienz des Handelns herzustellen (vgl. 1980:37). Damit sind Professionelle herausgefordert, alle möglichen Konsequenzen ihres Tuns im Voraus sorgfältig abzuwägen, aber auch, wie Eisenmann unterstreicht, ihre guten Absichten zu berücksichtigen, wie dies beispielsweise auch vor Gericht geschieht (vgl. 2006:99 f.). Welche Ebenen hat nun eine verantwortungsethische Reflexion zu berücksichtigen, die professionelles Handeln leiten soll? Nach Heiner umfasst eine solche Ethik die Wahrnehmung der Verantwortung gegenüber

- den *Klientinnen* unter Achtung der Menschenwürde und des entworfenen Menschenbildes

- der *Gesellschaft* im Sinne der Achtung des Gemeinwohls und der sozialen Gerechtigkeit
- dem *Anstellungsträger* und der eigenen *Organisation* in der Einhaltung von Vereinbarungen und von Qualitätssicherung und -entwicklung
- den *Professionellen* in der Achtung der beruflichen Sorgfalt und der Zusammenarbeit
- der *Profession* im Sinne der Weiterentwicklung und der Orientierung an fachlichen Standards
- der *eigenen Person* hinsichtlich beruflicher Identität, Leistungsfähigkeit und Fortbildung (vgl. 2007:174).

Aus dieser Darstellung wird ersichtlich, dass Professionelle in ihrem Arbeitsfeld mit unterschiedlichen, teils konfligierenden, möglicherweise auch widersprüchlichen Interessen konfrontiert sind, die zu einer steten kritischen Auseinandersetzung mit der eigenen Rolle verpflichten. Zwangsweise ergeben sich im beruflichen Alltag immer wieder ethische *Dilemmatasituationen*, die zu Rollenkonflikten (moralische Konflikte) führen, die von den Sozialarbeiterinnen konstruktiv anzugehen und zu lösen sind, oftmals im Sinne von ausgehandelten Kompromisslösungen, in die alle Beteiligten einwilligen. Um diese Konflikte gelingend angehen und bewältigen zu können, sind Sozialarbeiterinnen darauf angewiesen, sich auf ein gesichertes *professionelles Selbstverständnis* abstützen zu können, das ihnen Orientierung und Halt zu geben vermag. Dieses Selbstverständnis stützt sich auf grundlegende Zielsetzungen ab (wie z.B. grösstmögliche Lebensautonomie der Klienten oder die bereits erwähnten Grundwerte, siehe 4.1.2). Diese Leitwerte sind zwar historisch hergeleitet und damit soziokulturell verankert, aber dem gesellschaftlichen Wandel unterworfen und deshalb situativ und individuell stets zu überprüfen und den Gegebenheiten anzupassen.

4.1.5 Professionsmoralische Grundhaltungen und Care-Ethik

Handlungsleitend sind, wie wir aufzeigen konnten, sowohl übergreifende Zielsetzungen der Sozialen Arbeit wie auch grundlegende ethische Normen und Werte. Auf der Ebene des Handelns mit einzelnen Klientinnen(gruppen) orientieren sich Sozialarbeiterinnen zwar daran, aber die Grundwerte geben noch keine Antwort, wie Professionelle Menschen begegnen, mit ihnen eine Arbeitsbeziehung gestalten oder Ressourcen in einem Sozialraum erschliessen sollen. Wie ausgeführt (siehe 4.1.3), ist von der körperlichen und psychischen Verletzlichkeit aller Menschen und ihrer potentiellen Hilfebedürftigkeit (Brumlik 2004) auszugehen wie auch davon, dass Beziehungen zwischen Professionellen und Klientinnen der Sozialen Arbeit *asymmetrisch* sind (siehe 3.2.4). Hier erweisen sich Positionen der *Care-Ethik* als sehr hilfreich, die „wechselseitige Hilfe und Aufmerksamkeit für Andere, Verantwortung und Wertschätzung des In-Bezug-Seins" (Grossmass 2006:9) ins Zentrum rücken. Die Wechselseitigkeit meint ein generelles Bezogensein auf Andere, das in Achtung der Menschenwürde dafür sorgt, dass jeder Mensch sofern nötig Hilfe bekommt und es als selbstverständlich erachtet, den möglichen Unterstützungs- oder Vernetzungsbedarf individuell genau zu ermitteln. Care-ethische Positionen gehen davon aus, dass der wichtigste moralische Aspekt der helfenden Interaktion im *Ausbalancieren* der zu Grunde liegenden Asymmetrie besteht (vgl. ebd.:10). Da professionelles Handeln in der Praxis oft intuitiv durch Verknüpfung von Wahrnehmung, Erfahrungswissen, Bewertung, Befindlichkeit, Situation und Handlungsimpuls geschieht und die Gefahr von Stereotypenbildungen und einseitigen Bewertungen in sich birgt, ist eine *ethische Reflexion* in jeder Phase des Hilfeprozesses nötig, so Tronto (vgl. 1993:106ff.).

Im Folgenden sollen drei Grundhaltungen dargestellt werden, die aus professionsethischer Sicht als Grundmuster sozialarbeiterischen Handelns betrachtet werden können.

Haltung der Aufmerksamkeit

Es ist davon auszugehen, dass viele Klientinnen der Sozialen Arbeit neben ihrer prekären Lebenslage und Notsituation und/oder (Lebens-)Krise fundamentale Erfahrungen in verschiedenster Hinsicht mit Missachtung gemacht haben: Missachtung ihrer Grundbedürfnisse, Missachtung ihrer Bemühungen, das eigene Leben trotz widrigsten Umständen selbstverantwortlich zu meistern, verweigerte Anerkennung dazu zu gehören, Teil einer Gemeinschaft zu sein etc. Solche Erfahrungen verweigerter Teilhabe und Anerkennung führen bei vielen Menschen zu einer tief sitzenden Scham, die sich lähmend auf die eigene Motivation auswirken und bis zu einer generellen Perspektivlosigkeit führen kann (vgl. Honneth 1992:219). Wie es auch Thiersch (1995) ausdrückt, wollen Menschen in ihrem Sosein, in ihren Bemühungen den eigenen Alltag zu meistern, ernst genommen werden. Dazu ist eine Haltung der *Aufmerksamkeit* gefragt, „eine Aufmerksamkeit, die durch eine würdevolle Behandlung das Ringen des Adressaten um Anerkennung *um seiner selbst willen* Beachtung schenkt" (Lob-Hüdepohl 2007:139). Ethisch reflektiertes Handeln verlangt eine aufmerksame Grundhaltung, die einerseits die Bedürftigkeit und Verletzlichkeit der Klientin beachtet, sie aber auch in ihrer Andersartigkeit und ihrem Anderssein respektiert. Aufmerksam sein bedeutet auch kritisch hinzuschauen, wo die Klientin Missachtungserfahrungen ausklammert, verstärkt oder mit verursacht.

Haltung der Achtsamkeit

Auch wenn man sagen könnte, dass die erste Sozialarbeiterin aus Mitleid handelte im Sinne einer mitfühlenden Wahrnehmung von Empathie oder von „compassion" (Haker 2001:441), ist der Begriff ‚Mitleid' zu Recht oder Unrecht in Verruf geraten, weil zwischen dem Mitleidenden und Bemitleideten unmerklich eine hierachisierende Distanz geschaffen werden kann, die den Hilfeprozess eher lähmt, und weil der Begriff eher eine Haltung der Defizitorientierung unterstützt. Lob-Hüdepohl schlägt als Alternative den Begriff der *Achtsamkeit* vor, der den Blick trotz zum Teil sehr einschränkenden Ausstattungsproblemen auf die Ressourcen zu richten hilft. Achtsamkeit verhindert, dass Sozialpädagoginnen Klienten nicht auf das äussere Bild reduzieren (wie z.B. als Hilfebedürftige, als Abweichende), sondern ermöglicht ihnen, offen zu sein für das, was Klienten auch unerwartet einbringen, für ihre Versuche, für sie subjektiv sinnvolle Lösungen anzustreben, auch wenn diese noch mehr von dem wegführen, was Professionelle als sinnvoll erachten (vgl. 2007:142f.).

Haltung der Anwaltlichkeit

Sozialarbeiterinnen stossen immer wieder auf Situationen, in denen Klienten noch nicht, vorübergehend, gar nicht oder nicht mehr in der Lage sind, ihr Leben selbständig zu meistern. Dies erfordert zwar entsprechende Unterstützungsleistungen, führt aber schnell zu einem Machtgefälle, weil Professionelle in Lebenszusammenhänge eingreifen, manchmal gegen den Willen ihrer Klienten bestimmen, stellvertretend für diese Menschen Verantwortung übernehmen (müssen), oft auch zu deren Schutz. Brumlik (2004) hat diese Thematik aufgegriffen und dafür den Begriff *advokatorische Ethik* begründet. Darunter versteht er „ein System von Aufforderungen in Bezug auf die Interessen von Menschen, die nicht dazu in der Lage sind, diesen selbst nachzugehen, sowie jene Handlungen, zu denen uns diese Unfähigkeit anderer verpflichtet" (2004:161). Da advokatorisches Handeln immer auch die Selbstbestimmung von Menschen zum Ziel hat, ist es an ein Mindestmass an Zustimmung der fremdbestimmten Person geknüpft.

4.1.6 Berufsethische Richtlinien

Der Deutsche Berufsverband für Sozial Arbeit e.V. (DBSH) wie auch der Schweizerische Berufsverband ‚AvenirSocial' haben unterschiedliche berufsethische Richtlinien entwickelt, die sich auf diejenigen des ISWF und auf die internationalen Menschenrechte berufen (siehe 4.2.3). Diese umfassen die ethischen und fachlichen Grundsätze und Pflichten von Sozialarbeiterinnen und sind für die Mitglieder des Berufsverbandes verbindlich. Da sie sich in der Ausgestaltung etwas unterscheiden, sollen sie in Kurzform gesondert dargestellt werden.

Berufskodex Soziale Arbeit Schweiz

Der aktuellste Berufskodex Soziale Arbeit Schweiz wurde per Juni 2010 in Kraft gesetzt und wird als Argumentarium für die Praxis der Professionellen bezeichnet. Darin werden ethische Richtlinien für das moralische berufliche Handeln in der Sozialen Arbeit dargelegt. Der Kodex soll u.a. als Instrument zur ethischen Begründung der Arbeit mit Klienten sowie als Orientierungshilfe bei der Entwicklung einer professionsethisch begründeten Berufshaltung dienen (vgl. AvenirSocial 2010:1f.). Unter den Grundsätzen der Sozialen Arbeit werden nach einer sehr kurzen Darlegung von Leitidee und Menschenbild zehn Ziele und Verpflichtungen der Sozialen Arbeit auf allgemeiner Ebene umrissen, bevor Spannungsfelder und Dilemmatas in der Praxis Sozialer Arbeit aufgeführt werden. Der Berufskodex macht deutlich, dass der Umgang mit Interessenskollisionen und Widersprüchen sowie das Zurechtfinden in Loyalitätskonflikten ein Teil der Sozialen Arbeit sind und von Professionellen eine kontinuierliche Auseinandersetzung erfordern. Im Berufskodex werden unter den Grundwerten Menschenwürde und Menschenrechte wichtige Grundsätze (wie z. B. Gleichbehandlung, Partizipation) sowie Verpflichtungen, die zur sozialen Gerechtigkeit beitragen sollen, aufgeführt. Professionelles Handeln hat sich gemäss Berufskodex auf diese Grundwerte abzustützen wie auch auf den dargelegten Handlungsprinzipien einer ethisch begründeten Praxis. Diese sind in Form von Handlungsmaximen bezüglich der eigenen Person, der Arbeit mit Klientinnen und Klienten, den Organisationen des Sozialwesens, der Gesellschaft, der eigenen Profession und der interprofessionellen Kooperation formuliert.

Berufsethische Richtlinien des Deutschen Berufsverbandes für Soziale Arbeit e. V.

In den durch die Bundesmitgliederversammlung 1997 in Kraft gesetzten ethischen Prinzipien sind zunächst allgemeine Grundsätze beruflichen Handelns aufgeführt. Diese basieren auf dem gesellschaftlichen Auftrag Sozialer Arbeit, unter Wahrung universeller Werte und der Orientierung an der Würde des einzelnen Menschen, der Solidarität und strukturellen Gerechtigkeit. Neben der Unterstützung und Förderung von Menschen in sozialen Problemlagen haben den Grundsätzen gemäss Professionelle soziale Probleme zu entdecken, sie in ihrem Bedingungszusammenhang öffentlich zu machen und einer Lösung zuzuführen (vgl. DBSH 1997:1). Die berufsethischen Prinzipien beschreiben Verhaltensgrundsätze gegenüber Klientinnen der Sozialen Arbeit, die unter Wahrung oben genannter Werthaltungen auf der Achtung des einzelnen Menschen und seiner Lebenssituation aufbauen und u. a. auch für Datenschutz garantieren. In diesem Sinne sollen jeweils Ziele, Unterstützungsleistungen und Formen der Zusammenarbeit in einem Kontrakt zwischen Sozialarbeiterinnen und Klienten gemeinsam festgelegt werden. In den Prinzipien sind auch Verhaltensweisen gegenüber Berufskolleginnen, Angehörigen anderer Berufe, Arbeitgeber und Organisationen wie auch in der Öffentlichkeit beschrieben, die sich auf die eingangs formulierten Grundsätze beruflichen Handelns abstützen (vgl. DBSH 1997:2 ff.).

4.2 Rechtliche Aspekte des professionellen Handelns

Professionelles Handeln in der Sozialen Arbeit kann über weite Strecken als Verwaltungshandeln bezeichnet werden (vgl. Hammerschmidt 2005:645 f.). Es geschieht im Vollzug von Recht, das Eingriffe bei der Klientel sowohl erlaubt als auch begrenzt, einen rechtlichen Rahmen für Unterstützungsleistungen bietet wie auch Dienstleistungen insgesamt einfordert, zulässt und gleichzeitig begrenzt. Vor dem Hintergrund des liberalen, demokratischen Sozialstaats Schweiz wie auch des demokratischen und sozialen Rechtsstaats Deutschland kann davon ausgegangen werden, dass das Recht der Sozialen Arbeit zu dienen hat bei der Durchsetzung ihrer Anliegen, beim Wahrnehmen ihres Auftrags und bei ihrer Orientierung an Fachlichkeit. Auf der andern Seite ist Soziale Arbeit dem Sozialstaat verpflichtet, indem sie sich an den verfassungsrechtlichen Bestimmungen orientiert und ausgewählte Aufgaben des Sozialstaats in der Rechtsanwendung übernimmt (z. B. Durchsetzung von Ansprüchen Schwächeren gegenüber Dritten) wie auch in der Rechtsentwicklung (z. B. Einbringen von fachlich und wissenschaftlich begründeten Erkenntnissen über den Justizvollzug ins neue Strafrecht) (vgl. Schleicher 2009:21).

Vor diesem Hintergrund soll in diesem Teilkapitel dargestellt werden, auf welche rechtlichen Grundlagen sich professionelles Handeln in der Sozialen Arbeit abstützt, und welche Gesetze und Verfassungsgrundsätze Vorgaben machen bzw. Leitlinien für das Handeln vorgeben. Dabei gibt es einen Überblick über die rechtlichen Grundlagen der Schweiz wie auch einen, der die rechtlichen Verhältnisse in Deutschland beschreibt.

4.2.1 Grundlagen

„Der Staat braucht die Soziale Arbeit, die Soziale Arbeit braucht den Staat und ist oft selbst staatliches Handeln" (Schwander 2009:23). Dieser Zusammenhang ist aus der Zielsetzung des Sozialstaats deutlich erkennbar. Der Sozialstaat verpflichtet sich, für soziale Gerechtigkeit als Chancengleichheit und sozialen Ausgleich auf der Grundlage der Menschenwürde zu sorgen, widerstreitende Interessen auszugleichen und erträgliche Lebensbedingungen zu schaffen, damit die Zielsetzung, soziale Sicherheit und Gerechtigkeit herzustellen, erreicht werden kann. Die neuere Sozialpolitik hat erkannt, dass zum Schutz vor den Folgen sozialer Risiken zunehmend soziale Dienstleistungen zu erbringen sind (vgl. ebd.:24 ff.). Allerdings sind davon „keine unmittelbaren Handlungsanweisungen, die durch Gerichte ohne zusätzliche gesetzliche Grundlage umgesetzt werden könnten" (Trenczek et al. 2008:83), abzuleiten, ebenso wenig kann ein Einzelner aus diesem Sozialstaatprinzip konkrete Leistungen für sich beanspruchen. Ähnlich dem Prinzip ‚Hilfe zur Selbsthilfe' in der Sozialen Arbeit wird vom Nachrang- oder Subsidiaritätsprinzip gesprochen, das im Sinne eines aktivierenden Sozialstaates den einzelnen Bürger zur Übernahme von Eigenverantwortung fordert und ihn dazu befähigen soll.

Das System der sozialen Sicherung ist in beiden Staaten unterschiedlich geregelt. In Deutschland basiert die soziale Sicherung auf dem sog. Sozialrecht, das vier Säulen umfasst: Vorsorge durch Sozialversicherungssysteme; Versorgungssystem, Förderungssystem und Hilfesysteme (vgl. Trenczek et al. 2008:84 f.). In der Schweiz liegt das Sozialrecht teilweise in der Zuständigkeit des Bundes, teilweise in derjenigen der Kantone. Das Sozialversicherungssystem ist auf Bundesebene geregelt und wird durch wenige verfassungsmässige Sozialrechte ergänzt (Recht auf Hilfe in

Notlagen, Anspruch auf unentgeltlichen Grundschulunterricht und unentgeltliche Rechtspflege bei Bedürftigkeit). Ebenfalls bundesrechtlich geregelt sind der Kindes- und Erwachsenenschutz und sozialstaatlich motivierte Schutzbestimmungen im Arbeits- und Mietvertragsrecht. Das Sozialhilferecht dagegen ist, wie auch viele weitere sozialstaatliche Verwaltungsnormen, kantonal geregelt. Die einzelnen Kantone regeln also ihre Sozial(hilfe)ordnungen in einem wesentlichen Masse in eigener Regie unter Wahrung des in der Bundesverfassung verankerten Grundrechtsschutzes.

Im Zusammenhang mit der sozialen Gerechtigkeit ist insbesondere zu beachten, dass Sozialarbeiterinnen sich an der sog. *Einzelfallgerechtigkeit* zu orientieren haben, die mit Generalklauseln oder Ermessen Möglichkeiten bieten, auf Härtefälle adäquat reagieren zu können. Das Sozialrecht, und insbesondere das Sozialhilferecht, sind geprägt von solchen Ermessensnormen. Schwander zitiert bei ihren Ausführungen den Art. 23 Abs. 1 des Sozialhilfegesetzes des Kantons Bern (CH), in dem es heisst, dass jede bedürftige Person Anspruch auf *persönliche und wirtschaftliche Hilfe* hat. In einem andern Artikel weist das Sozialhilfegesetz auf die Umstände des Einzelfalls oder auf den Ermessensspielraum hin, indem artikuliert wird, dass Mitarbeitende der Sozialdienste den Gegebenheiten des Einzelfalls angemessen Rechnung tragen sollen (vgl. 2009:37). Daraus ergibt sich ein nicht zu unterschätzender Handlungsspielraum für Professionelle der Sozialen Arbeit, der durch realpolitische Vorgaben möglicherweise zwar eingeschränkt ist, aber in sozialpolitischer Verantwortung kreativ ausgestaltet werden soll.

4.2.2 Verfassungsgrundsätze

Die Bundesrepublik Deutschland wie auch die Schweiz sind demokratische und soziale (Bundes-)Staaten. In Deutschland bildet das 1949 verabschiedete Grundgesetz die Rechtsgrundlage und weist den Charakter einer Verfassung auf, wenngleich das Grundgesetz seine Bedeutung als höchstrangige Rechtsquelle z. T. verloren hat und durch das europäische Gemeinschaftsrecht ersetzt wird (vgl. Trenczek et al. 2008:39). Die neue Bundesverfassung von 1999 bildet in der Schweiz die Grundlage für alle Gesetze und Verordnungen. Das Grundgesetz in Deutschland wie die Bundesverfassung in der Schweiz enthalten wichtige Verfassungsgrundsätze, die neben Gesetzen und Verordnungen, auf die im Einzelnen noch eingegangen wird, vom rechtlichen Standpunkt als handlungsleitend anzusehen sind.

Gesetzmässigkeit

Den ersten Orientierungspunkt bildet das Prinzip der *Gesetzmässigkeit*, das insbesondere im Strafrecht (und dessen Vollzug, an dem auch Sozialarbeiterinnen beteiligt sind) Gültigkeit hat. Laut diesem Prinzip gilt der *Vorrang* des Gesetzes; jedes staatliche Handeln – und soziales Handeln ist in der Regel staatliches Handeln – hat sich ausschliesslich im Rahmen der gesetzlichen Grenzen zu bewegen (vgl. Schwander 2009:49 f.; Trenczek et al. 2008:75 f.). Neben dem Vorrang gilt der *Vorbehalt* des Gesetzes, der vom Demokratiegebot aus geht. Danach kann eine Verwaltung nur Massnahmen ergreifen, wenn sie über eine Ermächtigungsgrundlage im Gesetz verfügt. Eingriffshandeln hat demnach, sofern es die Grundrechte des Menschen tangiert, auf einer gesetzlichen Grundlage zu erfolgen, ausser es besteht eine ernste, unmittelbare und nicht anders abwendbare Gefahr. Dies kann in der Sozialen Arbeit die Direktbeteiligten betreffen, aber auch die Klientin selber im Sinne eines Selbstschutzes (vgl. Schwander 2009:50 f.; Trenczek et al. 2008:77). Es ist wesentlich zu wissen, dass alle Entscheidungen über Sozialleistungen einem besonderen Gesetzesvorbehalt unterworfen sind. So dürfen beispielsweise Sozialleistungen in Deutschland im Bereich der Jugend- und Sozialhilfe nur erteilt werden, wenn dies aus dem Sozialhilfegesetz (SGB) hervorgeht (vgl. Trenczek et al. 2008:77 f.). In der Schweiz gilt dies analog, wobei die gesetzliche Grundlage auch die Form einer Verordnung aufweisen kann.

Verhältnismässigkeit

Der Grundsatz der *Verhältnismässigkeit* hat ebenfalls Verfassungsrang und ist besonders bei Eingriffen in die Freiheitssphäre eines Menschen von Bedeutung. Es ist jeweils nachzuweisen, dass das Handeln wirklich erforderlich und auch angemessen oder zumutbar ist. Das Handeln hat sich gemäss dem Prinzip der *Geeignetheit* darüber auszuweisen, dass die aufgewendeten Mittel den beabsichtigten Zweck zu fördern vermögen. Entscheidungen sind demnach auf der Basis von empirisch nachweisbaren Zusammenhängen der Lebenswelt, von nachgewiesenen Wirkungen zu fällen.

Das Prinzip der *Erforderlichkeit* verlangt, dass unter gleich wirksamen Vorgehensweisen nur diejenige ausgewählt werden darf, die die Betroffenen und die Allgemeinheit am wenigsten beeinträchtigt. Es hat sich demnach an der Notwendigkeit in räumlicher, zeitlicher, sachlicher und personeller Hinsicht zu orientieren. Der Grundsatz der Sozialen Arbeit ‚Hilfe zur Selbsthilfe' schliesst sich hier nahtlos an diesen Verfassungsgrundsatz, der darauf abzielt, Bürgerinnen und Bürgern grösstmögliche Selbstbestimmung zu gewähren.

Das dritte Prinzip der *Zumutbarkeit, Angemessenheit* oder *Verhältnismässigkeit im engeren Sinne* besagt, dass Massnahmen nur getroffen werden können, wenn der damit verbundene Eingriff in das Leben eines Menschen weniger schwer wiegt als die in Frage stehenden öffentlichen Interessen. Das bedeutet, dass die Grenzen staatlichen Handelns durch Abwägung der in Betracht kommenden Interessen der Betroffenen und derer des Gemeinwesens zu ermitteln ist. (Vgl. Schwander 2009:53 f.; Trenczek et al. 2008:78 f.) Professionelle der Sozialen Arbeit haben demnach ihr Eingriffshandeln dahingehend zu prüfen, ob die drei aufgeführten Prinzipien kumulativ erfüllt sind. Sollte dies nicht der Fall sein, kann kein diesbezüglicher Auftrag angenommen werden.

Das Prinzip *Treu und Glauben* weist insofern Grundrechtscharakter auf, als Personen und damit in der Sozialen Arbeit alle Klienten Anspruch auf Vertrauensschutz haben. Sie dürfen sich auf behördliche Zusagen, Informationen und Verhalten verlassen können. Ebenso sind sie geschützt vor Rechtsmissbrauch und – dies scheint für das professionelle Handeln besonders bedeutsam – können sich dabei auf das Verbot des widersprüchlichen Verhaltens verlassen. Dieses verpflichtet Sozialarbeiterinnen dazu, konsequent und konsistent, also logisch, zusammenhängend zu handeln (vgl. Schwander 2009:55). Bei der Vorstellung der Methodik Kooperativer Prozessgestaltung wird dieser Punkt noch einmal spezifisch aufgegriffen werden (siehe 7.1).

Gleichheitsgebot und Willkürverbot

Als eine der wichtigsten Verfassungsgrundsätze gelten das *Rechtsgleichheitsgebot und Willkürverbot* (vgl. Schwander 2009:56; Trenczek et al. 2008:80). Danach ist Gleiches nach Massgabe seiner Gleichheit, Ungleiches nach Massgabe seiner Ungleichheit zu behandeln. Sozialpädagogen haben demzufolge ihr Leistungsangebot grundsätzlich in gleicher Weise auszusprechen, bei Klienten, die für die Unterstützung sehr dankbar sind, wie auch bei Klientinnen, die sehr eigenwillig sind oder ihre Rechte aus den verschiedensten Gründen kaum kennen und für sich reklamieren. Für Einzelfälle, die nicht mit andern zu vergleichen sind, sind sehr individuelle Lösungen anzustreben, die die besonderen Verhältnisse, die Biografie des einzelnen Menschen und seine Versuche zur Übernahme von Selbstverantwortung entsprechend berücksichtigen. Trenczek et al. weisen darauf hin, dass das Grundgesetz bereits festgelegt hat, dass niemand wegen seines Geschlechts, seiner Abstammung, Rasse, Sprache, Heimat und Herkunft, seines Glaubens, seiner politischen und religiösen Ansichten benachteiligt oder bevorzugt werden darf (vgl. 2008:80). Das Willkürverbot richtet sich vor allem gegen die Verletzung von Gerechtigkeitserwartungen. Unterstützungsleistungen sind also immer darauf hin zu prüfen, ob sie für die Selbsthilfe unerlässlich und in diesem Sinne haltbar sind, sie dürfen nicht willkürlich angesetzt werden z.B. weil es einfacher erscheint und dadurch das Ziel schneller erreicht werden kann.

Sozialdatenschutz

Im Bereich von rechtlichen Verfahren sind für das professionelle Handeln im Zusammenhang mit dem rechtlichen Gehör u.a. nach Trenczek et al. (vgl. 2008:327) folgende Aspekte sehr wichtig, die sich an verfassungsrechtlichen Verfahrensgrundsätzen orientieren. Klientinnen der Sozialen Arbeit haben *Anrecht auf Akteneinsicht*, das Recht, sich vertreten und verbeiständen zu lassen, wie auch den Anspruch auf einen Entscheid einer zuständigen und richtig zusammengesetzten Behörde sowie dessen Begründung. Das Recht auf Akteneinsicht bezieht sich auf „jede schriftliche oder elektronische Aufzeichnung, welche geeignet ist, der Behörde oder dem Gericht als Grundlage des Entscheids zu dienen" (Müller 1999:528). Dies setzt voraus, dass Akten geführt werden, d.h. Klientinnen der Sozialen Arbeit dürfen erwarten, dass in den Akten festgehalten wird, was wesentlich zum Unterstützungsprozess gehört (siehe 13.5). Die Begründung soll Transparenz schaffen über die Auseinandersetzung der Behörde mit den Anliegen der Beteiligten wie auch die Legitimität einer Entscheidung herleiten (vgl. Schwander

2009:67 f.). Die Bedeutung für das alltägliche sozialarbeiterische Handeln zeigt sich in der Pflicht des sorgfältigen Verfassens von Berichten zuhanden bestimmter Behörden, weil die dargelegten Ausführungen jederzeit angefochten werden können.

4.2.3 Menschenrechte

Obwohl die gemäss der UN-Charta 1948 verabschiedeten Menschenrechte heute fast weltweit gelten, sind Menschenrechte nicht gleich Menschenrechte. Dies hat sich bei verschiedenen Kriegen in den letzten Jahren gezeigt, in denen Menschenrechte gegen Menschenrechte gesetzt wurden. Sie verstehen sich nach Narr weder normativ noch von selbst (vgl. 2005:1186 f.). Es gilt über sie nachzudenken, ihren Begriff zu klären und einen Massstab für Menschenrechte zu entwickeln. Wichtig scheint es, davon auszugehen, dass Menschenrechte die Rechte jedes einzelnen Menschen fokussieren. Sie sind nur innerhalb ihrer Geschichte und ihrer kollektiven Kultur zu verstehen. Sollen sie konkret werden, sind sie in Verbindung zu setzen mit den gegebenen gesellschaftlichen Verhältnissen. Dabei ist zu prüfen, wie die Versprechen nach Freiheit, Gleichheit und Geschwisterlichkeit von den materiellen Bedingungen, Ressourcen, Formen politischer Mitbestimmung und kultureller Orientierungsmuster einer Gesellschaft unterstützt werden (vgl. ebd.:1191). Die allgemeine Menschenrechtserklärung hat zwar nur empfehlenden Charakter, aber trotzdem rechtliche, politische und moralische Bedeutung, was sich u. a. in der Ausgestaltung des Sozialwesens zeigt.

Die IFSW hat anlässlich ihres General Meeting im Juli 2000 in Kanada die Wertebasis der Profession hinsichtlich Menschenrechten wie folgt definiert: „Soziale Arbeit basiert auf humanitären und demokratischen Idealen, und diese Werte resultieren aus dem Respekt vor der Gleichheit und Würde aller Menschen. [...] Menschenrechte und soziale Gerechtigkeit dienen als Motivation für sozialarbeiterisches Handeln."

Menschenrechte in der Schweiz

In der Schweizerischen Rechtsordnung sind *Menschenrechtsverträge* Bestandteil des Schweizerischen Rechts (vgl. Pärli 2009:78). Darunter fallen neben der Menschenrechtserklärung die Antirassismuskonvention, der internationale Pakt über wirtschaftliche, soziale und kulturelle Rechte (‚Pakt I'), der Internationale Pakt über bürgerliche und politische Rechte (‚Pakt II'), die UN-Kinderrechtskonvention, die europäische Menschenrechtskonvention, nicht aber die europäische Sozialcharta. Diese Menschenrechtsverträge werden formal als Grundrechte in der Bundesverfassung, den Kantonsverfassungen und den von der Schweiz ratifizierten völkerrechtlichen Verträgen garantiert. Auf staatlicher Seite sind die internationalen Menschenrechtsverträge auf drei Ebenen verpflichtend. *Unterlassungspflichten* verlangen, dass der Staat die in den Menschenrechtsverträgen garantierten Rechte zu respektieren hat. *Schutzpflichten* beziehen sich auf die Forderung an den Staat zur

Wahrung der Menschenrechte. Mit geeigneten Mitteln hat der Staat dafür zu sorgen, dass die Menschenrechte nicht verletzt werden. Unter *Leistungspflichten* werden Massnahmen des Staates verstanden, die allen Menschen ermöglichen, in den Genuss der Menschenrechte zu gelangen. Bezüglich Sozialer Arbeit ist hier zu bemerken, dass sich damit der Staat zur Förderung der Gleichstellung zwischen Mann und Frau verpflichtet oder zur Herstellung von Chancengleichheit bei Zugang zur Bildung (vgl. Pärli 2009:91f.). Allerdings finden sich in den Menschenrechtsverträgen neben klaren (self-executing) viele nicht unmittelbar anwendbare Bestimmungen. Soziale Arbeit bewegt sich demnach in einem Feld, das sich grundsätzlich an den Menschenrechten orientiert; es ist jeweils fallweise zu prüfen, ob Menschenrechte eingehalten werden oder nicht und ob sie überhaupt einklagbar sind.

Hintergrundfolie für professionelles Handeln in der Sozialen Arbeit bilden insbesondere bestimmte Grundrechte der Bundesverfassung (BV), wie Art. 7, Schutz der Menschenwürde, Art. 8 Rechtsgleichheit, Diskriminierungsverbot, Gleichstellung von Mann und Frau oder Art. 12 Recht auf Hilfe in Notlagen. In Art. 35 Abs. 2 steht unter Grundrechtsbindung: Wer staatliche Aufgaben wahrnimmt, ist an die Grundrechte gebunden. Dies betrifft auch Private, die öffentliche Aufgaben übernehmen. In der Praxis der Sozialen Arbeit nehmen rechtliche Aspekte der Sozialversicherung, Sozialhilfe, des Kindesschutzes und der Vormundschaft eine gewichtige Rolle ein. Sie alle sind Ausdruck des Bekenntnisses zu einem „liberalrechtsstaatlichen Sozialstaatsprinzip" (Pärli 2005:11). Dieses baut auf der Subsidiarität staatlicher Hilfeleistungen und stützt sich auf die Eigenverantwortung und private Initiative.

Menschenrechte in Deutschland

In Deutschland als Mitglied der EU steht das Europäische Gemeinschaftsrecht als ein supranationales Recht mit autonomer Rechtsordnung über jeglichem nationalen Recht. Teile dieses Rechts mit besonderer Bedeutung für die Soziale Arbeit sind die Freizügigkeitsabkommen (von der Schweiz mittlerweile auch angenommen), die Schengen Abkommen betr. Ausländer- und Asylrecht sowie Strafverfahrensrecht, das Völkerrecht, das Haager Minderjährigenschutzabkommen und das Europäische Fürsorgeschutzabkommen. Deren Bestimmungen sind jeweils im Einzelnen zu berücksichtigen wie auch die europäische Menschenrechtskonvention, die UN-Kinderrechtskonvention und die Sozialcharta. Als Fazit kann gelten, dass in Deutschland zwar durch die Zugehörigkeit zur EU und die Verpflichtung zu mehr Konventionen mehr Bestimmungen zu berücksichtigen sind, im Einzelfall aber jeweils geprüft werden muss, welche besonderen Menschenrechte eingehalten werden und einklagbar sind. (Vgl. Trenczek et al. 2008:51ff.)

Soziale Arbeit orientiert sich auch an den *verbrieften Grundrechten* (Rechtsordnung der Bundesrepublik, Art. 1–19). Ein grosser Teil davon ist als Abwehrrechte ausgestaltet. Von besonderem Interesse für die Soziale Arbeit ist die Unverletzlichkeit des Brief-, Post- und Fernmeldegeheimnisses (Art 10 GG), die Unverletzlichkeit der Wohnung (Art. 13 GG) und insbesondere das Elterngrundrecht (Art. 6

Abs. 2 GG). Der *grundsätzliche Schutz der Persönlichkeit* (Art 2 GG) hat im Laufe der Jahre eine Ausdifferenzierung erfahren, die für die Soziale Arbeit von besonderer Bedeutung ist. Diese umfasst ein

- Recht auf Schutz der Privat-, Geheim- und Intimsphäre
- Recht auf informationelle Selbstbestimmung,
- Recht auf Identität
- Recht auf soziale Achtung
- Recht auf Selbstdarstellung und
- Recht auf finanzielle Selbstbestimmung. (Vgl. ebd.: 95)

4.2.4 Daten- und Vertrauensschutz

Der Datenschutz und die Schweigepflicht sind mit Ausnahme der Anzeigepflicht in der Bundesrepublik Deutschland und der Schweiz unterschiedlich geregelt, weshalb nachstehend Ausführungen separat vorgenommen werden. In beiden Ländern besteht für Professionelle der Sozialen Arbeit keine Pflicht, strafbare Handlungen anzuzeigen mit Ausnahme von besonders schweren Straftaten. Allerdings besteht fast überall ein *Anzeigerecht*. Es ist demnach nach professionsspezifischen Überlegungen zu beurteilen, ob es sinnvoll erscheint, offiziell Anzeige zu erstatten. Spezialisierte Beratungsstellen können oftmals fundiert Auskunft geben über Wirkungen und mögliche Folgen.

Datenschutz Schweigepflicht, Amt und Berufsgeheimnis in der Schweiz

Entgegen dem Begriff dient der Datenschutz dem *Persönlichkeitsschutz* und den *Grundrechten von Personen*. Er schützt Menschen vor widerrechtlichem Umgang mit Daten, die von Dritten (Private oder staatliche Behörden) erhoben, bearbeitet und weiter gegeben werden (vgl. Pärli 2007:130 ff.). Sozialarbeiterinnen, die Daten bearbeiten, haben dies unter Einhaltung der Verfassungsgrundsätze zu leisten (siehe 4.2.2). Dabei ist zusätzlich zu beachten, dass sie ausschliesslich zum deklarierten Zweck verwendet werden, entsprechend datentechnisch geschützt bleiben und nicht ohne Rechtfertigungsgrund gegen den ausdrücklichen Willen von Klientinnen bearbeitet werden. Hier gilt besonders zu beachten, dass der sorgfältige Umgang mit Daten von Klienten als vertrauensbildende Massnahme gesehen werden kann. Die Kenntnis von Informationen über eine Person beeinflusst sowohl das Bild von ihr wie auch die Interaktion mit dieser Person (siehe 8.2).

Ganz grundsätzlich gilt für Professionelle der Sozialen Arbeit eine *berufliche Schweigepflicht*, die verbietet, Daten an Dritte bekanntzugeben. Allerdings fallen Sozialpädagogen nicht unter das im Strafgesetzbuch festgehaltene Berufsgeheimnis (Art. 321), sofern sie nicht im Auftrag von Personen stehen, die ihrerseits dem strafrechtlichen Berufsgeheimnis unterstehen. Je nach Funktion fallen sie aber unter das strafrechtliche Amtsgeheimnis (Art 320) (vgl. Pärli 2007:134). Bedeutung bekommen diese Bestimmungen in der Beratung von Klientinnen, damit diese sich gegen allfällige Verletzungen von Datenschutzvorschriften wehren können. Sie geben den Professionellen vor, wie sie im direkten Umgang bezüglich Datenschutz vorzugehen haben. So ist es wichtig zu wissen, dass jederzeit Einsichtsmöglichkeit in die eigenen Akten zu gewähren ist. Neben den rechtlichen Grundlagen verspricht der Berufskodex der Sozialen Arbeit nach Art. 12.4, dass sich Sozialarbeitende verpflichten, sorgfältig mit Personendaten umzugehen, Datenschutz und Schweigepflicht einzuhalten (vgl. AvenirSocial 2010:9).

Es gibt vier Rechtfertigungsgründe, die eine Weitergabe von Daten erlauben. Gesetzliche Rechtfertigungsgründe, die in Gesetzen und Erlassen als Mitteilungspflichten und -rechte geregelt sind, dienen vor allem bei Gefährdungen zum Schutz betroffener Menschen wie z.B. bei Kindesschutzgefährdungen. In Straf- und Zivilprozessordnungen gilt grundsätzlich für alle Personen Zeugnispflicht. In einigen Kantonen können auch Professionelle der Sozialen Arbeit ein Zeugnisverweigerungsrecht geltend machen. Ein dritter Grund kann durch die ausdrückliche Einwilligung der betroffenen Person selbst gegeben werden, und schliesslich kann ein überwiegend öffentliches Interesse wie z.B. Amtshilfe, Zusammenarbeit, gesetzlicher Auftrag geltend gemacht werden. Es ist also im konkreten Fall oft eine *Güterabwägung* zwischen den Interessen der Schweigepflicht (insb. Vertrauensschutz) und dem Interesse an der Datenweitergabe zu treffen. (Vgl. Pärli 2008:136f)

Daten und Vertrauensschutz in der Bundesrepublik Deutschland

Professionelle der Sozialen Arbeit sind zum *umfassenden Daten- und Vertrauensschutz* verpflichtet. Dieser ist strafrechtlich abgesichert. Sozialarbeiterinnen sind nur entbunden, wenn der Betroffene einer Datenübermittlung zugestimmt hat oder eine gesetzliche Norm dies zulässt oder vorschreibt. Bezüglich des Zeugnisverweigerungsrechts gibt es keine eindeutige Regelung. (Vgl. Trenczek et al. 2008:534f.)

4.3 Zusammenfassung der Erkenntnisse

Soziale Arbeit richtet sich in ihrer Zielsetzung immer nach bestimmten Werten und Normen, fragt nach dem Sinn ihrer Tätigkeit; zudem ist der sozialarbeiterische Alltag oft durch moralisch verzwickte Situationen gekennzeichnet. Zielsetzungen, Sinnorientierung, Werte, Normen verlangen eine kontinuierliche, kritische, *ethische Reflexion*. Diese Reflexion ist auf der Ebene der Praxis, der Wissenschaft, der wissenschaftstheoretischen Grundlegung, der Methoden der Sozialen Arbeit wie auch auf der Ebene der Professionsethiken der Berufsverbände anzustellen. Da Soziale Arbeit immer auf einem bestimmten Bild vom Menschen fusst, stellt es eine Voraussetzung für Sozialpädagogen dar, sich in transparenter Weise mit ihrem *Menschenbild* auseinanderzusetzen. Dabei ist davon auszugehen, dass sich Menschen in einem lebenslangen Entwicklungsprozess befinden. Mit der Allgemeinen Erklärung der Menschenrechte (1948) wird stipuliert, dass die *Würde des Menschen* unantastbar ist. Das bedeutet, Menschen dürfen nicht instrumentalisiert werden, ihre Würde wird erfahrbar in der Achtung ihrer Einzigartigkeit in jeder Interaktion und im Erreichen und Erhalt von grösstmöglicher Autonomie. *Menschenrechte* werden angesehen als persönliche Freiheitsrechte, politische sowie kulturelle oder soziale Rechte, die in engem Zusammenhang mit der Grundfigur von Freiheit, Gleichheit und Teilhabe stehen. Neben den Menschenrechten gilt in der Sozialen Arbeit der Grundsatz der *sozialen Gerechtigkeit*. Gemeint sind damit das Gewährleisten von gleichen Rechten, der Ausgleich von Leistungen sowie die Verteilungsgerechtigkeit. Damit korrespondiert die Idee der *Solidarität* im Sinne einer Beistandssolidarität als einer grundsätzlichen Verpflichtung gegenüber den Ansprüchen Benachteiligter und Hilfebedürftiger. Diese Grundwerte bilden einen Orientierungsrahmen für das professionelle Handeln, das sich gleichzeitig für eine nachhaltige Sicherung von Menschenwürde und sozialer Gerechtigkeit einsetzt und seine Funktion immer nur in subsidiärer Art und Weise versteht unter dem Motto ‚Hilfe zur Selbsthilfe'. Professionelle haben auf dieser Grundlage das eigene Handeln nach Person und Situation auszurichten und die jeweiligen Konsequenzen auf verschiedenen Bereichen mitzubedenken. Es gilt die Verantwortung gegenüber den Klientinnen, der Gesellschaft, dem Anstellungsträger, den Sozialarbeiterinnen, der Profession wie auch der eigenen Person wahrzunehmen. Sozialpädagogen sehen sich im Alltag immer wieder Dilemmasituationen ausgesetzt (moralische Konflikte), die abgestützt auf ein gesichertes Professionsverständnis und in Anbetracht der asymmetrischen Grundstruktur des Hilfeprozesses so zu lösen sind, dass die ausgehandelten Zielsetzungen in kooperativer Weise erreicht werden. Care-ethische Positionen lenken den Blick auf das Ausbalancieren dieser Asymmetrie und weisen auf drei Grundmuster ethischen Handelns hin: In Anbetracht der Situation vieler Hilfebedürftiger ist eine Haltung von *Aufmerksamkeit, Achtsamkeit* und *Anwaltlichkeit* (advokatorische Ethik) gefordert, die ermöglicht, den Blick nicht nur auf die Notlage und Benachteiligung, sondern auch auf Ressourcen im ganzen System zu richten.

Insgesamt ist in Bezug auf das professionelle Handeln wichtig zu wissen, welche Rechte Klientinnen wie auch Professionelle der Sozialen Arbeit grundsätzlich haben. Dieses Wissen bildet einen Orientierungsrahmen für die Professionellen, das eigene Handeln abzusichern, mögliche Verletzungen geltend zu machen, sich aber auch vor unangemessenen Forderungen seitens der Politik wie der Klienten schützen zu können. Es gilt ein Bewusstsein dafür zu schaffen, dass sich professionelles Handeln immer auf *rechtliche Grundlagen* abzustützen hat, demnach die Rahmenbedingungen des Handelns danach abzuprüfen sind. Die verbrieften Gesetze, Verordnungen etc. schaffen für Sozialarbeiter einen grossen Spielraum, der nach dem *Verhältnismässigkeitsprinzip* und der höchstmöglichen Selbstbestimmung der Klientinnen zu gestalten ist. Dabei ist auf das Einhalten der Verfahrensgrundsätze zu achten, um eine grösstmögliche Transparenz der Unterstützungsprozesse zu erreichen. Die Einhaltung der Anliegen zur Wahrung der Menschenrechte, das Recht auf Wahrung der Menschenwürde ist in jedem Handlungsschritt, auch im äussersten Fall von Inklusionsvermittlung (wie z. B. im Justizvollzug) anzustreben. Dazu gehört der sorgfältige Umgang mit persönlichen Daten (Datenschutz).

Vertiefungsliteratur

Lob-Hüdepohl, Andreas (2007). Berufliche Soziale Arbeit und die ethische Reflexion ihrer Beziehungs- und Organisationsformen. S. 113–16 in: Lob-Hüdepohl, Andreas/Lesch, Walter (Hg.). Ethik Sozialer Arbeit. Schöningh, Paderborn/München/Wien/Zürich.

Marti, Adrienne/Mösch Payot, Peter/Pärli, Kurt/Schleicher, Johannes/Schwander, Marianne (Hg.) (2009). Recht für die Soziale Arbeit. Grundlagen und ausgewählte Aspekte. 2. aktualisierte Auflage. Haupt, Bern/Stuttgart/Wien.

Trenczek, Thomas/Tammen, Britta/Behlert, Wolfgang (2008). Grundzüge des Rechts. Studienbuch für soziale Berufe. Reinhardt, München/Basel.

5 Kooperation

Professionelle der Sozialen Arbeit stellen keine Produkte her, sondern sie handeln: Sie unterstützen Menschen in den Aufgaben der Lebensbewältigung, sie ermöglichen Bildungsprozesse und fördern soziale Integration. In ihrem professionellen Handeln sind sie unmittelbar angewiesen und verwiesen auf gemeinsames Handeln, denn an einer Dienstleistung in der Sozialen Arbeit sind stets zwei Personen beteiligt: Die Sozialpädagogin als Produzentin und der Klient als Konsument bzw. Ko-Produzent agieren gleichzeitig. Die personenbezogene soziale Dienstleistung kann nur in einem dialogischen Verständigungsprozess von Sozialarbeiter und Klientin gemeinsam erbracht werden. Die Koproduktion ist eines der Strukturmerkmale professionellen Handelns in der Sozialen Arbeit (siehe 3.2.4). Wie diese Arbeitsbeziehung theoretisch konzipiert wird, soll im Folgenden herausgearbeitet werden. Im zweiten Teil des Kapitels soll eher kurz auf die andere Kooperationsebene eingegangen werden, welche für die Soziale Arbeit relevant ist: auf die Kooperation auf der Fachebene, d.h. die Zusammenarbeit innerhalb der eigenen Profession sowie die vielfältigen Formen der Zusammenarbeit mit anderen Fachleuten.

5.1 Arbeitsbeziehung mit Klientinnen

Dass die Beziehung zwischen Sozialpädagoge und Klientin eine unabdingbare Voraussetzung für professionelles Handeln ist, gilt in der Sozialen Arbeit seit jeher als weitgehend unbestritten. Allerdings wird diese Grundannahme insgesamt wenig erläutert. So resümiert Schäfter (2010:44), in der Literatur, die sich mit Methoden der Sozialen Arbeit auseinandersetzt, werde die professionelle Beziehung „als Basis und Mittel der Zusammenarbeit zwischen KlientIn und Fachkraft und im Sinne eines Arbeitsbündnisses als bedeutender Reflexionsgegenstand definiert. Eine gelingende professionelle Beziehung wird übereinstimmend als Voraussetzung der Hilfe in der Sozialen Arbeit" benannt – auf Ausführungen zur konkreten Gestaltung einer solchen Arbeitsbeziehung jedoch werde weitgehend verzichtet.

In Praxisfeldern, in denen einzelne Professionelle über längere Zeit KlientInnen begleiten, kommt der „beruflichen Beziehungsarbeit" (Münchmeier 1981:124) eine besondere Bedeutung zu. Es sind Tätigkeitsbereiche, in denen professionelles Handeln im Zusammenhang von Begleitung, Erziehung und Beratung im Rahmen einer unmittelbaren und nicht nur kurzfristigen Beziehung stattfindet, d.h. in denen die Arbeit in und an zwischenmenschlichen Beziehungen im Vordergrund steht (vgl. Lotz 2003:16). Aufgabe der Sozialen Arbeit ist dann weniger das Bereitstellen von Informationen und Ressourcen mit dem Ziel der Veränderung der

Lebenssituation, sondern vielmehr die Unterstützung der Veränderung der Person und ihrer Lebensweise. Ermöglicht werden soll das durch einen besonderen Typus persönlicher Interaktion: durch die professionelle Beziehung. Bommes/Scherr merken kritisch an, der Beziehungsaspekt erhalte bei einem solchen Zugang Vorrang vor den Kommunikationsinhalten (vgl. 2000:215). Auch Winkler (1988) äussert sich skeptisch hinsichtlich der Bedeutung der professionellen Beziehung und betont demgegenüber die Gestaltungsnotwendigkeit des pädagogischen Ortes. Für die meisten Professionellen allerdings steht ausser Frage, dass eine gute Beziehung zur Klientin die entscheidende Voraussetzung für ein Gelingen des Hilfeprozesses darstellt. Allerdings erscheine das Wesen und die Qualität der Beziehung so schwer fassbar, so individuell und situationsabhängig, dass die Beziehungsarbeit oft als nicht planbares Element eines methodisch reflektierten Handlungsprozesses gesehen werde, stellt Heiner (vgl. 2007:459) fest, und betont, es liessen sich theoretisch sehr wohl einige charakteristische Merkmale der Beziehung zwischen Professionellen und Klientinnen benennen. Es sind insbesondere Merkmale im Sinne von konstitutiven Rahmenbedingungen.

Diese Rahmenbedingungen einer Arbeitsbeziehung sollen zunächst dargelegt werden. Anschliessend wird untersucht, welche theoretischen Beziehungskonzepte in Sozialarbeit und Sozialpädagogik entwickelt worden sind, und es werden ausgewählte Beziehungskonzepte vorgestellt.

5.1.1 Rahmenbedingungen

Die Kontextbedingungen in der Sozialen Arbeit prägen die Möglichkeiten der Ausgestaltung der Arbeitsbeziehung zwischen Professionellen und Klientinnen massgeblich. Diese sollen im Folgenden erörtert werden.

Freiwilligkeit, Dauer, Verbindlichkeit

Wir haben in Kapitel 2.2.1 festgestellt, dass die Praxisfelder der Sozialen Arbeit äusserst heterogen sind, und dass auch die konkreten Aufgaben der Professionellen sehr unterschiedlich sein können. Im Hinblick auf die Rahmenbedingungen der Arbeitsbeziehung mit Klienten sind hier auch die beiden Traditionslinien Sozialarbeit und Sozialpädagogik bedeutsam. Pädagogische Beziehungen in der stationären Kinder-, Jugend- und Behindertenhilfe sind gekennzeichnet durch eine generelle Zuständigkeit für die Alltagsbewältigung und Lebensführung; Sozialpädagogen teilen während ihrer Arbeitszeit den Alltag mit ihren Klientinnen. Insbesondere in Einrichtungen des Straf- und Justizvollzugs ist die Arbeitsbeziehung geprägt von der Unfreiwilligkeit des Aufenthaltes und damit auch der Beziehungsaufnahme. Eine sozialarbeiterische Beratung hingegen ist weniger umfassend und durch den Anspruch gekennzeichnet, Unterstützung für spezifische lebenspraktische Problemlagen zu bieten. Sie findet in einem spezifischen Beratungssetting statt, wobei sie sich auf eine oder zwei Gespräche beschränken oder aber über einen längeren Zeitraum dauern kann. Arbeitsbeziehungen in der Gemeinwesenarbeit (z. B. der offenen Jugendarbeit) wiederum sind gekennzeichnet durch Freiwilligkeit, zumindest teilweise aber auch durch Unverbindlichkeit und unklare Dauer. So ist zunächst festzuhalten, dass die Bedingungen einer Arbeitsbeziehung in der Sozialen Arbeit äusserst *unterschiedlich* sind, u. a. hinsichtlich Freiwilligkeit, Dauer und Verbindlichkeit.

Entstehen der Arbeitsbeziehung

Ein gemeinsames Merkmal jedoch ist in fast allen Praxisfeldern – abgesehen von Gemeinwesen- und offener Jugendarbeit – die spezifische Art und Weise des Entstehens dieser professionellen Beziehung: Menschen, die sich in einer sozialen Notlage befinden, wenden sich an eine Organisation, oder aber sie werden dorthin eingewiesen. Innerhalb der Organisation erfolgt die Zuteilung einer Fachperson, in Abhängigkeit von Zuständigkeiten, Kapazitäten oder spezifischen Kompetenzen (vgl. Schäfter 2010:38). In der Regel wählen weder Klienten eine bestimmte Professionelle aus noch haben Professionelle die Wahl, ob sie mit einer bestimmten Klientin arbeiten möchten. Massgebliche Rahmenbedingung in der Sozialen Arbeit ist damit der *Auftrag der Organisation* – denn er begründet die Arbeitsbeziehung: „Die Organisation definiert den Rahmen der Beziehung, den die Fachkraft in der Interaktion ausgestaltet. Selbst bei freiwilliger Nutzung der Angebote sind Ort, Zeit, Dauer und Intensität, Formen und Inhalte der Interaktionen zwischen Fachkraft und KlientIn nicht frei gestaltbar" (Heiner 2007:461; vgl. auch Stemmer-Lück 2004:48). Im Rahmen der institutionellen Vorgaben jedoch haben Professionelle meist einen grossen Spielraum hinsichtlich der Ausgestaltung der Arbeitsbeziehung. Müller weist allerdings auf das weit verbreitete Missverständnis hin, diese Beziehung auf eine Dyade zu reduzieren: Eine Sozialpädagogin müsse zunächst das institutionelle Angebot verkörpern und einer Klientin als Vertreterin einer Organisation gegenübertreten (vgl. 2002a:87). Insbesondere in Zwangskontexten prägt der Organisationsauftrag massgeblich die anfänglichen Bedingungen der Beziehungsgestaltung. Wenn die Kontaktaufnahme einer Klientin mit einer Institution der Sozialen Arbeit nicht freiwillig bzw. unter Druck erfolgt ist, müssen Motivation und Kooperationswille zunächst erarbeitet und ermöglicht werden (siehe 3.2.4).

Aufgabenorientierung

Die Arbeitsbeziehung zwischen Professionellen und Klienten wird dadurch begründet, dass ein Klient ein Angebot der Sozialen Arbeit nutzen will (oder auch dazu gedrängt oder verpflichtet wird, es zu nutzen). Ausgangspunkt ist die Hilfebedürftigkeit des Klienten, das Interesse oder Bedürfnis des Klienten nach Hilfe und Unterstützung – und Ziel ist es, die Befriedigung dieser Bedürfnisse zu unterstützen, zur Bewältigung der Schwierigkeiten in der Alltagsbewältigung beizutragen, eine Erziehungsaufgabe zu erfüllen, Lebensqualität zu verbessern, etc.. Es geht in einer Arbeitsbeziehung zwischen Professionellen und Klienten stets um spezifische Aufgaben. Die Arbeitsbeziehung verfolgt keinen Selbstzweck, es geht nicht um eine ‚gute Beziehung' zwischen Sozialarbeiter und Klientin, sondern darum, diese Beziehung als Mittel zur Erreichung eines Zieles zu nutzen. Diese Aufgabenorientierung in der professionelle Beziehung (vgl. u. a. Heiner 2007:460) impliziert unterschiedliche Rollen: Die Klientin ist diejenige, die Unterstützung sucht und braucht, die Professionelle der Sozialen Arbeit ist diejenige, welche diese Unterstützung leisten kann – als Repräsentantin einer Organisation und aufgrund ihrer Kompetenz. So ist die professionelle Arbeitsbeziehung grundsätzlich gekennzeichnet durch jene strukturellen Asymmetrie, auf die wir bereits in Kap. 3.2.4 hingewiesen haben: Die Sozialpädagogin verfügt als Repräsentantin einer Organisation und aufgrund ihrer Kompetenz über mehr Macht als die Hilfe suchende Klientin. Sie kann Ansprüche eines Klienten unterstützen oder aber verweigern, sie hat neben dem Hilfe- auch einen Kontrollauftrag. Innerhalb dieser asymmetrisch strukturierten und aufgabenorientiert ausgerichteten Beziehung allerdings geht es um kommunikative Verständigung zwischen Sozialpädagogin und Klient. Stimmer geht dabei von der These aus, dass Soziale Arbeit um so erfolgreicher sein wird, je weniger erfolgsorientiert (bzw. aufgaben- und zielorientiert) und je ausgeprägter verständigungsorientiert sie ist (vgl. 2000:45 f.). Heiner hingegen postuliert, dass die Aspekte *Verständigungsorientierung* und *strategische Aufgabenorientierung* ausbalanciert sein müssen (vgl. 2007:465). Lotz weist darauf hin, dass im Begriff Beziehungsarbeit zwei unterschiedliche Rationalitätstypen erkennbar sind: Einerseits wird professionelles Handeln als Arbeit, d. h. als zielbezogene, plan- und kontrollierbare Tätigkeit betrachtet, anderseits steht das Moment der Beziehung für ein Subjekt-Subjekt-Verhältnis, das auf einen offenen Prozess wechselseitiger Verständigung setzen muss, um wirkungsvoll zu sein (vgl. Lotz 2003:16). Professionelle müssen in der Lage sein, diese unterschiedlichen Anforderungen und Logiken auszubalancieren.

Begrenzungen der Arbeitsbeziehung

Im Gegensatz zu privaten Beziehungen sind professionelle Arbeitsbeziehungen stets zeitlich befristet. Auch wenn vereinzelt der Aufenthalt von Klientinnen auf Dauer angelegt ist – wie beispielsweise in manchen Einrichtungen der stationären Behindertenhilfe –, so gilt dies nicht für die Arbeitsbeziehung: Die Organisation garantiert zwar eine kontinuierliche Begleitung über Jahre hinweg, nicht aber die Kontinuität der Beziehungen zu bestimmten Mitarbeitenden. Die Professionellen nehmen die Aufgaben der Unterstützung wahr im Rahmen ihrer bezahlten Tätigkeit, und sie sind frei, das Arbeitsverhältnis jederzeit zu kündigen.

Grundsätzlich sind professionelle Beziehungen durch die *ökonomischen und intentionalen Grenzen* institutionalisierter Hilfen gekennzeichnet. Die Begrenzung der Dauer der Arbeitsbeziehung und der Häufigkeit der Kontakte sind durch die Geldgeber – staatliche oder auch private Organisationen (siehe 2.2.1) – gesteuert. „Diese Begrenzung der Hilfe ist eine Reaktion auf das prinzipielle Dilemma, dass sich jedwede Hilfe, jedwede Förderung jenseits von Mindeststandards prinzipiell unbegrenzt ausweiten lässt" (Heiner 2007:462). Auch von der Intention her soll professionelle Hilfe – von der erwähnten Ausnahme dauerhaften Unterstützungsbedarfs abgesehen – allmählich überflüssig werden und stets dem Prinzip der

‚Hilfe zur Selbsthilfe' verpflichtet sein (siehe auch 2.2.2). Die Hilfen, welche eine Sozialarbeiterin einem Klienten anbieten kann, sind also in intentionaler und zeitlicher Hinsicht begrenzt.

5.1.2 Pädagogische Beziehungskonzepte

Wir haben in Kapitel 2.1.1 gesehen, dass sich die Sozialpädagogik historisch gesehen insbesondere mit den Entwicklungsproblemen von jungen Menschen beim Hineinwachsen in das gesellschaftliche Umfeld und mit angemessenen Unterstützungsangeboten befasst. So wurde die professionelle Beziehung hier denn auch in einer besonderen Konstellation thematisiert: als Beziehung zwischen einer erwachsenen Sozialpädagogin und einem Kind oder Jugendlichen, zwischen einer erziehenden und einer zu erziehenden Person. Hermann Giesecke (1997) hat in seinem Buch ‚Die pädagogische Beziehung' aus einer historischen Perspektive verschiedene sozialpädagogische Beziehungsmodelle dargestellt: Angefangen von der pädagogischen Beziehung bei Rousseau und Pestalozzi im ausgehenden 18. Jahrhundert über Bosco und Wichern im 19. Jahrhundert sowie Makarenko, Korczak, Neill und Nohl in der ersten Hälfte des 20. Jahrhunderts. Er zeigt dabei, wie sich das professionelle pädagogische Verhältnis aus dem familiären Erziehungsverständnis entwickelt hat, wie es in seiner Qualität zunehmend seinen autoritären Charakter verloren hat und stattdessen der Subjektstatus des Kindes betont worden ist.

Im Folgenden soll nachgezeichnet werden, wie Giesecke in der Auseinandersetzung insbesondere mit Nohl das Konzept einer professionellen pädagogischen Beziehung entwickelt hat, das den modernen gesellschaftlichen Bedingungen der Demokratisierung, Individualisierung und Pluralisierung im ausgehenden 20. Jahrhundert Rechnung trägt (vgl. Giesecke 1997:18).

Nohls Konzept des Pädagogischen Bezugs

Während die erwähnten Autoren – mit Ausnahme von Rousseau – ihre pädagogischen Beziehungsmodelle im Rahmen eines Konzepts einer sozialpädagogischen Einrichtung und auch im Hinblick auf ihre eigene Person entwickelt haben, wurde die pädagogische Beziehung in der Reformpädagogik systematisch zum Thema gemacht und in einen grösseren erziehungswissenschaftlichen Zusammenhang gestellt. Insbesondere das Konzept des ‚Pädagogischen Bezugs', das der Geisteswissenschafter Herman Nohl ab 1910 entwickelt hat, wurde bis in die 1960er Jahre von den meisten Sozialpädagogen als massgebliches Leitkonzept gesehen (vgl. ebd.:217f.).

Der Kern des ‚Pädagogischen Bezugs' ist im folgenden bekannten Satz von Nohl enthalten: „Die Grundlage der Erziehung ist also das leidenschaftliche Verhältnis eines reifen Menschen zu einem werdenden Menschen und zwar um seiner selbst willen, dass er zu seinem Leben und seiner Form komme" (Nohl 1970:134). Der Zögling braucht eine Beziehung zu einem gebildeten Erwachsenen, um selbst seine Bildungsmöglichkeiten entfalten zu können. Das Adjektiv ‚leidenschaftlich' bezeichnet dabei die emotionale Dimension, die sich aus der *personalen Ganzheitlichkeit der Beziehung* ergibt, und es verweist auf die Nähe der beiden Beteiligten. Die pädagogische Beziehung nimmt ihren Ausgangspunkt von der Subjektivität des Kindes – seiner gegenwärtigen Wirklichkeit und Bedürftigkeit und seinen zukünftigen Möglichkeiten – und nicht von äusseren Ansprüchen (wie beispielsweise von Staat oder Kirche). Der Erzieher sortiert gesellschaftliche Ansprüche daraufhin, was sie für einen individuellen Zögling gegenwärtig wie zukünftig bedeuten, und macht sie auf diese Weise für ihn bildungswirksam. Erziehung geschieht nach Nohl *um des Zöglings willen* (vgl. Giesecke 1997:225f.). Das pädagogische Verhältnis ist ein *wechselseitiges*. Beide Seiten bringen allerdings nicht das Gleiche ein. Der Erwachsene hat sich in Auseinandersetzung mit der Welt zu einer reifen Persönlichkeit gebildet, und auf diesem Bildungsvorsprung beruht seine Autorität. Das Kind wiederum bringt als unverwechselbare Persönlichkeit seine Spontaneität in diese Beziehung ein sowie seine gegenwärtige Bedürftigkeit und seine noch unentdeckten künftigen Möglichkeiten, die es nun im Rahmen des pädagogischen Bezugs gemeinsam mit dem Erzieher entdecken kann. Deshalb vertraut es sich diesem an (ohne von der eigentümlichen Art der Beziehung zu wissen, die der Erzieher darum nicht missbrauchen darf, vgl. ebd.:226). Diese wechselseitige personale ganzheitliche Beziehung ist geprägt von Liebe und Autorität auf Seiten des Erziehers, von Gehorsam und Liebe auf Seiten des Kindes. Die pädagogische Liebe fordere „Einfühlung in das Kind und seine Anlagen, in die Möglichkeiten seiner Bildsamkeit, immer im Hinblick auf vollendetes Leben. (...) Und dem entspricht der Zögling nun im Wachstumswillen und einer Hingabe, die nach Hilfe und Schutz, nach Zärtlichkeit und Anerkennung verlangt" (Nohl 1970:135f.). Der Veränderungs- und Gestaltungswille des Erziehers wird gebremst durch eine bewusste Zurückhaltung vor der Spontaneität und dem Eigenwesen des Zöglings. So ist die Distanz zu seiner Sache und zum Zögling – neben der oben erwähnten emotionalen Nähe – zugleich ein wichtiger Aspekt der pädagogischen Haltung. Die Besonderheit des pädagogischer Bezugs – im Vergleich beispielsweise zu Freundschaftsbeziehungen – besteht darin, dass sie auf Auflösung ausgerichtet ist: Ziel ist, sich als Pädagoge überflüssig zu machen und Selbsterziehung zu ermöglichen (vgl.: ebd.:132, 136f.).

Gieseckes Konzept einer öffentlichen pädagogischen Beziehung

Giesecke relativierte und revidierte mehrere Aspekte des Nohlschen Konzeptes und entwickelte auf dieser Grundlage eine Theorie öffentlicher pädagogischer Beziehungen. Ausgangspunkt für ihn ist die Tatsache, dass es sich beim professionellen Handeln von Sozialpädagoginnen um eine bezahlte Tätigkeit in einem öffentlichen Auftrag handelt. Die sozialpädagogische Beziehungsstruktur sei daher nicht aus der familiären ableitbar (vgl. Giesecke 1997:248). Die institutionellen Rahmenbedingungen begrenzen den Interpretationsspielraum für die individuelle Gestaltung einer pädagogischen Beziehung. Eine Sozialpädagogin ist nicht mehr wie bei Nohl für das Leben eines Kindes ganzheitlich zuständig, vielmehr geht es gemäss Giesecke immer um *begrenzte Zwecke* und darauf bezogene begrenzte Ziele –

beispielsweise Verhaltensänderung (vgl. ebd.:250). Das übrige Leben eines Klienten bleibt davon unbetroffen. Daraus ergibt sich eine im Vergleich zu Nohl erhebliche Verminderung des Erziehungsanspruchs. Eine wichtige Rahmenbedingung ist für Giesecke die zeitliche Begrenzung der professionellen Beziehung auf die Arbeitszeit der Sozialpädagogen. In stationären Einrichtungen ergibt sich daraus die Erfordernis eines schichtweisen Wechsels von Mitarbeitenden. „Daraus folgt, dass die Beziehung nicht so eng sein darf, dass ein solcher Wechsel nicht möglich wäre oder nur unter erheblichen emotionalen Reibungsverlusten erfolgen könnte" (ebd.:251). Die pädagogische Beziehung erstreckt sich auf eine *tendenziell unbegrenzte Anzahl von Personen*. Ein weiterer begrenzender Aspekt ergibt sich nach Giesecke aus der Tatsache, dass Professionalität grundsätzlich auf spezifischen Fachkenntnissen basiert, die im Rahmen einer Ausbildung erworben und am Ende überprüft werden. Während sich Fachwissen gut lehren und überprüfen lässt, gilt dies für die motivationalen und emotionalen Aspekte der Persönlichkeit nur sehr eingeschränkt. Qualitäten jedoch, die in der Ausbildung nicht gelehrt und objektivierbar überprüft werden können, dürfen nicht zu Maximen für eine Beziehung erhoben werden. Kinder und Jugendliche haben einen rechtlich fixierten Anspruch auf einen besonderen Schutz, was einerseits in den Bestimmungen zur Aufsichtspflicht der Professionellen zum Ausdruck komme, andererseits ergeben sich daraus besondere Beschränkungen wie Verzicht auf Gewalt oder sexuelle Annäherung oder Indoktrination. Schliesslich verweist Giesecke auf die *zeitliche Begrenzung* der sozialpädagogischen Aufgabe. Deren Sinn bestehe darin, dass ein Kind etwas lernt, was es noch nicht kann, aber entweder aus gesellschaftlicher Notwendigkeit oder aus Gründen individueller Entfaltung noch lernen muss oder will. Indem das Kind jedoch etwas Wichtiges lernt, wird es in eben diesem Masse unabhängiger vom Wissensvorsprung des Sozialpädagogen. Wie Nohl sieht auch Giesecke die professionelle Beziehung auf ihre zunehmende Auflösung hin angelegt. (Vgl. ebd.:253 f.)

Neben all diesen Begrenzungen der professionellen Beziehungen, die Giesecke herausarbeitet und betont, weist er jedoch auch auf die Notwendigkeit einer ganzheitlichen Vorstellung vom Kinde hin: „Die im professionellen Rahmen gebotenen Begrenzungen im Hinblick auf den spezifischen Zweck, die Dauer, das Alter der Partner schliessen jedoch eine darüber hinausgehende, möglichst umfassende Vorstellung über die Zöglinge und ihre Bedürftigkeit ein" (ebd.:254), insbesondere in Bezug auf altersspezifische Bedürfnisse. Diese personale Ganzheit des Kindes ist jedoch nicht der Gegenstand pädagogischen Handelns: Ganzheitliches Verstehen und aufgabenbezogen begrenztes Handeln müssen ausbalanciert werden.

Aus dem Nohlschen Konzept des pädagogischen Bezugs übernimmt Giesecke, dass der Bildungsprozess eines Kindes der personalen Vermittlung bedarf, der professionellen pädagogischen Beziehung also eine zentrale Bedeutung zukommt. Während diese professionelle Beziehung bei Nohl durch Nähe und Emotionalität (Liebe) wie auch durch Distanz geprägt ist, so betont Giesecke – aus den oben dargestellten Gründen – den Aspekt der Distanz: „Es geht um distanziertere Formen des Umgangs, wie sie auch sonst in der Öffentlichkeit üblich sind, also um

Höflichkeit und Respekt eher als um Identifikation" (ebd.:258), der Begriff Liebe sei unangebracht. Die Beziehung ist bei Giesecke als eine asymmetrische und nur beschränkt wechselseitige konzipiert: „Die Professionalität des Erziehers zeigt sich insbesondere darin, dass er die Art und Weise der Beziehung definiert, damit das Kind sich darauf einstellen kann. Vom Kind, vom Schüler, vom Zögling aus kann die Beziehung nicht bestimmt werden" (ebd.: 259). Wie bei Nohl ist sie auf Gegenwart *und* Zukunft des Kindes hin bezogen und auf Auflösung hin angelegt. Hingegen betont Giesecke den Zweckcharakter der professionellen Beziehung, welche für ihn den Kern professioneller Legitimation ausmacht: „Eine pädagogische Beziehung ergibt nur Sinn, wenn sie auf der Seite des Erziehers geprägt ist durch eine bestimmte Kompetenz, um derentwillen es sich für Kinder als lohnend erweisen kann, diese Beziehung überhaupt einzugehen. (...) Nur im Hinblick auf diese professionelle Kompetenz, nicht auf den Pädagogen als Person, kann das Kind Vertrauen entwickeln. (...) Die Beziehung ist kein Selbstzweck, die bloße Berufung darauf, dass sie gut sei und alle Beteiligten sich in ihr wohlfühlen, also nicht hinreichend" (ebd: 260f.).

Grundsätzlich tragen (sozial-)pädagogische Beziehungskonzepte stets der Tatsache Rechnung, dass es um eine Beziehung zwischen Kindern (bzw. Jugendlichen) und Erwachsenen geht und Letztere einen Erziehungsauftrag haben. Dadurch unterscheiden sie sich von allen anderen Beziehungskonzepten in der Sozialen Arbeit.

5.1.3 Psychoanalytische Beziehungskonzepte

Vor allem in den 1970er Jahren haben verschiedene psychologische Schulen die Gestaltung der Arbeitsbeziehung in der Sozialen Arbeit mit beeinflusst, u.a. die Humanistische Psychologie von Rogers (vgl. u.a. 2009) und die Themenzentrierten Interaktion (vgl. Lotz 2003, der auf dieser Basis ein Konzept Sozialpädagogischen Handelns und der sozialpädagogischen Beziehung entworfen hat). Vor allem aber wurde – seit den Anfängen in den 1920er Jahren – die psychoanalytische Theorie Sigmund Freuds in der Sozialen Arbeit rezipiert. In welcher Weise die Psychoanalyse zur Konzeptualisierung der Arbeitsbeziehung in der Sozialen Arbeit beigetragen hat, soll im Folgenden anhand der Grundlagenarbeit von Stemmer-Lück (2004) und der kritischen Reflexion von Müller (1991) nachgezeichnet werden.

Psychoanalyse als psychologische Theorie und Behandlungsmethode

Die von Sigmund Freud (1856–1939) entwickelte ‚Psychoanalyse' ist zunächst eine psychologische Theorie des psychischen Lebens und Erlebens. Sie enthält eine Persönlichkeitstheorie, deren Kernstück ein Strukturmodell der Psyche ist (mit den Instanzen Es, Ich und Über-Ich), eine Entwicklungstheorie, in der verschiedene Stufen der psychosexuellen Entwicklung unterschieden werden, sowie eine sehr ausdifferenzierte Theorie psychischer Störungen (vgl. Stemmer-Lück

2004:18 ff.). Gemäss psychoanalytischer Theorie kommt der frühen Kindheit eine besondere Bedeutung für die Entwicklung eines Menschen zu. Eingebettet in und beeinflusst von den Interaktionsprozessen mit den ersten Bezugspersonen wird in psychodynamischen Prozessen eine Persönlichkeitsstruktur aufgebaut. Eine weitere wichtige psychoanalytische Grundannahme ist die Annahme des Bestehens und Wirkens unbewusster Prozesse. Demnach wird menschliches Erleben und Verhalten nicht nur von bewussten Intentionen, sondern massgeblich auch von unbewusst gewordenen Erfahrungen, Wünschen und Ängsten bestimmt. Die real in Interaktionen in der frühen Kindheit gemachten Erfahrungen werden angereichert mit Phantasien und verfestigen sich zu inneren Bildern, die im Unbewussten gespeichert sind. Der Mensch hat die Tendenz, diese verinnerlichten Beziehungsmuster in aktuellen Interaktionen und Situationen zu wiederholen, ohne dass ihm dies jedoch bewusst ist. Dieses Phänomen wird *Übertragung* genannt (vgl. ebd.:25).

Die Psychoanalyse ist auch eine Behandlungsmethode bei psychischen Störungen. Der zentrale Fokus ist der Klient in seiner Beziehungsdynamik. Zum psychotherapeutischen Setting gehört eine feste Zeitstruktur für die Begegnung zwischen Psychoanalytikerin und Patient. Die Analytikerin verhält sich abstinent, d. h. sie bewertet nicht, gibt keine Ratschläge und erzählt nichts von sich selber, sie verhält sich also wie eine weisse Wand, auf die der Klient seine Phantasien und Beziehungserfahrungen projizieren kann (vgl.ebd.:51). Auf diese Weise kann sich das Beziehungsmuster des Patienten in deutlicher Form zeigen. Die psychoanalytische Arbeit besteht in der emotionalen Bewusstmachung und Durcharbeitung der Beziehungsmuster des Patienten, im *gemeinsamen Verstehen* der Interaktion zwischen Analytikerin und Patient, der Übertragungs- und Gegenübertragungsbeziehung (wobei ‚Gegenübertragung' die emotionale Reaktion der Analytikerin auf die Übertragungen des Patienten meint; vgl. ebd.:97). Der Umgang mit der Übertragungsbeziehung wird in der Psychoanalyse einer kontinuierlichen professionellen Reflexion und damit einer methodischen Kontrolle unterworfen. Auf eine gezielte Einflussnahme auf den Patienten wird bewusst verzichtet (vgl. Müller 1991:76).

Psychoanalytische Traditionslinien in der Sozialen Arbeit

Der Beginn der Verbindung von Psychoanalyse und Sozialer Arbeit ist in den 1920er Jahren in den deutschsprachigen Ländern im Feld der Pädagogik anzusiedeln, bei August Aichhorn und Siegfried Bernfeld, die beide Anstalten für dissoziale Jugendliche leiteten. *Aichhorns* 1925 erschienenes Buch ‚Verwahrloste Jugend. Die Psychoanalyse in der Fürsorgeerziehung' ist die erste systematische Anwendung der Psychoanalyse im Feld der Sozialen Arbeit. Aichhorn betrachtete dissoziales Verhalten als Ausdruck einer innerpsychischen Funktionsstörung, die mit Hilfe psychoanalytischen Wissens gedeutet und verstanden werden kann. Verwahrlosung hat also psychische Ursachen (vgl. Stemmer-Lück 2004:2). Von einer psychischen Krankheit unterscheidet sich Verwahrlosung einzig darin, dass zu ihrer Behandlung *pädagogische* und nicht ärztliche Mittel eingesetzt werden (d. h.

Fürsorgeerziehung und nicht psychoanalytische Behandlung). Damit entfalle für Aichhorn die Notwendigkeit, das psychoanalytische Behandlungsprinzip des gemeinsamen Verstehens auch für den Erziehungsvorgang zu thematisieren, kritisiert Müller (vgl. 1991:79); er diagnostiziere nicht im Diskurs *mit* dem Jugendlichen, sondern nutze das Gespräch lediglich als Datenquelle, aus dem Schlüsse gezogen werden können für die Erziehung. Aichhorn stellte ausserdem die Bedeutung einer positiven Übertragungsbeziehung für die psychische Entwicklung der Jugendlichen dar. Auch hier urteilt Müller kritisch: Anders als Freud verzichte Aichhorn nicht auf gezielte Einflussnahme, vielmehr sei für ihn Aufgabe des Erziehers, mittels der Übertragungsbeziehung eine „Charakterkorrektur des Verwahrlosten" (Aichhorn 1951:199, zit in Müller 1991:80) zu erreichen. Die Übertragungsbeziehung sei dann nicht mehr ein kommunikativer Freiraum, der lebensgeschichtlich eingefrorene Beziehungsmuster revidierbar macht, sondern ein Machtmittel, um den Zögling zu einer bestimmten Leistung zu nötigen und zu einer Charakterveränderung zu bewegen. Die Problematik der Aichhornschen Psychoanalyse-Rezeption liegt für Müller in der *fehlenden professionellen Reflexion der Übertragungsbeziehung* (vgl. 1991:82).

Während Aichhorn die Chancen der pädagogisch-therapeutischen Beziehung beschrieb, betonte *Bernfeld* – in seinem ebenfalls 1925 erschienen Grundlagenwerk ‚Sisyphos oder die Grenzen der Erziehung' – die Grenzen erzieherischer Einflussnahme. Die Grenzen werden nach Bernfeld durch die Übertragungsbereitschaft des Pädagogen gesetzt: Sie liegen im Pädagogen selbst, der auf das Übertragungsgebot des Kindes mit eigenen Übertragungsimpulsen reagiert, mit irrationalen, der eigenen Kindheit entstammenden Reaktionen. Nicht nur der Jugendliche überträgt Muster aus seiner Kindheit in die aktuelle pädagogische Situation, sondern auch der Pädagoge (vgl. Stemmer-Lück 2004:2 f). Bernfeld sah in der Psychoanalyse ein wesentliches Element eines Selbstaufklärungsprozesses, so Müller (vgl.1991:83). Einsicht in die Übertragungsmomente des Erzieher-Zöglings-Verhältnisses sei für Bernfeld nicht wichtig, weil sie dem Erzieher einen mächtigen Hebel zur Verwirklichung seiner Ziele an die Hand gibt, sondern weil sie ihn die „Grenze der Erziehung" erkennen lässt, „die durch die seelischen Tatsachen im Erzieher gegeben ist" (Bernfeld 1971:142, zit. in Müller 1991:84). Bei Bernfeld beschränkt sich die Praxisrelevanz der Psychoanalyse also auf ‚Erziehung zum Erzieher', indem sie die *Reflexion der eigenen Verstrickungen und Grenzen* möglich macht.

Die psychoanalytische Pädagogik wurde ab den 1930er Jahren in den USA durch dorthin emigrierte Pädagogen und Psychoanalytiker weiterentwickelt (u. a. durch Fritz Redl und Bruno Bettelheim). In Europa hingegen erfuhr die psychoanalytisch orientierte Pädagogik erst in den 1990er Jahren wieder eine Renaissance (u. a. Körner/Ludwig-Körner 1997; vgl. Stemmer-Lück 2004:6 ff). Neben diesem pädagogisch-psychoanalytischen Entwicklungsstrang gibt es eine sozialarbeiterisch-psychoanalytische Traditionslinie, die in den USA in den 1920er und 1930er Jahren ihren Anfang nahm und die Soziale Einzelfallhilfe und die Soziale Gruppenarbeit entscheidend geprägt hat. Eine wichtige Repräsentantin der psychoanalytisch orientierten Einzelfallhilfe ist Florence *Hollis*. Im Mittelpunkt steht bei ihr der Klient als ein emotionales, auch irrational handelndes, problembehaftetes Wesen: „Beim Aufbau ihrer Theorie hat die Soziale Einzelhilfe auf die Psychoanalyse zurückgegriffen, um sowohl die Ursachen psychischer Schwierigkeiten, wie auch die Möglichkeiten zu ihrer Verbesserung zu verstehen" (Hollis 1971:288, zit. in Müller 1991:74). Die Verbindung zur Psychoanalyse zeige sich bei Hollis einerseits in der *psychodynamischen Betrachtung der Persönlichkeit des Klienten*, andererseits in der Akzentuierung der Beziehung zwischen Klient und Sozialarbeiterin (vgl. Stemmer-Lück 2001:5). Müller allerdings kritisiert, Hollis habe letzteres vernachlässigt und die Theorie der analytischen Situation weitgehend ausgeklammert (vgl. Müller 1991:74). In den deutschsprachigen Ländern Europas erlangte die psychoanalytisch orientierte Sozialarbeit erst in den 1990er Jahren eine gewisse Bedeutung (vgl. Stemmer-Lück 2004:12 ff).

Psychoanalytisches Wissen wurde demnach in der Sozialen Arbeit vor allem in zweierlei Hinsicht genutzt: einerseits für die Diagnose der Problematik eines Klienten mit Hilfe psychoanalytischer Theorie, andererseits zur Reflexion der Übertragungs-Gegenübertragungs-Beziehung zwischen Klient und Sozialpädagoge.

Arbeitsbündnis-Modell von Oevermann

Der Soziologe Oevermann hat im Rahmen seiner Professionalisierungstheorie ein Arbeitsbündnismodell für die Soziale Arbeit analog dem psychoanalytischen Arzt-Patient-Verhältnis konzipiert. Konstitutiv für das Arbeitsbündnis ist der Leidensdruck des Patienten. Das Bündnis wird gestiftet durch die freiwillige Entscheidung eines Patienten zur Aufnahme des Arbeitsbündnisses. In der Freiwilligkeit liegt für Oevermann eine wichtige Bedingung der Gewährleistung von Autonomie: Der Patient anerkenne mit seinen gesunden Anteilen die Behandlungsbedürftigkeit seiner kranken Persönlichkeitsanteile und vollziehe eine autonome Entscheidung sich in Behandlung eines Experten zu begeben (vgl. Oevermann 2002:115). Oevermann geht von der Grundannahme aus, dass es in der Sozialen Arbeit eine der psychoanalytischen Behandlung vergleichbare Strukturlogik gibt: Sie sei im Kern mit der „Aufgabe der *stellvertretenden Krisenbewältigung* für einen Klienten auf der Basis eines expliziten methodisierten Wissens beschäftigt" (Oevermann 2009:113, Hervorh. original). Professionalisierte Praxis setze dort ein, wo Menschen mit ihren Krisen nicht mehr selbst fertig werden können und deren Bewältigung an eine fremde Expertise delegieren müssen. Die Aufgabe von Sozialarbeitern wird als ‚stellvertretende Krisenbewältigung' definiert, die Aufgabe von Klienten als Mitwirkung dabei. Ziel ist die Wiederherstellung der Autonomie der Lebenspraxis und Integrität (vgl. ebd.:117).

Jedes Arbeitsbündnis ist nach Oevermann gekennzeichnet durch *die widersprüchliche Einheit von spezifischen und diffusen Beziehungskomponenten*, indem sich Klientin und Sozialarbeiter „als ganze Personen in der Logik diffuser Sozialbeziehungen aneinander binden, obwohl sie grundsätzlich in der spezifischen Sozialbeziehung von Vertragspartnern einer kaufbaren Dienstleistung verbleiben" (ebd.:117). Prototyp einer diffusen Sozialbeziehung sind die Paarbeziehung und die Eltern-Kind-Beziehung. In einer solchen Beziehung gelte die Regel, dass alles thematisiert werden kann und begründet werden muss, wenn ein Thema ausgeschlossen werden soll. Eine spezifische Sozialbeziehung hingen ist geprägt durch die formalen Rollen der Interaktionspartner: als Hilfesuchender bzw. als Professioneller. In einer solchen Beziehung trägt derjenige die Beweislast, der über die Spezifikation der Rollenverpflichtung und das vom Auftrag her vorgegebene Thema hinaus etwas thematisieren will (vgl. ebd.:122). Analog dem psychoanalytischen Setting gelte im Arbeitsbündnis in der Sozialarbeit für Klienten die Grundregel ‚sei diffus', d. h. alles zu thematisieren, was ihm durch den Kopf geht, für den Sozialarbeiter hingegen die Regel ‚sei spezifisch', d. h. sich an die Rollenvorgaben zu halten und auf die Thematisierung eigener Themen und Gefühle um seiner selbst willen zu verzichten (Abstinenzregel). Grundsätzlich gelte „die widersprüchliche Einheit von spezifischen und diffusen Beziehungsanteilen für beide Beteiligte gleichermassen: sowohl für den Patienten wie für den Therapeuten. (...) Aber diese Symmetrie besteht nur latent. Manifest fällt die Asymmetrie zwischen beiden ins Auge: Der Patient sucht Hilfe als Beschädigter, und der Therapeut bietet kompetente Hilfe an unter der Voraussetzung, dass er seinerseits dafür garantieren kann, dass Beschädigungen auf seiner Seite nicht ins Spiel kommen, sondern im Gegenteil: dass die Bedingungen für eine souveräne Grenzziehung zwischen den spezifischen und den diffusen Anteilen der therapeutischen Praxis jederzeit erfüllt sind" (Oevermann 2002:118). Ein Professioneller muss demnach in der Lage sein, die formale Berufsrolle kompetent auszufüllen und als Person austauschbar zu bleiben *und* sich zugleich auf eine persönliche, emotional geprägte, unbestimmte (d. h. sehr begrenzt ‚steuerbare') Beziehung einzulassen. Auch Oevermann geht davon aus, dass ein Klient innerhalb eines Arbeitsbündnisses Übertragungen vornimmt und Beziehungsmuster aus der frühen Kindheit reinszeniert. Der Professionelle soll seine Gegenübertragungsgefühle dazu nutzen, das Übertragungsangebot des Klienten zu entziffern und seine Deutungen dem Klienten zur Verfügung zu stellen. Im Wechselspiel von Übertragung und Gegenübertragung sei es wichtig, dass Sozialarbeiter die eigenen Gegenübertragungsgefühle kontrollieren können und sowohl moralisierende, überheblich-vereinnahmende Hilfe wie auch Bevormundung und moralische Abqualifizierung vermeiden (vgl. Oevermann 2009:131). Regeln zur Kontrolle der Gegenübertragungsgefühle sind deshalb unabdingbar für eine professionelle Praxis.

Insgesamt konstatiert Oevermann massive Strukturprobleme für das professionelle Handeln in der Sozialarbeit aufgrund der Rahmenbedingungen oftmals fehlender Freiwilligkeit und dem Kontrollauftrag, der unvereinbar sei mit dem Hilfeauftrag. Einzelne andere Wissenschaftler propagieren das Oevermannsche Arbeitsbündnismodell (u. a. Becker-Lenz, Kutzner), andere kritisieren daran die Betonung der Freiwilligkeit des Klienten als Voraussetzung, die in vielen Praxisfeldern der Sozialen Arbeit nicht vorhanden sei, weshalb sie auch theoretisch kein entscheidendes Kriterium sein könne (vgl. z. B. Heiner 2004b, Kähler 2005). Müller (2002a) betont, es mache wenig Unterschied, ob der Leidensdruck von aussen oder von innen komme (auch eine Zwangslage wie z. B. Überschuldung sei konstitutiv für die Motivation zu einem Arbeitsbündnis, aber sie beeinträchtige nicht die Freiheit des Klienten, sich für oder gegen ein solches Bündnis zu entscheiden). Nadai/Sommerfeld bemängeln, das idealtypische Modell von Oevermann sei kontextunabhängig und statisch formuliert (vgl. 2005:199). Kritisiert wird schliesslich auch die „Verabsolutierung der therapeutischen Leistungen der Professionellen" (Dewe et al. 2002:47). Wir teilen diese Kritik, halten Oevermanns Überlegungen zur diffusen und rollenspezifischen Sozialbeziehung jedoch für einen wichtigen Beitrag zur Konzeptionalisierung der Arbeitsbeziehung in der Sozialen Arbeit.

5.1.4 Weitere Konzepte von Arbeitsbeziehungen in der Sozialen Arbeit

Bislang haben wir Konzepte von Arbeitsbeziehungen in der Sozialen Arbeit dargestellt, die auf Erkenntnissen aus den Nachbarsdisziplinen Psychologie und Pädagogik aufbauen. Auch unabhängig von einer solchen theoretischen Anbindung ist in der Sozialen Arbeit über die Konzeption der Arbeitsbeziehung nachgedacht worden. So haben Ruth Bang in den 1960er Jahren und in allerjüngster Zeit Cornelia Schäfter je ein Arbeitsbeziehungskonzept entwickelt. Daneben finden sich bei verschiedenen Autoren Reflexionen über die Beziehung zwischen Professionellen und Klient, insbesondere bei Burkhard Müller, der zwar kein geschlossenes Konzept entwickelt hat, wohl aber in verschiedenen Aufsätzen und Büchern wichtige Aspekte eines Arbeitsbündnis-Modells für die Soziale Arbeit dargelegt hat. Auf seine Überlegungen sowie auf diejenigen von Maja Heiner soll ebenfalls eingegangen werden.

‚Emotionelles Angebot': Arbeitsbeziehungs-Modell von Bang

Bang hat in ihrem Buch ‚Die helfende Beziehung als Grundlage der persönlichen Hilfe' (1964) u. E. als erste dargestellt, welche elementare Bedeutung der Beziehung zwischen Sozialarbeiterin und Klientin in dieser Hilfeform zukommt. Auch wenn sich Bang primär auf die sozialarbeiterische Einzelfallhilfe bezieht, verweist sie an mehreren Stellen darauf, dass sich die Überlegungen auch auf die sozialpädagogische stationäre Kinder- und Jugendhilfe übertragen lassen (vgl. z. B. ebd.:99). Allerdings ist nicht jede Beziehung in der Sozialen Arbeit eine helfende Beziehung: Nur wenn diagnostische Überlegungen zur Einschätzung geführt haben, dass es in einem Fall nicht nur um die Vermittlung von Informationen oder Ressourcen geht, sondern um Veränderung der Person und ihrer Lebensweise, dann ist persönliche Hilfe notwendig – und hier wird die ‚helfende Beziehung' als methodisches Hilfsmittel genutzt (vgl. ebd. 94).

Bang unterscheidet *vier Phasen des Hilfeprozesses*: Die erste Phase beinhaltet das „Herstellen eines günstigen Arbeitsklimas" (ebd:98). Die zweite Phase nennt sie „Selbstkritik" (ebd.:107); hier soll die Beziehung des Klienten zu sich selbst thematisiert und die Fähigkeit zu Selbstkritik gestärkt werden. Thema der dritten Phase ist „Gewinn neuer Einsichten" (ebd.:112); dabei hat die Sozialarbeiterin neue Perspektiven aufzuzeigen und Leistungsforderungen zu stellen. In der letzten

Phase geht es um das „praktische ‚Üben' der neu gewonnenen Einsichten (Realisieren und Integrieren)" (ebd.:124).

Die Gestaltung der Beziehung ist nach Bang insbesondere in der ersten Phase wichtig. Das Arbeitsklima ist anfänglich bestimmt von widersprüchlichen Gedanken und Gefühlen der beteiligten Personen. Ein Klient komme zum Gespräch zunächst mit Gefühlen von Kummer bis Wut, von Misstrauen, Zweifel und Angst, von Unzulänglichkeit ebenso wie von Hoffnung – wobei anzunehmen sei, dass negative Gedanken und Gefühle ein Übergewicht haben (vgl. ebd.:99). Bei der Sozialarbeiterin herrscht anfangs vielleicht Unsicherheit vor. Ihre Aufgabe in dieser Situation ist nun, ein „emotionelles Angebot" (ebd.:101) an die Klientin zu machen, welches darauf abzielt, die Spannungen zu reduzieren. Sie kann sich dabei auf die latente Beziehungsbereitschaft der Klientin stützen, auf das emotionale Grundbedürfnis nach befriedigenden mitmenschlichen Beziehungen, das bei jedem Menschen vorhanden, wenn auch vielleicht verborgen ist. Bang umschreibt das emotionelle Angebot des Sozialarbeiters u. a. mit Wohlwollen, das mit Wärme und Herzlichkeit verbunden sei, oder auch mit Sorge, Interesse und Anteilnahme (vgl. ebd.:103 f.). Die Gestaltung dieses Beziehungsangebots sieht Bang als einen schöpferischen Akt: Was zu tun ist, kann theoretisch lediglich in Grundzügen skizziert werden, in der konkreten Situation bedarf es des emotionellen Einsatzes und der Phantasie der Professionellen (vgl. ebd.:100). Es gibt nach Bang *keine Techniken*, um ein günstiges Arbeitsklima herzustellen. Erforderlich seien vielmehr eine *akzeptierende, nicht verurteilende Grundeinstellung* des Sozialarbeiters sowie eine *diagnostische Vorarbeit*, die sich auf den Hintergrund von ablehnendem oder schwierigem Verhalten des Klienten bezieht: „Diese gedankliche Vorarbeit bewirkt den Wunsch zu verstehen; der Wunsch zu verstehen mindert Gefühle von Ablehnung, Neigung zu Verurteilung und Geringschätzung, macht den Weg gleicher Weise frei für sachliche Objektivität und für das emotionelle Angebot" (ebd.:105) – denn dieses Vorgehen ermöglicht es, schwierige Verhaltensweisen eines Klienten nicht auf sich persönlich zu beziehen.

Auch während der nachfolgenden Phasen des Hilfeprozesses gilt es, das emotionelle Angebot aufrecht zu halten, um beim Klienten einen Wandlungsprozess zu unterstützen, der eine neue Sicht auf sich selber und neue Verhaltensweisen beinhalte. Wichtiges Element dabei ist die *Identifizierung* des Klienten mit der Sozialarbeiterin: Es sind nach Bang positive Gefühle von Sympathie, Vertrauen und Zuneigung, welche die Wandlung von Gefühlen und Gedanken ermöglichen. Viele Klienten bringen tief verwurzelte negative Autoritätserfahrungen mit sich, die durch eine überzeugende neue Erfahrung mit einer positiven Autorität ausser Kraft gesetzt werden müssen (wobei die Tatsache, dass Klientinnen die Sozialarbeiterin als Autoritätsperson erleben, für Bang keinen Widerspruch zur partnerschaftlichen Ausrichtung der Beziehung bedeutet, vgl. ebd.:143, 147). Das Wort der Sozialarbeiterin erhält für den Klienten nun Gewicht, er kann ihre Art zu denken, zu fühlen und zu handeln als Möglichkeit für sich in Betracht ziehen (vgl. ebd.:122 f.). Dieser Identifizierungsprozess ist für Bang Kennzeichen einer Arbeitsbeziehung (vgl. ebd.: 131).

Bang verweist in diesem Zusammenhang auch auf das Phänomen der *Übertragung*, insbesondere hinsichtlich der negativen Auswirkungen auf die helfende Beziehung. Haben Menschen in der Kindheit sehr negative Erfahrungen mit Autoritätspersonen gemacht, so wird die als Autorität empfundene Sozialarbeiterin die gleichen ablehnenden Gefühle und entsprechend destruktive emotionelle Reaktionen im Klienten auslösen wie die früher erlebten Autoritäten. Deshalb werden negative Spannungen in die Interaktion der helfenden Beziehung hineingetragen – im Übrigen von beiden Beteiligten (vgl. ebd.: 151). Nicht erkannte Übertragungen wirken sich sehr erschwerend auf das emotionelle Angebot und auf die akzeptierende Haltung aus, sie sind die Ursache für viele Missverständnisse und Kränkungen. Wenn die Sozialarbeiterin jedoch die Fähigkeit entwickelt Übertragungsvorgänge zu erkennen und realisiert, dass Angriffe nicht ihr persönlich gelten, dann wird der Weg frei für das wirklich Persönliche zwischen den beiden Interaktionspartnern. Übertragungen sieht Bang im Übrigen auch als Chance für das diagnostische Denken, indem sie für das Verstehen der betreffenden Persönlichkeit genutzt werden könnten (vgl. ebd.:151f, siehe auch 9.3).

Bestandteil der letzten Phase des Hilfeprozesses ist es, die helfende Beziehung in konstruktiver Weise auslaufen zu lassen. Voraussetzung dafür ist, dass die Sozialarbeiterin von Anfang an die Art und den Sinn der beruflichen Beziehung darlegt, u. a. ihre zeitliche Begrenzung und ihre Zweckgebundenheit (vgl. ebd.:129). Die unter 5.1.1 genannten Rahmenbedingungen sind also bereits bei Bang ein wichtiger Bezugspunkt.

Elemente eines Arbeitsbündniskonzepts bei Müller

Müller setzte sich u. a. in seinem 1991 erschienenen Buch ‚Die Last der grossen Hoffnungen. Methodisches Handeln und Selbstkontrolle in sozialen Berufen' mit professionellem Handeln in der Sozialen Arbeit auseinander, das im Rahmen einer Beziehung stattfindet. Er fokussiert dabei den Aspekt der Selbstreflexion der Professionellen. Zunächst setzt sich Müller auseinander mit der Arbeit von *Goffmann*, der das sog. *Dienstleistungsmodell als Raster zur kritischen Analyse* der Arzt-Patient-Beziehungen in der Psychiatrie nutze. Goffmann interpretiere ärztliches Handeln als eine historisch gewachsene Form von Experten-Dienstleistung. Bei einem Dienstleistungsverhältnis geht es um ein Dreiecksverhältnis: „Praktiker, Objekt, Eigentümer" (Goffmann 1973:309, zit. in Müller 1991:43). Der Praktiker tritt nach Goffmann in eine Beziehung einerseits zum Objekt, zu einer reparierungsbedürftigen Sache, und zu einem Klienten, dem diese Sache gehört (beispielsweise repariert ein Automechaniker im Auftrag des Autobesitzers dessen Auto). Bei der Realisierung des Dienstleistungsmodells in der psychiatrischen Praxis stellen sich zwei prinzipielle Schwierigkeiten: Die Schwierigkeit, Klienten als Verhandlungspartner von der ihnen gehörigen und zu behandelnden Sache zu unterscheiden, und die Schwierigkeit, überhaupt ein klar definierbares Behandlungsobjekt zu identifizieren (vgl. ebd.:45). Die Fiktion einer Dienstleistungsbeziehung lässt sich in der psychiatrischen Praxis nur unter der Voraussetzung aufrecht erhalten, dass der Patient die Tatsache seiner Krankheit anerkennt und den Wunsch äussert, sein

Selbst durch die Behandlung durch den Psychiater-Experten verändern zu lassen. Das Dienstleistungsmodell werde unter dieser Voraussetzung zu einem Mittel der Unterdrückung (vgl. Goffmann 1973:349,367 in: Müller 1991:46f). Nach Müller lassen die in der Sozialpädagogik postulierte Alltagsnähe und die Arbeit an der ‚ganzen Person' des Klienten die von Goffmann für die Psychiatrie analysierten Gefahren erst recht virulent werden: „Gerade wenn das Alltagsleben der Klienten und deren subjektive Sinndeutungen zum Gegenstand des Expertenhandelns erklärt wird, löst sich die Struktur des Dienstleistungsverhältnis und der darin liegende Schutz vor den Übergriffen der Expertenmacht vollends auf. Die Unterscheidbarkeit zwischen Klienten als Partner der Dienstleistung und Objekten der Dienstleistung löst sich auf" (1991:52). Weil sich in der Sozialen Arbeit der Klienten- und der Gegenstandsbezug des Handelns nicht klar unterscheiden lassen, und darüber hinaus ihr Mandat diffus und potentiell von fremden Interessen überlagert ist (siehe 3.2.1), sieht Müller eine grosse Relevanz der Goffmann'schen Kritik auch für die Sozialpädagogik.

Müller interpretiert das *Modell der psychoanalytischen Beziehung* als eine Antwort auf das Dilemma der ärztlichen und sozialpädagogischen Dienstleistungs-Beziehung (vgl. Müller 1991:57). Fundamental für das psychoanalytische Modell sei, dass die Beziehung zwischen Experte und Klient nicht als blosse Randbedingung des Expertenhandelns am Gegenstand betrachtet wird, sondern diese Beziehung selbst zum Gegenstand der Expertenkompetenz werde (vgl. ebd.:58f). Ihr Kern ist die Fähigkeit zur Gegenübertragungskontrolle (vgl. ebd.:67f). Gegenübertragung bedeutet zunächst Selbstbetroffenheit der Sozialarbeiterin, im Sinne von verstrickt sein in Gefühlen, in die Innenseite der Alltagsprobleme des Klienten, die auch als die eigenen erkannt werden. Die Fähigkeit, sich diese Selbstbetroffenheit einzugestehen, ist für Müller die Voraussetzung für jede mitmenschliche Hilfe. Eine in die Expertenrolle selbst eingebaute *Kompetenz zu qualifizierter Selbstkritik* ist deshalb unabdingbar (vgl. ebd.:64, Müller 1991:191, Müller 2002a:83f.).

Im Jahre 2005 hat Müller zusammen mit Dörr das Buch ‚Nähe und Distanz. Ein Spannungsfeld pädagogischer Professionalität' herausgegeben. Neben einer Vielzahl interessanter Aufsätze findet sich darin auch ein Artikel der beiden Herausgeber (vgl. Dörr/Müller 2005a). Sie zeigen auf, dass sich Professionalität des Handelns auszeichnet durch eine kunstvolle *Verschränkung von Nähe und Distanz* zu ihren Adressaten und deren Problemen. Diese Anforderung ist allerdings „nur unter Bedingung der Akzeptanz der nicht hintergehbaren Ungewissheit" zu bewältigen (ebd.:8) – Regelwissen dazu gibt es nicht. Professionelle der Sozialen Arbeit stehen vor der Herausforderung, einerseits formale Berufsrollen kompetent auszufüllen, sich andererseits zugleich auf persönliche, emotional geprägte und nur begrenzt steuerbare Beziehungen einzulassen (vgl. ebd.:8). Die Bewältigung von Ungewissheit sehen Dörr/Müller als zentrale Herausforderung in Zusammenhang mit der Gestaltung von professionellen Beziehungen. Dabei dürfe Nähe und Distanz nicht missverstanden werden als bipolare Spannung zwischen der Nähe der engagierten Praktikerin und der Distanz der exzentrischen Beobachtungsstandpunkte wissenschaftlicher Reflexion (vgl. ebd.:14).

Gefragt ist aus unserer Sicht vielmehr beides: Nähe, die auf einem intuitiven Zugang zu einem Klienten basiert und gegenseitige Vertrautheit und ganzheitliche Solidarität meint *und* Distanz als reflexives Abstand nehmen, Beobachten und theoriebezogen Reflektieren, mit dem Fokus auf den Auftrag und die Aufgabe, strukturierende Bedingungen zu schaffen. Zwischen beiden Polen oszillieren zu können – Nähe in der Distanz und Distanz in der Nähe zu schaffen – ist u. E. ein wichtiger Aspekt von Professionskompetenz. Nach Dörr/Müller (2005 a:14,16) sind bei der Ausbalancierung von Nähe und Distanz drei Ebenen zu berücksichtigen:

- Austarierung der Spannung zwischen persönlicher Nähe, solidarischer Akzeptanz und auch kritischer Distanz gegenüber Klienten und ihrer Lebenswelten (*Ebene der Beziehung*)
- Fähigkeit zu selbstreflexiver Distanz von der eigenen Subjektivität, den selbstwertdienlichen Kognitionen und Bedürfnissen und von der eigenen Verstrickung in den Gegenstand (*Ebene der Person*)
- Ausbalancierung der Spannung zwischen kritischer Distanz zu den Interessen der organisatorischen, infrastrukturellen und ökonomischen Voraussetzungen der Organisation mit ihren oft mangelhaften Strukturen einerseits und dem Umstand, selbst Akteur und Vertreter dieser Strukturen zu sein, andererseits (*Ebene der Organisation*).

Müller betont, dass insbesondere die stationäre Kinder- und Jugendhilfe – und u. E. ebenso die stationäre Behindertenhilfe – vor der Herausforderung steht, die fachlich gewollte Alltagsnähe bewältigbar zu gestalten (vgl. 2007:149). Eine Konsequenz daraus ist die Institutionalisierung von Supervision, die einen sanktionsfreien Kommunikationsraum für Professionelle im Kollegenkreis bereitstellt und Problemdistanz ermöglicht, eine andere ist das Konzept des Arbeitsbündnisses.

Arbeitsbündnis als Konzept beinhaltet nach Müller Arbeitsprinzipien und eine bestimmte Art professioneller Reflexion. Bei der Entfaltung dieses Konzepts in der Sozialen Arbeit gehe es um die Frage: *„Wie werden die Bedingungen reflektierbar, die ermöglichen – oder verhindern – dass sich eine Intervention mit nicht vorhandenem, oder erzwungenem, oder erschlichenem oder nur diffusem Klientenmandat in ein klares und begrenztes Dienstleistungsbündnis verwandeln kann?"* (Müller 1991:105, Hervorh. original). Müller legt unterschiedliche Möglichkeiten der Konzeptionalisierung des Arbeitsbündnisses dar. So kann dieses als Vertrag aufgefasst werden, der formelle Vereinbarungen der Zusammenarbeit beinhaltet (contracting); diese sozialtechnische Verwendung des Vertragsgedankens kann allerdings die Gefahr beinhalten, dass ein Klient mit seiner Unterschrift die Auslieferung an die einseitige Definitionsmacht des Experten besiegelt (vgl. ebd.:106fff). Der explizite Kontrakt über Ziele, Erwartungen und Grenzen der gemeinsamen Arbeit kann jedoch auch als Möglichkeit gesehen werden, dem Klienten das Recht auf eine ‚informierte Wahl' zuzugestehen und damit als ein Instrument zur Garantie von Klientenrechten gelten (vgl. ebd.: 111). Wesentlich scheint der Zugang, welcher das Arbeitsbündnis als Klärung des Gegenstandes begreift, damit das diffuse Mandat der Sozialen Arbeit gemeinsam mit Klienten konkretisiert wird (vgl. ebd.:112 ff). Müller beschreibt das Arbeitsbündnis auch als reflektierte Selbstbegrenzung der Intervention: Es geht um die Reflexion von Kontraindikationen, um die Klärung der Umstände, unter denen ‚Nichtstun' besser ist (vgl. ebd.:123).

Modell ‚Beziehungsfundierte Passung' von Heiner

Heiner hat sich in verschiedenen Büchern zur Arbeitsbeziehung geäussert. Wir haben in Kap. 5.1.1 bereits Bezug genommen auf ihre Ausführungen zu den institutionellen Rahmenbedingungen der professionellen Beziehung (vgl. Heiner 2007). Im Folgenden sollen ihre Überlegungen zur inhaltlichen Ausrichtung der Arbeitsbeziehung aufgegriffen werden (vgl. Heiner 2004 b).

In ihrer Untersuchung zum Selbstverständnis von Fachkräften der Sozialen Arbeit hat sie herausgearbeitet, dass das Modell der beziehungsfundierten Passung das geeignetste Handlungsmodell ist: Professionelle bemühen sich um eine individuelle Passung von Problembearbeitung und Problemlage, sie messen der systematischen Reflexion und Selbstevaluation eine hohe Bedeutung zu und reflektieren kontinuierlich die Möglichkeiten der Beziehungsgestaltung. Dieses Handlungsmodell sei „durch eine starke Aushandlungs- und Beteiligungsorientierung und eine dezidierte Förderung der Eigenverantwortung der KlientInnen gekennzeichnet" (ebd.:108). *Beziehungsorientierung* und *Autonomieorientierung* bildeten die Eckpfeiler für eine gelingende *Passung von Problemlage und Problembearbeitungsmöglichkeiten* (vgl. ebd.:111). Die gelingende Gestaltung der Beziehung zwischen Klientin und Professionellem beinhaltet eine angemessene Dosierung der Anforderungen und damit ein sehr flexibles, reflektiert experimentierendes Vorgehen und beobachtendes Ausprobieren, um zu individuell angemessenen Lösungen zu kommen (vgl. ebd.146). Während bei langjähriger, häufiger und enger Zusammenarbeit die Kooperation mit Klientinnen sehr partizipativ gestaltet wird – wobei die Verantwortung für die Produktivität des Interaktionsprozesses gleichwohl eindeutig bei der Fachkraft bleibt – ist bei unfreiwilligen Kontakten und sensiblen Themen Zurückhaltung in der persönlichen Annäherung eine wichtige Verhaltensmaxime (vgl. ebd.109): „Dem entwicklungsoffenen, ressourcenorientierten und partizipativen Vorgehen der professionell agierenden Fachkräfte entspricht ein exploratives und tentatives Vorgehen, das durch behutsame Annäherung und bewusste Zurückhaltung versucht, das Vertrauen der KlientInnen zu gewinnen, sie emotional zu stützen und zugleich durch diese Zurückhaltung zur Förderung ihrer Autonomie und Eigenverantwortung beizutragen" (ebd.:111).

Heiner bezeichnet die Beziehungsgestaltung als zentrale Aufgabe und zugleich unverzichtbare Voraussetzung für das Erreichen anderer Ziele (vgl. ebd.:146). Die Beziehung muss durchaus nicht konfliktfrei sein, um produktiv wirken zu können. Sie kann auch Kontrollelemente enthalten, wenn die dadurch entstehende Asymmetrie zugleich durch ein partizipatives und aushandlungsorientiertes Vorgehen relativiert wird. Ausserdem hebt Heiner auch hervor, dass emotionale Verstrickung durch eine institutionelle Reflexionskultur abgestützt werden muss (vgl. ebd.). An mehreren Stellen betont sie die Erwartung an Professionelle, mit widersprüchlichen Anforderungen umgehen zu können. Professionelle müssen in der Lage sein, eine Balance zu finden zwischen Personen- und Zielorientierung, zwischen Symmetrie und Asymmetrie der Beziehung, zwischen Verantwortungsübernahme und Verantwortungsübergabe bzw. Einflussnahme und Zurückhaltung, zwischen Nähe und Distanz (vgl. ebd.:161, ähnlich auch Heiner 2001:465 ff.).

Arbeitsprinzipien einer Beratungsbeziehung nach Schäfter

In ihrer jüngst erschienen Dissertation hat Schäfter für die Soziale Arbeit ein theoretisches Konzept zur „Gestaltung der Beziehung als Querschnittsaufgabe" entwickelt (2010:22). Sie fokussiert sich dabei auf die Beratungsbeziehung. Weil sie Beratung jedoch weit fasst und als Querschnittsaufgabe in der Sozialen Arbeit sieht, wird dieser Fokus in der nachfolgenden zusammenfassenden Darstellung ihres Beziehungskonzepts überwiegend vernachlässigt.

Aus Beziehungskonzepten in der Soziologie, der Psychologie und der Pädagogik entwickelt Schäfter die Merkmale einer helfenden Beziehung in der Sozialen Arbeit. Neben der institutionellen Einbindung der Arbeitsbeziehung betont sie die Bedeutung des Lebensalters der Klienten: Mit zunehmendem Alter des Klienten tritt der erzieherische Aspekt in der Arbeitsbeziehung in den Hintergrund, die Verteilung der Verantwortung wird symmetrischer und die Beziehung demokratischer (vgl. ebd.:40). Voraussetzung auf Seiten der Professionellen ist nach Schäfter das Einüben eines kritischen Blicks auf die eigene Person (vgl. ebd.:45). Die *Person der Beraterin* zeigt sich anhand bestimmter Haltungen im Umgang mit der Klientin (vgl. ebd. 86). Wichtiger als Beratungsfertigkeiten und -techniken ist die Bildung der Persönlichkeit. Dies impliziert einen ganzheitlichen Zugang mit einer spezifischen Haltung gegenüber den Hilfe suchenden Menschen. Schäfter geht davon aus, dass ein methodisches Konzept zur Gestaltung von Beziehung in der Beratung eine Integration von Beratungshaltungen und spezifischen Vorgehensweisen leisten muss. Sie hat vier grundlegende *Arbeitsprinzipien* für die Gestaltung der Arbeitsbeziehung durch die Professionellen – insbesondere in der Beratungssituation – entwickelt, die im Folgenden dargestellt werden:

Die *reflexive, kontextbezogene Zuwendung* wird als ein allgemeines, ganzheitliches Arbeitsprinzip verstanden. Zuwendung trägt dazu bei, eine emotionale Basis für die Arbeitsbeziehung zu schaffen (vgl. ebd.:90). Sie ist eine innere Haltung der Sozialpädagogin im Sinne von intensiver Teilnahme an den berichteten Erlebnissen und Erfahrungen und an den Verhaltensweisen der Klientin im Gespräch. Es geht um eine Qualität des Daseins, um die für den Klienten erfahrbare Engagiertheit vielmehr als um Gesprächstechnik (vgl. ebd.:91 f.).

Das Arbeitsprinzip *selektive, persönliche Öffnung* bezieht sich auf den Grad der Selbstoffenbarung der Professionellen. Von Seiten der Klientin ist die persönliche Öffnung struktureller Bestandteil einer Beratung: Sie muss von ihren Schwierigkeiten berichten, deretwegen sie Hilfe in Anspruch nehmen will. Umgekehrt kann sich die Klientin nur öffnen, wenn ein gewisser Grad an Vertrautheit in der Arbeitsbeziehung hergestellt ist. Diese emotionale Nähe kann durch persönliche Öffnung des Professionellen hergestellt werden. Mit dem Arbeitsprinzip selektiver persönlicher Öffnung kann dem Bedürfnis des Hilfe suchenden Menschen nach Nähe und persönlicher Beziehung entsprochen werden, wobei die Aufgabenorientierung der Arbeitsbeziehung dennoch stets im Fokus bleibt (vgl. ebd.:92). Es geht um die anspruchsvolle Balance zwischen Selbstöffnung und Abstinenz, um ein geschicktes Lavieren zwischen Förmlichkeit und Spontaneität. Die Selbstöffnung soll angemessen sein hinsichtlich Thema, Zeitpunkt und Umfang (vgl. ebd.:94). Das Arbeitsprinzip stützt sich auf die von Rogers formulierten Haltungen der Empathie, Wertschätzung und v. a. der Authentizität (vgl. ebd.:95).

Ressourcenorientierung gilt als wichtiges allgemeines Grundprinzip in der Sozialen Arbeit. Es impliziert einen freundlichen Blick der Professionellen auf Klienten und ihre Problemlagen und beinhaltet die Ausrichtung auf die positive Veränderung der Situation, indem Verbesserung an sich für möglich gehalten wird und bereits als begonnen unterstellt wird. Richtet eine Sozialarbeiterin ihre Wahrnehmung, ihr Denken und Handeln konsequent darauf auf, was einem Klienten in seinem Alltag bereits gelingt und was er leistet, welche Stärken er hat, dann fördert und intensiviert sie damit die Arbeitsbeziehung (vgl. ebd.:96). Insbesondere der lösungsorientierte Handlungsansatz stellt eine Reihe von ressourcenaktivierenden Gesprächstechniken zur Verfügung. Entscheidend jedoch für die Verwirklichung des Arbeitsprinzips ist wiederum die Qualität: Die Sozialarbeiterin muss von der Existenz von Ressourcen überzeugt sein und an die positiven Entwicklungsmöglichkeiten glauben (vgl. ebd.:97).

Das Arbeitsprinzip *Kompetenzpräsentation* verweist auf den Zweck der Arbeitsbeziehung, zur Verbesserung der Lebenssituation der Klientin beizutragen. Die Klientin erwartet ein Mehr-Wissen und ein Mehr-Können des Professionellen. Indem die Klientin ihr Gegenüber als Experten definiert, konstituiert sich die Arbeitsbeziehung als asymmetrisch. Das Arbeitsprinzip der Kompetenzpräsentation beachtet über die Kompetenz des Professionellen hinaus deren Präsentation im Beratungsprozess bzw. in der Beziehung. So umfasst Kompetenz nicht nur die Fähigkeiten und das Wissen der Sozialpädagogin, sondern auch das Zutrauen der Sozialpädagogin in ihre eigenen Fähigkeiten sowie den hilfreichen Einsatz der Kompetenz, also die Performanz (vgl. ebd.:98, siehe dazu auch 6.2.1). Wichtig für die methodische Umsetzung dieses Arbeitsprinzips sind eine angemessene (Alltags-)Sprache – die auf die Verstehenskompetenz der Klientin eingestellt ist – sowie die Fähigkeit der Sozialpädagogin, Lösungen nicht vorzugeben, sondern sie gemeinsam mit der Klientin zu entwickeln (vgl. ebd.:100).

Alle vier Arbeitsprinzipien sind nicht klar voneinander zu unterscheiden, sondern stehen in einer wechselseitigen Beziehung. Sie verweisen darauf, dass die professionelle Arbeitsbeziehung nicht nur personenorientiert ist – im Sinne einer ‚guten' Zusammenarbeit zwischen Klient und Sozialarbeiter –, sondern auch aufgabenorientiert, im Sinne einer strategischen Ausrichtung auf ein Ziel (siehe 5.1.1). Wenn diese Arbeitsprinzipien umgesetzt werden, sollen daraus – so hat es Schäfter in einem analytischen Zugang idealtypisch herausgearbeitet – die folgenden vier Wirkungen auf die Arbeitsbeziehung entstehen: Wechselseitiges Vertrauen zwischen Fachkraft und Klient, gegenseitiges Verständnis (für die jeweils andere Position), wechselseitige Wertschätzung sowie die gemeinsame Hoffnung, dass eine schwierige Situation sich verbessern und die Lebensqualität steigen kann (vgl. ebd. 101 ff.). In Schäfters detaillierter Analyse von drei Beratungsbeziehungen haben sich vor allem die Prinzipien der Ressourcenorientierung und der reflexiven, kontextbezogenen Zuwendung als wichtig und zugleich als voneinander abhängig erwiesen (vgl. ebd.:290). Einen interessanten Unterschied stellte Schäfter fest im Hinblick auf die Kompetenzpräsentation: Es „zeigte sich, dass Fachkräfte nicht wahrnehmen und auch nicht ausdrücken können, welches Wissen und Können sie in die Beratung einbringen (...). Dagegen fällt es den KlientInnen leicht, die besonderen Kompetenzen der Fachkräfte z. B. bezogen auf die Fertigkeiten ‚Fragen stellen' oder ‚Verstehen' zu benennen" (ebd.:297). Zumindest die befragten Sozialarbeiterinnen waren sich der Aufgabe, den Klienten im Gespräch ihre Kompetenz zu präsentieren, nicht bewusst.

Die Arbeitsprinzipien-Ergebnisse von Schäfter – insbesondere diejenigen der reflexiven, kontextbezogenen Zuwendung und der Ressourcenorientierung – können wir stützen durch Erkenntnisse aus zwei eigenen Evaluationsstudien (Hochuli Freund/Stotz 2006a, 2006b). Insbesondere bei der vergleichenden Evaluationsstudie im Sozialdienst der Stadt Bern, in der das traditionelle Beratungsangebot von jungen Erwachsenen, die Sozialhilfe beziehen und ein Pilotprojekt einer Beratung durch Spezialistinnen vergleichend evaluiert wurden, konnten wir durch die qualitative Inhaltsanalyse von Interviews mit Klientinnen beider Beratungsangebote herausarbeiten, was von Klienten als hilfreich erlebt wird. Es sind dies: *Echtes Interesse* der Sozialarbeiterin, *Wertschätzung der Person* der Klientin und Herausstreichen ihrer *Ressourcen, Zuhören, Ernst nehmen* von Anliegen, Bedürfnissen und Wünschen, *einfühlendes Bemühen* der Sozialarbeiterin, den Klienten in seinem Eigensinn und seiner Selbstsicht zu verstehen. Auch das *Fachwissen* der Sozialarbeiter wurde geschätzt. Ausserdem zeigte sich, dass sich eine gute Arbeitsbeziehung dadurch auszeichnet, dass auch Schwierigkeiten angesprochen und *Konflikte ausgetragen* werden können, ohne dass es zu einem Beziehungsabbruch kommt. Erstaunliche Ergebnisse waren darüber hinaus, dass die fehlende Freiwilligkeit der Beratung aus Sicht der Klienten höchstens anfangs von Bedeutung war, und dass die zeitlichen Ressourcen der Sozialarbeiter – die sich in den beiden evaluierten Beratungsangeboten deutlich unterschieden – kein wesentliches Merkmal einer guten Beratung war, sondern vielmehr die *Präsenz* des Sozialarbeiters während der zur Verfügung stehenden Zeit. Alle genannten Aspekte können als Merkmale und Aufgaben einer guten Arbeitsbeziehung verstanden werden.

In der Zusammenfassung am Ende dieses Kapitels (siehe 5.3) werden aus den unterschiedlichen Konzeptionen jene Aspekte aufgegriffen, die als übergreifende Merkmale einer Arbeitsbeziehung in der Sozialen Arbeit verstanden werden können.

5.2 Kooperation auf der Fachebene

Kooperation gilt als Strukturprinzip von Gruppen und Organisationen sowie als Interaktionsform; sie zeichnet sich aus durch bewusstes und planvolles Herangehen bei der Zusammenarbeit sowie durch Prozesse gegenseitiger Abstimmung, so Balz/Spiess (vgl. 2009:19). Dies stimmt überein mit der unter 3.2.4 erwähnten Begriffsdefinition von Schweitzer (1998:24), der als zusätzlichen Aspekt die Ausrichtung auf ein Ergebnis betont. Laut Merten dient Kooperation als Sammelbegriff für unterschiedlichste Formen der Koordination von Leistungen, welche auf einer Arbeitsteilichkeit basieren (vgl. 2005:107). Der besondere Kooperationsbedarf für soziale Organisationen ergibt sich gemäss Balz/Spiess aus den komplexen Problemlagen der Klienten und der Vielfalt der Unterstützungsangebote und der Institutionen, die diese bereitstellen. Auf dieser strukturellen Ebene besteht Kooperation in der Ausrichtung auf ein gemeinsames Ziel und wird durch vertragliche Verpflichtungen und formale Kontrollstrukturen, Hierarchien und Regeln strukturiert (vgl. ebd. 2009:24f.).

Bei der Zusammenarbeit mit anderen Professionellen lassen sich vier verschiedene Konstellationen unterscheiden: In einer Organisation nehmen verschiedene Professionelle der Sozialen Arbeit gemeinsam eine Aufgabe wahr (intraprofessionelle, intra-institutionelle Kooperation). Sozialpädagoginnen arbeiten mit Sozialarbeitern in einer anderen Organisation zusammen (intraprofessionelle, extrainstitutionelle Kooperation). Ausserdem arbeiten Professionelle der Sozialen Arbeit mit Angehörigen anderer Professionen zusammen, die ihrerseits in der gleichen oder aber in einer andern Organisation tätig sind (interprofessionelle, intra- oder extrainstitutionelle Kooperation). In den einzelnen Praxisfeldern lassen sich erhebliche Unterschiede in der Breite und Bedeutung vor allem der externen Kooperation ausmachen (vgl. Heiner 2007:473). Eine der wenigen empirischen Untersuchungen zu den beruflichen Beziehungen von Professionellen der Sozialen Arbeit – zu Fachkolleginnen und Angehörigen anderer Professionen – ist diejenige von Kähler (1999), der 32 Sozialpädagogen und Sozialarbeiterinnen befragt hat. Ergebnis war, dass Professionelle der Sozialen Arbeit berufsbedingt eine Vielzahl von beruflichen Kontakten unterhalten, durchschnittlich waren es 72 berufliche Beziehungen je Untersuchungsperson. Die Anzahl variiert stark von Praxisfeld zu Praxisfeld, und sie hängt darüber hinaus von der Persönlichkeit des Stelleninhabers ab; maximal wurden 138 berufliche Kontakte genannt, die geringste Zahl lag bei 29 (vgl. ebd.:37). Insgesamt wurde die grosse Mehrzahl der Kontakte als unabdingbar beziehungsweise wichtig für die Erfüllung des eigenen Auftrags bezeichnet (vgl. ebd.:55). Die Gestaltung aufgaben- und zielbezogener Zusammenarbeit auf der Fachebene ist demnach eine grundlegende, wichtige Aufgabe für Professionelle der Sozialen Arbeit.

5.2.1 Intraprofessionelle Kooperation

Der Auftrag der Sozialen Arbeit lässt sich nur in Kooperation mit anderen Sozialpädagoginnen und Sozialarbeitern realisieren. Professionalität sei nicht als heroische Einzelleistung zu verwirklichen, stellt Heiner fest (vgl. 2007:472), sie bedürfe der institutionellen Unterstützung – insbesondere durch das Team, aber auch durch Vorgesetzte. Noch weiter geht der Kooperationsbedarf in all jenen Praxisfeldern, in denen der Alltag mit Klientinnen geteilt wird und eine ganztätige Begleitung erforderlich ist (wie beispielsweise in stationären Einrichtungen der Kinder- und Jugend- und der Behindertenhilfe). Hier kann die professionelle Unterstützungsaufgabe nur von mehreren Professionellen gemeinsam erbracht werden: im sozialpädagogischen Team.

Teamarbeit

In der Literatur zu Teamarbeit finden sich viele Definitionen zu Teamarbeit, die allesamt ähnlich sind. Demnach bezeichnet ein Team eine kleine Gruppe von Personen, die zusammen ein Produkt oder eine Dienstleistung anbieten und die sich für die Qualität dieser Leistung gegenseitig Rechenschaft ablegen; die Mitglieder eines Teams haben gemeinsam geteilte Ziele, für deren Erreichung sie gemeinsam verantwortlich sind (vgl. Van Dick/West 2005:3). Trotz dieser gemeinsamen Verantwortung für den Arbeitsprozess und für Entscheidungen bleibt jedes Teammitglied individuell verantwortlich für seine Arbeit (vgl. Balz/Spiess 2009:100). In einem Team besteht eine *funktionale Aufgaben- und Zielorientierung*. Aufgaben werden vor dem Hintergrund ihrer Bedeutung für die Erreichung der Ziele festgelegt und gewichtet und entsprechend der Kompetenzen der Mitarbeitenden verteilt. Durch diese Arbeitsteilung wird die konkrete Arbeit an der Dienstleistung vorangebracht. Im Gegensatz zu Arbeits- oder Projektgruppen tauschen Teams nicht nur Informationen aus, sondern arbeiten und handeln auch gemeinsam (vgl. ebd.:98f, 107). Arbeitsteams in Organisationen sind formelle Gruppen, die gebildet werden zur Erfüllung organisationaler Funktionen und strukturell als soziale Einheiten verankert sind. Die Beziehungen zwischen Teammitgliedern sind über vertragliche Bindungen hergestellt und hinsichtlich Rechten und Pflichten geregelt. Häufig sind formelle Gruppenrollen (wie z.B. Teamleitung), Strukturen, Regeln und Entscheidungsprozesse festgelegt, ebenso der Verhaltensspielraum der Einzelnen. Interaktionen sind zunächst funktionsorientiert und finden innerhalb eines formellen Rahmens statt. Die Arbeitseinheiten und die hierarchischen Beziehungen zueinander können in einem Organigramm abgebildet werden. Daneben können in einer Organisation auch informelle Gruppen entstehen; dies geschieht auf der Grundlage individueller Bedürfnisse und auch über Arbeitseinheiten und Hierarchieebenen hinweg. Sie zeichnen sich aus durch engere emotionale Beziehungen, beispielsweise aufgrund sozialer Ähnlichkeit, gemeinsamer Interessen oder Motive (vgl. ebd.:101, 103).

Die arbeitsteilig organisierte Erbringung von Dienstleistungen führt zu unterschiedlichen Formen der Zusammenarbeit. *Koagierende* Mitglieder einer Arbeitsgruppe führen ihre Tätigkeit relativ unabhängig voneinander aus und finden sich nur zu punktuell koordinierenden Tätigkeiten zusammen.

So nehmen z.B. Mitarbeiterinnen in der Sozialpädagogischen Familienbegleitung die Begleitung der einzelnen Familien eigenverantwortlich wahr. Regelmässige Teamsitzungen dienen dem Informationsaustausch, der Meinungsbildung und der Klärung organisatorischer Fragen, Fallbesprechungen oder Fallsupervisionen dem Austausch und der gemeinsamen Reflexion der individuellen Fallarbeit.

Interagierende Mitglieder eines Teams hingegen haben einen höheren Kooperationsbedarf und richten ihre Arbeitsaktivitäten gemeinsam auf eine Klientin oder eine Klientengruppe. Zwischen diesen Mitarbeiterinnen besteht ein kontinuierlicher Abstimmungsbedarf hinsichtlich der inhaltlichen, zeitlichen und räumlichen Gestaltung aller Aktivitäten (vgl. Balz/Spiess 2009:104). Besonders herausfordernd ist die Zusammenarbeit dann, wenn Professionelle gleichzeitig tätig sind.

So unterstützt beispielsweise ein sozialpädagogisches Team einer Wohngruppe einer Jugendhilfeeinrichtung gemeinsam die Jugendlichen, die hier leben – oft gleichzeitig, immer auch zeitlich alternierend. Eine besonders enge Abstimmung ist nötig, wenn z.B. eine Klientensitzung gemeinsam von zwei Sozialpädagogen geleitet wird.

Die Formen der Zusammenarbeit können also ganz unterschiedlich sein, und aus jeder Arbeitsform ergibt sich ein spezifischer *Koordinationsbedarf*. Diese interpersonelle Ebene von Kooperation erfordert Abstimmungsprozesse, die zudem Prozessen der *Gruppendynamik* unterliegen. So übernehmen die Teammitglieder verschiedene Rollen, und sie müssen miteinander kommunizieren, um ihre Anstrengungen erfolgreich koordinieren zu können (vgl. Van Dick/West 2005:1). Es gibt zahlreiche Modelle zu Phasen der Teamentwicklung und zur Rollenaufteilung im Team, die zum Verständnis der gruppendynamischen Prozesse beitragen können (vgl. z.B. ebd.:22ff., Francis/Young 1996:21f, Senge et al 1996: 405ff).

Kompetenzen

Eine Sozialpädagogin braucht spezifische Kompetenzen, um in der beschriebenen Weise gemeinsam mit andern Professionellen eine soziale Dienstleistung erbringen zu können. Im Kompetenzprofil der Hochschule für Soziale Arbeit der FHNW werden diese als *soziale Kompetenzen* bezeichnet. Sie umfassen u.a. kommunikative Fähigkeiten, Kritikfähigkeit (z.B. sachlich Kritik üben und annehmen können), Konfliktfähigkeit (z.B. Konflikte wahrnehmen, eigene und fremde Anteile erkennen, Konflikte konstruktiv bearbeiten können) und Teamfähigkeit (z.B. Rollen klären, gemeinsam und aufgabenteilig auf ein Ziel hin arbeiten können) (vgl. Hochschule für Soziale Arbeit 2008, siehe auch 6.2.1).

Auf dieser individuellen Ebene von Kooperation spielen Persönlichkeitsmerkmale, Werthaltungen und Einstellungen sowie Vertrauen eine wichtige Rolle. Das in der Persönlichkeitspsychologie gängige Fünf-Faktoren-Modell (FFM) postuliert fünf unabhängige und weitgehend kulturstabile Faktoren als Hauptdimensionen der Persönlichkeit: Neurotizismus,, Extraversion, Offenheit für Erfahrungen, Verträglichkeit und Gewissenhaftigkeit (vgl. Pervin et al. 2005:317ff.). Für Kooperation gelten die folgenden Persönlichkeitsmerkmale als förderlich: *emotionale Stabilität, Extraversion* (Gesprächigkeit, Aktivität, Initiative), *Offenheit für Erfahrungen* (Intellektualität, Kultiviertheit), *Verträglichkeit* (Freundlichkeit, Höflichkeit) und *Gewissenhaftigkeit* (Verantwortungsbewusstsein, Zuverlässigkeit, Ausdauer) sowie *Empathie* (als Fähigkeit, sich in andere hineinversetzen zu können (vgl. Balz/Spiess 2009:21). Hinsichtlich Werthaltungen wird insbesondere von *sozialen Werten* angenommen, dass sie kooperatives Verhalten beeinflussen. Diese betonen die kollektive Moral, soziale Interessen und soziale Verantwortung sowie Sorge um andere. Bei der Einstellung wird zwischen kooperativem und kompetitivem (d. h. wettbewerbsorientiertem) Verhalten unterschieden. Menschen mit einer *kooperativen Einstellung* haben sich gemäss sozialpsychologischer Studien als flexibler herausgestellt, sie geben der anderen Partei zunächst einen Vertrauensvorschuss (vgl. ebd.:22). Damit sind geeignete Persönlichkeitsmerkmale von Sozialpädagoginnen umschrieben, die für die intraprofessionelle Kooperation wichtig sind. Aber auch für die interprofessionelle Kooperation – die im Folgenden beleuchtet werden soll – sind dies günstige individuelle Voraussetzungen.

5.2.2 Interprofessionelle Kooperation

In Zusammenhang mit dem Strukturmerkmal Sozialer Arbeit, das als diffuse Allzuständigkeit für komplexe Problemlagen bezeichnet wird (siehe 3.2.1), haben wir aufgezeigt, dass der Sozialen Arbeit ein Tätigkeitsmonopol fehlt. Sie bearbeitet Aufgaben, mit denen auch andere Professionen befasst sind. Nicht zuletzt deshalb ist die Profession der Sozialen Arbeit auf die enge Zusammenarbeit mit Vertreterinnen anderer Professionen und Berufe angewiesen.

Rahmenbedingungen und Status

Der Aufgabenschwerpunkt und die spezifische Kompetenz der Sozialen Arbeit sind weniger klar zu beschreiben als bei anderen Professionen. Dieser Umstand beeinflusst die interprofessionelle Kooperation wesentlich. So konstatieren beispielsweise Bommes/Scherr (vgl. 2000:219), eine zentrale Schwierigkeit der Sozialen Arbeit liege darin, dass ihr bisher *kein den klassischen Professionen vergleichbarer Expertenstatus* zugebilligt werde. Oft befinden sich die Professionellen der Sozialen Arbeit gegenüber ihren Kooperationspartnern in der unterlegenen Position und in der Rolle des Bittstellers (vgl. Brack 1998, zit in Heiner 2007:474f.). Die interprofessionelle Kooperation sei geprägt durch das unklare beziehungsweise umstrittene berufliche Profil, hält Heiner fest; die Klärung der jeweiligen Aufgabenstellung und der damit einhergehenden Arbeitsteilung zwischen den Berufen bzw. Professionen sei deshalb eine der zentralen Herausforderungen für die Soziale Arbeit (vgl. Heiner 2007:472, 474). Dazu kommt manchmal die besondere Situation der Unterstellung unter weisungsberechtigte Angehörige anderer Professionen, die den Spielraum eigener Verantwortung und Entscheidung einschränken. Gildemeister sieht darin die Ursache dafür, dass „ein hoher Anpassungsdruck in den verschiedenen Berufsfeldern an die jeweils dominanten ‚Professionen' entsteht, also im Kontext des Gesundheitswesens an die Ärzte und Psychologen, im Kontext der Arbeit mit Straffälligen an die Juristen, in der kirchlichen Bildungsarbeit an die Pfarrer. Professionelles Handeln wird ‚eingefärbt': medizinisch, juristisch, theologisch" (Gildemeister 1995, zit, in Kähler 1999:23). Dieser hält fest, dass Soziale Arbeit „immer in Mischungsverhältnissen aus Kooperation mit, Anweisung von und Delegationen an andere Berufsangehörige(n) praktiziert" werde (Kähler 1999:23). Schwierig ist die Zusammenarbeit dann, wenn sich nicht zufriedenstellend klären lässt, wer von wem Zuarbeit verlangen kann, und wenn beide Seiten nicht mehr problemlösungsorientiert, sondern statusorientiert argumentieren und auf ihre Kompetenzen oder ihre Unabhängigkeit pochen (vgl. Heiner 2007:475). Im arbeitsteiligen Praxisfeld der Sozialen Arbeit und ihrer Nachbarsdisziplinen seien gemeinsame Ziele und Handlungseinigkeit nicht ohne weiteres gegeben, betont Merten (vgl. 2005:108); eine gelingende Unterstützung von Klientinnen mit komplexen Problemstellungen sei jedoch nur durch eine interprofessionelle Kooperation zu erreichen.

Konstellationen

Die Tatsache der sog. diffusen Allzuständigkeit der Sozialen Arbeit kann aber auch positiv gewendet werden. Sie erfordere in besonderem Masse die Fähigkeit „mit zahlreichen Organisationen und Berufen zu kooperieren, um entsprechend ganzheitliche Problemlösungen zu initiieren und zu koordinieren" (Heiner 2007:472). Die Soziale Arbeit hat ein grosses Interesse an der Kooperation mit anderen Professionen und kann Prozesse der fallbezogenen Zusammenarbeit initiieren und koordinieren. Auf diese *Koordinationsaufgabe* bezieht sich das Konzept des Case-Managements (vgl. u.a. Neuffer 2006, Wendt 1991). Im Konzept der systemorientierten Sozialpädagogik wird sie als Teil der Aufgabe Systemvernetzung bezeichnet (vgl. Simmen et al. 2008:65). Diese Koordinationsaufgabe ist insbesondere in den Fällen wichtig, in denen viele unterschiedliche Organisationen und Personen involviert sind (z.B. Schulsozialarbeiter, Lehrerin, schulpsychologischer Dienst, sozialpädagogische Familienbegleitung, Erziehungsberatungsstelle, Suchtberatung, etc.). Die Koordinierungsfunktion der Sozialen Arbeit kann als Aufgabe gesehen werden, die sich die Soziale Arbeit selber zuweist.

Bei komplexeren multiprofessionellen Kooperationsbeziehungen sind gemäss Heiner (2007:473) drei Konstellationen der Zusammenarbeit denkbar, die sich hinsichtlich Kontinuität und Intensität unterscheiden:

- *Kontinuierliche* Zusammenarbeit mit Fachkräften innerhalb oder ausserhalb der Organisation, wobei deren Status höher sein kann (z.B. bei Ärztinnen, insbesondere dann, wenn sie die Leitungsfunktion innerhalb einer hierarchisch strukturierten Organisation des Gesundheitswesens inne haben) oder aber gleichrangig (z.B. beim Case-Management)
- *Kurzfristige punktuelle* Kooperation mit unterschiedlichsten Berufsgruppen und die Vermittlung an Leistungserbringer ausserhalb der eigenen Organisation,

ohne dass eine kontinuierliche fallbegleitende Abstimmung notwendig ist (z. B. Lehrerin, Rechtsanwalt, Verwaltungsbeamte der Agentur für Arbeit [BRD] bzw. der Regionalen Arbeitsvermittlung RAV [CH])
- *Dauerhafte, aber inhaltlich sehr begrenzte* Zusammenarbeit mit Berufen, die als externe, z. T. als zahlende Auftraggeber Aufgaben an die Soziale Arbeit delegieren (z. B. gesetzliche Betreuung/Beistandschaft). (Vgl. Heiner 2007:473)

Von Sozialpädagoginnen wird erwartet, dass sie sich in all diesen Zusammenarbeitskonstellationen bewegen und angemessen einzubringen können.

Kompetenzen

In Anbetracht des zunächst diffusen Mandates müssen Sozialarbeiter immer wieder neu klären und beurteilen, für welche Probleme sie selber zuständig sind, und bei welchen Themen sie Klienten an andere Einrichtungen weitervermitteln und damit die *Triage*-Aufgabe wahrnehmen. Auch wenn die Zuständigkeit im Auftrag einer Organisation festgeschrieben ist (z. B. Familienberatung), so gibt es oft einen recht grossen individuellen Handlungsspielraum, der nicht zuletzt geprägt ist von den individuellen Kompetenzen (ob z. B. eine Zusatzausbildung in Suchtberatung vorhanden ist). Die Beurteilung der eigenen Zuständigkeit stellt ein Spannungsfeld dar: An einem Pol steht jene Sozialarbeiterin, die sich grundsätzlich als dauerhaft zuständig für alle Probleme einer Klientin begreift, am andern Pol jene, die sich bemüht, die Dienstleistungen der Anbieter, an die sie die Klientin vermittelt, zu koordinieren, damit alle Hilfesysteme die gleichen Ziele verfolgen. (Vgl. u. a. Heiner 2007:476 f.)

Grundsätzlich aber sind Professionelle der Sozialen Arbeit in der Lage, aufgabenbezogen und zielorientiert mit anderen Berufs- und Professionsangehörigen zusammen zu arbeiten. Sie können abschätzen, wann die Zusammenarbeit mit andern Fachleuten erforderlich ist, und sind fähig, Prozesse der fallbezogenen Kooperation zu initiieren und Aufgaben zu koordinieren. Um sich an der interprofessionellen Kooperation beteiligen zu können, sind nicht nur grundlegende kommunikative Kompetenzen erforderlich. Darüber hinaus müssen Sozialarbeiter in der Lage sein, die eigene Zuständigkeit und spezifische Kompetenz darzulegen (und zwar unabhängig davon, ob die Kooperationspartner ihnen diese zuschreiben). Sie können sich mit den Standpunkten anderer auseinandersetzen und den eigenen professionsspezifischen Standpunkt in den Fachdiskurs einbringen, begründen und vertreten (vgl. Hochschule für Soziale Arbeit 2008).

5.3 Zusammenfassung der Erkenntnisse

Arbeitsbeziehungen zwischen Professionellen und Klienten der Sozialen Arbeit sind eingebettet in institutionelle Rahmenbedingungen und können sich stark unterscheiden hinsichtlich Freiwilligkeit, Dauer und Verbindlichkeit. Der Organisationsauftrag bildet den Rahmen der Arbeitsbeziehung. Die Professionellen gestalten sie im Rahmen ihrer bezahlten Tätigkeit: als Vertreter einer Organisation.

Die Arbeitsbeziehung ist zeitlich und intentional begrenzt und angelegt auf Reduzierung der Hilfe bis zur Beendigung (mit Ausnahmen in der Behinderten- und Altenhilfe). Sie ist gekennzeichnet durch Aufgaben- und Zielorientierung. Die Aufgabenorientierung impliziert eine zunächst asymmetrische Struktur mit unterschiedlichen Rollen. Die Sozialarbeiterin hat dem Hilfe suchenden Klienten ein emotionales Beziehungsangebot zu machen und den Unterstützungsprozess zu strukturieren. Dazu gehört den Auftrag auszuhandeln, eine Zielausrichtung zu vereinbaren und damit gemeinsames Handelns zu ermöglichen. Das Unterstützungsziel besteht in der Befähigung des Klienten zur Selbsthilfe, in einem Zuwachs an Autonomie und Selbstständigkeit in der Lebensführung. In (sozial-)pädagogischen Beziehungskonzepten kommt die Asymmetrie der Arbeitsbeziehung stärker zum Tragen, weil hier ein Erziehungsauftrag besteht. Meistens wird dieser Auftrag von einem sozialpädagogischen Team wahrgenommen, eine Arbeitsbeziehung besteht hier zwischen einer Klientin und mehreren Professionellen.

Die Arbeitsbeziehung zwischen Sozialpädagogin und Klient ist gekennzeichnet durch widersprüchliche Anforderungen. So sind Professionelle herausgefordert eine Balance zu finden zwischen Verantwortungsübernahme und Verantwortungsübergabe, zwischen Einflussnahme und Zurückhaltung, und sie müssen sowohl Nähe als auch Distanz situationsangemessen realisieren und verschränken können. Insbesondere bei sog. unfreiwilligen Klienten ist die Fähigkeit gefragt, diese durch ein behutsames Vorgehen für eine Zusammenarbeit zu gewinnen. Der Zuverlässigkeits- und Verbindlichkeitscharakter der Beziehung wird hier zunächst einseitig von den Professionellen unter Beweis gestellt.

Ein weiteres Kennzeichen einer Arbeitsbeziehung ist die widersprüchliche Einheit einer spezifischen und diffusen Sozialbeziehung: Professionelle handeln in einer rollenförmigen spezifischen Sozialbeziehung, in der sie austauschbar sind, zugleich agieren sie als unverwechselbare Person auch in einer diffusen Sozialbeziehung und können durch selektive persönliche Öffnung emotionale Nähe herstellen.

Es gibt keine Techniken zur ‚Herstellung' einer Arbeitsbeziehung. Professionelle benötigen kommunikative und interaktive Fähigkeiten, entscheidend jedoch ist die akzeptierende, wertschätzende und wohlwollende Grundhaltung dem Klienten gegenüber. Ressourcenorientierung ist ein wichtiges Arbeitsprinzip.

Eine wesentliche Kompetenz besteht in der professionellen Selbstreflexion der Arbeitsbeziehung. Zur Reflexion der Beziehungsdynamik und der eigenen

> emotionalen Verstrickung in die Beziehung ist insbesondere das psychoanalytische Konzept von Übertragung und Gegenübertragung geeignet. Um professionelles Handeln sichern zu können, ist eine Institutionalisierung der professionellen Selbstreflexion unabdingbar.
>
> Zur Realisierung des Auftrags der Sozialen Arbeit ist eine Zusammenarbeit mit anderen Sozialpädagogen sowie mit Angehörigen anderer Professionen und Berufen unabdingbar. Die Konstellationen dieser intra- und interprofessionellen Kooperation unterscheiden sich in der Praxis hinsichtlich institutionellem Kontext (innerhalb oder ausserhalb der eigenen Organisation) sowie Dauer und Intensität. Insbesondere in Praxisfeldern, in denen der Alltag mit Klienten geteilt wird, kann die Aufgabe professioneller Unterstützung nicht als Einzelleistung, sondern nur im Team erbracht werden: Eine formell als organisatorische Einheit institutionalisierte Gruppe von Sozialpädagogen erbringt in Arbeitsteilung aufgabenbezogen und zielorientiert gemeinsam eine soziale Dienstleistung.
>
> Aufgrund der diffusen Allzuständigkeit für komplexe Problemlagen ist es eine kontinuierliche Aufgabe von Sozialarbeiterinnen, fallbezogen die eigene Zuständigkeit zu klären und aufgabenorientiert mit Vertreterinnen anderer Professionen und Berufe zusammen zu arbeiten. Dabei nehmen Professionelle der Sozialen Arbeit oft die Aufgabe wahr, interprofessionelle Kooperationsprozesse zu initiieren und zu koordinieren. Sie sind herausgefordert, ihre Kompetenz und den professionsspezifischen Standpunkt in den Fachdiskurs einzubringen.

Vertiefungsliteratur

Heiner, Maja (2007). Soziale Arbeit als Beruf. Fälle – Felder – Fähigkeiten. Ernst Reinhardt, München. Auszug S. 458–480

Schäfter, Cornelia (2010). Die Beratungsbeziehung in der Sozialen Arbeit. Eine theoretische und empirische Annäherung. VS Verlag für Sozialwissenschaften, Wiesbaden. Auszug S. 38–64, 85–118

6 Methoden, Professionskompetenz und Grundhaltung

Wir haben in den bisherigen Kapiteln dargelegt, wie wir professionelles Handeln im Hinblick auf die individuumsbezogene Funktion Sozialer Arbeit definieren, welches die Strukturmerkmale der Sozialen Arbeit sind, auf welchen ethischen Grundwerten sie sich abstützt. Wir haben die rechtlichen Grundlagen der Sozialen Arbeit umrissen und die Bedeutung der Kooperation mit den Klientinnen aufgezeigt. Nun stellt sich die Frage, welche Methoden die Soziale Arbeit entwickelt hat, um den vielfältigen Erwartungen an die Profession gerecht zu werden, welche Kompetenzen Professionelle erfüllen müssen und mit welcher Grundhaltung sie dies tun. Die bisherigen Ausführungen lassen darauf schliessen, dass es in der Sozialen Arbeit *die* Methode nicht gibt, nach der Professionelle ihr Handeln ausrichten können und dass Methoden immer nur als Mittel zu verstehen sind, die helfen, das eigene Handeln je nach Situation und Person zu strukturieren (siehe Kap. 3). Da Handlungen von Professionellen immer an ihre Einstellungen und an ihre Haltung rückgebunden sind, ist herauszuarbeiten, worauf sich eine professionelle Grundhaltung abstützt und wie sie herausgebildet wird.

6.1 Methoden der Sozialen Arbeit

Nach einer Begriffsklärung gehen wir zunächst der Frage nach, was eine sozialpädagogische Methode ist und welche Rahmenbedingungen in der Sozialen Arbeit für methodisches Handeln zu berücksichtigen sind. Ein kurzer historischer Überblick zeigt Entwicklungslinien der Methodendiskussion bis zum heutigen Stand auf. Abschliessend sollen Möglichkeiten und Grenzen der Methodisierbarkeit professionellen Handelns einer kritischen Überprüfung unterzogen und dargelegt werden, nach welchen Kriterien methodengestütztes Arbeiten in der Sozialen Arbeit auszurichten ist.

6.1.1 Konzept – Methode – Technik

In der meist von Erziehungswissenschaftlern geführten Diskussion um Methodik und Didaktik galt es lange Zeit als sinnvoll, Fragen des Inhalts und der Zielorientierung von den Fragen nach den Verfahren und der Vermittlung zu trennen. Erstere schrieb man der Didaktik zu, die zu klären hat, welche Ziele warum zu erreichen sind. Zweitere schrieb man der Methodik zu, die zu beantworten hat, welche Handlungselemente wie sinnvoll eingesetzt werden sollten (vgl. Klafki et al. 1970:129 f.). Dazu wurden *Methoden im engeren Sinn* entwickelt, die „erprobte, überlegte und übertragbare Vorgehensweisen zur Erledigung bestimmter Aufgaben und Zielvorgaben" darstellen (Schilling 1993:65f.). Sie thematisieren ausschliesslich die Vermittlung von Bildungsinhalten auf der Ebene der konkreten Interaktion. Für die Soziale Arbeit ist ein solches Verständnis wenig sinnvoll, denn jegliche Ziele sozialarbeiterischer Unterstützung blieben aus der Reflexion ausgeklammert, Methoden setzten sich so dem Technologievorwurf aus, weil sie für beliebige Verfahren verwendet werden könnten (vgl. Galuske 2007:26).

Das *weitere Methodenverständnis* geht davon aus, Methoden jeweils im Zusammenhang mit Problemlagen, Zielsetzungen und Rahmenbedingungen zu sehen. Nach Meinhold sind Methoden „weder zielneutral, noch institutionell-, zeit- und personenneutral" (1988:75). Methoden können demnach nicht von der Zielbestimmung Sozialer Arbeit losgelöst werden; sie haben die Komplexität des beruflichen Alltags aufzunehmen und das sozialpädagogische Handeln zu strukturieren und zu leiten unter Berücksichtigung der Ressourcen und Möglichkeiten der Klienten, ihr Leben möglichst selbstverantwortlich wieder in die Hand zu nehmen.

Die im Zuge des gesellschaftlichen Wandels resultierenden Entwicklungsanforderungen an die Soziale Arbeit haben dazu geführt, dass grundlegende Entwürfe oder Leitkategorien entstanden sind, die sich nicht einfach als Methoden bezeichnen lassen. Gerade mit dem Ansatz einer lebensweltorientierten Sozialen Arbeit (vgl. Thiersch 1992) wurde eine neue Kategorie geschaffen, die mehr umfasst als eine bestimmte Methode. Geissler/Hege unterscheiden in ihrer Begriffsbestimmung zwischen Konzept, Methode und Technik/Verfahren. Unter *Konzept* verstehen sie ein „Handlungsmodell, in welchem Ziele, Inhalte, Methoden und Verfahren in einen sinnhaften Zusammenhang gebracht sind. Dieser Sinn stellt sich im Ausweis der Begründung und der Rechtfertigung dar" (2001:23). So kann der Ansatz der alltags- oder lebensweltorientierten Sozialen Arbeit als ein Konzept verstanden werden, das eine programmatische Bedeutung aufweist. Soziale Arbeit nimmt die Lebenswelt der Klientinnen zum Bezugspunkt ihrer Tätigkeit und leitet davon Prinzipien und Arbeitsweisen für das professionelle Handeln ab.

Nach Geissler/Hege sind *Methoden* einem Konzept untergeordnet. Sie sind „– formal betrachtet – konstitutive Teilaspekte von Konzepten. Die Methode ist ein vorausgedachter Plan der Vorgehensweise" (2001:24). Methoden sind demnach erprobte, überlegte und übertragbare Vorgehensweisen, mit Fokus auf Problemlagen, Zielsetzungen und Rahmenbedingungen, die im Kontext eines Konzepts entworfen werden. Eine Methode innerhalb des Konzepts Lebensweltorientierung stellt z.B. die Familienhilfe dar. Methodisch ist zu überlegen, in welchen Teilschritten dieses Angebot aufgebaut werden kann, welche Rahmenbedingungen geschaffen werden müssen, wie sich die Maximen des Hilfeansatzes realisieren lassen unter Wahrung gewachsener Strukturen etc. (vgl. Galuske 2007:27).

Methoden stützen sich ab auf *Techniken*, die als „erprobte, standardisierte Verhaltensmuster [gelten], deren Wirkung mit grosser Wahrscheinlichkeit voraussagbar ist" (Krauss 2006:123). Im Zusammenhang mit der Methode Familienhilfe sind es Techniken der Kontaktaufnahme, der Gesprächsführung, der Erhebung der Wohnverhältnisse und -umgebung, der Planung, der Phasierung einzelner Teilschritte etc., die effizient eingesetzt werden sollen.

Die Unterteilung in Konzept, Methode und Techniken ist eine streng analytische. Sie zielt darauf ab, dass der Vielschichtigkeit und Komplexität des sozialarbeiterischen Alltags nicht mit einem verkürzten Methodenverständnis begegnet wird. Klienten suchen eine Hilfe, die individuell auf sie abgestimmt ist, sie in ihren eigenen Bestrebungen unterstützt, ihren Eigensinn respektiert, die Besonderheit ihrer Lebenswelt erkennt und die bestehenden sozialen Netzwerke mit einbezieht und nicht eine Sozialpädagogin, die sie mit einer ganz bestimmten Methode oder Technik ‚bedient'. Methoden sind demnach immer in ein Konzept einzubetten und auf ihre Wirksamkeit und Angemessenheit hin zu überprüfen. Bereits 1963 formulierte Hoffmann sein Methodenverständnis in klarer Weise: Eine Methode sei der „theoretisch geklärte Handlungsplan, der in der Rückschau erkannte und berechtigte Weg der Praxis, der sich in gewisser Gesichertheit planend in die Zukunft richtet, wenn auch immer in Bereitschaft, sich von erneuter Besinnung weiterhin korrigieren [...] zu lassen" (1963:81 zit. in Galuske 2007:30).

Welches sind nun Merkmale eines griffigen Methodenbegriffs für Soziale Arbeit? Wir verstehen Methoden als *systematische Handlungsformen*, die den professionellen Umgang mit sozialen Problemen und Thematiken in zielgerichteter Weise leiten. Ihre Basis bilden eine professionelle Ethik, sozial- und humanwissenschaftliche Erkenntnisse und eine reflektierte Berufserfahrung. Sie stellen trotz Anspruch auf Allgemeingültigkeit keine Handlungsrezepte dar, sondern ermöglichen situationsbezogenes Arbeiten, das den Klientinnen und ihren Anliegen gerecht wird. Ziele, Gegenstände und Mittel reflektierten Handelns werden von den gewählten Methoden mitbestimmt. Sie berücksichtigen die Prozessorientierung professionellen Handelns, sind in eine übergeordnete Struktur (Methodik) eingebettet und zeichnen sich idealer Weise durch Transparenz auf. Die Auswahl der Methode geschieht fall- und kontextbezogen. Methoden in der Sozialen Arbeit sind schliesslich stets kritisch zu reflektieren, ob sie die beabsichtigte Zielerreichung unterstützt haben und den Anforderungen der verschiedenen Beteiligten gerecht geworden sind (vgl. Krauss 2006:121). Auch Galuske verweist auf die Wichtigkeit einer sorgfältigen Methodenreflexion (vgl. 2007:31).

6.1.2 Systematisierungsmöglichkeiten

Bis weit in die 1970er Jahre unterschied man die drei ‚klassischen' Methoden *Soziale Einzelfallhilfe*, *Soziale Gruppenarbeit* und *Gemeinwesenarbeit*, die für die direkte Arbeit mit Klienten einsetzbar waren (siehe 2.1). Neben diesen drei primären Methoden galten Supervision zur fachlichen Verbesserung der Arbeit der Professionellen und Sozialplanung zur strukturellen Verbesserung der Lebenslagen als sekundäre Methoden, die indirekte Verwendung erfuhren (vgl. Krauss 2006:126). Im Anschluss an die flächendeckende Methodenkritik anlässlich der Studentenbewegung in den 1970er Jahren wurde der Begriff der Methode durch den der *Orientierungen* ersetzt (wie z. B. emanzipatorische Orientierung oder stadtteilbezogene Bedürfnis- und Alltagsorientierung). Allerdings erwiesen sich diese Orientierungen im professionellen Alltag als wenig hilfreich, weil sich daraus keine brauchbaren Arbeitsformen ableiten liessen. In der Folge setzte im sog. ‚Psychoboom' der 1980er Jahre eine Orientierung an therapeutischen Methoden ein. Im Zuge der Individualisierung und der zunehmenden sozialen Ungleichheit mit den zum Teil ganz neuen Anforderungen an die Soziale Arbeit entwickelte sich bis zum heutigen Tag in den unterschiedlichen Praxisfeldern eine Vielzahl von Methoden und Handlungsformen. Ihnen gemeinsam ist das Streben nach Professionalität, eine weitergehende Beteiligung der Klienten als bei den klassischen Methoden und zum Teil das Arbeiten nach Konzepten (wie z. B. nach der Lebensweltorientierung nach Thiersch 1985). Aufgrund dieser Methodenspezialisierung, die das Spektrum an Handlungs- und Interventionsmöglichkeiten erweitert hat, ist in der Sozialen Arbeit ein Methodenpluralismus fest zu stellen, der als eine Antwort auf die unterschiedlichen Anliegen, Lebensformen, Problemstellungen und Zielsetzungen anzusehen ist. Der Einsatz von angemessenen Methoden fordert demnach u. a. eine ständige Reflexion des professionellen Handelns. Diese ist in vielen Organisationen in Form von Supervision, Intervision, Organisationsentwicklung o. ä. institutionalisiert und trägt dazu bei, die Adäquatheit der angewendeten Methoden zu überprüfen.

Es gibt einige wenige Versuche, die unterschiedlichen Methoden nach bestimmten Kriterien zu ordnen, um einen Überblick über das Methodenrepertoire in der Sozialen Arbeit zu gewinnen (vgl. Krauss 2006; Müller 2002). Galuske versucht, Methoden und Konzepte nach inhaltlichen Kriterien zu strukturieren. Er unterscheidet zwischen klientenbezogenen, indirekt interventionsbezogenen und struktur- und organisationsbezogenen Konzepten und Methoden (vgl. 2007:163 ff.). Diese Übersicht schafft zwar eine gewisse Orientierung, führt aber zu einer Vermischung von Konzepten mit programmatischem (wie z. B. Lebenswelt, Lebenslage) oder handlungsleitendem Charakter (wie z. B. Empowerment, Themenzentrierte Interaktion), mit Methoden (wie z. B. Beratung, Familienhilfe) oder gar Methodiken (wie z. B. multiperspektivische Fallarbeit oder kooperative Prozessgestaltung) oder einzelnen Prozessschritten (wie z. B. Interventionsplanung oder Evaluation). Wir schlagen deshalb vor, in einer Systematik ausschliesslich Methoden aufzunehmen und diese im Hinblick auf ihren Zweck und ihre Zielsetzung einzuordnen. Die in Kap. 7 vorgestellte Methodik ‚Kooperative Prozessgestaltung' bildet hierzu eine u. E. sinnvolle Struktur, weil sie eine inhaltliche Fokussierung erlaubt. Entlang der sieben Prozessschritte können Methoden zugeordnet werden (siehe Kap. 8–14). So kann z. B. beim Prozessschritt ‚Situationserfassung' aufgrund der Datenlage, der Vorgeschichte und den Kooperationsmöglichkeiten überlegt werden, ob sich neben dem Aktenstudium eher ein narratives Interview oder eine längere Beobachtungssequenz zur Gewinnung von relevanten Daten und Informationen eignet. Diese Strukturierung ermöglicht, die in Frage kommenden Methoden in Bezug auf Zielerreichung, Kooperation, Ethik, Praxisfeld und Aufwand aufgabenbezogen einzuordnen und mit Bezug auf den jeweiligen Prozessschritt kritisch zu reflektieren, situativ zu bewerten und eine angemessene Wahl zu treffen.

6.1.3 Möglichkeiten und Grenzen der Methodisierbarkeit

In Kap. 3.2 wurde dargelegt, dass Methoden in der Sozialen Arbeit helfen, die konstitutive Unsicherheit von Unterstützungsprozessen zu reduzieren; sie vermögen diese aber nicht aufzulösen. Vielmehr stellt methodisches Handeln die Möglichkeit dar, die Unsicherheit erträglicher zu machen (vgl. Galuske 2007:63). Da es *die* Methode der Sozialen Arbeit nicht gibt, sehen sich Professionelle vor die Aufgabe gestellt, Methoden je nach Person, Problem, Thema und Arbeitsfeld auszuwählen und situativ zu adaptieren. Dies bedingt, dass Professionelle über eine gewisse Methodenpalette verfügen und fallweise sorgfältig abwägen, welche Methode angemessen erscheint. Dabei soll die gewählte Methode als Grundmuster angesehen werden, das bei unterschiedlichen Aufgaben adäquat auszugestalten ist und in den vielfach überlasteten und diffusen Alltagssituationen zu einer gewissen Stabilisierung beiträgt.

Methoden bieten insgesamt die Möglichkeit, die Komplexität der Aufgabenstellung zu reduzieren und „damit die Bearbeitung von Ängsten und Gefühlen der Überforderung angesichts von Allzuständigkeit (zu) erfüllen" (ebd.:54). Methodisches Handeln, das ja immer im Spannungsfeld von Hilfe und Kontrolle erfolgt (siehe 3.2.2), muss sich u. a. mit Problemen und unbeabsichtigten Nebenwirkungen professioneller Interventionen auseinander setzen. Dies führt auf der Seite der Professionellen zu einer Selbstkontrolle des eigenen Handelns und auf der Seite der Klientinnen zu einer gewissen Sicherheit, dass an ihnen nicht beliebige Methoden ausprobiert werden – oder – wie es Winkler ausdrückt: methodisches strukturiertes Handeln vermag für den Klienten Rationalität zu schaffen und damit Verlässlichkeit und Kalkulierbarkeit (vgl. 1995:128). Gleichzeitig besteht die Gefahr, insbesondere beim Eingriffshandeln, dass Klientinnen vom Subjekt zum Objekt degradiert werden, weil bei der stellvertretenden Entscheidung ein grosser Teil der Verantwortung bei den Professionellen liegt. Die in Kap. 4 dargelegten ethischen Forderungen sind zwar handlungsleitend, aber nicht hinreichend abgesichert. Die einzige Möglichkeit zur Wahrung der Autonomie der Klientinnen besteht in der Ausgestaltung einer verlässlichen Arbeitsbeziehung, in der sich beide Kooperationspartner auf die Lösung einer Aufgabe verpflichten. Die in Kap. 3.2 dargelegten Grundstrukturen professionellen Handelns (wie z.B. das Technologiedefizit oder die Koproduktion) zeigen weitere Grenzen der Methodisierbarkeit auf. Professionelle können Unterstützungsangebote machen, Wege aufzeigen, angemessen Fragen stellen etc., aber es gibt keine Garantie, dass ihre Interventionen erfolgreich sind, denn Klienten können sich gemäss den Erwartungen der Professionellen oder auch ganz anders verhalten. Das heisst nun nicht, auf Methoden zu verzichten, weil sich Klienten nicht mittels Technologien verändern lassen, sondern Bedingungen zu schaffen, die eine beabsichtigte Entwicklung wahrscheinlicher lassen werden. Die Richtung der Entwicklung ist durch die Individualisierung und Pluralisierung unserer Gesellschaft kontingent geworden. Soziale Arbeit kann nicht (mehr) für sich beanspruchen, allgemeine Zielsetzungen für Klienten festzuschreiben, sondern, wie mehrfach erwähnt, die Autonomie der Lebenspraxis zu achten und mögliche Perspektiven und Ziele mit Klienten auszuhandeln.

Für die Methodendiskussion hat diese folgende Bedeutung: Methoden stellen nicht die Möglichkeit dar, bei Klienten eine Verhaltensänderung herbeizuführen oder das Ziel einer Intervention festzulegen, wenn sie nur sehr geschickt angewendet werden. Mit Methoden lässt sich auch nicht die Zielerreichung absichern. Methoden verhelfen aber Professionellen zur „Kontrolle und Handhabung ihrer (unbeabsichtigten Neben-)Wirkungen, ihrer organisatorischen und institutionellen Settings, der Angstreduktion angesichts komplexer Anforderungen sowie der Bearbeitung des Status- und Professionalisierungsproblems" (Galuske 2007:69). Die dargelegte Ambivalenz der Methodisierbarkeit fasst Thiersch (1993) mit dem Begriff der „strukturierten Offenheit": Einerseits verhelfen Methoden zu einer gewissen Struktur im Handeln, anderseits verlangen sie eine offene und variable Handhabung für je einmalige Situationen. „Es gibt keine Methode, die das Wagnis der [sozial-]pädagogischen Situation vorweg abnehmen könnte. Das ist eine methodische Einsicht" (Hoffmann 1963: 98 zit. in Galuske 2007:70).

6.2 Professionskompetenz, Habitus und Grundhaltung

Wie aufgezeigt wurde, nehmen Methoden in der Sozialen Arbeit im Gegensatz zum Lehrerberuf oder zu technischen Berufen eine besondere Stellung ein. Sie gründen auf allgemeingültigen ethischen nicht operationalisierbaren Grundsätzen, zielen nicht auf die Herstellung eines Produktes, sondern unterstützen Menschen in der Bewältigung ihrer Problemlagen, was nur auf der Grundlage einer Arbeitsbeziehung geschehen kann (siehe 5.1). Damit rückt die Person der Sozialarbeiterin, ihr Wissen und Können, ihre Fachlichkeit wie auch ihre Haltung in den Vordergrund. Im folgenden Kapitel soll dargelegt werden, welche Wissensbestände, Fähigkeiten und Kompetenzen Professionelle erwerben sollen und welche Grundhaltung professionelles Handeln in der Sozialen Arbeit voraussetzt.

6.2.1 Kompetenzen

Die traditionelle Berufsbildung richtete sich vornehmlich auf den Erwerb von ausgewählten Fähigkeiten oder auf die Erlangung von berufsspezifischen Fertigkeiten. Zielsetzung bildete eine berufliche Qualifikation, die sich auf spezifische

Wissensbestände und Fertigkeiten bezog und in Prüfungssituationen abgefragt und benotet wurde. Ende der 1970er Jahre wurde in der Berufsbildungsdiskussion klar, dass das Verfügen über Fachwissen nicht ausreicht, um den immer komplexer werdenden Aufgabenstellungen der modernen Arbeitswelt zu genügen. In der Folge richtete sich das Augenmerk vermehrt auf die Erlangung von überfachlichen, prozessorientierten Qualifikationen, die mit dem Begriff Schlüsselqualifikationen bezeichnet wurden. Gemeint sind damit Fähigkeiten, Lern-, Arbeits- und Kommunikationsprozesse auf der Grundlage von erworbenem fachspezifischem Wissen zu gestalten. Sie ermöglichen den Absolventinnen einer Berufsbildung, die ständig wechselnden Anforderungen in einem bestimmten Berufsfeld adäquat meistern zu können (vgl. Landwehr/Müller 2006:25). Der Fokus richtete sich in der Ausbildung darauf, einerseits Fachwissen zu vermitteln und gleichzeitig die Ausbildung von Fähigkeiten zu fördern, die in der Arbeitswelt auch tatsächlich eingesetzt und umgesetzt werden konnten. Im Fachdiskurs ersetzte man den Begriff Fähigkeit durch denjenigen der *Kompetenz* und meint damit Fähigkeiten, die auf der Grundlage einer fachspezifischen Wissensbasis genutzt werden, um berufliche Anforderungen angemessen zu bewältigen. In der Bologna Bildungsreform wird in den 1990er Jahren von Employability (Berufsbefähigung) gesprochen und postuliert, die Studiengänge auf den Erwerb von Kompetenzen auszurichten. Dies veränderte die Aufbereitung und Vermittlung des Lehrstoffs (Methodik und Didaktik) an Schulen und Universitäten. Richtete sich der Fokus in früherer Zeit auf Lehrpläne und Lerninhalte (learning inputs) und auf die Art der Vermittlung, interessieren nun vielmehr die Lernergebnisse: Kenntnisse, Fertigkeiten und Handlungspotentiale (learning outcomes). In der Folge erfuhr der Kompetenzbegriff eine inflationäre Verbreitung: Es wurde und wird fast überall in der Arbeitswelt von Kompetenzen gesprochen; diese werden aber oft gleich gesetzt mit (Handlungs-)Fähigkeiten, Fertigkeiten oder dem Verfügen über Wissensbestände. 2006 schuf die Kommission der Europäischen Gemeinschaften einen ‚Europäischen Qualifikationsrahmen' (European Qualification Framework), in dem Kompetenz wie folgt definiert wird: Kompetenz ist „die nachgewiesene Fähigkeit, Kenntnisse, Fertigkeiten, sowie persönliche, soziale und/oder methodische Fähigkeiten in Arbeits- oder Lernsituationen und für die berufliche und/oder persönliche Entwicklung zu nutzen" (EU 2006:17f. zit in Erpenbeck/Rosenstiel 2007:XIV). Diese Begriffsdefinition führt im Fachdiskurs den Aspekt der Situations- und Aufgabenbezogenheit ein. Sie lässt immer noch einen grossen Interpretationsspielraum zu, weist aber im Kern darauf hin, dass es sich bei diesem Kompetenzverständnis um die *Selbstorganisationsfähigkeit* in verschiedenen Bereichen handelt. Die Studierenden bringen Fähigkeiten selbstorganisiert hervor und wenden diese unter Nutzung *situations- und aufgabenspezifischen Wissens* bezogen auf die Handlungserfordernisse beruflicher Praxis an. Hof (2002) geht davon aus, Kompetenz nicht nur als Befähigung zu betrachten, sondern diese in Bezug auf die Umsetzung im Praxisfeld zu setzen. Sie spricht in diesem Zusammenhang von *Performanz* und meint damit die Art und Weise, wie Professionelle ihre Kompetenzen in der praktischen Tätigkeit umsetzen. Damit wird klar, dass auf der Basis von Wissensbeständen, die am

Lernort Hochschule angeeignet werden, Kompetenzaspekte nur im jeweiligen Praxisfeld erworben werden können, indem eigenständige Übersetzungs- und Modifikationsleistungen zu erbringen sind, die dem spezifischen Praxiskontext gerecht werden (vgl. Hochschule für Soziale Arbeit: 2008:1).

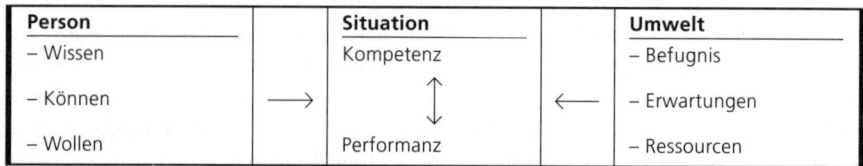

Abb. 3: Kompetenz als situationsbezogene Relation zwischen Person und Umwelt (Hof 2002:86)

Erpenbeck/Rosenstiel präzisieren diese Begriffsdefinition. Nach ihnen umfassen Kompetenzen Persönlichkeitsmerkmale, die in lebenslangen Lern- und Entwicklungsprozessen aufgebaut werden. Diese Persönlichkeitsmerkmale sind als angeeignete *Selbstorganisationsdispositionen* physischen und psychischen Handelns zu verstehen. Kompetenzen sind bis zu einem bestimmten Handlungszeitpunkt entwickelte innere Voraussetzungen zur Regulation von Tätigkeiten, die handlungszentriert sind und sich primär auf divergent-selbstorganisative Handlungssituationen beziehen (vgl. 2007:XXXVI). Wir definieren Kompetenzen in Anlehnung an Hof und Erpenbeck/Rosenstiel als in einer Person entwickelte *Fähigkeitsdispositionen*. Sie sind selbstorganisiert zu realisieren mit dem Ziel, unvorhersehbare, komplexe Handlungssituationen adäquat zu bewältigen. Selbstorganisiertes Handeln kann sich auf die eigene Person, auf die soziale Umwelt wie auch auf die fachliche Erfassung und Veränderung von Situation und Aufgabe beziehen. Das bedeutet, dass innerhalb der Kompetenzen zwischen unterschiedlichen Kompetenzkategorien zu unterscheiden ist.

Selbstkompetenzen

Selbstkompetenzen sind die Dispositionen einer Person, selbstorganisiert und selbstreflexiv zu handeln. Es geht darum, die eigene Person mit Motivation als Werkzeug in die berufliche Tätigkeit einzubringen, sich selber einzuschätzen, selbstständig zu handeln, sich weiter zu entwickeln, lernfähig zu bleiben. Selbstkompetenz zeichnet sich aus durch Übernahme der Verantwortung für das eigene Handeln sowie dessen kritisches Hinterfragen.

Fach- oder Methodenkompetenzen

Darunter werden Dispositionen einer Person verstanden, über relevantes Fachwissen zu verfügen, dieses kriteriengeleitet einzuordnen und es in geplanter, zielgerichteter, sinnvoller und kreativer Weise in der Arbeitswelt einzusetzen. Fach- und Methodenkompetenzen sind Dispositionen, um Aufgaben und Problemstellungen im beruflichen Alltag fall- und situationsbezogen erkennen und diese effektiv und kreativ lösen zu können. Sie umfassen auch das Erschliessen von Ressourcen, die Realisierung von Kooperation mit unterschiedlichen Adressatengruppen sowie die Evaluation der eigenen Arbeit und die Weiterentwicklung der Methoden selber.

Sozialkompetenzen

Dies sind Dispositionen, kommunikativ und kooperativ zu handeln, soziale Beziehungen im beruflichen Kontext bewusst zu gestalten. Unter Sozialkompetenzen werden innere Voraussetzungen verstanden, Konflikte zu lösen, Kritik anzunehmen, verschiedene Rollen einzunehmen, in einer Gruppe, in einem Team aufgaben- und zielorientiert zu kooperieren (vgl. Landwehr/Müller 2006:26; Erpenbeck/Rosenstiel 2007:XXIIIf.; Cassée 2007:34 ff.).

Mit dem Begriff Kompetenz weicht die Sachorientierung (Qualifikation) einer Subjektzentrierung (Kompetenz). Wichtig werden die persönlichen Dispositionen, die adäquate Leistungen hervorbringen. Kompetenzen sind demnach nicht direkt prüfbar, sondern nur auf die Realisierung der Dispositionen in einem bestimmten Kontext erschliessbar. Damit wird deutlich, dass in den in Kap. 2 aufgeführten Praxisfeldern der Sozialen Arbeit keine direkte Kompetenzenmessung möglich ist.

Für die Soziale Arbeit bestehen keine allgemeingültigen Kompetenzen. Viele Ausbildungsinstitutionen entwickeln Kompetenzenprofile in Bezugnahme auf den aktuellen nationalen und internationalen Fachdiskurs. So definiert z.B. die Hochschule für Soziale Arbeit FHNW CH das Kompetenzenprofil auf der Basis desjenigen der Schweizerischen Fachkonferenz Soziale Arbeit SASSA. Dabei werden zwei Ebenen berücksichtigt: Die Ebene der Wissenserzeugung und die Ebene von Fach- und Methoden-, Sozial- und Selbstkompetenzen zur Erreichung einer umfassenden Professionskompetenz (vgl. Hochschule für Soziale Arbeit 2008:2f.).

Zusammenfassend kann gesagt werden, dass sich *Professionskompetenz* dadurch auszeichnet, in den nicht standardisierbaren Handlungsanforderungen beruflicher Praxis in der Sozialen Arbeit Handlungsfähigkeit zu erlangen und Wissensbestände situations- und aufgabenbezogen nutzen zu können. Da es immer um andere Menschen geht und damit um die Wahrung des Respekts der Menschenwürde sowie der Wahrung und Unterstützung einer möglichst hohen Lebensautonomie, sind die Kompetenzen immer rückzubinden an die Haltung der Professionellen (siehe 4.1). Der vorgestellte Kompetenzenbegriff weist demnach auf die Notwendigkeit hin, dass Sozialpädagoginnen in der Ausbildung von Selbstorganisationsdispositionen eine professionelle Grundhaltung entwickeln, die ihr Handeln in der Praxis leitet. Ob es sich dabei um eine Grundhaltung handelt oder um einen professionellen Habitus, wie dies im aktuellen Fachdiskurs ebenfalls vorgeschlagen wird (Dewe/Otto 2005a; Oevermann 2000b, 2001; Becker/Müller 2009), soll im folgenden Kapitel erörtert werden.

6.2.2 Habitus und Grundhaltung

Ausgangspunkt der Begriffsdiskussion von *Habitus* bildet die von Bourdieu in Anlehnung an Chomsky entwickelte Habituskonzeption. Nach ihm ist „Habitus als ein System verinnerlichter Muster [zu verstehen], die es erlauben, alle typischen Gedanken, Wahrnehmungen und Handlungen einer Kultur zu erzeugen – und nur diese" (Bourdieu 1974:143). Kern des Habitusbegriffs ist die Tendenz, in bestimmten Situationen auf spezifische Weise zu handeln und dies aufgrund früherer Lernerfahrungen, die gespeichert sind und jeweils in ähnlichen Situationen abgerufen werden. Durch mehrfache Wiederholung prägt sich ein Muster ein, es habitualisiert sich. Dadurch formieren sich internalisierte Schemata, die Bourdieu auch als Dispositionen bezeichnet. Diese sind durch Wiederholung eingeprägte psychosomatische Erinnerungen, die Menschen zu einer bestimmten Handlungsweise tendieren lassen, diese aber nicht festlegen. Der Habitus bildet sich, wenn sich ein Mensch die Strukturen seiner Umwelt aneignet. Im Habitus sind damit soziale Strukturen eingeprägt. Diese wiederum leiten sein Handeln und tendieren dazu, sich zu reproduzieren. Bourdieu erklärt eine Handlung als die Rekonstruktion des Zusammenhangs zwischen Entstehung und Anwendung des Habitus. Dabei stellt seine Anwendung einen Eingriff in die Bedingungen dar und kann somit die sozialen Strukturen verändern. „Die für einen spezifischen Typus von Umgebung konstitutiven Strukturen (etwa die eine Klasse charakterisierenden Existenzbedingungen) [...] erzeugen Habitusformen, d. h. Systeme dauerhafter Dispositionen, strukturierte Strukturen, die geeignet sind, als strukturierende Strukturen zu wirken" (ebd.:164 f.). Die Handlungsformen prägen sich aber mehr dem Körper als dem Bewusstsein ein (vgl. ebd.:194). Es geschieht eine sog. ‚Inkorporationsannahme', der Körper wird Gedächtnisstütze für die Handelnden. Die Habitusbildung verhilft nach Bourdieu dazu, sich vor Krisen oder Infragestellungen zu schützen.

In der Sozialen Arbeit wurde der Habitusbegriff vor allem von Oevermann aufgegriffen und weiter ausdifferenziert. Er versteht unter Habitusformation „jene tief liegenden, als Automatismen ausserhalb der bewussten Kontrollierbarkeit operierenden und ablaufenden Handlungsprogrammierungen [...], die wie eine Charakterformation das Verhalten und Handeln von Individuen kennzeichnen und bestimmen" (Oevermann 2001:45). Es gehe nicht um soziale Deutungsmuster, sondern um psychische Haltungen, die tief im sozialen Unbewussten lägen und nur anhand von Handlungsprotokollen rekonstruierbar seien. Für die Herausbildung der Habitusformation sind nach Oevermann Krisen bzw. die Bewältigung von (Lebens-)Krisen (wie z. B. Geburt oder Adoleszenz) konstituierende Elemente, denn diese verhelfen zu einem sog. strukturellen Optimismus, welcher den elementaren Habitus der Positivität des Lebens bildet (vgl. Becker/Müller 2009:15 f.). Aus professionstheoretischen Überlegungen kommt Oevermann zur Überzeugung, dass für die Ausübung einer Profession durch die exemplarische Aneignung fachspezifischer Methoden, Theorien und Wissensinhalte ein spezifischer Habitus ausgebildet werden muss, der den Berufskern bildet (vgl. Oevermann 2005:18). Dies geschieht über die Verinnerlichung einer spezifischen Berufsethik, der Fähigkeit zur Ausgestaltung eines Arbeitsbündnisses mit Klientinnen der Sozialen Arbeit und der Fähigkeit zum Fallverstehen unter Bezugnahme aus wissenschaftlichem Wissen, indem Professionelle bereits während der Ausbildung „in einem kollegialen Noviziat exemplarisch in die Kunstlehre professionalisierter Praxis eingeführt werden durch erprobenden Vollzug" (ebd.:75). Der Nichtstandardisierbarkeit des beruflichen Handelns soll mit dem Habitus etwas Verlässliches entgegengestellt werden, das den Professionellen die Sicherheit und das Selbstbewusstsein vermittelt, das eigene Handeln adäquat zu leiten (vgl. Moser 2010:6).

Becker/Müller verstehen Habitus als Kompetenzbegriff, der die Professionellen der Sozialen Arbeit in die Lage versetzt, methodisch strukturiert zu handeln. Der Habitus bilde eine verinnerlichte psychische Gesamtstruktur, der Persönlichkeitsmerkmale aufweise und als generative Grammatik Wahrnehmen, Denken und Handeln bestimme (vgl. 2009:22). Seine Bildung, die immer auf der Grundlage eines bestehenden Habitus aufbaue, liege im Bewusstmachen von Haltungen in Bezug auf Handlungsanforderungen der Praxis und gegebenenfalls der Veränderung bestehender eigener Haltungen. Dies geschehe durch die *Verinnerlichung* einer professionellen Grundhaltung im Vollzug der Praxis (vgl. ebd.).

Vergleichen wir nun die Ausführungen zu Kompetenz und Habitus, so lässt sich zunächst feststellen, dass der Habitusbegriff und das in Kap. 6.3.1 dargelegte Verständnis von Kompetenz sehr ähnlich, zum Teil deckungsgleich sind. Beide Konzeptionen gehen davon aus, dass sich im Menschen in lang andauernden Entwicklungs- und Bildungsprozessen bestimmte Persönlichkeitsmerkmale in Form von Dispositionen herausbilden, die das Handeln der Individuen leiten. Für die Herausbildung des professionellen Habitus in der Sozialen Arbeit werden nach Oevermann und Becker/Müller sowohl Fähigkeiten (zur Gestaltung eines Arbeitsbündnisses wie zum Fallverstehen) wie auch der Berufsethos verinnerlicht. Das bedeutet, Fähigkeiten und Werthaltungen sollen quasi als gleichrangige Komponenten in einen Habitus einsozialisiert werden. Unklar ist, *wie* die Verinnerlichung bzw. das Ausbilden von psychischen Strukturen als Habitusformationen geschieht. Es ist auch kritisch zu hinterfragen, wie sich der beschriebene professionelle Habitus als Handlungsprogrammierung zur (Selbst-)Reflexion (vgl. Dewe/Otto 2005 a:1419 f.) verhält. Kann kritische (Selbst-)Reflexivität habitualisiert werden? In unserem Verständnis gehen wir davon aus, dass mit der Ausbildung einer beruflichen Identität berufsspezifische Kompetenzen gebildet werden, die in den professionellen Habitus einmünden (siehe 6.3.1). Gleichzeitig – und da setzen wir uns vom Habituskonzept ab – wird eine *Grundhaltung* (siehe 4.1) entwickelt, die für die Umsetzung der Kompetenzen leitend ist. Diese Haltung stellt nicht eine Kompetenz dar, sondern bildet Grundlage und Leitlinie für das professionelle Handeln, indem sie sich auf die in Kap. 4.1 ausgeführten ethischen Wertorientierungen, Zielsetzungen in der Sozialen Arbeit und das zugrunde liegende Menschenbild abstützt. Sie ist in diesem Sinn kein Berufsethos, der inkorporiert wird und ausschliesslich unbewusst als psychische Grundstruktur das Handeln lenkt. Bei der Umsetzung der Kompetenzen und in der Reflexion des eigenen Handelns ist diese Grundhaltung immer wieder kritisch auf Handlungsanforderungen der

Praxis zu reflektieren und weiter zu entwickeln. So betrachtet findet neben der Habitusbildung eine stetige Auseinandersetzung mit zugrundeliegenden Werten und Menschenbild sowie ethischen Vorstellungen statt zur bewussten Ausgestaltung dieser professionellen Grundhaltung.

6.3 Zusammenfassung der Erkenntnisse

Auf Grund der Nichtstandardisierbarkeit des Handelns in der Sozialen Arbeit gibt es *die* Methode nicht. Methoden werden in diesem Buch als *systematische Handlungsformen* betrachtet, die den professionellen Umgang mit sozialen Problemen und Thematiken in zielgerichteter Weise lenken. Methoden werden jeweils im Kontext eines übergeordneten *Konzepts* oder einer *Methodik* entworfen und sie stützen sich auf *Techniken* ab, die als standardisierte Verhaltensmuster in der Arbeit eingesetzt werden können. Basis der Methoden bilden eine Professionsethik, sozial- und humanwissenschaftliche Erkenntnisse und eine reflektierte Berufserfahrung. Methoden sind individuell so auf die Klientinnen abzustimmen, dass deren Eigensinn respektiert, die Besonderheiten deren Lebenswelten berücksichtigt und die bestehenden sozialen Netzwerke miteinbezogen werden. Methoden ermöglichen situationsbezogenes Arbeiten und sie bestimmen Ziele, Gegenstände und Mittel reflektierten Handelns mit. Sie sind jeweils einer kritischen Reflexion zu unterziehen hinsichtlich Angemessenheit der Wahl und Zielerreichung. In unserem Lehrbuch werden Methoden nach inhaltlichen Kriterien in die Methodik der Kooperativen Prozessgestaltung eingeordnet. So wird erkennbar, welchem Prozessschritt und damit welcher Aufgabe sie zugeordnet werden können.

Methoden bieten einerseits die Möglichkeit, die Komplexität der Aufgabenstellung zu reduzieren, andererseits verleiten sie vor allem beim Eingriffshandeln dazu, Klienten zum Objekt von methodischem Vorgehen zu machen. Zur Wahrung der Klientenautonomie ist es deshalb unabdingbar, dass eine verlässliche Arbeitsbeziehung geschaffen wird, die zur gemeinsamen Lösung einer Aufgabe verpflichtet. Methoden können demnach nicht einfach angewendet werden, sondern sie stützen sich ab auf besonders ausgebildete Kompetenzen und auf eine reflektierte professionelle Haltung.

Kompetenzen verstehen wir in diesem Lehrbuch, *unter fall- und aufgabenbezogenem Beizug von Wissen Fähigkeitsdispositionen selbstorganisiert zu realisieren*, um unvorhersehbare, komplexe Handlungssituationen angemessen zu lösen. Kompetenzen stellen demnach innere Voraussetzungen zur Regelung von Tätigkeiten dar. Sie werden in lebenslangen Bildungsprozessen im jeweiligen Praxisfeld erworben. Professionskompetenz kann als ein Dispositiv von Wissensbeständen und Kompetenzen verstanden werden, die Sozialarbeiterinnen befähigt, in den nicht standardisierbaren Handlungsanforderungen beruflicher Praxis Handlungsfähigkeit zu erlangen unter Wahrung des Respekts vor der Menschenwürde des Gegenübers. Dies verlangt die Ausbildung einer professionellen Grundhaltung, die methodisches Handeln in der Praxis leitet.

Das Konzept des Habitus, in der neueren Zeit von Bourdieu entwickelt und von Oevermann für die Soziale Arbeit aufgearbeitet, geht davon aus, dass unser Handeln und Verhalten von psychischen Haltungen geleitet ist, die tief im Unbewussten liegen. Oevermann versteht unter der Habitusformation Handlungsprogrammierungen, die wie eine Charakterformation das Verhalten und Handeln von Individuen kennzeichnen und bestimmen. Aus professionstheoretischer Sicht gelangt er zur Auffassung, dass der berufliche Habitus in der Sozialen Arbeit über die Verinnerlichung einer Berufsethik, der Fähigkeit zur Ausgestaltung eines Arbeitsbündnisses und der Fähigkeit zum Fallverstehen zu professionalisieren sei. Wir gehen in unserer Methodik davon aus, dass neben der Habitusbildung, die in weiten Teilen mit dem Kompetenzerwerb kongruent ist, eine *professionelle Grundhaltung* zu entwickeln ist. Diese stützt sich ab auf ein reflektiertes Menschenbild, auf ethische Wertorientierungen und die Zielsetzungen in der Sozialen Arbeit. Sie bildet Grundlage und Leitlinie für das professionelle Handeln und ist immer wieder auf die Handlungsanforderungen in der Praxis kritisch zu reflektieren und weiter zu entwickeln

Vertiefungsliteratur

Galuske, Michael (2007). Methoden der Sozialen Arbeit. Eine Einführung. 7., ergänzte Auflage. Juventa, Weinheim/Basel. Auszug S. 19–70

Oevermann, Ulrich (2001). Die Struktur sozialer Deutungsmuster. Versuch einer Aktualisierung. S. 35–81 in: Sozialer Sinn Heft 1. Lucius & Lucius, Stuttgart.

Teil II

7 Kooperative Prozessgestaltung

In diesem zweiten Teil des Lehrbuches wird eine Methodik für professionelles Handeln in der Sozialen Arbeit dargelegt. Aus den wichtigsten Erkenntnissen des Grundlagenteils wird zunächst ein Katalog von Folgerungen abgeleitet, der Anforderungen an professionelles Handeln beinhaltet. Dieser Anforderungskatalog kann als Ausgangslage der vorliegenden Methodik gelten. Anschliessend wird ein Prozessmodell für die Soziale Arbeit vorgestellt, welches als Struktur und Denkrahmen für das professionelle Handeln dient. Dieses Modell ‚Kooperative Prozessgestaltung' kann als das Gerüst dieser Methodik bezeichnet werden. Auf der Basis des erwähnten Anforderungskatalogs werden schliesslich Kriterien für eine methodische Reflexion hergeleitet, die in den nachfolgenden Kapiteln – die der Struktur des Prozessmodells folgen – jeweils für die kritische Beurteilung beigezogen werden.

7.1 Anforderungen an professionelles Handeln

Im ersten Teil dieses Buches haben wir den Versuch unternommen, in einem ‚Rundgang' die wichtigsten Grundlagen der Sozialen Arbeit im Hinblick auf das professionelle Handeln darzustellen. Am Schluss jedes Kapitels haben wir zusammenfassend jeweils Erkenntnisse und Folgerungen in einer Übersicht festgehalten. Diese Erkenntnisse nehmen wir im Folgenden noch einmal auf, verdichten sie in einem weiteren Reduktionsschritt, indem nur die wesentlichsten Aspekte aufgenommen werden, die für professionelles Handeln relevant sind. Daraus leitet sich ein Anforderungskatalog ab, der für die Wahl wie auch Reflexion von Methoden als Leitlinie dienen soll.

Kapitel 1: Soziale Arbeit	
– Praxisfelder (2.2.1)	– Methodik, welche die Heterogenität der Praxisfelder berücksichtigt; Eignung sowohl für die Arbeit mit Einzelnen, Familien, Gruppen oder Gemeinwesen – Methodik als Basis, die in Hinblick auf Rahmenbedingung, Auftrag und Adressatengruppen einer Praxisorganisation konkretisiert werden muss
– Auftrag (2.2.2.)	– Auftrag der Sozialen Arbeit gibt Zielrichtung für das professionelle Handeln vor: soziale Gerechtigkeit, soziale Integration, Autonomie der individuellen Lebensführung – Allgemeiner Auftrag der Sozialen Arbeit wird konkretisiert in einem organisationsspezifischen Auftrag, der zu berücksichtigen ist

Kapitel 2: Professionstheoretische Grundlagen

– Strukturmerkmale professionellen Handelns (3.2.)	– Professionelles Handeln bedeutet, strukturelle Widersprüche ausbalancieren zu können – Aushandeln der Thematik
– diffuse Allzuständigkeit (3.2.1.)	– Klärung der Zuständigkeit – Aushandeln der Reichweite der Intervention
– doppelte Loyalitätsverpflichtung (3.2.2.)	– Fallbezogene Reflexion der verschiedenen Loyalitätsverpflichtungen (Klientin – Gesellschaft) – Kontrollauftrag gegenüber Klienten transparent machen – Erkennen der unterschiedlichen Handlungslogiken
– Nichtstandardisierbarkeit (3.2.3.)	– Akzeptieren, dass es in der Sozialen Arbeit weder Rezeptwissen noch die Methode gibt – und darin eine kreative Herausforderung sehen – Strukturiertes Vorgehen, fallbezogene Nutzung unterschiedlicher Methoden
– Koproduktion (3.2.4.)	– Wille zur Kooperation unter allen Bedingungen – Dialogische Verständigungs- und Aushandlungsprozesse – Ausrichtung auf ein gemeinsam ausgehandeltes Ziel
– Involviertheit als ganze Person (3.2.5.)	– Eigene Person als Arbeitsinstrument begreifen – Auseinandersetzung mit eigenen Emotionen und der eigenen Biographie – Stetige Selbstreflexion

Kapitel 4: Professionsethik und Recht

– Dimensionen einer Ethik (4.1.1)	– kontinuierliche, kritische, ethische Reflexion – Wahl der Methoden mit Bezugnahme auf Werte und Normen
– Menschenbild (4.1.2.)	– Mensch in lebenslangem Entwicklungsprozess – Unterstützung durch Ressourcenorientierung – kontinuierliche kritische Reflexion des Menschenbildes
– Grundlegende ethische Normen (4.1.3).	– unantastbare Menschenwürde – Unterstützung von grösstmöglicher Autonomie – Orientierung an Menschenrechten und sozialer Gerechtigkeit und deren nachhaltiger Sicherung
– Verantwortungsethik (4.1.4.)	– Konsequenzen des eigenen Handeln mitbedenken – Handeln auf Person und Situation ausrichten – transparente und konstruktive Lösung von moralischen Konflikten
– Professionsmoralische Grundhaltungen und Care-Ethik (4.1.5.)	– wechselseitige Hilfe und Aufmerksamkeit für andere, Verantwortung und Wertschätzung des In-Bezug-Seins – Grundhaltung der Aufmerksamkeit, Achtsamkeit und Anwaltlichkeit und Selbstreflexion
– Rechtliche Grundlagen (4.2.1.)	– Professionelles Handeln immer auf gesetzliche Grundlagen abstützen – Prüfen der Rahmenbedingungen hinsichtlich Gestaltungsmöglichkeiten
– Verfassungsgrundsätze (4.2.2.)	– Gestaltung des gesetzlichen Spielraums nach dem Verhältnismässigkeitsprinzip und der grösstmöglichen Selbstbestimmung der Klientin – Auf das Einhalten der Verfahrensgrundsätze achten
– Menschenrechte (4.2.3.)	– Wahrung der Menschenrechte und der Menschenwürde
– Daten- und Vertrauensschutz (4.2.4.)	– Sorgfältiger, umsichtiger Umgang mit Daten

Kapitel 5: Kooperation	
– Arbeitsbeziehung mit Klienten (5.1.)	– Organisationsauftrag und -kontext als Rahmen; Unterschiede hinsichtlich Freiwilligkeit und Dauer – emotionales Beziehungsangebot, Auftrag aushandeln und gemeinsames Handeln ermöglichen – Aufgaben- und Zielorientierung – asymmetrische Struktur, v.a. bei Erziehungsauftrag – kunstvolle Verschränkung von Nähe und Distanz, von rollenförmiger und diffuser Sozialbeziehung – wertschätzende Grundhaltung und kommunikative Kompetenzen – institutionalisierte professionelle Selbstreflexion nötig, um emotionale Verstrickung aufzulösen
– Zusammenarbeit auf der Fachebene (5.2.)	– aufgabenbezogene und zielorientierte Zusammenarbeit: intra- und interprofessionell, inter- und extrainstitutionell – arbeitsteilig gemeinsam die sozialpädagogische Unterstützungsaufgabe wahrnehmen – eigene Zuständigkeit klären, Kooperationsprozesse initiieren und koordinieren – professionsspezifischen Standpunkt in den Fachdiskurs einbringen
Kapitel 6: Methoden, Kompetenzen und Grundhaltung	
– Konzept – Methode – Technik (6.1.1.)	– die Methode in der Sozialen Arbeit gibt es nicht – Methoden als systematische Handlungsformen zur zielgerichteten Lenkung des professionellen Umgangs mit sozialen Problemen – Entwerfen von Methoden im Kontext eines übergeordneten Konzepts – Abstützen auf Techniken als erprobte Verfahrensmuster
– Systematisierungsmöglichkeiten (6.1.2.)	– inhaltliche Systematisierung von Methoden entlang der Methodik kooperativer Prozessgestaltung
– Möglichkeiten und Grenzen der Methodisierbarkeit (6.1.3.)	– Methoden als Möglichkeit zur Reduktion von Komplexität der Aufgabenstellung – Gefahr der Einschränkung der Klientenautonomie
– Kompetenzen (6.2.1.)	– Kompetenzen als selbstorganisiert zu realisierende Fähigkeitsdispositionen – Notwendigkeit des Erwerbs von Kompetenzen im jeweiligen Praxisfeld – Kompetenzerwerb als Grundlage zur Erlangung von Handlungsfähigkeit angesichts der Nichtstandardisierbarkeit professionellen Handelns
– Habitus und Grundhaltung (6.2.2.)	– Habitus als verinnerlichte, psychische Gesamtstruktur und generative Grammatik zur Bestimmung von Wahrnehmen, Denken und Handeln – beruflicher Habitus zu professionalisieren über Verinnerlichung einer Berufsethik, Fähigkeit zur Ausgestaltung eines Arbeitsbündnisses und zum Fallverstehen – Entwicklung einer professionellen Grundhaltung auf Basis eines reflektierten Menschenbildes, ethischer Wertorientierungen und Zielsetzungen der Sozialen Arbeit – Grundhaltung als Leitlinie für professionelles Handeln, die auf Handlungsanforderungen in der Praxis kritisch zu reflektieren und weiter zu entwickeln ist

Abb. 4: Anforderungen an eine Methode

Dieser Anforderungskatalog stellt die Basis der vorliegenden Methodik dar. Unter *Methodik* verstehen wir in diesem Lehrbuch die *theoriegeleitete methodische Strukturierung von Unterstützungsprozessen* in der Sozialen Arbeit. Sie versteht sich als Antwort auf die Strukturmerkmale professionellen Handelns, umfasst den gesamten Unterstützungsprozess in allen Teilschritten und strukturiert ihn. Sie orientiert sich an den grundlegenden Zielsetzungen der Sozialen Arbeit, organisiert die Methoden in den Prozessschritten und die Kooperation auf der Ebene der Klientinnen wie auf der Fachebene.

7.2 Prozessmodell als Struktur

Im Folgenden wird dargelegt, dass Prozessmodelle in der Sozialen Arbeit eine angemessene Antwort sind auf das Strukturmerkmal der Nichtstandardisierbarkeit, bevor das Modell Kooperativer Prozessgestaltung, das der vorliegenden Methodik zu Grunde liegt, eingeführt wird.

7.2.1 Notwendigkeit eines methodisch strukturierten Vorgehens

Wie in allen Professionen stehen auch in der Sozialen Arbeit weder Rezepte noch Technologien zur Verfügung, mit denen bestimmte Wirkungen – Entwicklungsschritte bei Klientinnen, Veränderungen in Systemen – hergestellt werden könnten. Auch *die eine* Methode in der Sozialen Arbeit gibt es nicht. Wir sind an mehreren Stellen bereits auf dieses Strukturmerkmal der Nichtstandardisierbarkeit des professionellen Handelns eingegangen (zuletzt bei Abb. 4). Dieses Strukturmerkmal führt nicht etwa zum Verzicht auf Planung und Einsatz von Methoden, sondern begründet im Gegenteil deren Notwendigkeit: Ein strukturiertes Vorgehen, bei dem fallbezogen unterschiedliche Methoden bei der Gestaltung der Unterstützung von Klienten genutzt werden, ist unabdingbar, um die strukturelle Ungewissheit – worum es in einem Fall überhaupt geht, was zu tun und was auch zu lassen ist – so weit wie möglich reduzieren zu können.

Eine weitere Begründung für die Notwendigkeit eines methodisch strukturierten Vorgehens lässt sich aus Abb. 4 ableiten: Aus dem Strukturmerkmal der Involviertheit als ganze Person. Die Tatsache, dass die Person des Sozialarbeiters im Prozess des Unterstützungshandelns *das* Arbeitsinstrument ist, verweist einerseits auf grosse Chancen: Das berufliche Erfahrungswissen und die eigenen Emotionen können genutzt werden, um zu verstehen, worum es dem Klienten geht und was ihm Schwierigkeiten bereitet. Insbesondere können Gegenübertragungsgefühle ein Schlüssel sein, um die emotionale Befindlichkeit eines Klienten zu erfassen (siehe 5.1). Nicht erkannte Gegenübertragungsgefühle und eigene biographische Kränkungen allerdings können den Blick massiv trüben oder verstellen, ebenso unreflektierte berufliche Erfahrungen und daraus abgeleitete Einstellungen (‚schon wieder so eine unzuverlässige und egozentrische Mutter – sie wird sicherlich nie in der Lage sein, für ihr Kind adäquat zu sorgen'). Ein strukturiertes und reflektiertes Vorgehen bei der Gestaltung des Unterstützungsprozesses ist *die* Antwort auf diese Involviertheit.

Kooperative Prozessgestaltung

Für dieses methodisch strukturierte Vorgehen, das erforderlich ist, wurden und werden in der Sozialen Arbeit unterschiedliche Begriffe verwendet. Im Praxisfeld der stationären Kinder- und Jugendhilfe werden in der Schweiz häufig die Begriffe Erziehungsplanung sowie Erziehungs- und Förderplanung oder Standortbestimmung benutzt. In der BRD ist für den gesamten Bereich der Kinder- und Jugendhilfe der Begriff Hilfeplanung gesetzlich verankert. In der stationären Behindertenhilfe wird oft von Förderplanung oder Entwicklungsförderung oder auch Standortbestimmung gesprochen. In Praxisfeldern der klassischen Sozialarbeit wie Sozialdiensten und Beratungsstellen für verschiedene Klientinnengruppen werden Begriffe wie Beratungsprozesse, Beratung oder Hilfsplanung beziehungsweise Interventionsplanung verwendet. In jüngster Zeit wird in verschiedenen Praxisfeldern auch der aus dem angloamerikanischen Raum stammende Begriff Assessment benutzt.

All diese Begriffe fokussieren jeweils auf einen Aspekt des gesamten Geschehens in einem Unterstützungsprozess – häufig auf den der Planung – und sie lassen sich meist nur für spezifische Praxisfelder verwenden. Ein geeigneter Begriff soll so weit sein, dass er sich einerseits praxisfeldübergreifend nutzen lässt und andererseits den gesamten Unterstützungsprozess, mit all seinen unterschiedlichen Aufgaben und Teilschritten, fassen kann. Wir verwenden in unserer Methodik den Begriff Kooperative Prozessgestaltung und definieren ihn folgendermassen: *Der Begriff Kooperative Prozessgestaltung bezeichnet Prozesse, die sowohl intra- und interprofessionell als auch gemeinsam mit einer Klientin oder einer Klientengruppe im Hinblick auf definierte Ziele geplant, umgesetzt und ausgewertet werden.*

Das verlangt nach einer Präzisierung, welche Prozesse denn gestaltet werden sollen. Zunächst lassen sich unterschiedliche Typen unterscheiden. Ziel des professionellen Handelns ist es, *Bildungsprozesse von Klienten* zu ermöglichen und zu fördern; dies kann nur mittelbar und in enger Kooperation mit Klientinnen geschehen, in *Aushandlungs- und Verständigungsprozessen* zwischen Klienten und Professionellen. Gefördert werden solche Bildungsprozesse durch *Unterstützungsprozesse* von Seiten der Professionellen; es sind insbesondere diese Unterstützungsprozesse, welche gestaltet werden können. Einen Aspekt dieser Unterstützungsprozesse stellen *Vernetzungsprozesse* dar: Vernetzung im eigenen Hilfesystem sowie mit anderen Hilfesystemen, Vernetzung aber auch im Klientensystem. Ein weiterer Aspekt umfasst *Prozesse politischer Einflussnahme* zur (Neu-)Gestaltung von Lebensbedingungen. So kann professionelles Handeln in der Sozialen Arbeit bestimmt werden als geplante und reflektierte Gestaltung von Unterstützungs- und Verständigungsprozessen.

Prozessmodelle als Strukturierungshilfe

Um den Prozess des professionellen Handelns fassen und strukturieren zu können, werden in der Sozialen Arbeit häufig sog. Phasen- oder Prozessmodelle verwendet.

Müller hat in seinem bekannten Lehrbuch ‚Sozialpädagogisches Können', das 1993 erstmals erschienen ist, ein Modell professioneller Fallarbeit erarbeitet. Es ist als zirkuläres Prozessmodell konzipiert und unterscheidet vier Schritte – Anamnese, Diagnose, Intervention, Evaluation –, wobei sich diese Schritte gegenseitig durchdringen und diese auch immer wieder neu beginnen können (vgl. 2009:70). Anamnese bezeichnet die Sammlung von Vorinformationen unterschiedlicher Art, eine Diagnose beinhaltet die Problemklärung, mit Intervention sind die professionellen Angebote gemeint, und bei der Evaluation geht es um Bewertung (vgl. ebd.:75).

Harnach-Beck arbeitet in ihrem Buch ‚Psychosoziale Diagnostik in der Jugendhilfe' mit einem dreiphasigen Ablaufschema des Hilfeprozesses. Die 1. Phase beinhaltet die Problemsichtung und Beratung, die 2. Phase die Klärung der individuellen Situation und die Entscheidung über die Hilfe, und in der 3. Phase geht es um Erbringung der Hilfe und Rückmeldung über den Hilfeverlauf (vgl. 1997:106). Cassée hingegen verwendet in ihrer Methodik für die Kinder- und Jugendhilfe ein siebenteiliges Zyklusmodell. Dabei wird unterschieden zwischen dem Diagnoseprozess – mit den Schritten 1. Anmeldung/Aufnahme, 2. Analyse, 3. Diagnose und 4. Hilfekonzept/Indikation – und dem Interventionsprozess – mit den Schritten 5. Individueller Hilfeplan, 6. Intervention, 7. Evaluation (vgl. 2007:65).

Das Prozessmodell von Simmen et al. ist für die systemische sozialpädagogische Arbeit entwickelt worden. Hier steht der Prozessschritt Auswertung im Zentrum, und alle weiteren Schritte – Orientierung (Situation erfassen), Deuten (Situation bewerten) und Entscheiden, Planen (Handlungskonzept), Handeln (Durchführung) und Kontrolle – sind darauf hin bezogen (vgl. 2008:54 ff).

Im Case Management wird der Ablauf folgendermassen strukturiert: 1. Intake (Kontaktaufnahme, Klärungshilfe), 2. Assessment (Analyse, Profiling, Einschätzung), 3. Hilfebedarf (Bedarf, Ziele, Entwurf möglicher Hilfen), 4. Hilfeplanung (incl. Kontrakt), 5. Durchführung, Controlling und Re-Assessment, 6. Evaluation und Beendigung der Hilfen (vgl. Neuffer 2005:52; ähnlich – etwas einfacher – auch Wendt 1991:25 ff.).

Für das Praxisfeld der Gemeinwesenarbeit (GWA) kann zunächst auf zwei ältere Prozessmodelle hingewiesen werden, die aus der Blütezeit der deutschsprachigen GWA-Literatur stammen. Pfaffenberger nennt: 1. Erkundungsphase, 2. Diagnostische Phase, 3. Planungsphase und 4. Ausführungsphase (vgl. 1966:252 ff.), während Boer/Utermann folgenden Prozess anregen: 1. Erkennen von Bedürfnissen, 2. Ordnen und Festlegen einer Rangfolge, 3. Entwickeln der Bereitschaft, zusammen zu Werk zu gehen, 4. Aufspüren von Hilfsquellen und 5. Übergang zur Aktion (vgl. 1970:84 ff.). Ein neueres und projektmethodisches Prozessmodell für die Soziokulturelle Animation und die Gemeinwesenarbeit wird in Hongler/Willener (vgl. 1998:35 ff.) und Willener (2007) angeboten: 1. Vorprojektphase, 2. Phase der Projektdefinition, 3. Projektierungs- oder Planungsphase, 4. Realisierungs- oder Umsetzungsphase und 5. Abschluss- oder Auswertungsphase. Je nach Bedarf gibt es auch noch eine 6. Nachprojektphase (Begleitung, Beratung).

Gorges schlägt für die Fallbearbeitung im Studium der Sozialen Arbeit einen Ablauf von acht Phasen vor: 1. Beschreibung der Ausgangslage, 2. Problemdefinition, 3. Erste Hypothesenbildung, 4. Materialsammlung (Anamnese), 5. Interpretation (Diagnose), 6. Interventionsplan, 7. Interventionsprozess, 8. Evaluation (vgl. 2002:377).

Belassen wir es bei diesen Beispielen von Prozessmodellen, auch wenn sich weitere anführen liessen. Gemeinsam ist allen Modellen, dass verschiedene Prozessschritte unterschieden werden. Überwiegend sind sie als zirkuläre Phasenmodelle konzipiert. Hingegen variiert nicht nur die Aufteilung in einzelne Schritte sowie deren Bezeichnung, sondern unter einem Schritt mit derselben Bezeichnung (z. B. Diagnose) wird teilweise auch Unterschiedliches verstanden. Bei den meisten Modellen jedoch ist einerseits eine analytische Phase erkennbar – in der es insbesondere um Sammlung, Bewertung und Beurteilung von Informationen geht – und andererseits eine Handlungsphase, welche meist Schritte von Planung, Durchführung und Auswertung beinhaltet. Offen bleibt bei all diesen Modellen, wer an diesen Prozessen beteiligt ist, implizit beziehen sie sich auf die Professionellen.

7.2.2 Prozessmodell ‚Kooperative Prozessgestaltung'

Auch das Prozessmodell, mit dem wir in dieser Methodik arbeiten, unterscheidet verschiedene Prozessschritte und ist als zirkuläres Phasenmodell konzipiert. Ausserdem enthält es zwei Ebenen der Arbeit, die sog. Kooperationsebenen.

In diesem Modell werden sieben Prozessschritte unterschieden. Wie durch die farbliche Gestaltung ersichtlich, lassen sich die Prozessschritte zwei Phasen zuordnen: einer *analytischen Phase* (Situationserfassung, Analyse, Diagnose; Evaluation) und einer *Handlungsphase* (Ziele, Interventionsplanung und -durchführung). Die Anzahl der Schritte zeigt die grosse Bedeutung der analytischen Phase: des Erfassens, Analysierens und Verstehens und des Auswertens. Dahinter steht das Grundverständnis, dass jede Klientin individuell in ihrer Persönlichkeit und in ihrer spezifischen Lebenssituation und Lebenslage wahrgenommen und verstanden werden muss, damit sie anschliessend zielgerichtet begleitet werden kann. Dies gilt analog für die Arbeit in Gemeinwesen – die soziale Situation und Infrastruktur in einem sog. ‚Multiproblemviertel' müssen zunächst erfasst und die soziale Dynamik analysiert und verstanden werden, bevor mit Betroffenengruppen angemessene Interventionen entwickelt werden können – und dies gilt für jedes Praxisfeld der Sozialen Arbeit. Die professionelle Herangehensweise besteht immer darin, eine Situation zunächst genau zu erfassen (im Hinblick auf alle relevanten Aspekte) und anstehende Themen und Probleme (unter Beizug von theoretischem und

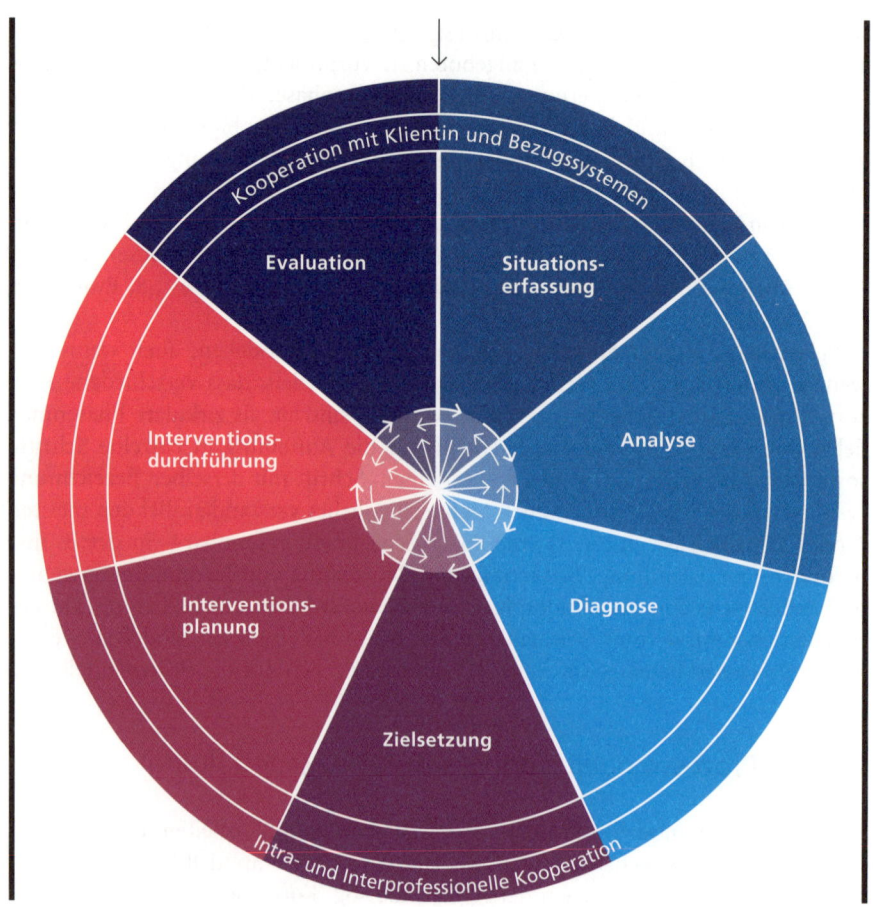

Abb. 5: Prozessmodell Kooperative Prozessgestaltung

empirischem Wissen) zu verstehen und zu erklären – und erst dann kann es darum gehen, gemeinsam mit relevanten Beteiligten Ziele zu formulieren, Interventionen zu konzipieren, zu realisieren und auszuwerten. Vor jeglichem Handeln steht das Bemühen zu verstehen. In diesem Sinne ist das Prozessmodell ein *Arbeitsinstrument für die Professionellen der Sozialen Arbeit*, das helfen soll, die Situation von Klientinnen und Adressatengruppen genauer zu verstehen und dieses Wissen mit den Betroffenen zu teilen und zu diskutieren, damit auf dieser Grundlage sinnvolle, adäquate Interventionen entwickelt und realisiert werden können.

In jedem Prozessschritt können unterschiedliche Methoden und Instrumente eingesetzt werden: Das Prozessmodell ist *methodenintegrativ*. Die Auswahl der Methode erfolgt im Hinblick auf die Erfordernisse des Falles. In den nachfolgenden Kapiteln 8 bis 14 werden nicht nur Aufgabe und Zielsetzung jedes Prozessschrittes vorgestellt, sondern auch die möglichen Methoden und methodischen

Instrumente, die es derzeit in der Sozialen Arbeit gibt und diesem Prozessschritt zugeordnet werden können.

Das Prozessmodell sieht eine *Abfolge* von Schritten vor, der kleine Pfeil oben markiert einen möglichen Anfang eines Prozesses (der auch mit ‚Anlass' oder ‚Auftrag' beschriftet werden könnte). Im Kreis in der Mitte zeigen die im Uhrzeigersinn angeordneten Pfeile einen idealtypischen Ablauf an, bei dem ein Schritt auf den andern folgt. Die im Gegenuhrzeigersinn angeordneten Pfeile und diejenigen, die von einem Prozessschritt zu einem anderen verweisen, stehen beispielhaft für die Aufhebung dieses idealtypischen Ablaufs und für alle möglichen Abfolgen von Prozessschritten: Unklarheiten bei der Interventionsplanung können eine Rückkehr zur Klärung von Zielen und einer verbindlichen Zielvereinbarung nötig machen, Unklarheiten bezüglich der Vorgeschichte während des Prozessschrittes der Diagnose erfordern zunächst eine Ergänzung der Situationserfassung, etc. Das Modell ist *zirkulär*, der Prozess kann stets wieder von Neuem beginnen.

Kooperationsebenen

Das Prozessmodell berücksichtigt die Tatsache, dass Sozialpädagoginnen immer in zwei Formen der Kooperation arbeiten: Sie handeln gemeinsam mit Klienten und deren Bezugssystemen, wie z.B. der Herkunftsfamilie (siehe 5.1). Ausserdem arbeiten sie zusammen mit anderen Professionellen, oft eng im intraprofessionellen Team, wohl immer – zumindest punktuell – mit Fachkräften anderer Professionen (siehe 5.2). Im deutschen Kinder- und Jugendhilfegesetz sind diese beiden Kooperationsformen für das Hilfeplanverfahren vorgeschrieben: Die Beteiligung der Adressatinnen, d.h. der Sorgeberechtigten und der Kinder/Jugendlichen sowie die Zusammenarbeit mehrerer Fachkräfte (vgl. Merkel 1999b:54). Wenn diese Zusammenarbeit in anderen Ländern (etwa in der Schweiz) nicht für alle Praxisfelder rechtlich festgeschrieben ist, so sollte sie doch im professionellen Selbstverständnis verankert sein.

Der zentrale Stellenwert des Verständigungs- und Aushandlungsprozesses mit Klientinnen wird im Prozessmodell dargestellt durch den zweitäussersten Ring (siehe Abb. 5). Die Bezeichnung *Kooperation mit Klientin und Bezugssystemen* steht stellvertretend für alle Formen der Zusammenarbeit: mit Einzelnen, Familien, Gruppen und Gemeinwesen. Mit dem äussersten Ring – *Intra- und Interprofessionelle Kooperation* – sind alle Formen der Zusammenarbeit auf der Fachebene gemeint, sei es im internen Hilfesystem oder aber in andern, externen Hilfesystemen. Beide Ringe umfassen alle Prozessschritte. Die beiden wichtigsten Elemente des Modells – Prozessschritte und Kooperationsebenen – überlagern sich also. Damit wird symbolisiert, dass jeder Prozessschritt in Zusammenarbeit mit Klienten und anderen Professionellen realisiert und gestaltet werden soll. Es enthält die Aufforderung an Professionelle, bei jedem Prozessschritt zunächst zu überlegen, welche Form der Kooperation angemessen, sinnvoll und effektiv ist, diese entsprechend zu initiieren und abschliessend zu reflektieren, wie die Kooperation auf den beiden Ebenen gestaltet worden ist.

7.3 Arbeit mit dem Prozessmodell

In diesem Unterkapitel soll dargelegt werden, welche Bedeutung das Prozessmodell für das professionelle Handeln hat und worauf in der Arbeit mit dem vorgestellten Prozessmodell besonders zu achten ist.

7.3.1 Idealtypisches Modell als Denkstruktur

Das vorgestellte Prozessmodell kann zunächst als eine *Orientierungshilfe* angesehen werden, die es Professionellen ermöglicht zu erkennen, wo sie sich im Prozessablauf befinden. Gehen wir einmal davon aus, dass in einer Fallbearbeitung der Auftrag geklärt ist, so ist in einem ersten Schritt eine Situationserfassung zu erstellen. Die Sozialarbeiterin lenkt ihre Aufmerksamkeit auf alle Aspekte, die mit dem Erfassen des Ist-Zustandes zu tun haben. Sie fokussiert sich zunächst auf das Sammeln relevanter Informationen zum vorliegenden Fall. Sie ruft sich in Erinnerung, was eine Situationserfassung genau bedeutet, welche Teilschritte sie enthält, wägt ab, welche Methoden es dafür gibt und welche sich in diesem Fall am besten eignen. Nach einer reflektierten Wahl der Methoden plant und realisiert sie diesen Prozessschritt unter Einbezug relevanter Beteiligter und evaluiert ihn. Alle weiteren Schritte der Prozessgestaltung können nun der Reihe nach angegangen werden.

Mit Hilfe des Prozessmodells gewinnen Sozialarbeiterinnen einen Überblick über ihr momentanes professionelles Handeln und können erkennen, was in sinnvoller Weise als nächste Aufgabe anzugehen ist. In diesem Sinn hilft die Ausrichtung am Prozessmodell das eigene Handeln zu *systematisieren*. Die dem Prozessmodell inhärente Orientierungsstruktur bietet auch die Möglichkeit zu prüfen, welche der gängigen Methoden, Techniken und Handlungsansätze, mit denen in einer Organisation gearbeitet wird, sich eignen und wie man diese fruchtbar machen und in die einzelnen Prozessschritte integrieren kann. Studierende der Sozialen Arbeit können das Prozessmodell als Hilfsmittel nutzen, Theorien, Konzepte und Methoden, die sie im Studium kennenlernen, einzuordnen und dabei deren Eignung und Reichweite für das methodische Handeln zu prüfen.

Das zirkulär gedachte Prozessmodell ist als *Denkstruktur zu* betrachten, die eine *Hintergrundfolie* bildet, vor der das professionelle Handeln fallbezogen und situativ zu entwickeln ist. Es vermittelt eine Vorstellung davon, wie die einzelnen Prozessschritte zusammenhängen und bildet eine Struktur für professionelles Denken und Handeln. Diese Denkstruktur vermittelt, dass jeder Prozessschritt seine Bedeutung hat und während eines längeren Hilfeprozesses mindestens einmal zu durchlaufen ist. Es geht in der Sozialen Arbeit immer wieder darum, eine Situation möglichst genau zu erfassen, die relevanten Informationen zusammenzutragen, anschliessend zu klären, worum es bei diesem Fall eigentlich geht und zu verstehen, was hinter dem Verhalten einer Person steht oder was z. B. dazu geführt hat, dass sich die Situation in einem Stadtteil so zugespitzt hat, dass sich ältere Leute nach Einbruch der Dämmerung kaum mehr trauen, auf die Strasse zu gehen. Für Studierende der Sozialen Arbeit kann dieser Denkrahmen ein hilfreiches Modell darstellen, sich mit der Prozessstruktur vertraut zu machen und sich die Abfolge der einzelnen Prozessschritte zu merken wie auch deren inneren Zusammenhang zu begreifen.

Viele Geschehnisse im Berufsalltag in den verschiedenen Praxisfeldern der Sozialen Arbeit sind nicht voraussehbar, etliche Entscheide fallen simultan, es entsteht manchmal eine Dynamik, in die sich ein Sozialpädagoge selber verwickelt, dabei den Überblick verliert und in der plötzlich alles ganz anders kommt, als er es sich vorgestellt hat. Möglicherweise fragt er sich, von welchem Nutzen denn in dieser Situation ein Prozessmodell ist, das zwar übersichtlich wirkt und in dem jeder Prozessschritt ganz klar abgegrenzt aufgezeichnet ist, aber ohne Bezug zur momentanen Situationen erscheint. Wir meinen, gerade weil der Alltag manchmal so unübersichtlich ist, Verhalten und Handlungen von Klienten unerwartet geschehen, Professionelle sich im Unklaren sind, welche ‚Intervention' denn nun in sinnvoller Weise angebracht wäre, braucht es einen *Orientierungsrahmen*, an dem sich das eigene Handeln immer wieder auszurichten vermag.

Ein Beispiel mag dies illustrieren: Ein Sozialarbeiter arbeitet mit einer Familie zum Thema ‚respektvoller gegenseitiger Umgang'. Mitten in einem Rollenspiel stellt er fest, dass von einem Teilnehmenden plötzlich ein neues Thema eingebracht wird, auf das alle anderen Familienmitglieder sehr emotional reagieren und dass sich innert kurzer Zeit eine enorme Spannung aufbaut. Nun kann er sich in Bezug auf das Prozessmodell fragen, was in dieser Situation am Sinnvollsten zu tun ist: Beobachtet er das Verhalten der anwesenden Personen und erfasst die Situation neu, sucht er Erklärungen für das sehr emotionale Verhalten einzelner Familienmitglieder oder überlegt er sich, was in diesem Augenblick das Vordringlichste ist?

Das Prozessmodell stellt – als Denkstruktur – die Möglichkeit dar, das Alltagshandeln einzuordnen; es hilft, ein im Moment möglicherweise unübersichtliches Geschehen in einen grösseren Zusammenhang zu stellen. Dabei können Handlungen, Verhaltensweisen, Reaktionen etc. aus einer andern Perspektive betrachtet, neu bewertet und in ihrem Aussagegewicht relativiert werden.

Im obigen Beispiel könnte das bedeuten, dass erst durch das Rollenspiel klar geworden ist, dass hinter dem Thema ‚respektvoller gegenseitiger Umgang' massive physische Gewalt des Vaters steht. Mit Rückbezug auf das Prozessmodell kann die Situation in der Familie neu erfasst und bewertet werden, der Sozialarbeiter kann versuchen, das Thema häusliche Gewalt zu erhellen und mit allen Familienmitgliedern Ziele aushandeln, wie der Gewaltspirale begegnet werden kann. Möglicherweise ergibt sich aufgrund der Diagnose, dass der Vater eine Männerberatungsstelle aufsucht und sich intensiv mit seinem Gewaltverhalten auseinandersetzt.

Der Rückbezug auf das Prozessmodell erlaubt dem Sozialarbeiter, aus den neu gewonnenen Erkenntnissen sein methodisches Handeln neu zu strukturieren. Etwas verallgemeinerter ausgedrückt bedeutet dies Folgendes: Auf der Ebene des methodischen Vorgehens ist jeweils kritisch zu reflektieren, ob die gewählte

Methode der aktuellen Aufgabenstellung wie auch der Person und der momentanen Situation angemessen ist. Dabei gilt es einen möglichst adäquaten und effizienten Weg zur Problemlösung und Hilfestellung zu finden. Die Idee der Denkstruktur kann auch dazu dienen, die innere Logik des eigenen Vorgehens kritisch zu beleuchten und sich zu fragen, ob der nächste Prozessschritt angesichts des bisherigen Prozesses angemessen ist. In der Beleuchtung der einzelnen Schritte in ihrer Abfolge ist zu prüfen, ob nicht ein wichtiger Teilschritt übersprungen oder unsorgfältig ausgeführt worden ist. Die Orientierung am Prozessmodell ermöglicht das eigene Handeln einzuordnen, in einen gesamten Rahmen zu stellen und möglicherweise anpassen zu können. Dies hilft, sowohl mögliche Lücken aufzudecken wie auch das Handeln auszurichten nach dem, was wirklich relevant ist, um sich nicht in Detailfragen des professionellen Alltags zu verlieren.

In der sozialarbeiterischen Praxis ist es so, dass bei jedem Schritt oft *gleichzeitig* Anteile aus andern Prozessschritten auszumachen sind. Dies soll an einem Beispiel erörtert werden. Wählt eine Sozialarbeiterin in der Sozialberatung in einem Erstgespräch mit einem Klienten die Methode des narrativen Interviews, so leistet sie damit einen gewichtigen Beitrag zu einer umfassenden Situationserfassung. Gleichzeitig tritt sie in Interaktion mit dem Klienten, sie kooperiert, sie interveniert (Intervention). Beim Erzählen macht sie Notizen, sie versucht, dem Erzählfluss zu folgen und das Erzählte einzuordnen. Sie versucht, aus dem Gesagten zu verstehen, was dieser Klient zu ihr geführt hat, stellt Zusammenhänge her und nimmt erste Interpretationen des Erzählten vor (Diagnose). Nach Abschluss des Interviews versucht sie aus der ersten vorläufigen Bewertung (Analyse) und Interpretation (Diagnose) mit dem Klienten einen nächsten Schritt zu vereinbaren (Ziele und/oder Interventionsplanung). Am Schluss der Stunde zieht sie für sich ein Résumée (Evaluation). Dieses Beispiel weist u. a. darauf hin, dass sich in der Realität einzelne Prozessschritte überlappen können und nicht modellartig verlaufen. Dennoch ist es wichtig, dass diese Schritte für die Professionellen als solche erkennbar bleiben. Für die Sozialarbeiterin heisst dies im vorliegenden Fall, die Situationserfassung abzuschliessen, eine kurze Analyse vorzunehmen und aus der Gesamtbewertung der Situation zu klären, wo Veränderungsbedarf besteht und mit welchen Zielen sie gemeinsam mit ihrem Klienten arbeiten kann. Ansonsten wird sie kaum unterscheiden können, was denn Erzählung, fremde und eigene Einschätzung und Interpretation ist, welche Ziele abgeleitet werden können und wer in Zukunft welche Aufgaben zur Zielerreichung wahrnimmt.

Das Prozessmodell sieht vor, dass sich das methodische Handeln entlang der sieben Prozessschritte strukturiert. Je nach Auftrag, Person und Kontext kann sich dies situativ (leicht) ändern, indem ein Schritt *übersprungen* wird oder gar zwei. Das kann bedeuten, dass z. B. im Kontext der offenen Jugendarbeit in der Arbeit mit rechtsradikalen Jugendlichen jeder Schritt des Prozessmodells eingehend und sorgfältig bearbeitet und durchlaufen wird. Andererseits können z. B. in der Kurzzeitberatung nach einer kurzen Analyse unmittelbar Ziele formuliert werden, weil der Klientin bereits klar ist, was sie verändern möchte. Hier kann es nicht darum gehen, eine Klientin in ihrem Bestreben nach selbstverantworteter eigenständiger

Lebensführung zurückzuhalten, weil das Prozessmodell vorgibt, dass nach der Analyse eine Diagnose erstellt werden muss, sondern vielmehr mit ihr realistische und erstrebenwerte Ziele zu entwickeln. Arbeiten mit dem Prozessmodell heisst, sich aller Prozessschritte bewusst zu sein, diese aber situativ und individuell einzusetzen oder auszulassen. In diesem Sinn ist das Prozessmodell als ein *idealtypisches* anzusehen.

Im Berufsalltag kann ein Sozialarbeiter den Eindruck bekommen, auf der Stelle zu treten oder dieselbe ausweglose Situation schon einmal angetroffen zu haben oder er merkt, dass eine wichtige Information fehlt, es taucht plötzlich eine wichtige Bezugsperson auf, die man vorher nicht gekannt hat oder die ganze Situation *ändert sich* in dramatischer Weise. Das kann bedeuten, einen oder mehrere Schritte im Prozessmodell zurückzugehen und z. B. die Situationserfassung zu ergänzen. Damit verändert sich vielleicht das zu untersuchende Thema, was wiederum Auswirkungen auf die Diagnose, Zielsetzung und die gesamte Interventionsplanung hat. Es kann sich auch herausstellen, dass die Diagnose – die, wie in Kap. 10 gezeigt werden wird, immer in Form einer Arbeitshypothese erstellt wird – nicht zutrifft und noch einmal sorgfältig erarbeitet werden soll. In diesem Fall ist es angezeigt, vom idealtypischen Verlauf abzusehen. Dies führt zu einer Handlungsmaxime, die uns in der Arbeit mit diesem Prozessmodell ganz wichtig erscheint: Das Prozessmodell ist als ein Mittel zu verstehen, das hilft, das sozialarbeiterische Handeln methodisch zu strukturieren und in kooperativer Weise mit den Klientinnen und Adressaten Ziele zu vereinbaren und zu erreichen. Für diese Zielerreichung ist das Prozessmodell in adäquater, reflektierter Weise *anzupassen, zu verändern, zu verkürzen*.

7.3.2 Zeitliche Dimensionen

Am Anfang professionellen Handelns steht ein Auftrag (siehe auch 8.1). Dieser Auftrag kann sehr unterschiedlich sein hinsichtlich der sich daraus ergebenden Aufgabe(n), der Komplexität, der Grösse der beteiligten Systeme und dem zeitlichen Umfang.

> So kann ein 85 jähriger Mann eine Beratungsstelle für Altersfragen aufsuchen und die dort leitende Sozialarbeiterin bitten, ihn beim Eintritt ins Altenheim zu unterstützen. Sie vereinbaren drei Beratungsgespräche, in denen die wichtigsten Abklärungen getroffen werden, um den Eintritt in die Wege zu leiten.
> In einem speziellen Fixerraum kommen suchtkranke Menschen schnell vorbei, holen sich ihre Utensilien, tauschen möglicherweise ein paar Worte mit der Sozialarbeiterin und verschwinden wieder.
> Eine 42 jährige Frau tritt nach dem Tod ihrer Mutter in ein Wohnheim für Erwachsene mit kognitiven Entwicklungsbeeinträchtigungen. Ihr Anliegen ist es, dort bis ins hohe Alter wohnen zu können. Nun soll ihr langjähriger Aufenthalt geplant und organisiert werden.

In den drei Beispielen wird erkennbar, dass Prozessgestaltung unterschiedliche zeitliche Dimensionen aufweist. Auftrag und Organisationskontext bestimmen, in welchem zeitlichen Rahmen das professionelle Handeln stattfindet und welche Zeitfenster für die einzelnen Prozessschritte zur Verfügung stehen. Es muss fallweise abgewogen werden, auf welche der sieben Prozessschritte sich das professionelle Handeln fokussiert und in welcher Ausführlichkeit dies geschehen soll.

Im Fall des 85 jährigen Mannes könnte es nach einer kurzen Situationserfassung darum gehen, die Ziele genauer herauszuarbeiten, um dann die nächsten Schritte planen und realisieren zu können, damit eine adäquate Wahl getroffen wird und der Eintritt ins Altenheim möglichst zufriedenstellend vonstatten geht. Der Prozesszyklus umfasst den Zeitraum dieser vereinbarten drei Beratungsstunden und allfälliger Vor- und Nachbearbeitungsaufgaben.
Prozessgestaltung im Fixerraum stellt sich als Kürzestzyklus dar. Die Sozialarbeiterin kann sich in ein paar Augenblicken ein Bild des Klienten machen und nach einer ebenso kurzen Einschätzung ein Angebot z. B. bezüglich Beratung unterbreiten, das angenommen oder abgelehnt werden kann.
Im Fall der 42 jährigen Frau geht es möglicherweise in einer ersten längeren Phase von einigen Wochen oder Monaten um eine differenzierte Situationserfassung, bevor die Professionellen den nächsten Prozessschritt der Analyse initiieren.

Diese drei Beispiele machen deutlich, dass die Dauer des Prozesszyklus nicht von den Professionellen der Sozialen Arbeit festgelegt wird. Sozialarbeiterinnen können allenfalls reagieren, wenn sie im Hilfeprozess aus fachlicher Sicht zum Schluss kommen, dass der Auftrag nicht mehr sinnvoll erscheint.

So könnte sich im Fall des 85 jährigen Mannes in der ersten Beratungsstunde herausstellen, dass der Mann gar nicht ins Altenheim möchte, sondern mit seinen Kindern im Streit liegt, weil diese ihn bedrängen, ihnen endlich sein grosses Haus zu überlassen. Es könnte in der Folge sinnvoll sein, in gegenseitigem Einvernehmen den Auftrag anzupassen. Die Sozialarbeiterin und der 85 jährige Mann vereinbaren eine längere Beratungssequenz unter Einbezug der Kinder. Daraus ergibt sich ein Prozesszyklus von drei, vier Monaten, der es erlaubt, einzelne Prozessschritte sorgfältig durchzuführen.

Es kann sich vor allem in länger andauernden Unterstützungsprozessen zeigen, dass in verschiedenen Prozesszyklen gedacht und gehandelt werden soll. Ausgehend vom ausgehandelten Auftrag lässt sich zunächst ein langfristiger Zyklus ableiten. Dieser wird nach einem oder zwei Jahren abgeschlossen und evaluiert. Um zu verhindern, dass man sich ein oder zwei Jahre lang eher auf Nebensächliches konzentriert, dabei kostbare Zeit verliert und sich möglicherweise ungeeignete Interaktionsmuster einschleichen, scheint es sinnvoll, sich gleich zu Beginn nach einer kurzen Beobachtungs- und Eingewöhnungsphase auf erste Zielsetzungen zu einigen, entsprechende Interventionen zu planen, durchzuführen und diese in bestimmten Intervallen auszuwerten. Neben der langfristigen Prozessgestaltung von ein bis zwei Jahren findet gleichzeitig eine *mittelfristige* statt z. B. im zeitlichen Rahmen von einem Vierteljahr. Aus der Evaluation nach drei Monaten können möglicherweise kurz- und mittelfristige Folgerungen abgeleitet werden.

Im Falle der 42 jährigen Frau betrachten die Professionellen zusammen mit der Bewohnerin in den dreiwöchentlichen Sitzungen des intraprofessionellen Teams – die von der Organisation laut Konzept so vorgesehen sind – wie es ihr geht, welche Ziele sich bewähren und allenfalls angepasst werden sollen.

Das heisst nichts anderes, als dass neben der lang- und mittelfristigen Prozessgestaltung in sinnvoller Weise ein *kurzfristiger* Prozesszyklus eingebaut wird, der es erlaubt, relativ rasch auf Veränderungen einzugehen oder auch die Weiterarbeit zu bestätigen. Wenn es um Belange des Alltags geht, so ist davon auszugehen, dass es daneben *wöchentliche, tägliche, stündliche, minütliche* Prozesszyklen professionellen Handelns gibt.

So kann es im obigen Fall geschehen, dass die Bewohnerin am zweiten Tag nach einer Aufforderung, ihr Geschirr in die Küche zu tragen, mit einem Schimpfwort den Tisch verlässt, sich im WC einschliesst und dort laut zu schimpfen beginnt, das habe sie zuhause nie machen müssen. Es leuchtet ein, dass nicht die nächste Teamsitzung in zehn Tagen abgewartet werden kann, bis eine Intervention entworfen und mit der Klientin abgesprochen werden kann. In diesem Moment hat die diensthabende Sozialpädagogin innert Sekunden eine Situationserfassung und -einschätzung vorzunehmen und für sich ein realistisches Ziel zu setzen (z.B. den Kontakt zur Klientin herzustellen), Interventionsüberlegungen anzustellen und eine davon zu realisieren – um danach mit der Klientin gemeinsam nach Erklärungen zu suchen, situationsbezogene Ziele und Interventionsschritte zu planen und zu realisieren.

Methodisch strukturiertes Handeln zeichnet sich nun dadurch aus, die *verschiedenen Prozesszyklen* im Auge zu behalten, in ihnen handlungsfähig zu bleiben und sie gleichzeitig zu *verbinden*. So ist bei situationsbezogenem Setzen von Zielen zu überprüfen, ob diese die kurz-, mittel- und langfristig geplanten Zielsetzungen unterstützen oder ihnen widersprechen. Bemerkt die Sozialpädagogin, dass die augenblicklich gefassten Zielsetzungen noch in eine andere Richtung deuten, ist dies zu thematisieren und inhaltlich abzustimmen. In diesem Sinne versehen Professionelle der Sozialen Arbeit eine zweite Koordinationsaufgabe, die von ihnen eine wiederkehrende systematische Reflexion des sozialpädagogischen Alltags und einen steten Austausch mit den Direktbeteiligten verlangt.

7.3.3 Struktur für Kooperation und Qualitätssicherung

Gemäss dem Modell Kooperativer Prozessgestaltung ist die Kooperation mit den Angehörigen der eigenen und andern Professionen ein wichtiger Bestandteil für die jeweilige Zielerreichung. Die Zusammenarbeit mit den beteiligten Fachpersonen kann entlang des Prozessmodells verbindlich strukturiert und organisiert werden. Bei jedem Schritt soll überlegt und vereinbart werden, wer welchen Beitrag leistet, wer wen informiert, wer für welchen Arbeitsschritt die Verantwortung übernimmt, wer (zusätzlich) miteinbezogen wird und in welchem zeitlichen Rahmen dies zu geschehen hat. Das Modell kann also genutzt werden zur *Strukturierung der intraprofessionellen Kooperation*, und damit zur Vermeidung von Überschneidungen, Doppelspurigkeiten, Missverständnissen sowie auch zur Schaffung von Handlungssicherheit beitragen. Dies ist vor allem bei grossen Teams mit häufigen Schichtwechseln von Vorteil, wenn es wenig direkte Austauschmöglichkeiten gibt und die Informationen in der Regel auf schriftlichem Weg erfolgen.

Der ausgewiesene Einbezug interner und externer Hilfesysteme in die Arbeit mit dem Prozessmodell ermöglicht allen Beteiligten sich zu orientieren und erkennen zu können, welches Ziel im Moment verfolgt wird, welche Aufgabe ansteht und welcher Beitrag von ihnen erwartet wird. Es erleichtert insbesondere den Professionellen der Sozialen Arbeit, die eigene Position in den *interprofessionellen Diskurs* einzubringen und sie fruchtbar zu machen für die multiperspektivische Fallarbeit. Die transparente Regelung von Verantwortlichkeiten im Rahmen der vereinbarten Prozessschritte sorgt auch dafür, dass alle Beteiligten in die Anstrengungen eingebunden, systemisch vernetzt und jeweils entsprechend mit den nötigen Informationen versorgt sind. Das schafft für alle am Prozess Beteiligten Transparenz und vermittelt Sicherheit, weil alle wissen wo sie stehen.

Die Arbeit mit dem Prozessmodell erfordert demzufolge eine gute *Koordination* zwischen allen Beteiligten, damit die Zwischenschritte und Teilaufgaben unter den jeweilgen Beteiligten in geordneter Weise gelöst werden. So scheint es sinnvoll, wenn in Teams die Verantwortung für die Koordination jeweils zu Beginn einer Prozessgestaltung vereinbart und von einer Professionellen der Sozialen Arbeit als fallverantwortlicher Person entsprechend wahrgenommen wird.

Bei Auswertungsgesprächen, in Supervisions- oder Intervisionssitzungen merken Sozialpädagogen oft, dass die gleiche Situation schon einmal erörtert wurde oder es wird deutlich, dass sie auf dem besten Weg sind, sich an einer Problemstellung festzuhaken, oder sie fühlen sich in einer Negativspirale gefangen. Das Prozessmodell kann in solchen Fällen als *Bezugsraster für eine Analyse* verwendet werden. Indem das eigene Handeln mit den Methoden und Techniken jeweiliger Prozessschritte abgeglichen wird, kann herausgearbeitet werden, bei welchem Prozessschritt man sich tatsächlich befindet und was in der Folge geklärt werden muss. Es kann hilfreich sein herauszuarbeiten, wo man das methodisch strukturierte Handeln ‚verlassen' hat und bei welchem Prozessschritt wieder eingesetzt werden soll, damit die Wiederholung aufgehoben, eine neue Perspektive eingebracht oder die Negativspirale aufgebrochen wird.

Die Arbeit mit dem Prozessmodell kann auch genutzt werden für die *fachliche Auseinandersetzung* innerhalb eines Teams. Es ermöglicht in diesem Rahmen in einen fachlichen Diskurs über einzelne Prozessschritte, Methoden, Techniken zu treten und darin die eigene Position einzubringen. So kann gemeinsam versucht werden, eine Erklärung für ein bestimmtes Thema oder Problem zu finden oder herauszuarbeiten, was denn unter Zielformulierung verstanden wird und welche Aspekte eine Evaluation aufweisen muss. Setzen Sozialpädagogen das Prozessmodell als Reflexionsinstrument ein, um sich bezüglich des eigenen professionellen Handelns zu vergewissern, können sie für sich wie auch im Team eine Bestätigung erhalten, ob das jeweils gewählte Vorgehen bei den Prozessschritten wie auch im Handeln insgesamt adäquat war, sie die gewählten Methoden und Techniken in der Logik des Prozessschritts angewendet, nichts Wesentliches vergessen haben und die wichtigen Beteiligten auch tatsächlich aktiv beteiligt waren. Insofern bildet die kritische Reflexion eine Möglichkeit der Selbstkontrolle in Bezug auf die Arbeit mit dem Prozessmodell.

In jeder Organisation der Sozialen Arbeit bestehen Vorgaben, wie bezüglich Prozessgestaltung gearbeitet wird. Damit stellen sich nicht zuletzt auch Fragen der Qualität im Zuge von immer knapper werdenden Ressourcen. Arbeiten Organisationen mit ganz bestimmten Methodiken wie der hier vorgestellten Kooperativen Prozessgestaltung, werden ausgewählte Methoden und Techniken als verbindliche Standards für alle Mitarbeitenden gesetzt. Dies bietet die Möglichkeit, das methodische Handeln auf die spezifischen Zielgruppen und deren Anliegen auszurichten. Für die Professionellen heisst dies, sich entsprechend auszubilden, um die verbindlichen Standards zur optimalen Zielerreichung erfüllen zu können.

Ganz besonderen Stellenwert für die *Qualitätssicherung und -entwicklung* in einer Organisation erhalten dabei exakte und prägnante Dokumentationen über die einzelnen Prozessschritte. Diese sollen sowohl die Situationserfassungen, Planungen, Vereinbarungen und Erkenntnisse wie auch die methodischen Schritte der Professionellen enthalten, damit die Möglichkeit geschaffen wird, das Einhalten dieser Standards im Sinne einer Qualitätssicherung zu überprüfen.

7.4 Reflexionskriterien für Methoden

In den nachfolgenden Kapiteln 8 bis 14 werden die einzelnen Prozessschritte behandelt. Dabei werden u.a. jeweils Methoden vorgestellt, mit denen in diesem Prozessschritt gearbeitet werden kann. Eine Methode soll den Qualitätsanforderungen hinsichtlich professionellen Handelns in der Sozialen Arbeit genügen. Deshalb werden im Folgenden Reflexionskriterien erarbeitet, die zur kritischen Überprüfung der vorgestellten Methoden herangezogen werden können.

Auf der Grundlage der wichtigsten Erkenntnisse aus Teil I dieses Buches haben wir Ansprüche und Anforderungen hergeleitet, die sich an professionelles Handeln stellen (siehe 7.1). Sie sind in Abb. 4 in einem Katalog zusammengestellt, welcher als Basis für die vorliegende Methodik dient. Mit dem Modell ‚Kooperative Prozessgestaltung' haben wir eine Struktur für das Denken und Handeln eingeführt, welche das Gerüst der Methodik darstellt (siehe 7.2); damit sind u.a. die Anforderungen berücksichtigt, die sich aus den Strukturmerkmalen der Nichtstandardisierbarkeit und Involviertheit als ganze Person ergeben. Im Folgenden werden die Kriterien für die methodische Reflexion dargelegt, die aus den übrigen Anforderungen des Katalogs abgeleitet sind.

Kooperation

Die Reflexion unter dem Stichwort ‚Kooperation' bezieht sich auf die *Gestaltung der Zusammenarbeit mit den Klienten(systemen)*. Es soll diskutiert werden, auf welche Weise eine Methode diese Kooperation unterstützt und den dialogischen Verständigungs- und Aushandlungsprozess ermöglicht. Ein zweiter Reflexionsteil bezieht sich auf die *Kooperation mit Professionellen*. Es ist zu fragen, ob eine

Methode für die Zusammenarbeit mit anderen Fachkräften genutzt werden kann, und ob sie es ermöglicht, die eigene Position einzubringen und/oder die fachliche Vernetzung fruchtbar zu machen für die Zielerreichung.

Zielsetzung Soziale Arbeit

Die Reflexion unter dem Stichwort ‚Zielsetzung Soziale Arbeit' fokussiert die übergreifenden Zielsetzungen (siehe 2.2.2). Es ist zu überprüfen, ob und in welchem Ausmass die präsentierte Methode das Erreichen von Sozialer Integration, Sozialer Gerechtigkeit und Autonomie in der eigenen Lebenspraxis ermöglicht und unterstützt.

Professionsethik

Die Reflexion unter dem Stichwort ‚Professionsethik' bezieht sich auf alle Fragen, die *Werte und Normen* des professionellen Handelns betreffen. Es geht um Klärung der Frage, welche Methode der Achtung der *Menschenwürde*, der Einhaltung der *Menschenrechte*, des *Datenschutzes* und der *Schweigepflicht* Rechnung trägt und die Werte-Normen Thematik berücksichtigt. Ein weiterer methodischer Reflexionsteil umfasst die Auseinandersetzung mit dem *Menschenbild* und der grundsätzlichen Ausrichtung auf die Ressourcen unter dem Stichwort ‚*Ressourcenorientierung*'. Ein letzter Reflexionsteil fokussiert die kontinuierliche Reflexion des eigenen Handelns.

Praxisfelder

Die Reflexion unter dem Stichwort ‚Praxisfelder' bezieht sich auf die Frage, inwieweit die vorgestellten Methoden die Charakteristika der unterschiedlichen Praxisfelder und die Bedürfnisse, Lebenslagen und Anliegen der entsprechenden Klientinnen und Adressatengruppen berücksichtigen. Zu fragen ist, für welche Praxisfelder eine Methode geeignet ist.

Aufwand

Die Reflexion unter dem Stichwort Aufwand bezieht sich auf die Fragen nach adäquatem Einsatz von Ressourcen. Es soll beurteilt werden, welcher Aufwand eine Methode erfordert, und wie dieses im Verhältnis zum Nutzen steht (Effizienz).

7.5 Zusammenfassung der Erkenntnisse

> Die Erkenntnisse aus Teil I dieses Buches sind in einen Anforderungskatalog für professionelles Handeln in der Sozialen Arbeit zusammengeführt worden (Abb. 4), der die Basis bildet für die Methodik Kooperative Prozessgestaltung.

Der Begriff Kooperative Prozessgestaltung bezeichnet Prozesse, die sowohl intra- und interprofessionell als auch gemeinsam mit einer Klientin oder einer Klientengruppe im Hinblick auf definierte Ziele geplant, umgesetzt und ausgewertet werden.

Prozessmodelle in der Sozialen Arbeit stellen eine Antwort dar auf das Strukturmerkmal der Nichtstandardisierbarkeit des professionellen Handelns. Das Prozessmodell Kooperative Prozessgestaltung sieht sieben Prozessschritte vor und zwei Kooperationsebenen (Klienten- wie Fachebene). Die vier Schritte Situationserfassung, Analyse, Diagnose und Evaluation sind der analytischen Phase, die drei Schritte Ziele, Interventionsplanung und -durchführung der Handlungsphase eines Prozesses zuzuordnen. Das Modell geht vom Grundverständnis aus, dass zunächst eine Situation genau zu erfassen, anstehende Themen und Probleme zu verstehen und zu erklären sind und erst dann gemeinsam mit den Beteiligten Ziele ausgehandelt, Interventionen geplant, durchgeführt und evaluiert werden. Das idealtypische Modell ist methodenintegrativ, zirkulär angelegt und sieht vor, dass jeder Prozessschritt in Kooperation mit Klienten und andern Professionellen zu gestalten ist. Es ist praxisfeldübergreifend einsetzbar.

Das Prozessmodell bietet eine Struktur für das Denken und Handeln der Professionellen. Es kann als Hintergrundfolie genutzt werden, vor der das professionelle Handeln fallbezogen und situativ entwickelt wird, als Orientierungsrahmen, an dem sich die eigene Tätigkeit ausrichten kann. Dies ist auch deshalb hilfreich, weil in der Praxis der Sozialen Arbeit oft mehrere Prozessschritte gleichzeitig realisiert werden. In Rückbezug auf das Prozessmodell kann geprüft werden, ob gewählte Methoden Situation und Aufgabenstellung in einem Fall entsprechen, das gewählte Vorgehen angemessen ist oder abgeändert werden soll. Da Prozessgestaltung unterschiedliche zeitliche Dimensionen aufweist – die u. a. durch Auftrag und Organisationskontext bestimmt sind – gilt es die verschiedenen Prozesszyklen wie auch die Zielebene im Auge zu behalten.

Das Prozessmodell ermöglicht die Strukturierung und Organisation der Zusammenarbeit mit den beteiligten Fachpersonen. Die systematische Vernetzung schafft Transparenz und unterstützt die Koordination zwischen den Beteiligten. Das Modell kann auch genutzt werden als Rahmen für den fachlichen Diskurs und als Reflexionsinstrument für das eigene methodische Handeln.

Aus dem Anforderungskatalog für professionelles Handeln in der Sozialen Arbeit sind fünf Kriterien abgeleitet worden, die für die Reflexion von Methoden herangezogen werden können: Kooperation mit Klienten(systemen) und auf der Fachebene, übergreifende Zielsetzungen der Sozialen Arbeit, Professionsethik, Praxisfelder und Aufwand. Anhand dieser Reflexionskriterien sollen die in den nachfolgenden Kapiteln vorgestellten Methoden beurteilt werden.

8 Situationserfassung

In diesem Kapitel wird der erste Schritt gemäss dem Modell Kooperativer Prozessgestaltung erläutert. Nach Ausführungen zu Aufgaben, Zielsetzung und Vorgehen werden methodische Hilfsmittel zur Situationserfassung und die drei Methoden Erkundungsgespräche, Beobachtung und Aktenstudium vorgestellt. Das Kapitel schliesst ab mit Reflexions- und Evaluationsüberlegungen und einem Überblick über die wichtigsten Aspekte in diesem Prozessschritt. Die Situationserfassung wird massgeblich strukturiert durch den Auftrag in einem Fall. Der Auftrag begründet den Kontakt und die Arbeitsbeziehung zwischen Sozialarbeiterin und Klientin, er bildet den Anlass für einen Unterstützungsprozess. Das zeigt, dass dem Auftrag eine dem ganzen Prozess übergeordnete Bedeutung zukommt. Deshalb beginnen wir dieses Kapitel mit einem Exkurs zum Thema Auftrag.

8.1 Funktion des Auftrags

Es können drei verschiedene Arten von Aufträgen unterschieden werden: der Auftrag der Sozialen Arbeit, der Organisationsauftrag und der klientenbezogene Auftrag.

Aus dem allgemeinen *Auftrag der Sozialen Arbeit* lässt sich ihre Zielsetzung ablesen, die wir mit den Begriffen soziale Gerechtigkeit, soziale Integration und Autonomie in der individuellen Lebenspraxis umschrieben haben (siehe 2.2.2 auch Abb. 4). Dieser übergeordnete Auftrag wird in jeder Praxisorganisation konkretisiert. Der *Organisationsauftrag* beinhaltet Aussagen über die Zielgruppe, er wirkt wie ein Filter für die Klienten, die eine Organisation aufsuchen bzw. dorthin zugewiesen werden. Zugleich sind diesem organisationsspezifischen Auftrag Hinweise zu entnehmen, mit welchen Themen und Anliegen Klientinnen in die Organisation kommen.

Beispielsweise bietet das Gemeinschaftszentrum offene Angebote für die Bewohnerinnen eines Quartiers, mit all ihren unterschiedlichen Bedürfnissen; in die Justizvollzugsanstalt werden erwachsene Männer eingewiesen, die eine Haftstrafe zu verbüssen haben und danach wieder gesellschaftlich integriert werden sollen; in die Suchtberatungsstelle kommen Menschen mit Suchtproblemen.

Der *klientenbezogene Auftrag* ist spezifischer, er enthält Angaben darüber, worum es in einem konkreten Fall geht. Er muss sich unter den Organisationsauftrag einordnen lassen, wenn er dort aufgenommen und ‚bearbeitet' werden soll. Der klientenbezogene Auftrag kann von Klienten selber oder von einweisenden Behörden formuliert werden; manchmal stammt er auch – oft in indirekter Weise – von Dritten.

Die neu zugezogene Bewohnerin möchte Kontakte knüpfen können zu anderen jungen Müttern im Quartier, der Strafrichter ordnet ‚Auseinandersetzung mit der eigenen Gewalttätigkeit' an, der alkoholabhängige Mann kommt in eine erste Beratung, weil seine Lebensgefährtin ihn schickt.

Der klientenbezogene Auftrag umreisst das Thema und gibt eine grobe Zielrichtung für die professionelle Arbeit vor. Dies ist die Basis für die professionelle Arbeit, nun kann mit dem ersten Schritt – der Situationserfassung – begonnen werden. Manchmal besteht allerdings kein klientenbezogener Auftrag oder dieser erweist sich als unklar oder widersprüchlich.

Im ersten Beispiel ist der Auftrag klar, im zweiten Beispiel könnte auch nur die Haftstrafe angeordnet sein (was dem Organisationsauftrag entspricht), im dritten Beispiel will der Mann an seinem Alkoholkonsum nichts ändern, möchte aber verhindern, dass seine Lebensgefährtin ihn verlässt.

In Fällen mit unklarem klientenbezogenem Auftrag dient die erste Prozessphase dazu, diesen Auftrag zu klären. Der Organisationsauftrag gibt hierfür einen Rahmen vor. Es gilt herauszufinden, was in diesem Fall die Themen und Anliegen sind. Dazu gehört auch zu prüfen, ob die Organisation wirklich die geeignete Stelle ist für diesen Fall, d.h. es geht um die Klärung der eigenen Zuständigkeit.

Während des gesamten Unterstützungsprozesses kann es immer wieder eine Aufgabe sein, den klientenbezogenen Auftrag zu überprüfen, neu auszuhandeln und ihn gegebenenfalls zu modifizieren.

Das soll am dritten Beispiel erläutert werden: Sozialarbeiter und Klient einigen sich zunächst darauf, das Thema Einsamkeit zusammen anzuschauen. In einer nächsten Prozessphase suchen Frau und Mann gemeinsam die Beratung auf, der Auftrag ist nun die Paarbeziehung klären und neu ausrichten zu helfen. In einer späteren Phase arbeiten der Klient und der Sozialarbeiter an der Suchtproblematik.

Darüber hinaus ist zu beachten, dass es in einem Fall häufig mehrere klientenbezogene Aufträge gibt, die von unterschiedlichen Beteiligten (Klientin, Familienangehörige, einweisende Stelle, sozialpädagogisches Team, andere Hilfesysteme, etc.) formuliert werden. Diese Aufträge in Bezug auf einen Klienten können gut vereinbar oder aber widersprüchlich sein. Bei mehrfachen und widersprüchlichen Aufträgen gilt es Transparenz herzustellen und einen Aushandlungs- und Klärungsprozess einzuleiten. Neben den explizit ausgesprochenen Anliegen gibt es des Öfteren auch implizite, d.h. verdeckte zusätzliche Aufträge von einzelnen Beteiligten. Diese sind manchmal bereits zu Beginn spürbar vorhanden, sie können sich aber auch erst im Laufe eines Unterstützungsprozesses erschliessen. (Vgl. Schwing/Fryszer 2009: 112 ff.)

Insgesamt kann Auftragsklärung als kontinuierliche Aufgabe im professionellen Handeln bezeichnet werden, die äusserst anspruchsvoll und wichtig ist.

8.2 Aufgaben und Vorgehen

Die Situationserfassung ist der *erste Schritt* in einem Unterstützungsprozess, der durch einen klientenbezogenen Auftrag veranlasst worden ist. Die Aufgabe der Sozialarbeiterin besteht nun darin, die wichtigsten Informationen zu diesem Fall und seinem Kontext zusammen zu tragen und zu erfassen, um einen ersten Eindruck zu erhalten, worum es hier geht. Der Schritt Situationserfassung versteht sich zugleich als eine *kontinuierliche Aufgabe*, denn im Verlaufe eines Unterstützungsprozesses geht es immer wieder neu darum, die veränderte Gesamtsituation in einem Fall wahrzunehmen.

Aufgaben

Bei einer Situationserfassung gilt es, relevante Informationen zu suchen und zu erfragen, sie aufzunehmen und zu notieren. Dazu können verschiedene Erfassungsmethoden wie Erkundungsgespräch, Beobachtung, Aktenstudium – die später in diesem Kapitel vorgestellt werden – genutzt werden. Es hängt vom jeweiligen Auftrag ab, welches die ‚wichtigsten' Informationen sind, die es zu Beginn eines Prozesses zu erfassen gilt. Der Auftrag bestimmt den *Realitätsausschnitt* – hinsichtlich Raum und Zeit –, den es zu erfassen gilt, und damit Umfang und Tiefe der Situationserfassung.

Bei der Arbeit in einem Jugendtreff ist der Realitätsausschnitt in zeitlicher Hinsicht wahrscheinlich stark gegenwartsbezogen, und in räumlicher Hinsicht ist er zunächst einmal tendenziell beschränkt auf den Jugendtreff selber (die Biographie der Treffbesucher ist zunächst irrelevant). In einer Langzeitbegleitung in einer stationären Einrichtung der Jugendhilfe hingegen bezieht der relevante zeitliche Ausschnitt auch Vorgeschichte und Biographie der Klientin mit ein, und es werden alle für eine Klientin wichtigen Lebensbereiche zu erfassen sein.

Die Bestimmung eines Realitätsausschnittes, der dem Auftrag angemessen ist, impliziert, dass eine Sozialarbeiterin viele Dinge auch *nicht* in Erfahrung bringen und wissen muss.

Informationen werden erfasst mit einer *Haltung von Offenheit* und wohlwollendem Interesse, mit einer Haltung, die bemüht ist um Unvoreingenommenheit. Als Leitmotiv dabei kann der prägnante Satz von Meinhold dienen: „*Soviel wie möglich sehen – so wenig wie möglich verstehen*" (1987:207, zit. in Müller 2009:103). Es enthält die Aufforderung, zunächst so viele Informationen wie möglich aufzunehmen und sie nicht zu bewerten bzw. eigene Bewertungen so weit wie möglich zurückzustellen und sich darauf zu konzentrieren, was vorliegt. Dabei ist wichtig zu beachten, dass Wahrnehmung stets durch frühere, gespeicherte Erfahrungen vorstrukturiert wird. Professionelle sollen sich aus diesem Grund bemühen, die selbstverständliche Denkbewegung im Alltag, alle Informationen sofort in ihre Wissens-Schemata einzuordnen, bewusst zu verlassen. Denn diese Alltags-Haltung des ‚Immer-Sofort-Schon-Verstanden-Haben' blockiere echtes Verstehen, so Müller (vgl. 2009:104). Das Bemühen, mehr zu sehen und besser zu hören, steht letztlich im Dienste eines besseren Verstehens.

Bei der Situationserfassung ist *zwischen Informationen und deren Bewertung* so weit wie möglich zu *unterscheiden*. Eine professionelle Haltung zeigt sich darin, dass eigene Bewertungen als solche deklariert werden. Wichtig ist des Weiteren die *Unterscheidung zwischen objektiven Daten und Geschichten*. Es geht darum, objektive Daten und Fakten in Erfahrung zu bringen, und ebenso Geschichten und Erzählungen in einem Fall. Bewertungen und Einschätzungen in den Erzählungen sind als solche zur Kenntnis zu nehmen und beim Notieren wiederum als solche zu deklarieren (zum Beispiel: „Die Frau schildert ihren Ex-Mann als unzuverlässigen Nichtsnutz" – und nicht: „Ihr Ex-Mann ist ein unzuverlässiger Nichtsnutz").

Eine dritte hilfreiche Unterscheidung ist diejenige zwischen *Informationen zu Person(en)*, Verhalten und Lebensweisen einerseits und *Informationen zu Lebenssituation* und Lebenslage andererseits. In der Sozialen Arbeit geht es darum, stets auch Informationen zur sog. ‚sozialen Dimension', zu Lebenssituation und sozialer Integration, zu erfassen. Schliesslich soll der professionelle Blick auf das Erfassen von *Schwierigkeiten* und auch von *Ressourcen* gleichermassen ausgerichtet sein. Dabei ist zu beachten, dass eine vordergründige Schwierigkeit (wie z. B. Verweigerung eines Klienten, in ein Beschäftigungsprogramm einzusteigen) gleichzeitig eine Ressource sein kann. Die Bewertung bei der Unterscheidung von Ressource und Schwierigkeit kann sich als sehr anspruchsvoll erweisen.

Für eine gute Situationserfassung ist die Kooperation mit der Klientin oder mit Klientensystemen unabdingbar. Gemeinsam mit einer Klientin nach wichtigen Informationen zu suchen ist zugleich eine erste Intervention: Sie kann dazu beitragen, dass die Klientin im Erzählen über sich nachdenkt, ihre Situation selber neu sieht, dass sie ihre eigene ‚biographische Erzählung' beginnt oder weiterführt – und dabei erkennt und klärt, wer sie ist, woher sie kommt – und was sie möchte und braucht. Die Klientin wird so zur Expertin ihrer eigenen Lebenssituation. Gleichzeitig sind diese Informationen für die Professionellen wichtig, denn die subjektive Perspektive der Klientin ist ein wesentlicher Bestandteil einer Situationserfassung.

Vorgehen

Insbesondere bei einer *ersten* Situationserfassung in einem Fall muss sich die Sozialpädagogin klar werden über:

- die Organisation: Organisationsauftrag und -kontext, Ressourcen, Infrastruktur, Team(situation) etc.
- die eigene Rolle innerhalb der Organisation, evtl. auch Beziehung zum Fall (Erwartungen? möglicherweise Befangenheit? etc.)
- den klientenbezogenen Auftrag im Fall
- objektive Daten zu Klientin/Klientensystem/Zielgruppe (Geschlecht, Alter, biographische Verlaufsdaten; Zusammensetzung der Zielgruppe)
- involvierte Systeme (wer ist wichtig im Klientensystem? welche anderen Hilfesysteme sind sonst noch mit dem Fall befasst?)

- den angemessenen Realitätsausschnitt für die Situationserfassung (welches sind weshalb wichtige Bereiche und welche nicht?)
- die Auswahl der Leitfragen: Was muss ich weiter wissen?
- mögliche Erfassungsmethoden und methodische Hilfsmittel sowie deren Angemessenheit.

Eine Situationserfassung verläuft oft in mehreren *Phasen*. Aufgrund von ersten Informationen kristallisiert sich vielleicht ein mögliches Thema heraus (z. B. ‚wenige und als schwierig geschilderte Beziehungen zu anderen Menschen', Hypothese: ‚geringe soziale Einbettung'). Aus diesem vorläufigen Thema ergeben sich Fragen für eine nächste Erkundungsphase: Wie sieht das genau aus, wie war das früher? Auch nach zwei oder drei Phasen der Situationserfassung zu Beginn eines Prozesses kann diese nicht als endgültig abgeschlossen betrachtet werden. Situationserfassung bleibt eine kontinuierliche Aufgabe während eines Unterstützungsprozesses. Das wird sich bei der Thematisierung weiterer Prozessschritte immer wieder zeigen (diagnostische Arbeit beispielsweise ist angewiesen auf Daten aus der Situationserfassung und macht vielleicht eine neue Phase von Situationserfassung erforderlich).

Bedeutung und Zielsetzung

Eine gute Situationserfassung enthält alle relevanten Informationen zu einem Fall. Sie ermöglicht eine erste Orientierung, eine Einschätzung, welche Systeme involviert sind, eine allfällige Feststellung vorläufiger Themen und die Klärung der eigenen Zuständigkeit im Fall. Sammeln und Ordnen von Informationen bilden die Basis, um im Verlaufe des Prozesses erkennen und verstehen zu können, warum, wo und wie Unterstützung nötig ist – oder, um mit Müller zu sprechen: um später „das Richtige" in einem Fall tun zu können (ebd.:105). Ziel in diesem Prozessschritt ist es, sich ein Bild zu machen und eine erste Einschätzung zu treffen von der Fallsituation.

8.3 Methodische Hilfsmittel

Aus dem *Auftrag* lässt sich ableiten, welches ein angemessener Realitätsausschnitt für eine Situationserfassung ist: Welche Informationen der Sozialpädagoge in Erfahrung bringen soll, und was ihn – zumindest zunächst – nicht zu interessieren hat. Im Folgenden werden verschiedene Strukturierungshilfen für die Situationserfassung in unterschiedlichen Kontexten vorgestellt. Zunächst aber soll ein Hilfsmittel mit allgemeinen Arbeitsregeln zur professionellen Haltung beschrieben werden.

8.3.1 Arbeitsregeln

Müller (2009) verwendet für den Prozessschritt der Situationserfassung den aus der Medizin stammenden Begriff Anamnese (der sich dort auf die Vorgeschichte einer Erkrankung bezieht). Müller verwendet den Begriff jedoch weiter und fasst darunter die Sammlung von Vorinformationen unterschiedlicher – medizinischer, juristischer, therapeutischer, sozialpädagogischer – Art. Darüber hinaus hat er sieben Arbeitsregeln für die sozialpädagogische Anamnese formuliert. Anamnese heisst:

- einen Fall wie einen unbekannten Menschen kennen zu lernen
- einen Problemfall erst umsichtig wahrzunehmen, ehe man versucht, seine Hintergründe zu erkunden
- sensibel mit Hintergrundwissen umzugehen und mit schnellen Einordnungen in bekannte Raster vorsichtig sein
- den eigenen Zugang zum Fall besser kennen zu lernen
- sich eine Reihe von Fragen zu stellen: Was weiss ich genau? (und was nicht?) – Wie kam es dazu? – Wie komme ich zu der Geschichte darüber? – Welche Geschichte gibt es noch dazu? (und welche wäre noch denkbar?)
- unterschiedliche Sichtweisen und Ebenen des Falles nebeneinander zu stellen und
- Anamnese ist nie vollständig. Sie muss es auch nicht sein. Sie beginnt immer von vorne (vgl. Müller 2009:108–114).

Die Arbeitsregeln beziehen sich insbesondere auf die Haltung von Offenheit und Unvoreingenommenheit, aber auch auf die Bedeutung von Geschichten und ihrer Herkunft sowie die eigene Involviertheit als Person. Sie sind für die Arbeit in jedem Praxisfeld hilfreich, um die eigene professionelle Haltung auszurichten und zu überprüfen (siehe 6.2.2).

8.3.2 Strukturierungsmöglichkeiten

Die Strukturierung der Situationserfassung unterscheidet sich in den verschiedenen Praxisfeldern – denn je nach Auftrag sind unterschiedliche Informationen wichtig. In vielen Organisationen existieren für die Fallaufnahme und das Erstgespräch sog. Checklisten, in denen alle relevanten Themen, die erkundet werden sollen, zusammengestellt sind, und die teilweise auch konkrete Fragen enthalten. Auch in der Literatur finden sich solche Leitfaden zur Situationserfassung, die jeweils verschiedene Fragebereiche enthalten. Im Folgenden werden ausgewählte Beispiele von Strukturierungshilfen für verschiedene Praxisfelder vorgestellt.

Cassée (2007) hat in ihrer ‚Kompetenzorientierungs'-Methodik u.a. auch Instrumente entwickelt für die Fallaufnahme in einem *Sozial- oder Jugendamt*. Diese können als Formulare von der Verlags-Webseite heruntergeladen werden: www.haupt.ch/kompetenzorientierung/.

Vom Formular ‚Basisinformationen' gibt es eine Version für die Fallaufnahme eines Familiensystems, eine andere für die Fallaufnahme eines Jugendlichen, etc. Im Formular ‚Basisinformation Jugendliche 13–18' werden beispielsweise erfragt:

- objektive Daten zur Familie und zum Jugendlichen
- Informationen zu verschiedenen Lebensbereichen (z. B. Familie, Schule, Beruf/ Arbeit, Freizeit, Geld, Gesundheit, Umgang mit Suchtmitteln, soziale Kontakte, Sexualität, etc.)
- abschliessend sieht das Formular ‚Entscheid über nächste Schritte' vor (vgl.: 90 f.).

Für Kobi (1996) bezieht sich die Anamnese, d. h. das Erfassen der Vorgeschichte bei Kindern und analog bei erwachsenen Menschen mit *Entwicklungsbeeinträchtigungen* auf drei Bereiche:

- Behinderung/Beeinträchtigung/Störung und deren Entstehungsgeschichte
- Person des Kindes und dessen bisherige Entwicklung (mit Bezug zum Lebens- und Entwicklungsalter)
- Veränderungen in den Lebensumständen (psychosozialer Bereich) (vgl.:28 f.).

Staub-Bernasconi (1998, 2005, 2007) hat im Kontext ihrer *systemischen Theorie* Sozialer Arbeit als Handlungswissenschaft sog. Problem-, Ressourcen- und Machtquellen-Karten entwickelt, welche primär ein Analyseinstrument darstellen. Die Kategorien daraus können jedoch bereits für die Situationserfassung genutzt werden. Beispielsweise werden Informationen eingeholt zur:

- Körperlichen Ausstattung
- Sozialökologischen und ökonomischen Ausstattung
- Ausstattung mit Erkenntniskompetenzen (Wahrnehmung)
- Ausstattung mit Bedeutungssystemen (Wissen)
- Ausstattung mit Handlungskompetenzen
- Ausstattung mit sozialen Beziehungen/Mitgliedschaften (vgl. Staub-Bernasconi 1998:73).

Diese Informationen können als Datenbasis genutzt werden für die Einschätzung entlang der einzelnen Kategorien im Prozessschritt der Analyse (siehe 9.5). Geiser (2007) hat die Arbeit von Staub-Bernasconi fortgeführt und ein Konzept einer systemischen Problem- und Ressourcenanalyse in der Sozialen Arbeit entwickelt. Darin nutzt er die Ausstattungskategorien ebenfalls zur Sammlung von Informationen und formuliert mögliche Erkundungsfragen dazu.

In einer *stationären Einrichtung* werden Klienten längerfristig begleitet – in solchen der Kinder- und Jugendhilfe und der Altenhilfe oft während Jahren, in solchen der Behindertenhilfe manchmal auch während Jahrzehnten. Hier ist eine umfassende Situationserfassung angebracht, die auch das schriftliche Festhalten und immer wieder Ergänzen von Informationen beinhaltet. Bei der Situationserfassung im Verlaufe eines längeren Prozesses ist stets auch die Vorgeschichte in der eigenen

Organisation (im eigenen Hilfesystem) zu erfassen. Die nachfolgende Abbildung zeigt eine mögliche Gliederung für eine Situationserfassung.

Auftrag
– Auftrag der Organisation
– Organisationsstruktur
  (u.a. Teamkonstellation)
	– Einweisungsgrund und einweisende Stelle
	– Rechtliche Situation
	– Auftrag/Aufträge bezüglich Klientin
	  (von wem?)

Person – Alter, Geschlecht	– Körperliche Merkmale (Erscheinungsbild)
Wichtige Daten aus der Vorgeschichte der Klientin	
– Familiendaten und -situation – Soziales Umfeld (u.a. peer-group) – Verhalten – Fähigkeiten, Ressourcen – Schwierigkeiten, Probleme	– Biografische Verlaufsdaten (u.a. Schule, Einrichtungen, befasste Stellen) – Beeinträchtigungen? – Krankheiten? (Diagnosen: von wann? von wem?)
Vorgeschichte in der Organisation – Team- und Klientinnen-Konstellation	– Verhalten und Entwicklung Klientin
Gegenwärtige Situation – Veränderungen, Besonderheiten, – Verhalten von Klientin	– Thema, Problem

Abb. 6: Gliederungsmöglichkeit einer Situationserfassung

Für die Situationserfassung bei der *Arbeit mit Gruppen* sind folgende Kategorien zu berücksichtigen:

- Organisationskontext, Infrastruktur
- Zusammensetzung der Gruppe (Alter, Geschlecht, ethnische Zugehörigkeit, Bildungshintergrund)
- Professionelle (Teamzusammensetzung, etc.)
- Vorgeschichte der Gruppe(n).

Bei Martin (vgl. 1989:67 ff.) findet sich ein sehr ausdifferenziertes Frageraster, das für die *Arbeit mit Gruppen* genutzt und auch für die *Arbeit mit Gemeinwesen* adaptiert werden kann. Er enthält verschiedene Kategorien, in der jeweils eine grosse Vielzahl von Fragen aufgelistet ist. Oehler (2010) nennt folgende Kategorien zur Erfassung eines *Gemeinwesens*:

- Räumliche Definition des Gemeinwesens
- Rekonstruktion der Geschichte des Gemeinwesens
- Statistische Angaben über die Bevölkerung)
- Aufzeichnen (qualitativ und quantitativ) der Infrastruktur und der bestehenden Organisation des Gemeinwesens (Soziale Organisationen, Geschäfte, Treffpunkte, Spielplätze, Vereine, Aktivitäten etc.)
- Nachzeichnen von Austauschprozessen innerhalb des Gemeinwesens (Vernetzung von Sozialen Organisationen) und mit der Umgebung (z.B. Austausch mit der Gesamtstadt, politische Rahmenbedingungen, Lage, Anbindung etc.).

- Eruieren von Problemen, Bedürfnissen, Stärken, Schwächen, Ressourcen, Veränderungsbedarf und -bereitschaften.

Die letzte Kategorie führt bereits in den Prozessschritt Analyse ein.

In der Folge werden drei Methoden vorgestellt, die in den verschiedensten Praxisfeldern der Sozialen Arbeit für den Prozessschritt Situationserfassung breite Anwendung erfahren.

8.4 Erkundungsgespräche

Das Erkundungsgespräch stellt die geläufigste Methode der Situationserfassung in der Sozialen Arbeit dar. Es dient der Gewinnung von Informationen zu Klientinnen, zu ihrer Vorgeschichte, zu ihrem Umfeld, zu ihrer Sichtweise und ihren Anliegen. Es verhilft den Professionellen, sich einen Überblick über die Situation zu verschaffen, und ermöglicht der Klientin, sich ein Bild von der Sozialarbeiterin und der Organisation zu machen. Bei der Gestaltung von Erkundungsgesprächen sind Auftrag, Ziele und insbesondere die Strukturmerkmale der Sozialen Arbeit zu berücksichtigen, (wie z. B. die Sichtweisen der Beteiligten gleichwertig zu betrachten, siehe 3.2) sowie die Rollen zu klären. Bei letzterem ist sowohl auf sachlich-inhaltliche wie auch emotionale Aspekte zu achten. Da das Erkundungsgespräch oft zu Beginn einer kürzeren oder längeren Arbeitsbeziehung steht, sind die in Kap. 5 beschriebenen Anforderungen an eine gute Arbeitsbeziehung zu beachten und das Gespräch ist sorgfältig vorzubereiten. Erkundungsgespräche finden je nach Setting in unterschiedlichen Formen statt, die im Folgenden näher beschrieben werden.

8.4.1 Formen von Erkundungsgesprächen

Das *Erstgespräch* kann verschiedene Funktionen erfüllen. Neben dem gegenseitigen Kennenlernen geht es meist um die Klärung der Anliegen der anfragenden Klienten, um Erörterung der Auftrags- und Kontextbedingungen, um mögliche Angebote der Organisation etc. Der Anlass für ein Erstgespräch kann unterschiedlich sein. Es kann dadurch zustande kommen, dass es den Klienten verordnet, angeboten oder vom Klienten erbeten wird (vgl. Kähler 2009:29 f.). Jedes Erstgespräch ist charakterisiert durch Fremdheit, Spannung und Unsicherheit zwischen Gesprächspartnerinnen, die sich gerade erst kennen lernen. Deshalb ist es sorgfältig vorzubereiten. Aus methodischer Sicht stehen Fragen und Erfassungstechniken im Zentrum. Bei der Durchführung des Gesprächs ist zunächst Kontakt zum Klienten herzustellen. Es gilt den Kontext zu klären wie z. B. Überweisung, involvierte Hilfesysteme, Zeitrahmen, etc. (siehe dazu die acht Fragen zur Kontextklärung nach Kleve vgl. 2002:19 ff.). Der nächste Schritt dient der Exploration der Klientenanliegen und -probleme. Zunächst ist mit offenen Fragen Raum zu schaffen, damit Klientinnen erzählen können, was sie belastet und wie sie die Situation erleben. Dies soll ihnen die Möglichkeit geben, ihrer Befindlichkeit und emotionalen Betroffenheit Ausdruck geben zu können und als ganze Person wahrgenommen zu werden. Fühlen sich Klientinnen darin ernst genommen, kann sie das ermutigen, über sich und die eigenen Anliegen zu erzählen und ihre Sicht der Dinge darzulegen. Sie können über ihre Bemühungen sprechen, ihre Probleme zu meistern und darlegen, welche Erfahrungen sie mit bereits erhaltener Hilfe gemacht haben. Es gilt dann zu erkunden, auf welche Ressourcen Klienten zurückgreifen können und in welches Hilfesystem sie eingebettet sind. In einer nächsten Phase werden Klienten ermuntert, ihre Erwartungen an die Professionellen zu konkretisieren, was zur Formulierung, Klärung oder Aushandlung eines Auftrags führen kann und es wird das weitere Vorgehen besprochen. Professionelle fassen zum Schluss des Erstgesprächs die Ergebnisse zusammen und halten diese schriftlich fest (vgl. Widulle 2007:100 f.).

Neben dem Erstgespräch ergeben sich im Laufe von Unterstützungsprozessen verschiedene Möglichkeiten zu formellen und informellen Gesprächen. In *formellen Gesprächen* werden ausgewählte Aspekte wie z.B. Zielvereinbarungen, Zielüberprüfungen, besondere Anliegen, Probleme etc. gemeinsam erörtert. Diese Gespräche können gleichzeitig von beiden Kooperationspartnerinnen dazu verwendet werden, neuste Informationen zur Aktualisierung der Situationserfassung einzuholen. In Praxisfeldern der Sozialen Arbeit, in denen Menschen von Professionellen in ihrem Alltag oder in Teilen davon begleitet werden, ergeben sich unterschiedliche Möglichkeiten für *informelle Gespräche,* um von Klientinnen en passant wesentliche Informationen zu erhalten. So kann z.B. gerade bei gemeinsamen Aktivitäten, scheinbar nebenbei ein geeigneter Rahmen geschaffen werden, in dem sich Klienten mitteilen, möglicherweise weil die Machtasymmetrie zwischen ihnen und den Sozialpädagogen in diesem Zusammenhang weniger spürbar ist. Wichtig ist die ständige Dokumentation solcher Gespräche, damit deren Inhalt für alle Beteiligten zugänglich bleibt.

8.4.2 Narratives Interview

In den letzten Jahren ist in der Sozialen Arbeit im Rahmen der Biographieforschung das narrative Interview zu einer hilfreichen Methode u.a. im Zusammenhang mit der Situationserfassung geworden, da es einen direkten Zugang zur subjektiven Erlebenswelt von Klienten ermöglicht. Es soll an dieser Stelle als Erfassungsmethode vorgestellt werden. Den Bezugsrahmen des narrativen Interviews bilden Arbeiten zum symbolischen Interaktionsismus (Mead, Blumer) und zur Phänomenologischen Soziologie (Schütze). Schütze (1983) geht davon aus, dass Erzählungen von Menschen im Alltag zunächst Ausdruck selbst erlebter

Erfahrungen sind, die für deren Alltagswirklichkeit und Alltagshandeln konstitutiv sind. Wenn es nun im Zusammenhang mit der Situationserfassung gelingt, einem Klienten Raum, Zeit und eine Struktur zu einer sog. Stegreiferzählung zu geben, können wichtige Daten zu seiner biografischen Identität gewonnen werden. „Das autobiografische, narrative Interview erzeugt Datentexte, welche die Ereignisverstrickungen und die lebensgeschichtliche Erfahrungsaufschichtung des Biografieträgers so lückenlos reproduzieren, wie das im Rahmen systematischer sozialwissenschaftlicher Forschung überhaupt möglich ist. (...) Das Ergebnis ist ein Erzähltext, der den sozialen Prozess der Entwicklung und Wandlung einer biografischen Identität (...) darstellt und expliziert" (Schütze 1983:285 f.). Schütze geht davon aus, dass in der Stegreiferzählung Menschen ihre Lebensgeschichte so reproduzieren, wie sie sie erfahren haben und wie sie für das Herausbilden ihrer Identität massgebend und somit auch handlungsrelevant ist (vgl. Bohnsack 2007:92). In der Stegreiferzählung kommt ein sog. Zugzwang des Erzählens zum Tragen. Nach Kallmeyer/Schütze (vgl. 1977:175 ff.) ist davon auszugehen, dass Klienten ihre Lebensgeschichte so erzählen, dass es für die zuhörende Sozialarbeiterin klar wird, wann die Erzählung oder Teilerzählung beendet, die ‚Gestalt geschlossen' ist (Gestaltschliessungszwang). Durch die Begrenzung der Zeit wird der erzählende Klient die Erzählung verdichten, sich auf das Wesentliche beschränken, weil er die Gestalt schliessen will (Relevanzfestlegungszwang). Im Zusammenhang mit der Situationserfassung scheint der Detaillierungszwang ganz wesentlich zu sein. Kommt der Klient auf für ihn relevante Ereignisse oder Erlebnisse zu sprechen, geht er detaillierter auf sie ein, um sie verständlich zu machen (vgl. Bohnsack 2007:93 f.). Dadurch werden Handlungs-, Entscheidungs- und Verlaufsmuster sichtbar, die für das Verstehen von bestimmten Verhaltens- und Reaktionsweisen im Laufe eines Unterstützungsprozesses wichtig werden können.

Etliche Autoren (Hermanns 1995, Schütze 1983, Rosenthal 1997) teilen das narrative Interview in verschiedene Phasen auf. Im Rahmen einer Situationserfassung unterscheiden wir zwischen einem Vorgespräch zur Vereinbarung und einem Narrativen Interview mit vier Phasen. In einem *Vorgespräch* geht es darum, der Klientin den Sinn eines solchen Interviews aufzuzeigen, sie zu gewinnen, aus ihrem Leben zu erzählen. Das narrative Interview, dessen Zielsetzung wie auch die Modalitäten werden vorgestellt. Klientinnen werden darüber informiert, dass das Gespräch auf Tonband aufgezeichnet wird und ca. 1.5 bis 2 Stunden dauert. Der Verwendungszweck wird geklärt, das Einhalten der Datenschutzbestimmungen wird zugesichert und eine Vereinbarung unterzeichnet. In einem zweiten Gespräch eröffnet die Sozialarbeiterin nach einer kurzen individuell anzupassenden *Einstiegsphase* das Interview mit einer erzählgenerierenden Eingangsfrage, um die Haupterzählung (*Phase 2*) zu initiieren. Diese Frage kann wie folgt formuliert werden: ‚Möchten Sie mir ihre Lebensgeschichte erzählen, alles, was für Sie persönlich wichtig war und ist?' (Vgl. Griese/Grieshop 2007:26 f.) Eine Zusatzfrage könnte lauten: ‚Wie haben Sie es geschafft, Ihr Leben bis zum heutigen Zeitpunkt selbstständig und ohne fremde Hilfe zu meistern?' Dies ermöglicht der Klientin „ein Thema in deren eigener Sprache, in ihrem Symbolsystem und innerhalb ihres

Relevanzrahmens entfalten zu lassen" (Bohnsack 2007:20 f.). Verschiedene Autoren plädieren im Gegensatz zu Schütze dafür, die Klientin nicht einfach erzählen zu lassen, sondern auch direkt nachzufragen und zu unterbrechen, Widersprüche anzusprechen, auf Ungereimtheiten hinzuweisen, nach Ressourcen zu fragen etc. Dies kann individuell unterschiedlich gehandhabt werden. Wir erachten es als wichtig, eine offene Haltung einzunehmen und im Sinne der Aussage von Meinhold (1987) ‚So viel wie möglich hören – so wenig wie möglich verstehen' Erzähltes nicht bereits zu bewerten. Es kann sinnvoll sein, im Voraus eine Strukturierungshilfe zu erstellen, die die wichtigsten Stationen und Übergänge in einem menschlichen Leben enthält und auch Bezug nimmt zum Anlass, Auftrag, Thema oder Problem. Wenn die Klientin etwas ausgelassen oder nur kurz gestreift hat, kann dies gegen Ende des Interviews in der Phase von erzählgenerierendem Nachfragen angesprochen werden. In dieser 3. *Phase* können Unklarheiten ausgeräumt, fehlende Aspekte ergänzt und die Geschichte zu einem ganzen Bild vervollständigt werden. In der *Abschlussphase* wird die Erzählerin gefragt, ob Wichtiges nicht erwähnt wurde oder während des Interviews Fragen aufgetaucht seien, die nun geklärt werden sollen.

Das Interview wird anschliessend entweder vollständig oder zu grossen Teilen transkribiert und die relevant scheinenden Aussagen werden in die Situationserfassung eingearbeitet. Das Datenmaterial kann aber auch ausführlich methodisch strukturiert – z.B. mit einer qualitativen Inhaltsanalyse – ausgewertet werden (siehe 10.3).

Es ist aus verschiedenen Gründen (wie z.B. kognitiver Entwicklungsstand, eingeschränktes verbales Kommunikationsvermögen, Konzentrationsfähigkeit) nicht mit allen Klienten möglich, ein narratives Interview wie oben beschrieben über eineinhalb bis zwei Stunden durchzuführen. Im Rahmen der Situationserfassung kann das narrative Interview den Besonderheiten von Person und Situation angepasst werden. Zielsetzung dabei bleibt, Menschen über Teile ihres Lebens erzählen zu lassen und dabei ihre subjektiv erlebte(n) Wirklichkeit(en) wie auch ihre Deutungsmuster darlegen zu können.

Insgesamt ermöglichen es alle Formen von Erkundungsgesprächen, Informationen von Klientinnen selber zu erhalten. Dies kann auch in offenen Formen des Nachfragens z.B. in informellen Gesprächen im Alltag geschehen. Die gewonnenen Informationen stellen damit einen Zugang zu der subjektiven Wirklichkeit dar.

8.5 Beobachtung

Eine zweite Methode stellt die Beobachtung dar. Unter Beobachtung als Erfassungsmethode in der Sozialen Arbeit verstehen wir das mehr oder weniger bewusste und zielgerichtete Wahrnehmen von Situationen und von Verhalten von Personen oder Gruppen. Beobachtung kann frei, zufällig, ungesteuert, unstrukturiert geschehen, sie kann auch bewusst-zielgerichtet, planmässig-selektiv, methodisch-geleitet und reflektiert erfolgen. Ist Beobachtung beabsichtigt und zielgerichtet, setzt sich die Sozialpädagogin in differenzierter Weise mit Situation und Person oder Personengruppe auseinander. Dabei gilt es einige wesentliche Aspekte zu beachten, die im Folgenden beschrieben werden.

8.5.1 Beobachtung und Wahrnehmung

Neurophysiologische und wahrnehmungspsychologische Erkenntnisse haben gezeigt, dass Beobachtungen immer subjektiv geprägt sind; insofern geben Beobachtungen in der Sozialen Arbeit die Perspektive der Professionellen wieder. Im Wissen darum bemüht sich die Sozialpädagogin um Sachlichkeit, indem sie sich ihre eigenen Gefühle bewusst macht und sich bei der Beobachtung gleichzeitig selbst beobachtet. Anschliessend überprüft sie ihre Beobachtungen in einem intersubjektiven Vergleich mit denjenigen von anderen Professionellen. Bewusst-zielgerichtet Beobachten heisst auch, sich im Wissen um die Bedeutung dieses Prozessschritts Zeit zu nehmen, um aufmerksam mit allen Sinnesorganen wahrnehmen zu können, was geschieht. Die Anforderung, offen zu sein für reine Beobachtung, etwas nur wahrzunehmen, ohne es gleich wissen, bewerten und erklären zu wollen, scheint in der Praxis im Widerstreit zu stehen mit dem Anspruch, sich Orientierung zu verschaffen und zu beurteilen, um handlungsfähig zu bleiben. Deshalb ist eine kontinuierliche kritische Reflexion wichtig (siehe 7.2).

Der Prozess der Wahrnehmung spielt bei der Beobachtung eine zentrale Rolle. Wahrnehmen ist kein photographisches Registrieren von Objekten oder Ereignissen, vielmehr entwirft der Mensch aus den verschiedenen Sinneseindrücken Bilder, indem er unterschiedliche Reizeinflüsse koordiniert und interpretiert. Es ist demnach entscheidend, welche Information(en) er im Moment als relevant erachtet. Aus der grossen Fülle der Wahrnehmungen hat er jeweils eine beschränkte Auswahl zu treffen. Dabei ist zu berücksichtigen, dass Wahrnehmen auf unterschiedlichen Bewusstseinstufen stattfindet und von gespeicherten Erfahrungen vorstrukturiert wird. Normen, Werte, Erfahrungen, Einstellungen wie auch Stimmungen, Gefühle, Motive etc. fliessen in die Wahrnehmung ein. Die Wahrnehmung liefert also nur ein unvollständiges, persönlich gefärbtes Bild der Wirklichkeit. Aus der Wahrnehmungspsychologie ist bekannt, dass es aus diesem Grund zu sog. ‚Beobachtungsfehlern oder -fallen' kommen kann. Während des Beobachtens kommt es häufig zum sog. ‚Primäreffekt' oder ‚primacy-effect'. Dieser bezeichnet den anfänglichen Eindruck, den man von einer Person gewonnen hat. In der Folge steuert dieser Eindruck alle weiteren Wahrnehmungen, was zu sehr eingeschränkten Bildern und Vorstellungen führen kann. Eine sehr verbreitete Beobachtungsfalle wird mit dem Begriff ‚Halo- oder Überstrahlungseffekt' umschrieben. Wenn bei einem Menschen bestimmte Eigenschaften oder Verhaltensweisen positiv oder negativ bewertet werden, wird die Wahrnehmung des Handelns dieses Menschen von dieser Einschätzung gesteuert. In der Folge nimmt man vermehrt nur diese

Eigenschaften und Verhaltensweisen wahr. Wenn die Erwartungen des Beobachters bewirken, dass sich die beobachtete Person in Richtung dieser Erwartung entwickelt im Sinne einer sich selbst erfüllenden Prophezeiung, spricht man vom ‚Rosenthal'- oder ‚Pygmalion-Effekt'. Wahrnehmungsfallen und -fehler stellen sich ein, wenn zwischen den Beobachtungen und den eigenen Vorurteilen, Einschätzungen, Einstellungen, Stereotypisierungen und Attributionen nicht unterschieden wird (vgl. Gerrig/Zimbardo 2008).

8.5.2 Formen der Beobachtung

Es gibt im beruflichen Alltag verschiedene Formen von Beobachtung. Zunächst ist zwischen Fremd- und Selbstbeobachtung zu unterscheiden. In der Regel wird mit dem Begriff Fremdbeobachtung assoziiert, dass Klientinnen von Professionellen der Sozialen Arbeit beobachtet werden. Die Tatsache, dass in der Realität auch die Professionellen von Klientinnen beobachtet werden, wird nicht nur bei der Begriffsbestimmung meist vernachlässigt, sondern auch im Alltag selten genutzt. Neben der Fremdbeobachtung gibt es die Ebene der Selbstbeobachtung. Der beobachtende Sozialpädagoge oder die Klientin machen es sich zur ständigen Aufgabe, das eigene Befinden und die Art der Kommunikation, d.h. Emotionen, Handlungen, Reaktionen und Veränderungen bei sich bewusst wahrzunehmen.

Fremdbeobachtung

Die Fremdbeobachtung von Klienten soll im Folgenden genauer dargelegt werden. Sie kann strukturiert oder frei erfolgen. Sozialarbeiter beobachten in jeder Interaktion mit Klientinnen mehr oder weniger bewusst deren Verhalten; *unstrukturierte Beobachtung* geschieht im beruflichen Alltag dauernd, ohne thematische Beschränkung und meist ohne bewusste Reflexion. Wenn irgendein Anlass die Aufmerksamkeit des Professionellen weckt, fokussiert sich sein Interesse auf einen bestimmten Punkt, z.B. auf ein plötzliches Zucken im Gesicht des Gegenübers. Unstrukturierte Beobachtungen ermöglichen, wichtige Informationen aus den direkten Begegnungen mit Klientinnen zu gewinnen. Die wahrgenommenen Ereignisse, Verhaltensweisen, Reaktionen notieren Sozialpädagoginnen häufig im sog. Tagesjournal der Organisation, weniger häufig in den offiziellen Klientendossiers.

Unstrukturierte Beobachtung ist die üblichste Form der Beobachtung in der Sozialen Arbeit. Sie kann in jedem Praxisfeld und jedem Setting stattfinden und stellt eine sehr wichtige Informationsquelle dar. Allerdings sollen sich die Professionellen der Selektivität der eigenen Wahrnehmung bewusst sein, den Einfluss von Vorwissen und -annahmen sowie die eigenen Gefühle und Befindlichkeit reflektieren und zwischen Beschreibung und Interpretation unterscheiden. Deshalb sind in einem zweiten Schritt die aufgenommenen Informationen intersubjektiv zu vergleichen und kritisch zu reflektieren.

Systematische, strukturierte Beobachtung erfolgt unter definierten Bedingungen. Sie ist beschränkt auf einen zuvor ausgewählten Beobachtungsbereich und bedient sich eines bestimmten Beobachtungssystems, z.B. eines Beobachtungsschemas oder -bogens. Kennzeichen sind planmässiges Vorgehen und Festschreiben von Ziel und Zweck der Beobachtung. Dabei ist der Auswahl der Beobachtungssituation, der Lenkung der Aufmerksamkeit auf ausgewählte Aspekte und der genauen Festlegung von Zeit und Dauer ein besonderes Augenmerk zu schenken. Vorteil ist, dass sich systematische Beobachtungen vergleichen und Beobachtungsfehler eher vermeiden lassen. Nachteil ist, dass die eigene Aufmerksamkeit nicht mehr auf Begebenheiten gerichtet ist, die möglicherweise ebenfalls wichtig wären (vgl. Thiesen 2003:51 ff.).

Weiter wird unterschieden zwischen teilnehmender und nicht-teilnehmender Beobachtung. *Nicht-teilnehmende Beobachtung* kann stattfinden durch direkte Beobachtung (z.B. Protokoll) oder durch technisch vermittelte Beobachtung (z.B. Video). Diese beiden Formen können für die beobachtete Person offen oder verdeckt sein. *Teilnehmende Beobachtung* kann in passiver Form geschehen, indem die Beobachterin eine Zuschauerrolle innehat. Als aktiv Teilnehmende handelt die Sozialpädagogin im Feld, das sie beobachtet. Dabei kann die beobachtete Klientin über die Doppelrolle informiert sein oder auch nicht (vgl. Köck 1981: in Strasser 2005:44). Aus ethischen Gründen sollten die Beobachteten in angemessener Form darüber informiert werden. Aktiv teilnehmende, unstrukturierte Beobachtung ist die häufigste Beobachtungsform im sozialarbeiterischen Alltag.

Beobachtung als *wissenschaftliche Forschungsmethode* ist immer systematische (Fremd-)Beobachtung. Sie findet unter definierten Bedingungen statt, verfolgt ein theoretisch begründetes Untersuchungsziel und hat den Anforderungskriterien von Objektivität, Validität und Reliabilität zu genügen. Wissenschaftliche Beobachtung stellt hohe Ansprüche, die im Praxisalltag von Sozialarbeitern – die zudem immer Direktbeteiligte im Unterstützungsprozess sind – nicht zu leisten sind.

Selbstbeobachtung

In der Regel findet Selbstbeobachtung der Professionellen im Berufsalltag unstrukturiert statt, meist im Sinne einer Introspektion. Anlass kann eine Reaktion einer Klientin oder das Ergebnis einer Inter- oder Supervisionssitzung sein. Dabei geht es darum, die eigene Aufmerksamkeit auf bestimmte Verhaltens- und insbesondere Reaktionsweisen zu lenken. Es ist in der Praxis noch wenig üblich, Selbstbeobachtungen schriftlich festzuhalten und als solche mit Fremdbeobachtungen abzugleichen. Am ehesten geschieht dies bei der technisch vermittelten Beobachtung per Video oder Tonband oder indirekt durch Feedbacks im Rahmen der intraprofessionellen Zusammenarbeit. Die Selbstbeobachtung der Klienten wird ebenfalls wenig systematisch genutzt in der gemeinsamen Arbeit. Hier liegt möglicherweise auf beiden Seiten viel Potential, das z.B. für das Erkennen von gelingenden oder misslingenden Kommunikationsmustern oder Interaktionsketten gute Hilfe leisten könnte.

Für eine möglichst umfassende und reflektierte Beobachtung ist die Selbstbeobachtung in die Fremdbeobachtung miteinzubeziehen und die Fremdbeobachtung zu vergleichen mit Selbstaussagen des beobachteten Klienten, wie dies Abbildung 7 verdeutlicht.

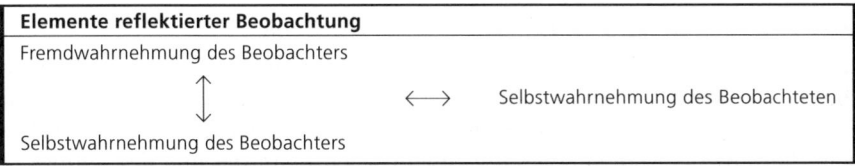

Abb. 7: Elemente reflektierter Beobachtung (Martin/Wawrinoski 2006:8)

8.5.3 Beobachtungsbogen

Im Folgenden werden wir ausführlich auf die Konstruktion von Beobachtungsbogen eingehen.

Beobachtungs- oder Einschätzungsbogen?

Beobachtungsbogen dienen zur strukturierten Erfassung von Situation und Verhaltensweisen von Klientinnen. In der Literatur finden sich etliche Beobachtungsbogen für einzelne Praxisfelder, wie z.B. für den Kontext der stationären Jugendhilfe, der Behindertenhilfe oder für den Vorschulbereich (vgl. Krenz 2003, Thiesen 2003, Strasser 2006). Auch in einzelnen Organisationen der Sozialen Arbeit sind für diesen Zweck Beobachtungsbogen entwickelt worden. Sie dienen dazu, den Blick auf bestimmte Bereiche der Entwicklung und/oder des Verhaltens bestimmter Klientinnen zu richten. In den allermeisten Fällen handelt es sich allerdings um Bogen der Fremd- oder Selbsteinschätzung, die vom Beobachter verlangen, seine Beobachtungen unmittelbar zu bewerten. So soll z.B. das Verhalten gegenüber andern Personen in verschiedenen Skalierungsgraden zwischen ‚aufgeschlossen und ablehnend, vertraulich und ängstlich, ungehemmt und gehemmt, kritisch und unkritisch' bewertet werden (vgl. Thiesen 2003:94f.). Oder es wird gefordert, in der Kategorie ‚Aggressivität' bestimmte Verhaltensweisen wie ‚tadelt Kind', ‚droht Kind', ‚nimmt Kind etwas weg' als zutreffend anzukreuzen (Krenz 1994:64). Hier geschieht Situationserfassung und Analyse gleichzeitig, wobei nicht klar wird, wie die Bewertung zustande kommt. Viele Bogen sind zudem mit einer Tendenz zur Defizitorientierung formuliert. So könnte ein Verhalten, das als ‚ablehnend' eingestuft wird, auch als äusserst adäquates Reagieren auf Beziehungsangebote eingeschätzt werden, die einem Kind aufgrund seiner Primärerfahrungen als zu übergriffig und zu distanzlos erscheinen. Gute Beobachtungsbogen finden sich in der Literatur unseres Erachtens kaum. Ausnahme bilden die Beobachtungsbögen von Lueger (2005), die für ausgewählte Entwicklungsbereiche von Kindern zwischen 0–5 Jahren gute Grundlagen zur Erfassung ausgearbeitet hat.

Diese Überlegungen führen uns zur Empfehlung, für die systematische Beobachtung eines Themas oder einer Situation jeweils einen fallspezifischen Bogen zu entwerfen. Im Folgenden soll dargestellt werden, wie ein solcher Beobachtungsbogen entwickelt werden kann.

Beobachtungsbogen zur fallspezifischen Konkretisierung

In einem ersten Schritt werden Vorinformationen, mögliche Themen und Hypothesen vergegenwärtigt. Es ist zu fragen, was das Thema ist, was Anlass gibt für die Beobachtung, unter welcher Fragestellung und mit welchem Ziel sie geschehen soll. Unter Berücksichtigung des organisatorischen Kontextes und des Settings ist eine angemessene Beobachtungsform, eine entsprechende Situation und ein geeigneter Zeitraum (Realitätsausschnitt) zu wählen. Es ist zu klären, wer wen beobachten soll und wer weitere Beteiligte sind. Die Mittel und die Art der Aufzeichnung wie z. B. Video, Strichliste, schriftliche Notizen werden festgelegt (Was soll genau und in welcher Weise beschrieben werden?).

Ein ähnliches Frageleitschema hat Kobi für die strukturierte Beobachtung entwickelt. Die acht ‚W-Fragen' dienen sowohl zur Planung wie zur Kontrolle der Beobachtung:

- Wen? → die beobachtete Person
- Was? → das beobachtete Verhalten
- Wo? → die Situation
- Wann? → Zeitpunkt/Dauer
- Warum? → Anlass
- Wozu? → Zielsetzung, Sinn, Zweck
- Wie? → Form der Beobachtung
- Wer? → die beobachtende Person (vgl. Kobi 1996:32)

In jedem Beobachtungsbogen sollen nachstehende Rubriken enthalten sein:

Organisation: ...	Name Klientin, Alter und Geschlecht: ...	Name Beobachterin und Geschlecht: ...
Beobachtungszeitraum und Beobachtungsdatum: ...	Ort der Beobachtung: ...	Beobachtungssituation: ...
Weitere Beteiligte: ...	Mittel der Beobachtung: ...	Beobachtungsform: ...
Anlass: ...	Thema: ...	Zielsetzung: ...

Abb. 8: Kopfzeile eines Beobachtungsbogens

Die weitere Ausgestaltung des Bogens ist abhängig von Zielsetzung, Thema, Fokussierung, Vorwissen und Ausgangslage der Beobachtungssequenz. Geschieht die Beobachtung zu einem Thema frei, kann der zweite Teil des Bogens entsprechend offen strukturiert sein. Neben der Rubrik ‚themenbezogene Beobachtungen' ist ein Feld vorzusehen für Selbstbeobachtungen und erste Einschätzungen des Beobachtenden. Allgemeine Beobachtungen erstrecken sich in der Regel über einen längeren Zeitraum. (So können z. B. bei Menschen mit schweren Entwicklungsbeeinträchtigungen über ein halbes oder ganzes Jahr Beobachtungen angestellt und dokumentiert werden, die dann erst eine umfassendere Einschätzung ermöglichen). Erfolgen Beobachtungen detaillierter, beschränken sie sich eher auf einen kleineren Zeitraum (z. B. Beobachtung von ausgewählten Gruppenaktivitäten in einem Mädchentreff an drei Nachmittagen).

Organisation: ...	Name Klientin, Alter und Geschlecht: ...	Name Beobachterin und Geschlecht: ...
Beobachtungszeitraum und Beobachtungsdatum: ...	Ort der Beobachtung: ...	Beobachtungssituation: ...
Weitere Beteiligte: ...	Mittel der Beobachtung: ...	Beobachtungsform: ...
Anlass: ...	Thema: ...	Zielsetzung: ...
Zeit ...	Themenbezogene Beobachtungen ...	Selbstbeobachtung (eigene Befindlichkeit, evt. Einschätzungen) ...

Abb. 9: Beobachtungsbogen: Variante für themenbezogene Beobachtung

Wird eine spezifische Beobachtung angestrebt, kann zwischen verschiedenen Verhaltensbereichen, wie z. B. verbalen und nonverbalen Äusserungen einer Klientin oder Adressatengruppe unterschieden werden. Der Bogen ist weiter zu differenzieren, indem – je nach Thema – Beobachtungsfelder definiert werden. Dies soll die nachfolgende Abbildung 10 veranschaulichen:

Organisation: ...	Name Klientin, Alter und Geschlecht: ...						Name Beobachterin und Geschlecht: ...	
Beobachtungszeitraum und Beobachtungsdatum: ...	Ort der Beobachtung: ...						Beobachtungssituation: ...	
Weitere Beteiligte: ...	Mittel der Beobachtung: ...						Beobachtungsform: ...	
Anlass: ...	Thema: ...						Zielsetzung: ...	
Zeit ...	Themenbezogene Beobachtungen						Selbstbeobachtung	
	Motorische Tätigkeiten, Aktivitäten ...	Verbale – nonverbale Äusserungen ...	Beobachtungen zum emotionalen Befinden (z.B. Lachen, Weinen) ...	Beobachtungen zum körperlichen Empfinden (z.B. Schmerz, Müdigkeit) ...	Beobachtungen zur Kognition (z.B. Sprache, Wahrnehmen, Verstehen) ...		eigene Befindlichkeit ...	Einschätzungen ...

Abb. 10: Beobachtungsbogen: Variante mit definiertem Beobachtungsbereich

Situationserfassung

In der Praxis wird es häufig so sein, dass sich aus einer freien Beobachtung (Abb. 9) ein besonderes Thema herausschält, das in der Folge Anlass gibt für eine noch strukturiertere Beobachtung (Abb. 10).

So kann einer Sozialpädagogin in einer Beschäftigungsstätte z. B. aufgefallen sein, dass jeweils gegen Ende eines Morgens ein Klient immer wieder die Toilette aufsucht, um sich die Hände zu waschen. Es kann hilfreich sein, einen Bogen zu entwerfen, der bestimmte Kategorien für diesen Zeitraum vor Mittag wie – motorische Aktivitäten, Beobachtungen zum emotionalen Befinden, verbale-nonverbale Äusserungen – aufweist.

Dieses Raster kann getestet und bei Bedarf modifiziert oder auch weiter entwickelt werden für eine codierte Beobachtung. Mittels der Beobachtungsnotizen sowie fach- und praxisfeldbezogenem Vorwissen kann die Sozialpädagogin bestimmte Aktivitäten oder Verhaltensweisen dieses Klienten codieren und das Raster auf diese Weise ausdifferenzieren. Während der Beobachtung werden codierte Verhaltensweisen gezählt.

Im obigen Beispiel könnten die motorischen Aktivitäten unterteilt werden in: steht auf und geht umher/trommelt mit den Fäusten auf den Tisch/schlägt den Kopf auf den Tisch/spuckt auf den Boden/fuchtelt mit den Armen etc.

Organisation: ...	Name Klientin, Alter und Geschlecht: ...	Name Beobachterin und Geschlecht: ...
Beobachtungszeitraum und Beobachtungsdatum: ...	Ort der Beobachtung: ...	Beobachtungssituation: ...
Weitere Beteiligte: ...	Mittel der Beobachtung: ...	Beobachtungsform: ...
Anlass: ...	Thema: ...	Zielsetzung: ...

Zeit ...	Themenbezogene Beobachtungen						Selbstbeobachtung	
	Aktivitäten Klient	Aktivitäten anderer (Klienten, Sozialpädagogen etc.)				Umweltfaktoren	eigene Befindlichkeit	Einschätzungen
	* | * | * | *	A | B | C | D				* | * | *		
		* | * | * | *	* | * | *	* | * | *	* | * | *			

* definieren

Abb. 11: Beobachtungsbogen Variante mit Interaktionen

Solche Beobachtungsbogen können zusätzlich zeitlich gezielt eingesetzt werden z. B. vor, während oder nach einem bestimmten herausfordernden Verhalten eines Klienten oder einer Klientinnengruppe.

Mit dem Einbezug von Aktivitäten anderer Beteiligter und Umweltfaktoren kann der Beobachtungsfokus um die Ebene der Interaktionen erweitert werden. Entsprechende Rubriken können offen gehalten werden für Notizen zu Beobachtungen von Aktivitäten verschiedener Beteiligter sowie unterschiedliche Umweltfaktoren; sie können aber auch weiter ausdifferenziert werden, damit bestimmte Interaktionsmodi systematisch erfasst werden. Als weitere Variante für die einzelnen Aktivitäten von Klienten oder anderer Beteiligter kann zusätzlich eine Codierung gewählt werden. Dies erlaubt, besondere Kommunikations- und Interaktionsabläufe und -muster, über die bereits Beobachtungen bestehen, noch genauer zu erfassen.

8.5.4 Überlegungen zur Beobachtung in einzelnen Praxisfeldern

Aktiv-teilnehmende, freie Beobachtung kann als allgemeine Aufgabe von Sozialarbeitern aufgefasst werden, die immer stattfindet und sich in allen Praxisfeldern eignet, um erste Eindrücke zu sammeln wie auch Veränderungen im Unterstützungsprozess wahrzunehmen. In der Regel werden freie Beobachtungen in Verlaufsnotizen festgehalten. Sie beziehen sich auf die Ebene der Klienten, sollten aber auch immer wieder die Ebene der Professionellen fokussieren. Schriftliche Notizen von aktiv-teilnehmenden, freien Beobachtungen bilden eine erste Dokumentation, in die Klienten Einsichtsrecht haben (weitere Ausführungen zum Thema Dokumentation siehe Kap. 13.5).

Nicht-teilnehmende, insbesondere technisch-gestützte Beobachtung ermöglicht sowohl die Selbstbeobachtung aller Beteiligten als auch Interaktionen von Klienten und Sozialarbeiterinnen oder solche unter Klienten wahrnehmen zu können. Ein wiederholtes Auswerten mit unterschiedlichen Foki erlaubt, unterschiedliche Aspekte oder das Zusammenspiel von verschiedenen Faktoren besser erkennen zu können. Es ermöglicht auch, die Aufzeichnungen gemeinsam mit Klienten anzusehen oder anzuhören und darüber in ein Gespräch zu kommen. Diese Beobachtungsform eignet sich für den Kontext der Kinder- und Jugendhilfe v.a. im stationären Bereich, aber auch in der offenen Jugendarbeit und je nach Setting für die Familienhilfe.

Im Praxisfeld der Behindertenhilfe geschieht Beobachtung meist aktiv-teilnehmend, Studierende haben auch mal die Möglichkeit, passiv-teilnehmend zu beobachten. Da etliche Klientinnen sich verbal wenig äussern können, eignet sich der Einsatz von detaillierten Beobachtungsbogen – mit der Option der Codierung – oftmals über einen längeren Zeitraum, damit es Professionellen gelingt, Situationen fokussiert und systematisch zu erfassen. Auch die Beobachtung von Gruppen in verschiedenen Praxisfeldern findet zumeist aktiv-teilnehmend statt. Dabei scheint es hilfreich, die Möglichkeit von technisch gestützter Beobachtung zu nutzen, um Kommunikationen und Interaktionen in der Gruppe möglichst genau erfassen zu können.

Die Ausführungen zur Anwendung verschiedener Beobachtungsformen zeigen auf, dass systematische, strukturierte Beobachtung kaum zu Beginn eines Prozesses stattfindet. In der Regel wird zunächst freie, unstrukturierte Beobachtung eingesetzt, die im Laufe eines Unterstützungsprozesses abgelöst werden kann von strukturierteren Formen.

8.6 Aktenstudium

Eine dritte Möglichkeit der Situationserfassung stellt das Aktenstudium dar. Es ist eine Methode zur *reflektierten und fokussierten Erfassung* von Informationen aus schriftlichen Unterlagen. Dabei stützen sich Sozialarbeiterinnen auf schriftliche Notizen, Berichte, Gutachten, Protokolle, Hilfepläne, Einträge, Verfügungen etc., welche Professionelle aus der Sozialen Arbeit oder einer andern Profession im Zusammenhang mit einer Hilfestellung für eine Klientin angelegt haben. In Organisationen der Sozialen Arbeit führen Professionelle in der Regel Akten über Klienten.

Akten erfüllen eine bestimmte *Funktion*. Sie zeigen Entwicklungen über Klienten, halten Interventionen, Vereinbarungen mit ihnen fest sowie wichtigste Ereignisse, Problemkreise. Sie enthalten Daten über die Verlaufsgeschichte in der Organisation und bieten eine Grundlage für Analysen, Erklärungen, Entscheidungen für das weitere Vorgehen von Professionellen. Sie geben darüber Auskunft, welche Ziele anvisiert und erreicht und welche Entscheidungen gemeinsam getroffen oder verfügt wurden. Sie bilden den Nachweis der Legitimität des professionellen Handelns. Sie verweisen auf wichtigste Probleme und Themenstellungen und enthalten idealerweise Angaben zu Ressourcen wie auch die Perspektiven jeweils aller am Unterstützungsprozess Beteiligter u. a. m.

Allerdings ist es für Akten charakteristisch, dass sie eine Form von Konstruktion sozialer Wirklichkeit durch Professionelle darstellen (vgl. Merchel 2004:23) und damit vornehmlich deren Sichtweise enthalten. Das kann dazu führen, dass jeweils nur einzelne Aspekte einer Person und Teile ihrer Biografie in einseitiger Weise erfasst werden. Akten fassen Ausschnitte aus der Realität zusammen, verdichten sie, reduzieren die Komplexität und selektionieren. Sie erfassen einzelne Facetten von einem Menschen, seiner Lebensgeschichte, Ausschnitte aus bestimmten Lebensbereichen und aus der Kooperation mit Professionellen der Sozialen Arbeit. Sie enthalten objektive Daten, subjektive Einschätzungen, Diagnosen, was zur hilfreichen Erklärung spezieller Verhaltensweisen und Situationen, aber auch zu einer einseitigen Fokussierung einzelner meist problematischer Aspekte führen kann, wenn sich Zuschreibungen nicht nur auf das Verhalten, sondern auf Menschen insgesamt beziehen (z. B. wird aus der Beschreibung: „Er hat die Sozialarbeiterin angelogen" die Zuschreibung: „Er ist ein Lügner"). Sie sind einerseits geprägt von der Logik der jeweiligen Organisation, bilden anderseits das Resultat der von den Professionellen bewerteten Koproduktion.

Sozialpädagoginnen sollen sich beim Aktenstudium der komplexen Funktion und Eigenart der Akten bewusst sein. Sie sollen sich die Bedeutung der gewählten Akten erschliessen im Wissen, dass Akten je in einem spezifischen Kontext zu einem ausgewählten Zeitpunkt mit einem bestimmten Zweck angelegt worden sind (z. B. Austrittsbericht für einen 15 jährigen Jugendlichen aus einer stationären Einrichtung). Damit allfällige Bewertungen oder Einschätzungen nicht ungefragt übernommen werden, ist das Aktenstudium vorbereitet anzugehen. Dies kann dadurch geschehen, dass der Sozialarbeiter ein spezielles Frageraster entwickelt, mit dem die gewonnenen Informationen geordnet werden können. Zudem soll überlegt werden, welche Informationen aus den Akten gewonnen werden können und welche Daten mit andern Methoden zu erheben sind. Mögliche Leitfragen für ein Aktenstudium sind:

- Wann, von wem, zu welchem Zweck und in welchem Kontext wurde die Akte erstellt?
- Finden sich Aussagen, Informationen zu einem vorläufigen Thema und/oder zum Auftrag?
- Ist die Perspektive der Klientin, der Adressatengruppe enthalten?
- Wer hat wann welche Einschätzung (z. B. Diagnose) gemacht?
- Enthalten die Akten wichtige Daten wie z. B. Medikation, Krankheiten?
- Sind die Ressourcen der Klientin bzw. der Adressatengruppe aufgeführt?

Am Ende ist zu fragen, welche Fragen sich auf Grund der Akten nicht beantworten lassen und welche Unklarheiten bestehen oder sich ergeben.

Im Wissen, dass Akten von Professionellen angelegte und ausgewählte Dokumentationen sind, die ein subjektiv gefärbtes Abbild der Realität darstellen, besteht die Methode des Aktenstudiums darin, wichtigste Informationen daraus zu entnehmen und schriftlich festzuhalten. Bewertungen, Diagnosen sind dabei immer als Einschätzungen zu einem bestimmten Zeitpunkt zu betrachten, die sich wieder verändern können. In der Arbeit mit Akten ist es wichtig, offen zu bleiben, *keine Vorurteile zu bilden*, nicht zu etikettieren, um zu vermeiden, dass es zu sich selbst erfüllenden Prophezeiungen kommt. In einem andern, neuen Kontext können sich Menschen ganz anders entwickeln. In Akten finden sich oft ganz wichtige Daten wie Angaben zu Medikation, zu Krankheiten. Sie geben einen Überblick über den Unterstützungsprozess und bilden somit das Gedächtnis einer Organisation, das es als wichtige Informationsquelle zu nutzen gilt (vgl. Brack 2003).

8.7 Reflexion des Prozessschrittes

Die vorgestellten Methoden für die Situationserfassung sollen im Folgenden kritisch beurteilt und Hinweise zur Evaluation des Prozessschrittes in einem konkreten Fall formuliert werden.

8.7.1 Methodenreflexion

In Kap. 7.4 haben wir die fünf Kriterien Kooperation, übergreifende Zielsetzung der Sozialen Arbeit, Professionsethik, Anwendung in verschiedenen Praxisfeldern und Aufwand zur Reflexion und Beurteilung von Methoden der Sozialen Arbeit vorgestellt. Die drei Erfassungsmethoden für den ersten Prozessschritt werden im Folgenden im Hinblick auf diese Reflexionskriterien überprüft und beurteilt. Dabei verwenden wir eine vierstufige Skala von + (Methode kann die Erfüllung des Kriteriums unter Umständen ermöglichen) bis zu ++++ (unterstützt aktiv das Erreichen des Kriteriums).

Erkundungsgespräch							
	Kriterium Kooperation Klientin Profess.		Kriterium Zielsetzung Soziale Arbeit	Kriterium Professions- ethik	Kriterium Praxisfelder	Kriterium Aufwand	
Erstgespräch	++++	+++	+++	++++	überall[1]	gering	
Narr. Interview	++++	++	++++	++++	Einzelfall- hilfe[2]	hoch[3]	
Formell	++++	+++	+++	++++	überall	gering	
Informell	++++	++	–	++++	überall	gering	

[1] ausgenommen bei Menschen mit schwerer kognitiver Beeinträchtigung
[2] da, wo es um längerfristige Begleitung einzelner Menschen geht
[3] hoher Aufwand, darum muss die Angemessenheit fallbezogen beurteilt werden

Beobachtung						
	Kooperation Klientin Profess.		Zielsetzung Soziale Arbeit	Professions- ethik	Praxisfelder	Aufwand
Frei	++	+++	+	+	überall	gering
Strukturiert	++	++++	++[1]	++++	stationäre Hilfe	hoch[2]

[1] nur wenn Selbstbeobachtung des Klienten miteinbezogen wird
[2] wenn spezifisches Thema vorhanden, lohnt sich der Aufwand sehr

Aktenstudium						
	Kooperation Klientin Profess.		Zielsetzung Soziale Arbeit	Professions- ethik	Praxisfelder	Aufwand
Frei	++[1]	+++	0	++[1]	Einzelfall- hilfe[2]	mittel[2]

[1] nur wenn Klient in Aktenstudium einbezogen wird
[2] sinnvoll dann, wenn im Praxisfeld viele Akten vorhanden sind (Sozialdienst, stationäre Hilfen, etc.)

Legende: ++++ unterstützt aktiv | +++ ermöglicht | ++ kann ermöglichen | + kann unter Umständen ermöglichen | 0 nicht | – keine Aussage möglich

Abb. 12: Beurteilung der Erfassungsmethoden

Die kriteriengeleitete Reflexion zeigt, dass Erkundungsgespräche aller Art unverzichtbar sind für eine professionelle Situationserfassung: Weil sie als einzige Erfassungsmethode die Kooperation mit Klientinnen direkt unterstützen und ermöglichen, die Zielsetzung Sozialer Arbeit aktiv unterstützen und den professionsethischen Anforderungen genügen. Einzig die aufwändige Methode des narrativen Interviews ist nur in bestimmten Fällen geeignet und angemessen. Beobachtung ist in allen Praxisfeldern eine wichtige Erfassungsmethode für die Professionellen (Ebene der Kooperation mit Fachkräften). Das Aktenstudium als weitere Erfassungsmethode für die Professionellen ist nur in ausgewählten Praxisfeldern sinnvoll und bedarf einer sehr reflektierten Handhabung, weil die Methode keinen Beitrag leistet hinsichtlich Zielsetzung Sozialer Arbeit und professionsethischer Anforderungen.

8.7.2 Evaluationsfragen

Kontinuierliche Selbstreflexion gehört zum Selbstverständnis, zum Habitus (siehe Kap. 6.2.2) von Professionellen der Sozialen Arbeit. Wenn ein Sozialpädagoge eine (erste) Situationserfassung abgeschlossen hat, wird er sich eine Reihe von Fragen stellen:

- Ist der klientenbezogene Auftrag geklärt?
- Ist die eigene Zuständigkeit gegeben?
- Wurden alle wichtigen, in Hinblick auf den Auftrag relevanten Informationen erfasst?
- Wurden die Informationen in sinnvoller Weise geordnet und dokumentiert?
- War die Wahl der Erfassungsmethoden den Bedingungen und Erfordernissen des Falles angemessen?
- Ist es gelungen, die Sichtweise der Klientin und des Klientinnensystems zu erfassen?
- Ist Kooperation auf beiden Ebenen angemessen gestaltet worden?
- Wie lautet die erste Einschätzung der Fallsituation? Welches sind vorläufige Themen?
- Sind Ergänzungen nötig oder Überlegungen zum Prozessschritt Analyse?

Zu bedenken ist, dass die Situationserfassung nie vollständig und abgeschlossen ist, sondern im Laufe einer Prozessgestaltung kontinuierlich ergänzt wird.

8.8 Übersicht Prozessschritt Situationserfassung

Aufgabe

Hier geht es um die Feststellung bzw. Klärung des Auftrags in einem Fall, um die Erfassung der rechtlichen Situation, um die Vorgeschichte (biographische Verlaufsdaten, bisherige Interventionen in Hilfesystemen, auch in der eigenen Organisation) und um die gegenwärtige Situation in relevanten Lebensbereichen. Die Informationen werden mit einer Haltung von Offenheit erfasst und beschrieben, ohne dass eigene Bewertungen vorgenommen werden. Ziel in diesem Prozessschritt ist ein Bild zu erhalten von der Fallsituation, die Anliegen zu erfassen und vorläufige Themen festzustellen.

Methoden
- Erkundungsgespräche: Erstgespräche, formelle Gespräche, informelle Gespräche, narratives Interview
- Beobachtung (freie und strukturierte Beobachtung)
- Aktenstudium

Vorgehen
- Was ist über den Fall bekannt?
- Welche Informationen werden benötigt (Wahl des Realitätsausschnitts)
- Wahl geeigneter Methoden, Strukturierungs- und Kooperationsmöglichkeiten
- Methoden anwenden (Informationsgewinnung)
- Strukturierte Dokumentation

Kooperation

Ebene Klientin/Zielgruppe:
- Kooperation initiieren
- Kooperationsmöglichkeiten erkunden

Fachebene:
- Kooperationspartner auswählen
- angemessene Form der Kooperation anstreben

Kompetenzen

Um die Situation in einem Fall angemessen erfassen zu können, sollen Professionelle der Sozialen Arbeit über die nachfolgenden Kompetenzen verfügen:
- den Auftrag in einem Fall klären und aushandeln können
- einen fallangemessenen Realitätsausschnitt wählen können: wissen, welche Informationen in einem Fall wichtig sind und welche eine Sozialarbeiterin nicht erheben muss, wo die Grenzen der eigenen Zuständigkeit liegen und die Privatsphäre einer Klientin respektiert werden soll/tangiert wäre

- Erfassungsmethoden kennen und falladäquat anwenden können
- Schwierigkeiten und Ressourcen erfassen können
- die soziale Dimension eines Falles erkennen können (d. h. Informationen zur Person *und* zu ihren Lebensumständen und ihrer sozialen Integration erfassen)
- unterscheiden können zwischen Fakten und Geschichten, zwischen beschreiben und bewerten
- die Kooperation mit Klientinnen initiieren und angemessen gestalten können
- relevante Daten strukturiert und prägnant dokumentieren können

9 Analyse

Wenn wir davon ausgehen, dass die wesentlichen Daten in einem Fall erfasst und vielleicht auch vorläufige Themen festgestellt sind, gilt es eine genauere Auslegeordnung vorzunehmen – eine Analyse durchzuführen. Das Kapitel beginnt mit einer Diskussion der Begrifflichkeit, bevor Aufgabe und Zielsetzung einer Analyse erläutert, die Vorgehensschritte beschrieben und mögliche Kategorien für die unterschiedlichen Analysemethoden, die es derzeit in der Sozialen Arbeit gibt, vorgestellt werden. Entlang dieser Kategorisierung werden ausgewählte Methoden dargestellt: Zunächst verschiedene Methoden der Perspektivenanalyse, die Analyse durch Reflexion des eigenen Erlebens, mehrere Notationssysteme, quantitative und qualitative Klassifikationssysteme und schliesslich systemische Analysemethoden. Abschliessend werden die vorgestellten Methoden kritisch reflektiert, und die wichtigsten Aspekte des Prozessschrittes werden wiederum in einer Übersicht festgehalten.

9.1 Aufgabe und Vorgehen

Zunächst soll in einem kurzen Exkurs auf die uneinheitliche Begriffsverwendung eingegangen werden.

Begriffsdiskussion

Etymologisch bedeutet der aus dem Griechischen stammende Begriff ‚Analyse' die Zergliederung eines Ganzen in seine Teile sowie Untersuchung; das Gegenteil einer Analyse bzw. auch deren letzte Phase ist die Synthese, das Zusammenfügen der Einzelteile zu einem neuen, höheren Ganzen (vgl. Duden 2007). Unter einer Analyse wird eine systematische Untersuchung eines Sachverhaltes verstanden, bei der dieser in seine Bestandteile zerlegt wird und diese anschließend geordnet und untersucht werden und Einzelpunkte herausgearbeitet werden; zu einer Analyse gehört abschliessend eine Phase des Zusammenfügens und der Interpretation. Der Begriff wird in den Natur- wie den Geisteswissenschaften verwendet und hat jeweils einen spezifischen Bedeutungsgehalt. In der Sozialen Arbeit allerdings ist diese Bedeutung nicht eindeutig, wird der Begriff doch unterschiedlich genutzt und gefüllt. Zusätzlich kompliziert wird die Fachdiskussion aufgrund einer weiteren Uneinheitlichkeit: Die Aufteilung zwischen Situationserfassung – Analyse – Diagnose, mit der in dieser Methodik gearbeitet wird, ist lediglich *eine* Möglichkeit der Unterscheidung verschiedener Phasen der Fallbearbeitung. So wird zum einen nicht immer unterschieden zwischen den Phasen Situationserfassung und Analyse: Bei einer sog. ‚Situationsanalyse' erfolgt die Erfassung von Information bereits strukturiert entlang von Kategorien, und es wird nicht unterschieden zwischen der Aufgabe der Erfassung objektiver Daten und deren fachlicher Interpretation (z. B. bei Staub-Bernasconi 1998, Geiser 2009, siehe 8.3.2); die gesamte analytische Phase der Fallbearbeitung – siehe 7.2 – wird unter ‚Situationsanalyse' subsumiert. Zum anderen werden die Begriffe Analyse und Diagnose sehr unterschiedlich verwendet. Häufig werden Analyseinstrumente, die auf einem Klassifikations- oder Notationssystem basieren (siehe unten, 9.3 und 9.4) als ‚(psycho-)soziale Diagnosemethode' bezeichnet oder – wie bei Pantuček 2009 – als ‚soziale Diagnoseverfahren'. In manchen Sammelbänden zu Diagnostik in der Sozialen Arbeit (z. B. Heiner 2004, Schrapper 2004) werden Methoden und Instrumente vorgestellt, die wir in diesem Lehrbuch teilweise als Analyse und teilweise als Diagnose bezeichnen werden.

Aufgaben

Nach der Situationserfassung wird mit Hilfe einer Analysemethode eine *strukturierte Auslegeordnung* vorgenommen. Diese soll der Komplexität von Problemen in der Sozialen Arbeit gerecht werden (vgl. Neuffer 2005:26f.) und eine Bewertung und Interpretation des Gesamtbildes in einem Fall ermöglichen. Eine Analyse dient stets der *Klärung*, ihr Zweck ist die *Bestimmung der Fallthematik*. Dabei wird Komplexität zunächst erweitert und anschliessend reduziert: Während in der Phase der Datenerhebung eine Bewegung der Öffnung erfolgt und die Komplexität in einem Fall erhöht wird, indem gezielt neue Informationen erfasst werden, erfolgt in der Phase der Datenauswertung eine Bewegung der Schliessung und der Komplexitätsreduktion (vgl. von Spiegel 2006:162, Schrapper 2008:199, siehe Abb. 13). Dabei ist eine Beurteilung nötig, welches die wichtigsten Falldaten sind, wie diese einzuordnen und zu beurteilen sind, und welche anderen in den Hintergrund gestellt werden. Am Ende der Analyse soll herausgearbeitet sein, was im nächsten Schritt der Diagnose erklärt und besser verstanden werden soll. Wenn nach der Analyse der Handlungsbedarf bereits klar benannt werden kann, dann kann die Analyse auch direkt überleiten zu Zielsetzung und Interventionsplanung. Die Analyse kann also sowohl eine Bedeutung haben für die Diagnose als auch für die Intervention.

In der Sozialen Arbeit gibt es unterschiedlichste Analysemethoden. Mit einer Methode der Perspektivenanalyse können beispielsweise die Sichtweisen und Einschätzungen verschiedener Beteiligter in einem Fall erfasst werden. Die Auslegeordnung kann aber auch mit Hilfe eines (teil-)standardisierten Analyseinstruments geschehen, in dem entlang vorgegebener Kategorien – die sich meist auf verschiedene Lebensbereiche beziehen – Bewertungen vorgenommen werden (z. B. hinsichtlich Ressourcen und Schwierigkeiten). Grundsätzlich bezieht sich jede dieser Analysemethoden darauf, die *Probleme und Risiken* in einem Fall herauszuarbeiten und auch die *Ressourcen* zu erkennen und festzuhalten und danach den weiteren *Bedarf* – an Erklärung/Diagnose oder aber Intervention – zu ermitteln. Sowohl bei Erhebung der Probleme und Risiken wie auch der Ressourcen kommen das Menschenbild und die übergeordnete Zielsetzung der Sozialen Arbeit zum Tragen (siehe 2.2.2 und 4.1.3): Stets wird nach individuellen *und* sozialen Risiken und eben solchen *Ressourcen* gesucht. Wie bereits in der Situationserfassung wird also auch bei der Analyse die soziale Dimension berücksichtigt, indem Informationen zu Lebenslage und sozialer Integration erfasst werden.

Losgelöst von einer spezifischen Methode kann bei einer Analyse auch gefragt werden, was denn in einem konkreten Fall für einzelne Beteiligte von Bedeutung ist, was bekannt und was unklar ist, was einfach und was schwierig, etc. Wenn Fall bezogen solche klärenden Unterscheidungen getroffen und Fragen formuliert und danach untersucht werden, sprechen wir von Analyse in einem weiten Sinne und in offener Form.

Eine Analyse kann auf *beiden Kooperationsebenen* – die im Modell Kooperativer Prozessgestaltung als äussere Ringe dargestellt sind (siehe 7.2.2) – durchgeführt werden. Eine Analyse, die gemeinsam mit einem Klienten(system) realisiert wird, bei der die Einschätzungen des/der Klienten erfragt und erfasst werden, ist eine gute Möglichkeit, einen noch wenig motivierten Klienten für die Kooperation zu gewinnen. Analyse kann aber auch als Experteneinschätzung vorgenommen werden; angezeigt ist dies insbesondere dann, wenn Ansprüche (z. B. hinsichtlich Sozialhilfe) geklärt, Unterstützungsleistungen rasch erbracht oder Massnahmen eingeleitet werden sollen. Je nach *institutionellem Kontext* hat die Analyse eher einen Fokus auf Erkenntnisse als Basis für eine Diagnose oder eher auf Intervention. Wir werden im Verlaufe des Kapitels zeigen, dass manche Analysemethoden besonders geeignet sind für den Einsatz in bestimmten Praxisfeldern oder -organisationen.

Für verschiedene Praxisfelder wurden übergreifende Methodiken entwickelt, wie z. B. die Internationale Klassifikation der Funktionsfähigkeit, Behinderung und Gesundheit (ICF) der WHO (2001) für den Bereich der Behindertenhilfe oder das multiaxiale Diagnosesystem (Jacob/Wahlen 2007) für die Jugendhilfe. Wir werden in unserem Lehrbuch auf solche praxisfeldspezifischen Methodiken aus Platzgründen nicht weiter eingehen.

Vorgehen

Wenn die wesentlichen Daten in einem Fall erfasst und vielleicht auch mögliche Themen festgestellt sind, gilt es eine genauere Auslegeordnung vorzunehmen.

Der erste Schritt besteht in der *Wahl einer geeigneten Analysemethode*. Massgeblich hierfür sind der Fall – klientenbezogener Auftrag und vorläufige Themen – sowie der institutionelle Kontext (Organisationsauftrag und -konzept).

Wenn es in einer Organisation um die möglichst rasche Abklärung des Unterstützungsbedarfs geht (wie z. B. in einem polyvalenten Sozialdienst), ist wahrscheinlich ein (teil-)standardisiertes Instrument zur Analyse von Ressourcen und Risiken und Unterstützungsbedarf in den verschiedenen Lebensbereichen sinnvoll. Sind in einer Organisation bestimmte Analyseinstrumente implementiert (z. B. ein Instrument der Risiko-Ressourcenanalyse und eine Form der Netzwerkkarte), dann wird die Sozialarbeiterin damit arbeiten; wenn nicht, wird sie auf dem Hintergrund ihres eigenen Erfahrungswissens ein bestimmtes Analyseinstrument einsetzen, das ihr im Hinblick auf die mögliche Thematik in einem Fall geeignet erscheint (z. B. ein Kompetenzanalyseinstrument, wenn eines der vorläufigen Themen Erziehungsschwierigkeiten in einer Familie sind). Geht es dagegen um einen bereits länger dauernden Auftrag (z.B. zur stationären Begleitung) mit latenten Meinungsverschiedenheiten, dann wird der Fall führende Sozialpädagoge vielleicht eine Methode der Perspektivenanalyse einsetzen.

Bei der *Datenerhebung* holt der Sozialpädagoge gemäss der Systematik des Analyseinstruments gezielt weitere Daten ein (= Komplexitätserweiterung, Bewegung der Öffnung in der Fallbearbeitung, siehe Abb. 13). Wichtig dabei ist eine situative Anwendung und gegebenenfalls auch Modifikation des Instruments entsprechend den Erfordernissen des Falles und den Gegebenheiten der Organisation.

Es besteht einerseits die Möglichkeit, dass er gemeinsam mit einem Klienten einen Bogen ausfüllt (z.B. eine Netzwerkkarte) und dabei die Einschätzungen des Klienten aufnimmt und dokumentiert (= Analyse in Kooperation mit dem Klienten), andererseits kann er eine Analysemethode auch als Arbeits- und Erkenntnismittel zunächst für sich selber nutzen oder aber sie in einem Team in einer Fallbesprechung einsetzen (z.B. eine systemische Analyse erstellen = Analyse auf der Fachebene).

Vor allem bei standardisierten Klassifikationssystemen ist das Vorgehen bei der Datenerhebung meistens klar ersichtlich, bei anderen Analysemethoden besteht ein Spielraum hinsichtlich der konkreten Anwendung.

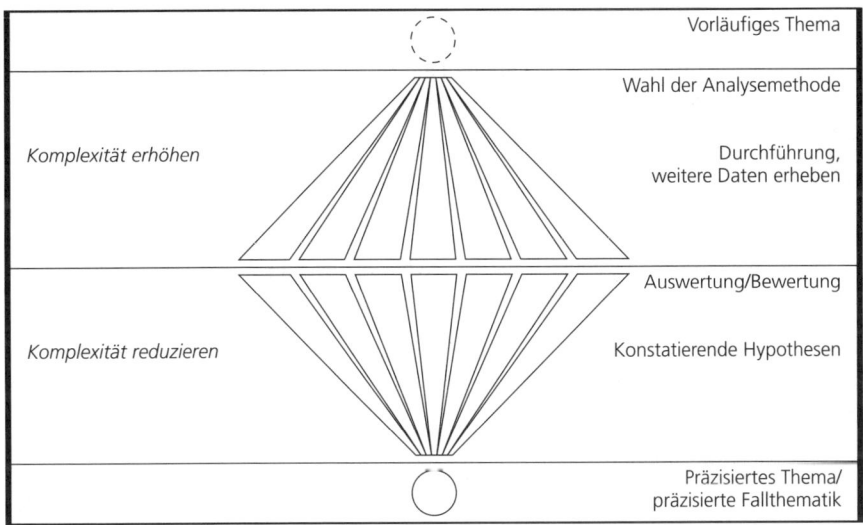

Abb. 13: Vorgehen bei der Analyse

Der dritte Schritt wird in der Literatur kaum erwähnt, obwohl er für die Weiterarbeit entscheidend ist: Die *Auswertung* der in der Analyse erhobenen Daten und ihre Bewertung. Die fachliche Herausforderung besteht darin, zunächst nahe an den Analysedaten zu bleiben und anschliessend eine schlüssige, fachlich fundierte Bewertung des Gesamtbildes vorzunehmen, d.h. Antworten zu formulieren auf die Frage, worum es in einem Fall geht. Als methodisches Hilfsmittel für diese Bewegung der Schliessung der Fallbearbeitung (siehe Abb. 13) schlagen wir das Bilden von sog. *konstatierenden Hypothesen* vor. Dabei werden zusammenfassende Aussagen über die wichtigsten Daten formuliert; dies impliziert Entscheidungen darüber, welche Daten vernachlässigt werden können, wie Daten einzuordnen, zu gewichten und zu bewerten sind. Methodisch ist wichtig, dass konstatierende Hypothesen die Systematik der Analysemethoden aufnehmen (z. B. sich auf die erhobenen Probleme, Ressourcen oder Kompetenzaspekte beziehen, die Perspektive deutlich machen, etc.), dass sie schlüssig aus den Analysedaten hergeleitet sind (und keine neuen Aspekte enthalten), und dass die vorgenommene Gewichtung der Daten nachvollziehbar ist (wobei Einschätzungen des Klienten immer mit berücksichtigt werden). Wir werden die Hypothesenbildung in Kap. 9.2.1 anhand eines Beispiels erläutern.

Im letzten Arbeitsschritt der Analyse wird der Erkenntnisgewinn noch einmal fokussiert zusammengefasst: Auf der Grundlage der konstatierenden Hypothesen wird benannt, was das Thema in einem Fall ist (= *Präzisierung des Themas*). Wurde bei der Situationserfassung bereits ein Thema vorläufig bestimmt, so wird dieses aufgrund der Auslegung nun modifiziert und ergänzt und schliesslich präzisiert oder allenfalls auch neu bestimmt. Auf dieser Basis können *Folgerungen* für die weitere Arbeit in einem Fall abgeleitet werden, wobei es grundsätzlich zwei Möglichkeiten gibt: Es wird benannt, was noch genauer erklärt und verstanden werden soll in der Diagnose, oder es wird eine Indikation für eine Intervention gestellt und formuliert, was in einem Fall zu tun ist (indem eine Entscheidung gefällt wird, welches Unterstützungsangebot einer Klientin unterbreitet wird oder welche Massnahme erfolgen soll).

Ein Beispiel für eine Folgerung, die zum Diagnoseschritt überführt: ‚Unsicherheit und sehr inkonsistentes Verhalten der Eltern im Umgang mit ihrem 14 jährigen Sohn, der sich zuhause an keine Regeln mehr halten will, wobei alle äussern, unter der unbefriedigenden Situation zu leiden' – dieses Thema muss zunächst noch genauer erhellt und verstanden werden, bevor überlegt werden kann, was es hier braucht.
Ein Beispiel für eine Folgerung aus der Analyse, die zu einer Intervention führt: ‚Zweijähriges erheblich vernachlässigtes, unterernährtes, verängstigt wirkendes Kindes von Eltern mit Suchtproblemen ohne Problemeinsicht' – hier kann die Indikation für eine sofortige Platzierung bei einer Pflegefamilie als Kindesschutzmassnahme gestellt werden.

Kategorisierungsmöglichkeiten von Analysemethoden

Im Prozessschritt Analyse sind unterschiedliche Formen von Auslegeordnungen möglich. So existiert eine Vielzahl von Analysemethoden. Eine Systematisierung der verschiedenen Möglichkeiten, die in der Literatur beschrieben werden (und z. T. als Analyse, z. T. auch als ‚Diagnose' bezeichnet werden, siehe oben), ist nicht einfach.

Als Systematisierungskriterien verwendet werden können beispielsweise

- monoperspektivische vs. multiperspektivische Erfassung
- Grad der Standardisierung: standardisiert vs. teilstandardisiert vs. offen
- Art der erhobenen Daten: quantitativ vs. qualitativ
- Grad der theoretischen Fundierung (Einbettung in eine Theorie, Bestandteil eines Konzepts)

- Einsatz für eine bestimmte Kooperationsebene (Analysen gemeinsam mit dem Klienten(system), in denen die Einschätzung der Klienten aufgenommen werden vs. Methoden, bei denen Professionelle als Experten Einschätzungen zum Klienten(system) vornehmen).

Eine allgemein anerkannte Kategorisierung von Analysemethoden gibt es derzeit nicht. Bei der Kategorisierung in diesem Lehrbuch beziehen wir uns auf die genannten Systematisierungskriterien (Kap. 9.2 bis 9.7). Bei jeder Kategorie steht jeweils ein Kriterium im Vordergrund, die darin zugeordneten Methoden können zusätzlich aber auch nach den weiteren Kriterien beurteilt werden. So werden wir stets auf das Kriterium ‚Einsatz für eine bestimmte Kooperationsebene' eingehen und darauf hinweisen, ob eine Methode für die gemeinsame Arbeit mit Klienten vorgesehen ist oder auf diese Weise eingesetzt werden kann, oder ob es sich um eine Analysemethode für die Professionellen handelt. Bei jeder Kategorie werden wir exemplarisch ausgewählte Methoden vorstellen – manche so genau, dass Leserinnen sie anwenden können, andere in einem Überblick, der eine Einschätzung ihrer Eignung ermöglichen soll sowie mit Angaben zu vertiefender Literatur.

9.2 Methoden der Perspektivenanalyse

Gemeinsames Merkmal und Zielsetzung der in dieser Kategorie eingeordneten Analysemethoden ist die Multiperspektivität, es werden die verschiedenen Sichtweisen von beteiligten Personen auf einen Fall erfasst. Dies kann in unterschiedlicher Weise geschehen: Indem alle Beteiligten gemeinsam zusammensitzen und ihre Sichtweisen darlegen, indem die Sozialarbeiterin die Perspektiven einzelner Beteiligter nacheinander erfasst (oder auch rekonstruiert) und anschliessend analysiert, oder aber indem ein Fachteam die Perspektiven verschiedener Beteiligter rekonstruiert, indem es sie inszeniert.

9.2.1 Perspektivenanalyse gemeinsam mit Beteiligten

In einem Standortgespräch, bei dem alle relevanten Fall-Beteiligten anwesend sind, können die verschiedenen Perspektiven auf den Fall herausgearbeitet werden. Für die Strukturierung eines solchen Gesprächs kann man sich beispielsweise an den Schritten und Fragen orientieren, welche die MAP-Methode (Making Action Plan) vorsieht, die Boban/Hinz (2000:136) als Bestandteil eines „diagnostischen Mosaiks" vorschlagen:
- Vorstellung: Klärung, was die Anwesenden mit der Klientin zu tun haben
- Was ist die Geschichte aller Beteiligten mit der Klientin?
- Welches sind ihre Träume für die Klientin?

- Welches sind die Albträume bzw. Befürchtungen der Beteiligten im Hinblick auf die Klientin?
- Welche Bedeutung hat der Klient für jeden der Beteiligten?
- Welches sind die Stärken der Klientin?
- Welches sind die Bedürfnisse der Klientin? (vgl. ebd.:140)

Die MAP-Methode wurde für die Arbeit mit Klienten mit kognitiver Beeinträchtigung entwickelt (wobei die Klienten beim Gespräch mit anwesend sind, ob sie sich nun verbal äussern können oder nicht). Die Fragen können jedoch auch zur Strukturierung von Standortgesprächen – insbesondere in der Einzelfallarbeit – in unterschiedlichsten Praxisfeldern verwendet und selbstverständlich auch modifiziert werden.

An sich ist in der MAP-Methode vorgesehen, dass in einem letzten Schritt eine Liste möglicher Aktionen erstellt wird. Sinnvoller allerdings sollte auch hier eine Professionelle zunächst die wichtigsten Aspekte aus der gemeinsamen Auslegeordnung zusammenfassen und das Ergebnis sollte gemeinsam interpretiert werden, bevor zur Interventionsebene gewechselt wird oder der Verstehensprozess in der Diagnose weitergeführt wird.

Beispiel einer Analyseauswertung bei einem Standortgespräch nach dem MAP-Verfahren zur Situation der 18jährigen M. mit einer leichten kognitiven Beeinträchtigung, die in einer stationären Einrichtung eine hauswirtschaftliche Ausbildung absolviert. Die Fall führende Sozialpädagogin formuliert folgende *konstatierende Hypothesen*, welche die wichtigsten Analysedaten zusammenfasst:

- Alle Beteiligten sehen viele Stärken bei M., neben grundlegenden Fertigkeiten in Lesen und Schreiben u.a. die Freude an der Musik und vor allem ihr freundliches, fröhliches Wesen; M. selber findet, dass sie gut singen kann, dass sie schön ist, eine liebe Familie und einen Freund hat.
- Alle Beteiligten wünschen sich für M. einen beruflichen Abschluss und danach ein Leben in grösstmöglicher Selbständigkeit; M. nennt als Traum ein Pferd zu haben und dass es ihr gut geht.
- Es sind viele Befürchtungen im Raum, viele davon beziehen sich auf die Gefahr, dass die Leichtgläubigkeit und Gutmütigkeit der Klientin ausgenutzt werden könnte; die Eltern befürchten auch, dass die Klientin immer von ihnen abhängig bleiben wird, die Sozialpädagogin sieht die Tatsache, dass sich M. in ihrer Meinung meist nach ihrem Freund richtet als Problem. M. nennt als Befürchtung, dass sie nach der Ausbildung nicht mehr zurück nach Hause und dort leben darf.

Gemeinsam wird am Ende des Standortgesprächs das Thema ‚(geringe) Selbständigkeit und Leichtgläubigkeit von M., einer jungen, freundlichen Frau mit vielen Ressourcen und einer leichten kognitiven Beeinträchtigung' formuliert, das vom sozialpädagogischen Team in der nächsten Zeit bearbeitet und zunächst genauer verstanden werden soll.

In der sog. multiperspektivischen Fallarbeit nach Müller (2009) geht es im Prozessschritt, den Müller selber als ‚sozialpädagogische Diagnose' bezeichnet (der in diesem Lehrbuch jedoch als Analyse eingeordnet wird), darum, die Perspektiven verschiedener Beteiligter zu erfassen („mehrperspektivische Sichtweise", ebd.:97). Die Arbeitsregeln hierzu fasst er folgendermassen zusammen:

- Was ist für wen ein Problem?
- Was ist mein Problem (in diesem Fall)?
- Wer hat welches Anliegen?
- Wer hat welche Ressourcen?
- Wer erteilt welches Mandat?
- Was ist am vordringlichsten?
- Wer ist in der Pflicht?
- Was kann ich tun? (vgl. ebd.:138)

All diese Fragen dienen dazu herauszuarbeiten, worum es geht in einem Fall, die letzten davon verweisen allerdings bereits auf die Handlungsebene. Für eine Perspektivenanalyse sind u. E. insbesondere die ersten vier Fragen von Müller geeignet.

Diese offenen Fragen zur Sicht relevanter Beteiligter auf die Fallsituation sind vor allem in Anfangs- und in unübersichtlichen Situationen hilfreich. Ist ein vorläufiges Thema benannt bzw. steht ein bestimmtes Problem im Vordergrund, können die Fragen folgendermassen spezifiziert werden:

- Was ist die Sicht der einzelnen Beteiligten auf das Thema? Was genau ist für die einzelnen Beteiligten problematisch?
- Was ist das Anliegen der einzelnen Beteiligten im Bezug auf das Thema?
- Was sind die Ressourcen der einzelnen Beteiligten in Hinblick auf das Thema?

In beiden Situationen – den unübersichtlich-offenen wie auch den problematischen – sind verschiedene methodische Vorgehensweisen möglich:

- *Mündlich:* Die Fragen werden in Einzelgesprächen mit den verschiedenen Beteiligten gestellt und die Antworten notiert. Wie bei der MAP-Methode (siehe oben) können die Fragen aber auch dazu dienen, ein Standortgespräch zu strukturieren.
- *Rekonstruktiv*: Bei einer rekonstruktiven Vorgehensweise werden Aussagen von Beteiligten notiert aufgrund von Erinnerungen an Äusserungen, welche diese Personen einmal gemacht haben. Mögliche Antworten einzelner Beteiligter können – z. B. wenn diese nicht erreichbar sind oder nicht sprechen können – auch durch stellvertretendes Hineinversetzen in deren Situation kreiert werden; wichtig bei dieser Form der Rekonstruktion einer Sichtweise ist eine Haltung von Empathie und Reflexivität. Dieses rekonstruktive Vorgehen kann auch dann gewählt werden, wenn die Analyse der Sozialpädagogin selber dazu dient, in einer für sie unübersichtlich gewordenen Situation, in der sie auch selber verwickelt ist, wieder einen Überblick zu gewinnen.

Eine ähnliche Vorgehensweise findet sich in den Arbeitshilfen bei von Spiegel (2006). Für die Analyse von tendenziell offenen Situationen in unterschiedlichsten Praxisfeldern werden die Sichtweisen der Beteiligten zu folgenden Aspekten erfragt oder rekonstruiert (vgl. ebd.:162 ff., 179):

- Wahrnehmung und Beschreibung (was ist passiert, was wird als problematisch empfunden)

- Motive, Gefühle und Begründungen

Für den Kontext der Hilfeplanung in der Sozialarbeit, wo ein konkretes Problem zur Kontaktaufnahme geführt hat, schlägt sie für eine gemeinsame ‚Problemanalyse' folgende Fragen vor (vgl. ebd.:184ff.):

- Wo sehe ich das Problem? Wer ist verantwortlich?
- Wer hat bisher zur Problemlösung beigetragen?
- Was wurde bisher erreicht, was nicht?

Für die Situations- wie die Problemanalyse hat von Spiegel als Arbeitshilfe jeweils eine Tabelle erstellt. Über die Perspektivenerfassung hinaus wird die Sozialpädagogin allerdings auch bereits angeregt, eigene Deutungen und Erklärungen mit Hilfe von Theorie- und Alltagswissen zu notieren (wodurch von Spiegel bereits in den Diagnoseschritt übergeht, siehe 10.2.1).

Die Methode der Perspektivenanalyse gemeinsam mit Beteiligten kann in jedem Praxisfeld angewendet werden. Wichtig ist u.E., die für einen Fall angemessene(n) Vorgehensvariante(n) auszuwählen, die Fragemöglichkeiten fallbezogen anzupassen und in Alltagssprache zu übersetzen. Entscheidend ist ausserdem, dass sich die Analyse nicht auf die Erfassung der unterschiedlichen Perspektiven auf einen Fall beschränkt, sondern die Aufgabe der fachlichen Auswertung und Beurteilung daran anschliesst und dann in einem dialogischen Prozess mit allen Beteiligten die Fallthematik bestimmt wird.

9.2.2 Perspektivenanalyse auf der Fachebene: Fallinszenierung

Eine Perspektivenanalyse kann auch nur von den Professionellen vorgenommen werden, indem die Sichtweisen der relevanten Fallbeteiligten inszeniert werden. Diese Methode eignet sich vor allem für schwierige Fälle, in denen sich eine Sozialarbeiterin selber verwickelt fühlt und beispielsweise Ärger spürt gegenüber einzelnen Fallbeteiligten, oder auch für Fälle, in denen ein ganzes Team nicht mehr weiter kommt, weil Unverständnis für die Verhaltensweisen einzelner Fallbeteiligter vorherrscht. Dann bietet es sich an, den Fall in eine Intervisionsgruppe von Fachkollegen einzubringen und gemeinsam eine Fallinszenierung vorzunehmen. Auf diese Weise – als strukturierte Form der Fallreflexion in einer Form kollegialer Beratung – ist die Methode von Schattenhofer/Thiesmeier (2001) und Ader/Thiesmeier (2002) beschrieben worden. Aufgrund unserer Erfahrung eignet sie sich ebenso für Fallarbeit in einem Team (z.B. in einer Fallbesprechungssitzung).

Der Ablauf einer Fallinszenierung gliedert sich in drei Phasen. In der Phase der *Fallvorstellung* schildert die Falleinbringerin zunächst den Fall und nennt das Problem, mit dem sie aktuell beschäftigt ist und für deren Bearbeitung sie Unterstützung braucht. Nach Möglichkeit soll sie den Fall schriftlich und mit einem Genogramm vorstellen (vgl. Ader/Thiesmeier 2002:78), oder aber sie macht eine mündliche Falldarstellung mit den wichtigsten Daten zu Person, Vorgeschichte und aktueller Situation (Situationserfassung), wobei die wichtigsten Daten visualisiert werden (z. B. auf einem Flipchart). Die Kollegen können inhaltliche Rückfragen stellen, die der Information dienen, die jedoch keine Bewertungen oder Interpretationen beinhalten sollen. Die Autorinnen schlagen vor, die Zeit für die Fallvorstellung im Voraus zu begrenzen auf 10 bis 15 Minuten (vgl. ebd.). Bei einer Fallinszenierung in einem Team, das gemeinsam mit dem Fall befasst ist, bietet es sich an, dass ein Teammitglied zunächst die wichtigsten Falldaten kurz zusammenfasst.

In der zweiten Phase – der *Inszenierung* – werden zunächst die wichtigsten Fall-Beteiligten bestimmt (und allenfalls weniger relevante Beteiligte weggelassen) und die entsprechenden Rollen verteilt. Die Falleinbringerin in der Intervisionsrunde übernimmt selber keine Rolle. In der Inszenierung versetzt sich jeder Rollenträger in die Situation der Person, die er spielt, und versucht zu erspüren und zu formulieren, was deren Erfahrungen mit der Klientin sind, wo es Schwierigkeiten gibt und wie diese beurteilt werden, und welche Gefühle mit der Situation verbunden sind. Die einzelnen Rollenträger äussern sich nacheinander (reihum) ohne miteinander zu diskutieren. In einer zweiten Runde werden die Gefühle und Assoziationen geäussert, welche jede Person in ihrer Rolle wahrgenommen hat während der ersten Runde, als die anderen Rollenträger sprachen (was war erleichternd, was verletzend, etc.). Die Inszenierung selber dauert nach unserer Erfahrung ca. 15 Minuten. Es lohnt sich, die Äusserungen aus dieser Arbeitsphase fortlaufend stichwortartig zu dokumentieren. Der Sinn dieser Identifikationsrunde besteht darin, die in einem Fall vorhandenen „Beziehungsmuster, Ängste, Hoffnungen, Erwartungen und Befürchtungen, die bei den handelnden Personen als widersprüchlich und entgegengesetzt vorhanden sind, zu entfalten" (Schattenhofer/Thiesmeier 2001:62). Die Analysemethode ermöglicht u. E. einen Zugang insbesondere zu den Emotionen, die in einem Fall vorhanden sind. Ader/Thiesmeier betonen, dass damit mögliche Verwicklungen des Helfersystems in einem Fall aufgespürt werden können (vgl. 2002:81).

In der Arbeitsphase der *Auswertung* – die je nach Fall 10 bis 30 Minuten dauern kann – geht es um das systematische Ordnen und Strukturieren der gesammelten Eindrücke und Ergebnisse (vgl. ebd.:79); auch hier kann das Hilfsmittel konstatierender Hypothesen eingesetzt werden. Schattenhofer/Thiesmeier schlagen vor, danach in einem Brainstorming zusammenzutragen, worauf zu achten ist, was gebraucht wird, wie nächste Arbeitsschritte aussehen können, damit die Falleinbringerin eine Vorstellung davon bekommt, wie sie weiterarbeiten kann (vgl. 2001:63). Damit leitet die Analyse bereits über zur Intervention. Wenn durch die Auswertung der Inszenierung jedoch eine Fallthematik herausgearbeitet wird, die weitere Fragen aufwirft und ein vertieftes Fallverstehen erforderlich machen, dann ist es u. E. angezeigt, zunächst eine theoriegeleitete Diagnose anzuschliessen, bevor von der Analyse- auf die Interventionsebene gewechselt wird.

9.3 Analyse durch Reflexion des eigenen Erlebens

Bei der Fallinszenierung wird versucht, die Ängste, Erwartungen und Hoffnungen der verschiedenen Fallbeteiligten nachzuempfinden, um auf diese Weise herauszuarbeiten, welche Emotionen in einem Fall vorhanden und möglicherweise bestimmend sind. Die Ebene der Emotionen wird auch in einem weiteren, offenen Analysezugang genutzt, wobei es hier spezifisch um die Gefühle der Professionellen geht.

Im Grundlagenteil haben wir im Kapitel zur Arbeitsbeziehung zwischen Professionellen und Klientinnen an mehreren Stellen die Bedeutung dieser Gefühle thematisiert. Psychoanalytisches Wissen kann genutzt werden zur Reflexion der Übertragungs-Gegenübertragungs-Beziehung zwischen Klientin und Sozialarbeiterin. Unter ‚Gegenübertragung' wird die emotionale Reaktion der Professionellen auf die Gefühle verstanden, die eine Klientin aus früheren Primärbeziehungen in die aktuelle Arbeitsbeziehung hineinträgt (siehe 5.1.3). U. a. verweist Bang in ihrem Arbeitsbeziehungsmodell darauf, dass eine Sozialarbeiterin in der Lage sein muss, insbesondere negative Übertragungsgefühle der Klientin zu erkennen, um auf diese Weise Spannungen in den Beziehungen ‚entpersönlichen' und reduzieren zu können. Das Entziffern der Übertragungsgefühle der Klientin könne aber auch genutzt werden, um die Klientin besser verstehen zu können. Müller betont, dass die Fähigkeit, die eigene Gegenübertragung kontrollieren zu können, ein Kern professioneller Kompetenz sei. Gegenübertragung bedeutet für ihn die Selbstbetroffenheit der Sozialarbeiterin, das Verstrickt sein in eigene Gefühle, die mit denjenigen der Klientin verwoben sind (siehe 5.1.4). Die Nutzung der Gegenübertragung für das Verstehen der Gefühlssituation eines Klienten setzt voraus, dass der Sozialpädagoge bei der ‚Ent-Strickung' herausarbeiten kann, welche seiner Gefühle in der eigenen Biographie und Persönlichkeit zu verorten sind (bei welchen Signalen eines Klienten er aufgrund seiner eigenen Geschichte z. B. sehr schnell gekränkt ist), und welche Gefühle hingegen Reaktionen im Sinne eines Echos sind auf die Gefühle des Klienten (wenn er heftigen Ärger verspürt, die den versteckten Ärger des Klienten widerspiegeln).

Wenn sich Ängste, Abwehrstrategien und Überforderungsgefühle im Klientensystem in den Affekten der Professionellen widerspiegeln, wird dies in der systemischen Familientherapie und der Gruppendynamik als ‚Spiegelungs- und Übertragungsphänomen' bezeichnet (vgl. Schrapper 2008:201f., Hochuli Freund 2009). Diese Phänomene können genutzt werden als analytischer Zugang zu einer Fallsituation. Für die Medizin hat Balint diesen Zugang methodisiert (vgl. u. a. Luban-Plozza 1984). Eine sog. ‚Balint-Gruppe' ist eine Supervisions- oder Intervisionsgruppe, bei der nach Vorstellung eines Falles alle Anwesenden ihre Gefühle und Phantasien dazu äussern. Diese assoziativen Äusserungen werden in einem gemeinsamen Prozess dazu verwendet, die verborgene Thematik in einem Fall zu erkennen (und in einem nächsten Schritt dann auch mit Hilfe von Erfahrungs- und Theoriewissen zu deuten). Auch in der Sozialen Arbeit kann dieser Zugang der Reflexion des Erlebens der Professionellen genutzt werden, indem beispielsweise in einer Fallbesprechung die Professionellen zunächst assoziativ ihre Gefühle zu einem Klienten(-system) äussern (z. B. Resignation, Lähmung) und in einer zweiten (Auswertungs-)Phase gemeinsam herausfinden, worum es in einem Fall vielleicht geht (z. B. Fixierung auf einen Beziehungsverlust). Auf diese Weise kann ein sozialpädagogisches Team in kurzer Zeit eine undurchsichtige Fallthematik, die oft auch viel Energie absorbiert, fassbar machen.

Anders als in einem therapeutischen Setting wird dieser analytische Zugang weniger dazu genutzt, diese Gefühle mit den Klienten direkt zu besprechen, sondern eher dazu, einen vertieften Verstehensprozess in Gang zu setzen (Diagnose) oder den Unterstützungsprozess zu modifizieren (Intervention). Es handelt sich bei der Analyse auf der emotionalen Ebene um eine nichtstandardisierte, offene Methode für die Ebene der Professionellen, die sich für alle Praxisfelder eignet, insbesondere aber für diejenigen, wo es um längere Unterstützungsprozesse geht, in Fällen, in denen sich Muster wiederholen oder etwas zu ‚stocken' scheint.

9.4 Notationssysteme

Notationen sind Systeme, die Daten, Fakten, Aussagen in strukturierter Weise zusammenfassen und eine anschliessende Gesamtbewertung ermöglichen. Indem Notationen bestimmte Informationen bündeln und andere auslassen, fokussieren sie das Interesse der Professionellen und Klienten auf bestimmte Aspekte. Notationen weisen in sich eine bestimmte Struktur auf – wie z. B. Liste, Grafik, Schema – die mit entsprechenden Informationen versehen werden (vgl. Pantuček 2009:157). Diese Strukturierungen verhelfen zur Veranschaulichung der zusammengetragenen Aspekte. Im Folgenden soll zunächst das Genogramm vorgestellt werden, das in der Sozialen Arbeit eine breite Anwendung zur Darstellung der familiären Beziehungen erfährt. Der Zeitstrahl und der biographische Zeitbalken, als zweite Analysemethode dargelegt, veranschaulichen die zeitliche Dimension eines Problems. Als dritte Methode wird die Netzwerkkarte aufgeführt, die das soziale Beziehungsnetz einer Klientin quantitativ und qualitativ erfasst. Mit dem Soziogramm wird abschliessend eine Methode für die Arbeit mit Gruppen vorgestellt.

9.4.1 Genogramm

Genogramme werden benutzt, um Familiensysteme und die Beziehungen der einzelnen Familienmitglieder darin zu veranschaulichen. Im Genogramm können dazu verschiedene Symbole eingesetzt werden. Wie die meisten Autoren berufen auch wir uns dabei auf McGoldrick u. Gerson (2009), die das Genogramm für die

Analyse

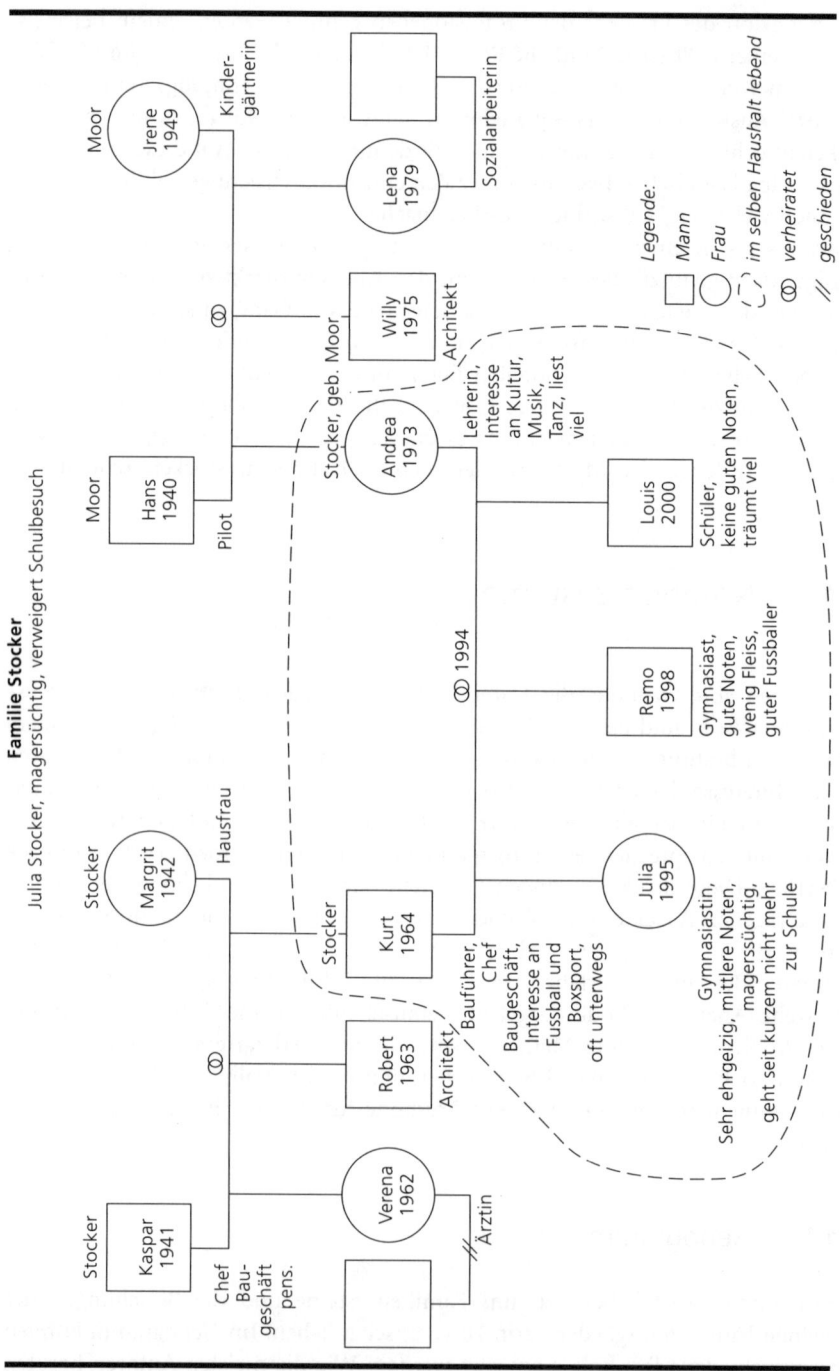

Abb. 14: Beispiel eines Genogramms

Beratung von Familien mitentwickelt haben. Die wichtigsten Symbole sind: männlich, weiblich, verstorben, Abtreibung/Fehlgeburt/Totgeburt, Ehe, Partnerschaft/ Ehe ohne Trauschein, Scheidung, Trennung, Familie mit Sohn, Tochter, Schwangerschaft. Bei der Aufzeichnung eines Genogramms ist darauf zu achten, dass die Generationen (in der Regel drei) von oben nach unten platziert und neben den Symbolen Namen, Vornamen, Geburtsdatum und Beruf eingetragen werden. Mit einer unterbrochenen Linie wird deutlich gemacht, wer aktuell zusammenlebt. Je nach Ausgangslage empfiehlt es sich, weitere Daten (wie z. B. Krankheiten, Probleme, Besonderheiten) aufzuführen.

Mit dem Genogramm wird in einem ersten Prozessschritt die familiäre Situation erfasst. Dies geschieht in der Regel anlässlich eines Erkundungsgesprächs (siehe 8.5). Die Analyse setzt dann ein, wenn Probleme, Symptome aufgeführt und der Beziehungscharakter zwischen den Beteiligten qualifiziert werden. Es ist auch möglich, spezifische Beziehungen untereinander farbig hervorzuheben. Ein weiterer Schritt der Analyse besteht in der Kontextualisierung der aufgeworfenen Themen in der Tradition der systemischen Familientherapie. Dabei geht es nicht darum, die Probleme, Symptome oder Themen bei einem einzelnen Menschen im Sinne eines Ursache-Wirkungs-Zusammenhangs zu sehen. Bei der Kontextualisierung werden die nach aussen problematisch erscheinenden Verhaltensweisen im Rahmen des familiären und ausserfamiliären Umfelds betrachtet, und es wird versucht, den Sinn hinter dem Verhalten zu erkennen (vgl. Schlippe/ Schweitzer 1998; McGoldrick et al 2009). Im Abbildungsbeispiel wird Julia nicht als krank angesehen, vielmehr könnten Schulverweigerung und Magersucht als Problemlösungsverhalten gesehen werden, welches z. B. die jahrelangen, unausgesprochenen Spannungen zwischen Mutter und Vater im Familiensystem ausgleichen.

Auch wenn es möglich ist, ein Genogramm von Professionellen aufgrund von Akten in Eigenregie zu erstellen, ist es sinnvoller, dieses mit den beteiligten Klientinnen in gemeinsamer Arbeit aufzuzeichnen. Spätestens wenn die familiäre Situation analysiert wird – indem z. B. die Beziehungen charakterisiert werden –, sind die Klientinnen direkt einzubeziehen, weil diese Bewertungen die Perspektive der Klientinnen selber wiedergeben müssen.

9.4.2 Zeitstrahl und biographischer Zeitbalken

Die Methode des *Zeitstrahls* orientiert sich an der Geschichte einer Person, einer Gruppe oder eines Systems. Dabei werden drei Dimensionen in ihrer zeitlichen Dimension näher beleuchtet. Der Zeitstrahl setzt je nach Fall bei der Geburt, bei der Entstehung einer Gruppe oder einer Organisation ein und reicht auf einer Zeitachse bis zur Gegenwart. Auf einer ersten Ebene wird im Sinne einer Situationserfassung die Geschichte einer Person, eines Systems, einer Gruppe (Gruppenanamnese) aufgeführt. Die eigentliche Analyse setzt mit der zweiten Dimension ein, die sich mit der Geschichte der Störung, des Problems oder der Symptombildung befasst. Auf der dritten Ebene werden die Lösungsversuche in ihrem zeitlichen Kontext abgebildet. Die Darstellung von Daten zu diesen drei Dimensionen auf einer Zeitachse ermöglicht einen Überblick über deren Abfolge und schafft damit eine gewisse Ordnung in Bezug auf deren zeitliche Dimension. Augrund der Visualisierung der Daten lassen sich Prozesse erkennen im Sinne von wechselseitigen Wirkungen zwischen System, Problem und Lösungsversuchen, und es können Hypothesen gebildet werden über die Zusammenhänge zwischen Situation und Störung (vgl. Schwing/Fryszer 2009: 88 ff.).

Der Hintergrund des Zeitstrahls ist auf zwei Entwicklungslinien zurückzuführen. Zum einen finden sich Wurzeln in verschiedenen Ansätzen der Familientherapie (z. B. bei Minuchin 1981). Die andere Linie führt auf Arbeiten zur Organisationslehre zurück (z. B. Glasl/Lievegoed 1996). Beide nutzen Übergangskrisen als Möglichkeiten, sich intensiv mit einer neuen (Lebens-)Phase und Aufgabe auseinander zu setzen. Mit Hilfe dieses Denkmodells können in der Sozialen Arbeit Probleme als normale Übergangskrisen gerahmt werden. Dies bringt einen entlastenden Effekt mit sich, weil es von Gefühlen der Schuld und des Versagens wegführt, einen Perspektivenwechsel ermöglicht und den Fokus auf das lenkt, was verändert werden kann.

Der Zeitstrahl wird zusammen mit der Klientin oder einer Gruppe gestaltet. Im Folgenden wird der Zeitstrahl einer Gruppe von 12 Jugendlichen abgebildet, die sich im Januar 2009 zur Neugestaltung eines Jugendraums in der offenen Jugendarbeit zusammengeschlossen haben. Die gemeinsame Visualisierung erlaubt es den Mitgliedern der Gruppe, sich einen Überblick über den bisherigen Verlauf mit allen erfolgten Interventionen zu verschaffen. Dies kann dazu führen, dass Gruppenmitglieder Zusammenhänge erkennen können und sich ganz spontan an weitere Geschehnisse erinnern, wenn sie die Skizze vor sich sehen. Dies ermöglicht ihnen, für sich eigene Hypothesen und Kontextualisierungen zu entwickeln, die für die Weiterarbeit hilfreich sein können.

Der *Biographische Zeitbalken* ist ähnlich strukturiert wie der Zeitstrahl; er ist aber ausschliesslich vorgesehen für die Arbeit mit einzelnen Klienten. Neben der Rubrik Alter (Klientin, Klient) und Jahr finden sich die Dimensionen Familie, Wohnen, Schule/Ausbildung, Arbeit, Delinquenz, Gesundheit sowie Behandlung/Hilfe (vgl. Pantuček 2009:205). Die Analyse entlang des Zeitbalkens fragt nach einzelnen Dimensionen in einer Biografie, insbesondere nach dem, was unter den gegebenen Umständen als ‚erwartbarer' Verlauf betrachtet wird. Hier interessieren Besonderheiten (wie z. B. Brüche), aber auch Leerräume wie (z. B. Arbeitslosigkeit). Ähnlich wie beim Zeitstrahl wird nach möglichen zeitlichen Zusammenhängen gefragt (z. B. was war kontinuierlich trotz dramatischen Ereignissen). Schliesslich soll eine Einschätzung der aktuellen Situation im lebensgeschichtlichen Kontext vorgenommen werden.

Zeitstrahl wie auch Zeitbalken sind teilstandardisierte Analysemethoden, die in jedem Praxisfeld der Sozialen Arbeit einsetzbar sind. Beide sind in Kooperation zu erstellen. Sie enthalten einerseits Aussagen zur Situationserfassung (Daten zur Geschichte), nehmen andersteits Bewertungen (Probleme und Ressourcen) von

Notationssysteme

	2009 Jan.	Feb.	März	April	Mai	Juni	Juli	Aug.	Sept.	Okt.	Nov.	Dez.	2010 Jan.	Feb.
Gruppenanamnese	4♀ + 8♂ bilden Projektgruppe Neugestaltung Jugendraum	1. Sitzung: 4♀ + 3♂ anwesend, Aufgabenverteilung	1. Aktionsnachmittag, Aufräumen Jugendraum 4♀ + 2♂	Vorbereitung 2. Aktionsnachmittag 3♀ + 4♂	2. Aktionsnachmittag Ideenwettbewerb + Musikhappening 4♀ + 7♂			Vorbereitung 3. Aktionsnachmittag 3♀ + 0♂		3. Aktionsnachmittag, Malen der Wände 3♀ + 1♂		Neubemalte Wände von 5♂ besprayt		Vorbereitung 4. Aktionsnachmittag 1♀ + 5♂
Störungsanamnese		5♂ im Februar bzw. 6♂ im März nehmen nicht teil (ohne Abmeldung)						Kein ♂ Jugendlicher > wollen unter sich sein		6♂ sehen, was zu tun ist, verlassen Jugendraum. Mädchen wollen keine Jungs mehr in der Gruppe.		5♂ beanspruchen Jugendraum und verteidigen Sprayereien		
Anamnese bisheriger Lösungsversuche		2♂ kontaktieren die Abwesenden			Gutes Freizeitangebot			Gespräche Jugendarbeiter mit Jugendgruppe		Interventionsversuch des Jugendarbeiters		Gesprächsangebot vom Jugendarbeiter. 3♀ + 4♂ gemeinsamer Neustart, mehr Koordination durch Jugendarbeiter		

Abb. 15: Beispiel eines Zeitstrahls

Klientinnen auf ohne Einbezug von weiteren Perspektiven. Sie können nach unserer Einschätzung gemeinsam mit der Klientin (der Zeitstrahl zusätzlich mit einer Gruppe oder Organisationsangehörigen) ausgewertet werden. Sie fokussieren die biographische Dimension, thematisieren in diesem Sinne die Erfahrungen von Menschen, Gruppen, Organisationen in ihrer zeitlichen Abfolge. Eine genaue Anleitung für die Durchführung des Zeitstrahls findet sich in Schwing/Fryszer (2009:88–93), für den Zeitbalken bei Pantuček (2009:204–214).

Eine Analyse, welche die zeitliche Dimension fokussiert, kann analog der zwei vorgestellten Instrumente erfolgen. Diese Instrumente können aufgrund der Datenlage oder der gemeinsamen Geschichte mit einem Klienten etc. auch situativ abgeändert bzw. angepasst werden. Zielsetzung dabei ist die Darstellung wesentlicher Ereignisse einer Person, einer Gruppe oder eines Systems im Kontext ihrer Geschichte.

9.4.3   Netzwerkkarte

Mit der Netzwerkkarte kann das soziale Bezugssystem einer Klientin erfasst werden, wie es sich im Augenblick aus deren Sicht darstellt. Diese Methode wurde vom psychodramatischen Verfahren des ‚Sozialen Atoms' abgeleitet, das die emotional bedeutsamen Beziehungen von Klienten abbildet (vgl. Bullinger/Nowak 1998:173). Grundlage für diese Art von Methoden bildet der Netzwerkansatz, der die Ressourcen von Beziehungen in sozialen Systemen nutzbar machen will. Die Netzwerkkarte macht deutlich, welche sozialen Netzwerke in ihrer Zusammensetzung wie auch in ihrer wechselseitigen Verknüpfung oder in gegenseitiger Abgrenzung für eine Klientin von besonderer Bedeutung sind (vgl. Stimmer 2006:147f.).

Ausgangspunkt für das Erstellen einer Netzwerkkarte ist die Klientin, sie bildet das Zentrum der Karte. Nun werden je nach Situation vier oder mehr Felder gewählt, die für die Klientin relevante Netzwerke darstellen (wie z.B. Familie, Freunde, Schule/Arbeit, professionelle Beziehungen, Freizeitgruppe, etc.). In diesen Feldern werden die Personen des sozialen Umfelds eingetragen, wobei die Distanz zwischen Klientin und Person etwas aussagt über die Intensität der Beziehung: Je näher der Abstand zur Person, desto wichtiger ist die Beziehung aus Sicht der Klientin. In einem weiteren Schritt werden zusätzlich die Beziehungen unter den aufgeführten Personen gekennzeichnet. Wie nebenstehendes Beispiel verdeutlicht, entsteht ein Netz mit unterschiedlicher Ausprägung.

Die ausgefüllte Netzwerkkarte gibt einerseits Aufschluss über die Anzahl der Kontaktpersonen, die vom Klienten als bedeutsam eingestuft werden; andererseits sagt sie etwas aus über die Verteilung der Kontaktpersonen auf die gewählten Felder sowie deren gegenseitige Vernetzung. In nebenstehendem Beispiel wird sehr klar, dass zur Kernfamilie einige Kontakte bestehen, der Freundeskreis sehr klein ist, in der Arbeitswelt (nur) ein einziger Kontakt genannt wird und ein Helfernetz mittlerer Dichte vorhanden ist. Zudem ist festzustellen, dass die einzelnen Felder teilweise miteinander vernetzt sind (Ausnahme Arbeitsfeld). Einige Autoren versuchen, mittels einer Formel die Netzwerkdichte zu ermitteln, die als relevante Grösse für die Beurteilung der Funktionalität von Netzwerken angesehen wird (vgl. Pantuček 2009:189f.). Hier ist kritisch anzumerken, dass Netzwerkkarten die momentane subjektive Sicht eines Klienten repräsentieren und somit eine wichtige, aber auch einseitige Perspektive aufzeigen, die sich bei Befragung weiterer Beteiligter durchaus verändern könnte. Zudem berücksichtigt die Netzwerkdichte die Verteilung im gesamten Netzwerk nicht, was zu Fehlschlüssen führen könnte. Deshalb ist die ermittelte Netzwerkdichte mit Vorsicht zu interpretieren.

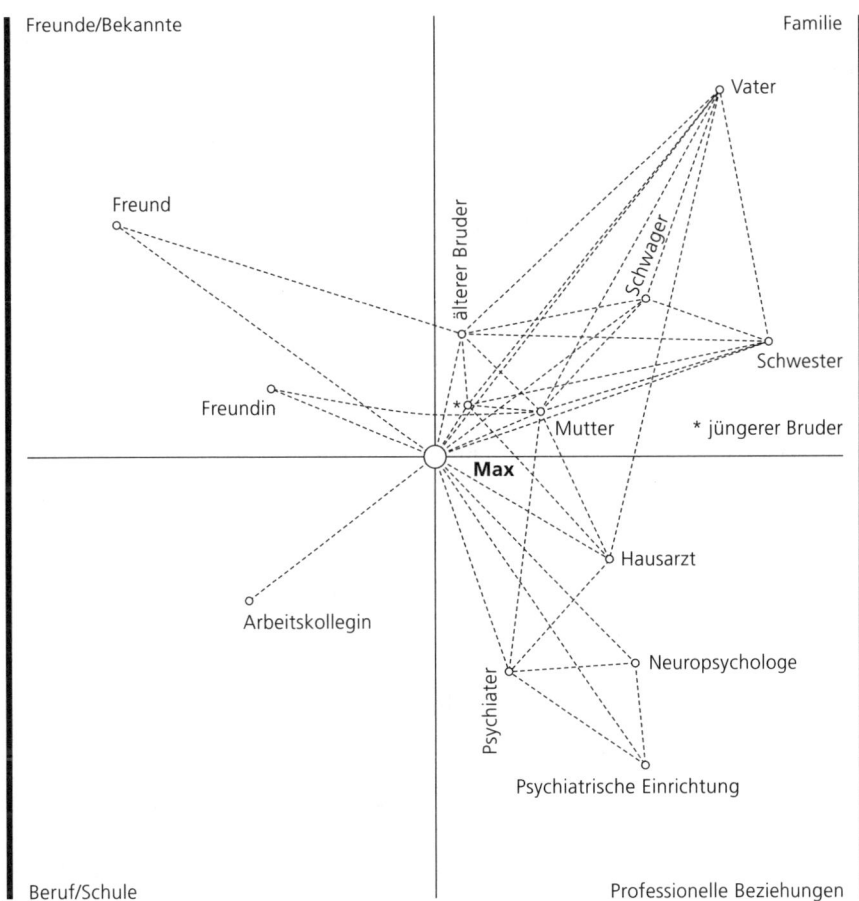

Abb. 16: Beispiel einer Netzwerkkarte

Die Netzwerkkarte stellt unserer Einschätzung nach eine geeignete Analysemethode dar, die das soziale Beziehungsnetz aufzeigt und in Ergänzung zu andern Analysemethoden wie z.B. Zeitstrahl, quantitative oder qualitative Klassifikationssysteme zu einer umfassenden Analyse führen kann. Sie ist in Zusammenarbeit mit einer Klientin zu erstellen und zu deuten und fördert die Kooperation gleich zu Beginn eines Unterstützungsprozesses. In Anknüpfung an das PC-unterstützte Case-Managament Konzept hat Feuerstein ein Manual zur Computerunterstützten Netzwerkanalyse entwickelt. Mit diesem ist es möglich, soziale Netzwerke, die sich auf einen Klienten, eine Klientin beziehen, zu erheben und auszuwerten (vgl. Feuerstein 2007:115f.).

9.4.4 Soziogramm

Mit dem Soziogramm wird die soziale Dynamik in Gruppen untersucht. Es fokussiert die Situation und Rolle eines Einzelnen in einer Gruppe, aber auch Entwicklungen von Einzelnen in Gruppen wie auch von Teilgruppen oder ganzen Gruppen. Das Soziogramm wurde in den 1930er Jahren von Moreno (1989) im Zuge der Entwicklung der Soziometrie erarbeitet und fand Eingang in die klassische Methode der Sozialen Gruppenarbeit (siehe 2.1.1, 6.1.2). Professionelle beobachten, wie die Mitglieder einer Gruppe aufeinander reagieren, wer wessen Nähe sucht oder ablehnt, welche Interessen, Bedürfnisse, Werte einzelne zusammenführt oder trennt. Aus den Beobachtungen wird versucht, die soziale Dynamik einer Gruppe besser zu verstehen, um daraus hilfreiche Anregungen für Interventionen abzuleiten. So können Beziehungsmuster, Koalitionen, Rollendispositionen wie auch alle Formen des Engagements von Einzelnen in einer bestehenden Gruppe mit den Beteiligten kritisch reflektiert werden. Da das Soziogramm jeweils die aktuelle Situation in einer Gruppe abbildet, ist es nötig, in bestimmten Zeitabständen ein neues zu erstellen (vgl. Neuffer 2005:174f.). Für die Arbeit mit Gruppen stellt diese Methode ein wichtiges Instrument dar, das eine genaue Beobachtungsphase mit guter Dokumentation voraussetzt. Eine genaue Beschreibung dieser Methode findet sich bei Schwing/Fryszer (vgl. 2009:94–99).

9.5 Quantitative Klassifikationssysteme

In der Sozialen Arbeit gibt es mittlerweile eine ganze Reihe sog. Assessment- oder Screening-Instrumente, die dazu dienen, rasch die Problematik und den Unterstützungsbedarf in einem Fall zu erfassen. Es handelt sich dabei um standardisierte, quantitative Analysemethoden (bzw. „Messinstrumente", so Cassée 2007:118), die für Durchführung und Auswertung nur einen geringen Zeitaufwand benötigen, da mit Codierungen gearbeitet wird. Vorbild hierfür sind die Klassifikationssysteme, die in der Psychiatrie entwickelt worden sind und seit langem international angewendet werden: die Internationale Klassifikation psychischer Störungen (ICD-10) und das amerikanische Diagnostische und Statistische Manual psychischer Störungen (DSM-IV). Im Folgenden wird zunächst das allererste standardisierte, quantitative Analyseinstrument in der Sozialen Arbeit – das Person-In-Environmend-Classification-System (PIE) – skizziert, weil es Ursprungsmodell darstellt für diesen Typus von Analyseinstrumenten. Anschliessend wird exemplarisch ein weiteres quantitatives Klassifikationsinstrument vorgestellt, das bei Erwachsenen eingesetzt werden kann – der Leitbogen der PRO-ZIEL-Basis-Diagnostik von Heiner –, sowie eines, das bei Kindern und Jugendlichen verwendet werden kann: die sozialpädagogische Risiko-Ressourcenanalyse des Bayrischen Landesjugendamtes. Die kurze Darstellung soll eine Einschätzung von Zugang, Stärken und Grenzen, Reichweite und Eignung der Instrumente ermöglichen. Abschliessend wird auf weitere standardisierte Analysemethoden hingewiesen.

9.5.1 Person-In-Environment-Classification-System

Der erste bedeutende Versuch, ein übergeordnetes Klassifikationssystem für die Sozialarbeit zu entwickeln, ist in den 1990er Jahren in den USA von Karls und Wandrei unternommen worden: Das Person-In-Environment-Classification-System (PIE) nimmt für sich in Anspruch, theoriefrei zu funktionieren und überall einsetzbar zu sein (vgl. Pantuček 2009: 251). Erfasst werden personenbezogene und umweltbezogene Aspekte. PIE enthält ein Codiersystem mit mehreren Achsen (sog. ‚Faktoren'). Zwei Faktoren beinhalten spezifische, für die Soziale Arbeit relevante Problembereiche: *Probleme in Rollen* (Faktor 1) und *Probleme in der Umwelt* (Faktor 2).

‚Probleme in Rollen' werden in vier Gruppen eingeteilt (u.a. Familienrollen, Arbeitsrollen). Aufgeführt werden ca. 20 Rollen, die auf vier Achsen codiert werden sollen (u.a. nach Intensität, nach Qualität der Coping-Strategien). ‚Probleme in der Umwelt' werden unterteilt in sechs Systeme (u.a. System von Gesundheit, Sicherheit und Soziale Dienste). Die Probleme werden auf drei Achsen codiert (Art der Diskriminierung, Intensität und Dauer). Neben jedem Problem kann die erforderliche Intervention notiert werden (vgl. Adler 2004: 166ff, Pantuček 2009:252ff, Stimmer 2006: 125ff).

Die Faktoren 3 (*Psychische Gesundheit*: Psychische und Verhaltensauffälligkeiten) und 4 (*Physische Gesundheit*: Körperliche Erkrankungen) werden erfasst mit ICD-10 und DMS-IV, hier werden medizinische und psychologisch-psychiatrische Diagnosen aufgenommen. Auf einem Ergebnisblatt fasst die Sozialarbeiterin abschliessend die wichtigsten Problembereiche – samt Codierung und erforderlicher Intervention – zusammen.

Es handelt sich bei PIE um eine umfassende, individuelle wie soziale Dimensionen berücksichtigende Analysemethode für die Einzelfallhilfe, mit deren Hilfe Expertinnen bei erwachsenen Klienten eine Einschätzung von Problemen und Hilfebedarf vornehmen können. Das Klassifikationssystem ist komplex und die Anforderungen an das Beurteilungsvermögen der Sozialarbeiter sind hoch, da sie als Experten Codierungen – also die Einschätzung von Problemen auf verschiedenen Skalen – vornehmen müssen. Die Klientensicht wird bei PIE nicht erfasst. Die Konzeption der Dimensionen ist nur teilweise überzeugend, u.a. fehlt die

Ressourcendimension. Im deutschsprachigen Raum hat sich PIE denn auch kaum durchsetzen können (vgl. u.a. Heiner 2004a:232, Pantuček 2009: 250f.). Wir schliessen uns der Einschätzung von Löcherbach an (vgl. 2004:79), der den grössten Verdienst von PIE im Nachweis sieht, dass eine nummerierte Codierung von Problemen für den Bereich der Sozialen Arbeit grundsätzlich möglich ist.

9.5.2 Leitbogen der PRO-ZIEL-Basisdiagnostik

Maja Heiner hat ein integratives Konzept von ‚Diagnostik' für alle prozessorientierten Dienstleistungsangebote der Sozialen Arbeit entwickelt, das sie PRO-ZIEL-Basisdiagnostik nennt (vgl. Heiner 2004a, 2004c). Das Konzept basiert auf der handlungstheoretischen Prämisse, dass problematische Situationen, in denen sich Klienten befinden, auf vier Diskrepanzen zurückzuführen sind: auf Norm-, Kompetenz-, Motivations- und/oder Ressourcendiskrepanzen (vgl. Heiner 2004a:219f.). Die PRO ZIEL Basisdiagnostik besteht aus vier Bausteinen. Kernstück ist ein zweiseitiger Leitbogen, den Heiner selber als „teilstandardisiertes Analyse- und Dokumentationsraster" bezeichnet (2004a:220); es sollte mit dem Klienten gemeinsam ausgefüllt werden und ihnen in Kopie übergeben werden. Mit dem Leitbogen soll umfassend die Belastung in allen Lebensbereichen analysiert werden können (vgl. Heiner 2004d:102). Es werden 7 Lebensbereiche unterschieden und mit insgesamt 32 Items erfasst:

- Gesundheit/Befindlichkeit (mit 6 Items, u.a. körperliche Gesundheit, Leistungsvermögen, Alltagsbewältigung)
- Familie (mit 6 Items, u.a. Partnerschaft, Elternschaft)
- Ausbildung/Beschäftigung (mit 4 Items, u.a. Schule/Ausbildung, Arbeitsmarktchancen)
- Einkommen/Finanzen (mit 4 Items, u.a. Transfereinkommen, finanzielle Verpflichtungen)
- Unterkunft/Umfeld/Infrastruktur (mit 4 Items, u.a. eigene Wohnung, Wohnumfeld)
- Soziale/kulturelle Integration (mit 5 Items, u.a. Legalstatus, Mitgliedschaften, Soziale Kontakte)
- Beziehung Klient/Fachkraft (mit 3 Items: Kooperation, Erleben, Sonstiges).

Bei jedem Item wird der Grad der Belastung eingeschätzt (auf einer fünfstufigen Skala von niedrig bis hoch), wobei die Einschätzung der Klientin wie auch der Sozialarbeiterin notiert wird. Ausserdem können bei jedem Lebensbereich Anmerkungen eingefügt werden zu Dauer des Problems und zum Umgang des Klienten mit dem Problem und zu ihren Ressourcen. Auf der zweiten Seite des Bogens wird die auf der Problemanalyse aufbauende Zielfindung festgehalten und datiert; später kann die Evaluation der Zielannäherung hier dokumentiert und der Belastungsgrad nochmals beurteilt werden. (Der gesamte Bogen kann kopiert werden aus Heiner 2004a:222–224).

Zweiter Baustein ist der Ergänzungsbogen ‚Zielbezogene, mehrperspektivische Lageanalyse'. Er wird beigezogen, wenn sich im Leitbogen Differenzen bei der Problemwahrnehmung, -bewertung und -erklärung und/oder widersprüchliche oder unklare Ziele zeigen (zu finden unter ebd.:226 f.). Ausserdem stellt die PRO-ZIEL-Basisdiagnostik zwei bis drei Vertiefungsbögen zur Verfügung, die einzusetzen sind, wenn vereinbarte Ziele wiederholt nicht erreicht werden (vgl. ebd.:229 f, 2004 c:107 ff.).

Die PRO-ZIEL-Bogen werden stets gemeinsam mit dem Klienten ausgefüllt: Entweder werden ausschliesslich die Einschätzung des Klienten oder aber die unterschiedlichen Sichtweisen von Klient und Sozialarbeiterin dokumentiert; Unterschiede zwischen Klienten- und Experteneinsicht werden also systematisch erfasst. Ebenso wie PIE kann PRO-ZIEL eingesetzt werden in der ambulanten Einzelfallhilfe bei erwachsenen Menschen, wenn es um Problemfeststellung, Bedarfsabklärung und Prozessbegleitung geht. Das wenig aufwändige Assessment bezieht sich auf alle Lebensbereiche (wobei die Bereiche psychosozialer Gesundheit und extrafamilialer sozialer Beziehungen nur gestreift werden). Die Einordnung von PRO-ZIEL unter die quantitativen Analysemethoden ist nur teilweise schlüssig, werden die Codierungen doch ergänzt durch qualitative Elemente (wir werden deshalb unter 9.6.2 noch einmal darauf zurückkommen). Die PRO-ZIEL-Basisdiagnostik basiert auf der impliziten Grundannahme, dass ein tieferes Verständnis, warum etwas für einen Menschen problematisch ist, in vielen Fällen unnötig ist und der Leitbogen ausreicht, bei dem direkt von der Feststellung der Problembelastung zur Zielformulierung (und damit zur Handlungsebene) übergegangen werden kann.

9.5.3 Sozialpädagogische Risiko-Ressourcenanalyse

Für den Bereich der Kinder- und Jugendhilfe wurde in den 1990er Jahren im Bayrischen Landesjugendamt sog. ‚diagnostische Tabellen' bzw. Checklisten entwickelt, die sich als Beitrag zur Qualitätsentwicklung in der Kinder- und Jugendhilfe verstehen (vgl. Hillmeier 2004:203) und – etwas missverständlich – als „Sozialpädagogische Diagnose" (Bayerisches Landesjugendamt 2001) bezeichnet wurden; der Untertitel „Arbeitshilfe zur Feststellung des erzieherischen Bedarfs" (ebd.) umschreibt das Instrument präziser.

Bei der Entwicklung des Instrumentariums sei versucht worden, den aktuellen Stand entwicklungspsychologischer Forschung ebenso zu nutzen wie das Erfahrungswissen von Sozialarbeiterinnen, so Hillmeier (2004:204). Auf diese Weise sind *Checklisten* entstanden, die helfen könnten „nichts Wichtiges zu vergessen und die gegenwärtige Bedarfssituation zusammenfassend zu überblicken und zu dokumentieren" (ebd.:205). Sie sind gedacht als Ausgangsdiagnostik zu Beginn eines Unterstützungsprozesses (vgl. Hillmeier et al. 2004:53). Das Instrumentarium besteht aus drei Skalen und einem Auswertungsblatt zur ‚Zusammenfassenden Feststellung des erzieherischen Bedarfs'.

Zu ‚Erleben und Handeln des jungen Menschen' gibt es je eine Risiken- und eine Ressourcen-Skala mit jeweils fünf Bereichen – Körperliche Beschwerden/Gesundheit, Seelische Störungen/Wohlbefinden, Leistungsprobleme/-vermögen, Abweichendes Verhalten bzw. Sozialkompetenz, Autonomiedefizite bzw. Autonomie – und insgesamt je 75 Items, die für vier Alterskategorien ausdifferenziert sind und jeweils angekreuzt werden können (vgl. Bayerisches Landesjugendamt 2001:13–18).

Die dritte Skala bezieht sich auf die Erziehungs- und Entwicklungsbedingungen und unterscheidet fünf Bereiche (Familiensituation, Grundversorgung, Erziehung, Entwicklungsförderung, Integration); in der Kurzfassung umfasst sie eine Seite und enthält 71 Items (wobei jedes entweder als Risiko oder als Ressource beurteilt und entsprechend angekreuzt werden kann). In der Langfassung werden Risiko- und Schutzfaktoren für vier Alterskategorien sehr detailliert exemplifiziert (vgl. ebd.:19–73).

Legt man die Kurzfassung zugrunde, umfasst das Instrument sechs Seiten (kopierbar z. B. ebd.:13–18, Hillmeier 2004:206–211).

Das quantitative Analyseinstrument ist konzipiert für eine spezifische Zielgruppe und ist einsetzbar bei der Bedarfsabklärung in der ambulanten Kinder- und Jugendhilfe. Die Arbeitshilfe enthält keine methodischen Hinweise, wie der Sozialarbeiter zum Ausfüllen der Checklisten gelangt und wie er die Auswertung vornehmen soll (vgl. Hillmeier 2004:205). Implizit ist ersichtlich, dass der Sozialarbeiter seine Fremdeinschätzung codiert. Die Arbeitshilfe erscheint – insbesondere in der Langform – wenig geeignet für den Dialog mit Kindern, Jugendlichen und/oder ihren Eltern (auch wenn sich in der Publikation des Bayerischen Landesjugendamtes der Hinweis findet, die Merkmale könnten auch „zusammen mit dem jungen Menschen selbst, seinen Sorgeberechtigten und möglicherweise Dritten bearbeitet werden" (2001:7). Die Auswertung solle nicht einfach quantitativ, sondern qualitativ erfolgen, merken Hillmeier et al. an (vgl. 2004:57).

Das Instrument ist einerseits umfassend, es bezieht sich auf alle Lebensbereiche, berücksichtigt sowohl individuelle, altersspezifisch ausdifferenzierte Verhaltensweisen als auch Entwicklungsbedingungen. Andererseits erscheint die binäre Codierung ‚Ressource: ja/nein' allzu einfach und unspezifisch; vor allem aber wird übergangen bzw. völlig offen gelassen, wie der Sozialarbeiter über Beobachtungen und Gespräche – also mit Methoden und Kompetenzen zur Erfassung einer Situation (siehe Kap. 8) – zu diesen Einschätzungen gelangen kann. Auch die Auswertung ist u. E. angesichts der Vielzahl an generierten Daten insbesondere bei der Langfassung anspruchsvoll und müsste methodisiert werden.

Neben diesen drei exemplarisch dargestellten standardisierten, quantitativen Analysemethoden gibt es eine Vielzahl ähnlicher quantifizierender Klassifikationssysteme. Sie sind auf eine spezifische Problemstellung und Zielgruppe ausgerichtet. Viele davon beziehen sich auf die Erfassung psychischer Störungen, sind von der Medizin entwickelt worden und werden in den (sozial-)psychiatrischen Praxisfeldern interprofessionell eingesetzt, so u. a. auch von der klinischen Sozialarbeit. Eine Übersicht und Kurzbeschreibung von Instrumenten für die Kinder- und Jugendhilfe zur Erfassung psychischer Störungen findet sich bei Cassée (2007:118ff.); wahrscheinlich am weitesten verbreitet ist die in viele Sprachen übersetzte kinderpsychiatrische Child Behaviour Checklist (CBCL, vgl. Steinhausen et al 1998). Für die Zukunft wird einerseits an einem generellen, übergreifenden Klassifikationssystem mit grosser Reichweite gearbeitet, das in allen Praxisfeldern der Sozialen Arbeit einsetzbar ist – so, wie es PIE dem Anspruch nach sein will – und das eine einheitliche und vergleichbare Erfassung sozialer Probleme erlauben soll. Andererseits werden spezifische Assessment- und Screeninginstrumente für bestimmte Aufgabenstellungen und spezifische Praxisfelder oder sogar Praxisorganisationen entwickelt (z. B. im Bereich der Arbeitsmarktintegration), die eine grössere Genauigkeit in der Erfassung bestimmter Problembereiche, gleichzeitig aber auch eine geringe Reichweite aufweisen. Bei letzteren werden häufig auch computergestützte Verfahren eingesetzt (vgl. Löcherbach 2004:77, 81). Bei der Beurteilung solcher Assessment-Instrumente ist stets die Angemessenheit der Dimensionen kritisch zu beurteilen, die Art der Codierung (binär oder mehrstufig) sowie die Methodisierung der Auswertung. Bei den meisten Instrumenten wird eine ExpertInneneinschätzung vorgenommen. Aus professionsethischer Sicht ist es allerdings unabdingbar, systematisch neben der Experten- auch die Klientensicht zu erfassen.

9.6 Qualitative Klassifikationssysteme

Neben standardisierten quantitativen Assessment-Instrumenten für eine rasche Einschätzung von Problemen und Hilfebedarf sind auch Klassifikationssysteme entwickelt worden, mit denen Daten in qualitativer Form (als Aussagen, Einschätzungen) erhoben werden. Sie haben entweder einen spezifischen Fokus – wie ‚Kompetenz' bei den Instrumenten von Cassée, die zunächst dargestellt werden – oder sie bezwecken eine ganzheitliche Erfassung von Problemen, Risiken und Ressourcen. Die Instrumente können unterschiedlich stark ausdifferenziert sein und teilweise auch quantitative Elemente integrieren.

9.6.1 Kompetenzanalyse

Nach holländischem Vorbild hat Cassée die Methodik der Kompetenzorientierung entwickelt, die in der Kinder- und Jugendhilfe der Schweiz als Standard für die Leistungserbringer dienen soll (vgl. Cassée 2007). Die wichtigsten Arbeitsschritte und Instrumente liegen als Checklisten oder Raster in manualisierter Form vor, die für bestimmte Arbeitsfelder – z. B. die Arbeit mit Familien – spezifiziert sind (vgl. ebd., Cassée et al 2008, Cassée/Spanjaard 2009). Die Instrumente sollen die Kontakte mit dem Klientinnensystem und die Zusammenarbeit zwischen Professionellen strukturieren.

Innerhalb des umfangreichen Sets an Instrumenten finden sich auch solche für die Analyse- und Diagnosephase, die sich spezifisch auf ‚Kompetenz' beziehen.

Cassée versteht Kompetenz nicht nur als situationsgebunden – d.h. jemand verfügt über genügende Fähigkeiten und benutzt diese, um die Aufgaben seines Alltags adäquat zu bewältigen –, sondern auch als abhängig von der Entwicklungsphase, in der sich eine Person befindet. Sie bezieht sich dabei auf das entwicklungs- und sozialisationstheoretisch fundierte Konzept der Entwicklungsaufgaben, welches Individuen in jedem Lebensabschnitt aufgrund biologischer, gesellschaftlicher Erwartungen und/oder individueller Wünsche und Zielsetzungen bestimmte Aufgaben zuweist (vgl. Cassée 2007:39). Den Entwicklungsaufgaben in jeder Lebensaltersphase in der Kindheit und Jugend entsprechen nun gemäss Cassée auch Entwicklungsaufgaben für Eltern. Dies sind „erwartbare Anforderungen und Aufgaben, die Eltern in einer konkreten Phase des Familienzyklus meistern müssen" (ebd.:40), und die sich auf das Lebensalter der Kinder beziehen.

Cassée hat Bogen zum Stand der Kompetenzentwicklung in unterschiedlichen Lebensalterphasen entwickelt (z.B. für 3–6 jährige Kinder), auf denen verschiedene Entwicklungsaufgaben aufgeführt sind und beurteilt werden sollen hinsichtlich ‚Starke Punkte' und ‚Verbesserungspunkte', und parallel dazu Bogen zur Erfassung des Standes der Kompetenzentwicklung von Eltern (z.B. von 3–6 jährigen Kindern). In der sog. ‚diagnostischen Kompetenzanalyse' werden dann einerseits personale (interne) Schutz- und Risikofaktoren und andererseits soziale (externe) Schutz- und Risikofaktoren gegeneinander abgewogen (vgl. ebd:44–46, 129; alle Bogen finden sich auch unter: www.haupt.ch/kompetenzorientierung).

Angaben zum methodischen Vorgehen bei der Kompetenzeinschätzung macht Cassée keine. Eine mehrperspektivische Erfassung, bei der unterschiedliche Einschätzungen (z.B. der Eltern und der Sozialarbeiterin) notiert werden, ist grundsätzlich gut möglich und wird in manchen Bogen explizit verlangt (vgl. Cassée 2007:140). Die diagnostische Einschätzung der Kompetenzbalance hingegen sieht Cassée (gemäss mündlicher Auskunft) als fachliche Aufgabe, ebenso den sog. *Indikationsbericht* bei einer Erstdiagnose, der als Auswertungsblatt der gesamten Analyse verstanden werden kann: Hier werden nicht nur Ergebnisse der Kompetenzeinschätzung und der Kompetenzbalance festgehalten, sondern auch aus weiteren analytischen Zugängen (wie z.B. die Sicht der unterschiedlichen Familienmitglieder auf Probleme und ihre Veränderungswünsche, vgl. ebd.:139 ff.).

Die Kompetenzanalyse eignet sich für die Arbeit mit Familien im ambulanten sowie mit Kindern und Jugendlichen im stationären Setting. Die Analyse ist weitgehend umfassend (wobei die Lebensbedingungen u.E. etwas wenig berücksichtigt werden und Einschätzungen anderer Professionen – z.B. Lehrkräfte – vernachlässigt werden). Das umfangreiche Material an Checklisten erscheint uns einerseits hilfreich, andererseits sollte das methodische Vorgehen – z.B. bei der Auswahl der Checklisten und bei der Auswertung – erläutert werden.

9.6.2 Problem- und Ressourcenanalyse

Unter 9.5.2 haben wir das Konzept von Heiner ‚PRO-ZIEL-Basisdiagnostik' vorgestellt, insbesondere den Leitbogen, mit dem die Belastung in verschiedenen Lebensbereichen entlang von 32 Items in einer fünfstufigen Skala codiert wird. Neben dieser quantitativen Erfassung der Belastung enthält der Bogen aber auch qualitative Elemente, indem bei jedem Lebensbereich Anmerkungen eingefügt werden können zur Dauer des Problems, zum Umgang des Klienten damit und zu seinen Ressourcen bezüglich des Problems.

Ähnliche Bogen finden sich in verschiedenen Praxisfeldern. Exemplarisch soll hier der Assessment-Bogen vorgestellt werden, den Neuffer (2005) für das Case Management entwickelt hat und als ‚Problem- und Ressourcenanalyse-Einschätzung' (vgl. 120f.) bezeichnet. Der zweiseitige Bogen umfasst die folgenden Punkte, wobei stets *Ressourcen* und *Defizite* eingetragen werden sollen:

- Individuelle Situation aller beteiligten Klientinnen (z.B. nach der systemischen Denkfigur – siehe dazu 9.7.1)
- Sozioökonomische und -ökologische Situation (u.a. Schulden, Arbeit)
- Familiäre Beziehungen und Situation (neben Ressourcen/Defiziten auch Beurteilung ‚gleichgewichtig oder machtbezogen'; inkl. Genogramm)
- Umfeldbeziehungen, personale Vernetzung der Einzelnen und der Familie mit Einzelnen (dito, inkl. Soziogramm)
- Institutionelle Vernetzung der Einzelnen und der Familie mit sozialen Institutionen (dito)
- Situation im Sozialraum oder Arbeitsfeld der Zielgruppe (fallbezogen)
- Fachliche Einschätzung des Case Managers zu a. Kommunikation/Konflikten, b. Beziehungen/Macht, c. Kooperation zwischen Klientin und Sozialarbeiterin
- Eigene Einschätzung der beteiligten KlientInnen zu a., b., c.
- Einschätzung Dritter zu a., b., c.
- Zusammenfassung (Gesamtbild in einigen Sätzen): 1. Problem- und Ressourcenbeschreibung, 2. Einschätzungen, 3. Vorstellungen/Erwartungen der Klienten, 4. Hypothesen und eine Prognose (ohne Einwirkung des Case Managements).

In diesem Assessment-Bogen sind unterschiedliche Analysemöglichkeiten integriert, die Erfassung der Perspektiven unterschiedlicher Beteiligter (siehe 9.2) ebenso wie Notationssysteme, die wir unter 9.4 vorgestellt haben. Entscheidend ist – neben den Dimensionen, die erfasst werden –, dass der Fokus stets auf Ressourcen und Problemen liegt (was unter 9.1 als Charakteristikum der Analyse in der Sozialen Arbeit bezeichnet wurde). Die Einschätzungen werden in sprachlicher Form notiert. Überzeugend erscheint uns, dass eine Auswertung der erhobenen Analysedaten in den Bogen integriert ist.

Für die Gemeinwesenarbeit schlägt Oehler (2010) ein ähnliches Vorgehen vor. Es gehe um „Eruieren von Problemen, Bedürfnissen, Stärken, Schwächen, Ressourcen, Veränderungsbedarf und -bereitschaften" (siehe auch 8.3.2). Das methodische Vorgehen ist hier nicht weiter systematisiert, der Fokus auf Problemen und Ressourcen ist jedoch ebenfalls gut erkennbar. Auch sind in manchen Praxisorganisationen ‚hauseigene' Analyseinstrumente entwickelt worden, bei denen qualitative Einschätzungen zu Problemen und Ressourcen vorgenommen werden (mit unterschiedlichem Ausdifferenzierungsgrad), wobei manchmal unklar bleibt, wie die Auswertung und fachliche Interpretation vorgenommen wird.

9.7 Systemische Analysemethoden

Einzelne Analysemethoden lassen sich nur vor dem Hintergrund ihres theoretischen Kontexts einordnen und verstehen. Die in diesem Kapitel vorgestellten Methoden gehen auf eine systemische oder systemtheoretische Denktradition zurück, weshalb wir sie als systemische Analysemethoden bezeichnen. Die wohl bekannteste ist die Problem- und Ressourcen-/Machtquellen-Analyse auf der Grundlage der prozessual-systemischen Denkfigur von Staub-Bernasconi. Da hiezu neben ihren Schriften eine sehr gute Einführung von Geiser vorliegt (2009), wird diese Methode nur in ihren Grundrissen aufgeführt. Ebenfalls kurz wird die Lebensbereich- und Mikrosystemanalyse erörtert, die im Anschluss an das systemökologische Entwicklungskonzept von Bronfenbrenner ausgearbeitet wurde. Schliesslich soll das von uns als systemische Analyse bezeichnete Instrument etwas breiter vorgestellt werden, das von verschiedenen Autoren u. a. Simmen et al. (2008), Schweitzer (1998) oder Schwing/Fryszer (2009) in unterschiedlicher Ausprägung entwickelt wurde.

9.7.1 Problem- und Machtquellen-/Ressourcen-Analyse

In ihrem Theoriemodell Sozialer Arbeit gehen Staub-Bernasconi und Geiser davon aus, dass sich Soziale Probleme in vier unterschiedlichen Dimensionen erfassen lassen. Die erste Dimension bezieht sich auf die individuelle *Ausstattung* einer Person. Erfasst werden individuelle Eigenschaften im biologischen, psychischen, sozioökonomischen, soziokulturellen und soziökologischen Bereich (siehe 8.3.2). Diese Eigenschaften kennzeichnen das Austausch- und Machtpotential einer Person oder deren Einschränkungen. Die zweite Dimension umfasst die *Austauschbeziehungen* einer Klientin in sozialen Systemen, das Augenmerk liegt auf den Austauschmitteln, die soziale Interaktionen ermöglichen oder verhindern (vgl. Geiser 2009:28). Die dritte Dimension befasst sich mit *Machtbeziehungen* in sozialen Systemen. Ausgehend von der Entdeckung der Machtquellen werden die Positionen der Klientin als Mitglied von sozialen Systemen erfasst. Damit wird erkennbar, zu welchen Systemen sie Zugang hat, mit welchen Möglichkeiten und

Einschränkungen sie konfrontiert ist und welchen Handlungsspielraum sie darin hat. Die letzte Dimension fokussiert die gesellschaftlich anerkannten *Werte*, deren Realisierung angesichts artikulierter Probleme nicht gelingt.

Für die Erfassungs- und Analysephase hat Staub-Bernasconi eine sog. Entdeckungskarte (*Problemkarte*) entwickelt. Die vier beschriebenen Dimensionen (Ausstattung, Austausch, Macht und Werte) werden dabei in Bezug gebracht zu den unterschiedlichen individuellen Ausstattungsdimensionen. Dies erlaubt, Einschränkungen, Probleme etc. in den entsprechenden Feldern festzuhalten.

So hat ein Mensch mit wenig Bildungshintergrund (Ausstattungsdimension) in seinem Berufsfeld wenig Möglichkeiten, eine selbständigere und höher dotierte Arbeit zu erlangen (Machtdimension).

Neben der Problemkarte werden mit einer zweiten Entdeckungskarte (*Ressourcen- und Machtquellenkarte*) mögliche Tauschmedien oder Machtquellen ausfindig gemacht. Auf dieser Karte werden die vier gleichen Dimensionen in Bezug gesetzt zu allen Teilsystemen einer Gesellschaft (wie z.B. das Individuum selber, seine Familie, verschiedene Hilfssysteme, Nachbarschaft, Stadtteil etc.) und dabei Ressourcen, Eigenschaften, Potentiale eingetragen.

In der Analyse wird in einem ersten Schritt die Ausstattung eines Menschen gemeinsam mit ihm in fokussierter Weise mit Hilfe der Problem- und Ressourcenkarten beschrieben. Dabei kommt es zu einer Bewertung der Fakten, indem eine Einschätzung von (möglichen) Problemen und für die Problemlösung relevanten Ressourcen vorgenommen wird. In der Situationsanalyse nach Staub-Bernasconi und Geiser wird neben der Erfassung und Analyse in einem zweiten Schritt mit Hilfe von Erklärungswissen eine Diagnose gestellt (siehe 10.2.1). Dabei entsteht ein umfassendes Gesamtbild, das die Ausgangslage bildet für die Intervention. Die Problem- und Ressourcenkarten werden im Unterstützungsprozess fortlaufend nachgeführt, sodass die einzelnen Felder mit der Zeit immer mehr Informationen enthalten, die das Formulieren von Indikatoren für Probleme und Ressourcen erleichtern sowie das Finden von möglichen Erklärungen und das Erstellen von Prognosen (vgl. Staub-Bernasconi 1998:72 ff., Geiser 2009:308 ff.).

Die Problem- und Ressourcen-/Machtquellen-Analyse findet vor allem in der klassischen Einzelfallhilfe in der Schweiz breite Verwendung. Sie bildet eine standardisierte Methode, die in qualitativer Weise Daten sammelt und diese in Verbindung setzt mit der systemischen Denkfigur. Da sich die Einschätzungen der Professionellen mit denen der Klientinnen vermischen, scheint uns ein professioneller Umgang mit Daten und Bewertungen wichtig. Dieser lässt sich u.a. erreichen, wenn in der Analyse (Problem- und Ressourcen-/Machtquellen-Karten) die Sichtweisen von Klientin und Expertin gesondert aufgeführt werden. Zur Auswertung der Daten finden sich bei Staub-Bernasconi und Geiser lediglich Hinweise; das eigentliche methodische Vorgehen wird wenig erläutert. Die Problem- und Ressourcen-/Machtquellen-Analyse ist aufwändig und erweist sich als komplexe Methode, die einiger Übung bedarf.

Die Problem- bzw. Ressourcenkarte finden sich bei Staub-Bernasconi (1998:73, 77), die Analysebogen für die vier Dimensionen bei Geiser (2009: 357–375).

9.7.2 Lebensbereich- und Mikrosystemanalyse

Ausgangspunkt dieser Analysemethode bildet die systemökologische Entwicklungstheorie von Bronfenbrenner, die zunächst abrissartig aufgezeichnet werden soll. Bronfenbrenner hat seine Konzeption basierend auf den Arbeiten von Brunswik (1934) und Lewin (1946) mit der Überzeugung entwickelt, dass Entwicklung nur adäquat verstanden werden kann, wenn sie in ihrem Umweltkontext untersucht wird (vgl. Bronfenbrenner 1981:24). Die Ökologie der menschlichen Entwicklung befasst sich mit der fortschreitenden gegenseitigen Anpassung zwischen dem aktiven, sich entwickelnden Menschen und den wechselnden Eigenschaften seiner Lebensbereiche (vgl. ebd:43f.). Lebensbereich bedeutet die unmittelbare Umgebung eines Individuums und er umfasst deren aktuelle physikalische und soziale Situation. Das entwicklungsrelevante Geschehen in dieser Umgebung ist gekennzeichnet durch Tätigkeiten, Beziehung und sozialen Rollen. Bronfenbrenner benennt das in einem Lebensbereich realisierte Muster von Tätigkeiten, Beziehungen und sozialen Rollen als Mikrosystem (vgl. ebd.). Verändert sich einer dieser Teilbereiche, entwickelt sich das ganze Mikrosystem. Entwicklung geschieht auch bei einem sog. echten ökologischen Übergang, wenn ein Individuum von einem Mikrosystem in ein anderes wechselt und sich dabei Rolle, Tätigkeit und/oder Beziehung verändern. Bleibt das realisierte Muster auch im neuen Mikrosystem erhalten, wird von einem unechten ökologischen Übergang gesprochen, der keine Entwicklung beinhaltet.

Mit einer sog. *Lebensbereichanalyse* kann Aufschluss über Faktoren gewonnen werden, die eine Entwicklung fördern oder hemmen. Bei dieser Methode werden zunächst alle Lebensbereiche des betreffenden Menschen ermittelt, an denen er aktuell partizipiert. In einem nächsten Schritt werden vergangene Lebensbereiche aufgeführt, womit Aufschluss gegeben wird über Entwicklungen oder Verlustgeschichten. Zusätzlich können mögliche zukünftige Lebensbereiche aufgeführt werden, damit ein Bild über (aktuell eingeschränkte) Entwicklungsmöglichkeiten entworfen werden kann. Die Analyse sieht nun vor, die zeitliche Dimensionen in den aktuellen Lebensbereichen zu erfassen. Indem ermittelt wird, wie viel Zeit ein Mensch in einem Mikrosystem verbringt, kann erkannt werden, welches für ihn wesentliche Mikrosysteme darstellen.

Mit der Methode der *Mikrosystemanalyse* soll versucht werden, das Entwicklungspotential in den Lebensbereichen sowie das eigene Entwicklungspotential zu erkennen. Aufgrund von Beobachtungen oder in Kooperation mit einem Klienten werden die verschiedenen Tätigkeiten und deren Qualität (wie z.B. Beobachtungsdyade oder gemeinsame Tätigkeiten) in einem Lebensbereich ermittelt, die sozialen Rollen bestimmt und die Beziehungsformen aufgeführt. Damit kann untersucht werden, welche Mikrosysteme realisiert werden und ob es echte oder unechte Übergänge zwischen den einzelnen Mikrosystemen gibt. Neben dem Erkennen der Entwicklungseinschränkungen geht es in der Mikrosystemanalyse auch darum, Entwicklungsmöglichkeiten zu erschliessen, indem entsprechende Passungsangebote im Umfeld oder bei den strukturellen Vorgaben eines bestimmten Lebensbereiches eruiert werden.

Diese Form der Analyse kann mit Einzelpersonen im ambulanten, teilstationären wie stationären Kontext angewendet werden. Sie setzt gute Kenntnisse der Lebensbereiche der Klientin voraus, die mittels differenzierter Erhebung gewonnen werden (sollen) (z. B. durch Erkundungsgespräche oder gezielte Beobachtungen, siehe 8.4, 8.5). Entlang der beschriebenen Kategorien erfolgt die Auswertung durch die Professionellen, wobei der Miteinbezug der Klientinnen situativ zu prüfen ist. Sie hat unseres Erachtens mit grosser Sorgfalt zu geschehen. So sollen z. B. aufgrund exakter Beschreibungen Hypothesen zu Beziehungen, Rollen, Tätigkeiten und Übergängen in mindestens zwei Mikrosystemen gebildet werden, um zu Aussagen über mögliche Entwicklungseinschränkungen zu kommen. Die Mikrosystemanalyse bildet eine teilstandardisierte Methode, die in qualitativer Weise auf der Grundlage der systemökologischen Entwicklungstheorie Daten auswertet. In der Schrift von Bronfenbrenner (1981) finden sich keine exakten Angaben zur Durchführung einer Mikrosystemanalyse. Die Anwendung einer solchen Analysemethode kann im Laufe der Ausbildung zur Sozialarbeiterin erlernt werden.

9.7.3 Systemische Analyse

In der systemischen Analyse werden nach der Erfassung der beteiligten Personen und Systeme zunächst Prozesse in den einzelnen Systemen wie auch zwischen den sozialen Systemen erfasst. Das erlaubt, kritische Situationen zu kennzeichnen, sowie Ressourcen und Stressoren zu bestimmen. Aufgrund einer fachlichen Deutung der beschriebenen Situationen aus systemischer Sichtweise werden Hypothesen gebildet, die Ausgangspunkt für die gemeinsame Formulierung von Zielen und Handlungsschritten bilden.

Ähnlich der Lebensbereichanalyse werden zunächst die für eine Klientin relevanten Systeme bezeichnet. Hier können die in Kap. 9.4 beschriebenen Methoden wie Genogramm oder Netzwerkkarte hilfreich sein. Aufgrund von Beobachtungen und Klientenaussagen sollen die Dynamiken innerhalb der Systeme (Intra-System-Dynamik) wie auch zwischen den Systemen (Inter-System-Dynamik) erfasst und analysiert werden. Daraus lassen sich Hypothesen ableiten in Bezug auf bestimmte Interaktions- oder Kommunikationsmuster. Die *Intra-System-Dynamik* lässt sich nach Hochuli Freund (2009: 1 f.) mit folgenden Fragen generell erfassen:

- Welche Interaktionsketten lassen sich kennzeichnen?
- Welche Interaktionsmuster sind erkennbar (wie z. B. redundante oder eskalierende Interaktionssequenzen)

- Gibt es für das System typische Interaktionssequenzen mit möglicherweise zu erwartenden Verhaltensweisen einzelner Mitglieder (wie z. B. die Rolle als Unruhestifter, Clown oder Sündenbock) (vgl. auch Schwing/Fryszer 2009: 52 ff.)

In Familien und Organisationen lässt sich die Intra-System-Dynamik nach verschiedenen Organisationsprinzipien ermitteln (vgl. Simmen et al. 2008:76 ff.):

- Das Organisationsprinzip der Hierarchie fragt danach, ob in der Familie die Generationengrenze eingehalten, die Eltern- und Kindfunktionen wahrgenommen werden. In Organisationen wird beobachtet, ob formelle und informelle Hierarchie übereinstimmen (vgl. ebd. 76, 124)
- Das Organisationsprinzip der Autonomie fokussiert die (alters-)entsprechende Autonomie aller Mitglieder einer Familie oder das Verhältnis von Aufgaben und Entscheidungskompetenzen in einer Organisation (vgl. ebd. 76, 128)
- Das Organisationsprinzip der Kooperation untersucht die Art der Kooperation der Eltern z. B. auch ihren Erziehungsstil. In Organisationen wird die Zusammenarbeit in und zwischen einzelnen Teams erforscht (vgl. ebd.: 76, 129 f.)
- Das Organisationsprinzip der Loyalität konzentriert sich auf die Anzeichen von Loyalität und Illoyalität, auf Signale von Entwertungen und von unterdrückter Transparenz in Folge von Loyalitätsverstrickungen unter den einzelnen Kooperationspartnern (vgl. ebd. 77, 131 ff.)
- Das Organisationsprinzip der handlungsleitenden Grundannahmen erforscht die konzeptuellen Konstrukte, die das Handeln und Verhalten in Familiensystemen und Organisationen leiten.
- Das Organisationsprinzip des Coping fragt schliesslich nach der Art und Weise, wie in Familien mit schwierigen Situationen und Krisen umgegangen wird. In Organisationen wird analysiert, ob eingespielte Abläufe und Interaktionsmuster Entwicklungen verhindern.

Die *Intersystemdynamik* umfasst alle Interaktionen der beteiligten Systeme rund um eine Klientin (vgl. Schweitzer 1987:28). Sie fokussiert die Dynamik zwischen allen beteiligten Systemen und versucht einerseits die Kommunikations- und Interaktionsmuster zu eruieren, andererseits mögliche Spiegelungsphänomene zu erkennen. Dabei sind folgende Fragen leitend:

- Welche Interaktionsketten und -muster lassen sich zwischen den beteiligten Systemen erkennen (wie z. B. dass es zu häufigen Missverständnissen kommt)?
- Gibt es Spiegelungsphänomene in den verschiedenen Systemen d. h. analoge Interaktionsketten und -muster (wie z. B. dass Männer sehr viel Raum einnehmen oder dass von jedem System eine Person ausgeschlossen wird)? (vgl. Hochuli Freund 2009:1 f.)

In der Kommunikation mit allen Beteiligten werden diese Dynamiken der Systemprozesse gemeinsam rekonstruiert. Dabei können zirkuläre Fragen sehr hilfreich sein (vgl. Schlippe/Schweitzer 1998: 138ff; Schwing/Fryszer 2009: 209 ff.). Die relevanten Erkenntnisse werden in Form von Hypothesen formuliert und bilden die Grundlage für die Planung der weiteren Schritte.

Die systemische Analyse ist im stationären Bereich nur sinnvoll, wenn zwischen den Systemen ‚Familie' und ‚stationärer Bereich' (wie z. B. Wohngruppe) verglichen werden kann. Voraussetzung dazu bilden differenzierte Daten aus den betreffenden Systemen, die auf einer genauen Situationserfassung analog der Mikrosystemanalyse beruhen. Ist dies nicht der Fall, sind gezielt Informationen in den betreffenden Systemen zu sammeln. Die Daten sind gemäss den oben beschriebenen Prinzipien von den Professionellen auszuwerten und in einem zweiten Schritt mit allen Beteiligten auszutauschen.

Die systemische Analyse stellt eine teilstandardisierte Methode dar, die in fast allen Kontexten der Kinder- und Jugendhilfe einsetzbar ist und qualitative Aussagen generiert, die auf der systemischen Denkweise beruhen.

9.8 Reflexion des Prozessschrittes

Die vorgestellten Methoden für die Analyse werden im Folgenden einer kritischen Reflexion unterzogen. Anschliessend finden sich Fragen zur Evaluation des Prozessschrittes in einem konkreten Fall.

9.8.1 Methodenreflexion

Gemäss den in Kap. 7.4 erstellten Kriterien zur Reflexion und Beurteilung von Methoden der Sozialen Arbeit überprüfen wir die vorgestellten Analysemethoden und beurteilen sie gemäss den fünf Reflexionskriterien.

Die meisten der hier aufgezeichneten Analysemethoden entsprechen professionsethischen Ansprüchen und übergreifenden Zielsetzungen Sozialer Arbeit; bei den rein quantitativen Klassifikationssystemen (wie z. B. PIE) oder Instrumenten mit engem Fokus (wie z. B. Genogramm) gilt dies nur eingeschränkt. Viele der vorgestellten Methoden erfüllen professionelle Standards, weil sie in Kooperation mit Klientinnen angewendet werden. Eine Ausnahme bildet ein Teil der quantitative Instrumente, die ausschliesslich die Expertsicht aufnehmen (wie z. B. die Risiko-Ressourcen-Analyse des Bayrischen Landesjugendamts). Die Kooperation auf Fachebene ist bei der Durchführung der Analyse wenig vorgesehen, sie hat in diesem Prozessschritt einen geringeren Stellenwert, einzig bei der Perspektivenanalyse spielen sie u. U. eine Rolle. Die Analyseergebnisse können jedoch der intraprofessionellen Kooperation dienen. Verschiedene Methoden lassen sich kombinieren, weil sie unterschiedliche Foki haben und zum Teil auch, weil sie nur einen Bestandteil aus einem ganzen Analyseset darstellen (explizit z. B. bei der Kompetenzanalyse nach Cassée). Einzelne Methoden sind überall einsetzbar (wie

z. B. der Zeitstrahl oder die Perspektivenanalyse mit Beteiligten), der grösste Teil der Methoden bezieht sich auf mehr oder weniger eingegrenzte Praxisfelder, auffallend viele auf den Bereich der Einzelfallhilfe. Die systemischen Ansätze erweisen sich als komplex und aufwändig, für alle andern ist der Aufwand gering bis mittel.

Perspektivenanalyse						
	Kriterium Kooperation Klientin Profess.	Kriterium Zielsetzung Soziale Arbeit	Kriterium Professionsethik	Kriterium Praxisfelder	Kriterium Aufwand
Analyse mit Beteiligten	++++ ++++[1]	++++	++++	überall	mittel
Fallinszenierung	+++[2] ++++[1]	+++	+++	überall	gering

1 ++++ wenn beteiligt, sonst 0
2 mittelbar, weil ein besseres Verständnis für die Klienten und die Fallthematik entwickelt werden kann

Analyse: Reflexion des eigenen Erlebens					
	Kooperation Klientin Profess.	Zielsetzung Soziale Arbeit	Professionsethik	Praxisfelder	Aufwand
	+++[1] ++++[2]	+++	+++	überall	gering

1 ++++ wenn beteiligt, sonst 0
2 mittelbar, weil ein besseres Verständnis für die Klienten und die Fallthematik entwickelt werden kann

Notationssysteme					
	Kooperation Klientin Profess.	Zielsetzung Soziale Arbeit	Professionsethik	Praxisfelder	Aufwand
Genogramm	++++[1] +	++	+++	Einzelfall-/ Familienhilfe	gering
Zeitstrahl	++++[1] +	+++	+++	überall	mittel
Netzwerkkarte	++++[1] +	+++	+++	Einzelfallhilfe	gering
Soziogramm	+++ +	++	+++	Arbeit mit Gruppen	gering

1 bei Menschen mit einer Entwicklungsbeeinträchtigung Beizug von Angehörigen

Quantitative Klassifikationssysteme					
	Kooperation Klientin Profess.	Zielsetzung Soziale Arbeit	Professionsethik	Praxisfelder	Aufwand
PIE	+ +	+++	++	Einzelfall-/ Familienhilfe	gering/ hoch[1]
ProZiel	++++ +	++++	++++	Einzelfall-/ Familienhilfe	gering
Sozialpäd. Risiko-Ressourcen-Analyse	+ ++	+++	++	Ambulante Kinder- und Jugendhilfe	gering/ hoch[1]

1 bei Langfassung

Qualitative Klassifikationssysteme

	Kooperation Klientin / Profess.		Zielsetzung Soziale Arbeit	Professions-ethik	Praxisfelder	Aufwand
Kompetenz-Analyse	++++	+++	+++	+++	Kinder-/ Jugend- und Familienhilfe	mittel
Problem-Ressourcen-Analyse	++++	+	++++	++++	v.a. Einzelfall-/ Familienhilfe	mittel

Systemische Analyse

	Kooperation Klientin / Profess.		Zielsetzung Soziale Arbeit	Professions-ethik	Praxisfelder	Aufwand
Problem-Machtquellen/ Ressourcen-Analyse	+++	+	++++	++++	v.a. Einzelfallhilfe ambulanter Bereich	mittel
Mikrosystem-analyse	++	+	+++	+++	Einzelfallhilfe	hoch
Systemische Analyse	+++	+++	+++	+++	Kinder-/ Jugend- und Familienhilfe	hoch

Legende: ++++ *unterstützt aktiv* | +++ *ermöglicht* | ++ *kann ermöglichen* | + *kann unter Umständen ermöglichen*

Abb. 17: Beurteilung der Analysemethoden

Reflexion zur Wahl der Methode

Die Wahl einer geeigneten Analysemethode stellt angesichts der Vielzahl einerseits eine echte Herausforderung dar, andererseits erweist sich diese Wahlmöglichkeit als Chance, eine für eine Fallsituation und den institutionellen Kontext passende Methode zu wählen. Die grosse Bandbreite an Analysemethoden spiegelt auch die Diversität der Praxisfelder und die Vielfalt der Aufgaben in der Sozialen Arbeit wider. So verständlich die Suche nach einem übergeordneten Klassifikationssystem für die Soziale Arbeit ist, so wenig scheint sie Ziel führend sein, weil damit die Besonderheiten der insgesamt so unterschiedlichen Fälle nicht genügend erfasst werden können. Die Suche nach der *einen* Analysemethode ist u. E. ein unangemessener Versuch, die Komplexität des Feldes der Sozialen Arbeit zu reduzieren.

Es ist die Aufgabe von Organisationen, geeignete Analysemethoden zu implementieren, und ein Bestandteil von Professionskompetenz, entsprechend Auftrag, institutionellem Setting und Fallgeschichte gemäss den fallspezifischen Erfordernissen über die Wahl einer geeigneten Analysemethode entscheiden zu können. Bei eher kurzfristig zu erfolgender Unterstützung eignen sich besonders wenig aufwändige Assessmentinstrumente (wie z.B. PRO-ZIEL), die eine rasche Indikationsstellung ermöglichen. Bei länger dauernden Unterstützungsprozessen oder in deren Verlauf sind aufwändigere Methoden gefragt (wie z. B. Perspektivenanalyse oder systemische Analysemethoden), die zu einem vertieften Fallverstehen überleiten können.

Reflexion zur Durchführung der Analyse

Bei jeder Analyse ist fallbezogen zu überlegen, welche Art von Auslegeordnung sinnvoll ist und zur Klärung der Fallthematik beitragen kann. Dabei können statt oder vor der Anwendung einer spezifischen Methode auch *analytische Klärungsfragen* gestellt werden (z. B.: Was ist im vorliegenden Fall klar und was nicht? Was scheint vordergründig klar, ist es aber beim zweiten Hinsehen nicht? Was läuft gut und was erweist sich immer wieder als schwierig? An welchem Punkt entstehen Spannungen? etc.). In ähnlichem Sinne kann auch die Analysemethode der Reflexion des eigenen Erlebens als sinnvolle Ergänzung eingesetzt werden, um Themen, die rational wenig erfassbar sind, in die Fallbearbeitung einzubringen.

Der dialogische Prozess mit Klientinnen – entweder gleich zu Beginn oder im Verlaufe der Analyse – stellt ein unverzichtbares Element dar. Nun könnte die Vorgabe, man brauche stets den Klienten, um überhaupt eine Analyse durchführen zu können, missverstanden werden. Es geht nicht darum, dass die Analyse den Klienten braucht, sondern die Analyse stellt eine hervorragende Chance dar, den Klienten zum Beteiligten zu machen, der sich selbst, seine Themen, Überlegungen und Einschätzungen einbringt und darin ernst genommen wird. Dies ist umso wichtiger, als die Analyse im Rahmen der Prozessgestaltung eine entscheidende *Weichenstellung* für alle weiteren Schritte bedeutet. Am Ende dieses Prozessschritts wird entschieden, welches Thema in der Diagnose erhellt werden soll, damit darauf aufbauend sinnvolle Interventionen (weiter)entwickelt werden können, oder es werden auf dieser Basis Ziele formuliert und Entscheidungen über Unterstützungsangebote getroffen. Gelingt es hingegen nicht, die Fallthematik präzise herauszuarbeiten, bleibt unklar und zufällig, was diagnostiziert werden soll bzw. welche Ziele formuliert werden und wie das Hilfeangebot aussieht. Die Bestimmung der Fallthematik als Ergebnis der Gesamtbewertung eines Falls erweist sich demnach als höchst anspruchsvolle Aufgabe. Sie erfordert neben Sorgfalt und Zeit viel *Übung*, geht es doch um einen sorgfältigen Umgang mit sensiblen Daten wie auch um das Erkennen von Themen, die für den Fall wesentlich sind. Eine Herausforderung besteht darin, keine persönlichen Ansichten in einen Fall hinein zu interpretieren. Die Bewertung verlangt zudem eine fachliche Beurteilung der Daten, ohne diese bereits erklären zu wollen. In der Kompetenz zur Analyse zeigt sich darum in besonderer Weise die Professionalität in der Sozialen Arbeit.

9.8.2 Evaluationsfragen

Kontinuierliche Selbstreflexion gehört zum Selbstverständnis, zum Habitus (siehe 6.2.2) von Professionellen der Sozialen Arbeit. Nach Abschluss des zweiten Prozessschritts, hat sich die Sozialarbeiterin folgende Fragen zu stellen:

- Ist eine adäquate Methode oder eine sinnvolle Kombination von Methoden gewählt worden?
- Wurden die Daten sorgfältig erhoben?
- Basieren die gemachten Einschätzungen auf genügend abgesicherten Informationen aus der Situationserfassung?
- Sind die Unterschiede in den einzelnen Perspektiven angemessen berücksichtigt? Ist insbesondere die Unterscheidung der Klientenperspektive und derjenigen der Professionellen klar oder steht die Expertinnenperspektive für das Ganze?
- Wurde eine strukturierte Auswertung entlang den Kriterien der Methode vorgenommen und sorgfältig mit den erhobenen Daten umgegangen?
- Ist die Fallthematik schlüssig hergeleitet aus der Auswertung und tatsächlich präzisiert? Ist klar, was im nächsten Schritt verstanden werden soll (Diagnose) oder was zu unternehmen ist (Indikation für Intervention)?
- Wenn mit etwas Abstand noch einmal auf Situationserfassung und Analyse zurückgeschaut wird: Stimmt die herausgearbeitete Fallthematik, sind dort wirklich Hinweise darauf enthalten (oder wurde das Thema in den Fall hinein interpretiert)? Ist das Thema durch die Analyse differenziert worden, sind wirklich neue Erkenntnisse generiert worden (oder wurde die Analyse nur pro forma durchgeführt)?
- Sind Ergänzungen zur Analyse nötig?

9.9 Übersicht Prozessschritt ‚Analyse'

Aufgabe

Durch die strukturierte Auslegeordnung soll herausgearbeitet werden, was genau das Thema ist in einem Fall. Die Komplexität wird durch eine gezielte Erfassung von neuen Daten zunächst erhöht und anschliessend durch eine strukturierte Auswertung wieder reduziert. Ziel in diesem Prozessschritt ist die Fallthematik zu erfassen (worum geht es genau?) und daraus Folgerungen abzuleiten: Entweder herauszuarbeiten, was in einem nächsten Schritt erklärt und verstanden werden soll (Diagnose) oder welche Unterstützung indiziert ist (Intervention).

Methoden
- Perspektivenanalyse: gemeinsam mit Beteiligten (in verschiedenen Varianten), Fallinszenierung
- Analyse durch Reflexion des eigenen Erlebens
- Notationssysteme: Genogramm, Netzwerkkarte, Zeitstrahl und Zeitbalken, Soziogramm. u. a.

- Quantitative Klassifikationssysteme: PIE, PRO-ZIEL-Basisdiagnostik, sozialpädagogische Risiko-Ressourcenanalyse, u.a.
- Qualitative Klassifikationssysteme: Kompetenzanalyse, Problem-Ressourcen-Analyse, u.a.
- Systemische Analysemethoden: Problem-Ressourcen-/Machtquellen-Analyse, Lebensbereich- und Mikrosystemanalyse, systemische Analyse, u.a.
- Analytische Klärungsfragen (= Analyse in weitem Sinne)

Vorgehen
- Wahl einer geeigneten Analysemethode, evtl. Kombination
- Datenerhebung (Auslegeordnung)
- Datenauswertung (konstatierende Hypothesen)
- Präzisierung des Themas

Kooperation

Ebene Klientin/Zielgruppe:
- begonnene Kooperation vertiefen durch gemeinsame Auslegeordnung
- fachliche Überlegungen (z.B. zu Auswertung und Fallthematik) in Dialog einbringen

Fachebene:
- Kooperationspartner nach Bedarf einbeziehen

Kompetenzen

Um ein Thema präzise herauszuarbeiten bzw. eine klare Indikation für die Intervention stellen zu können, sollen Professionelle der Sozialen Arbeit über die nachfolgenden Kompetenzen verfügen:
- Analysemethoden kennen, fallbezogen deren Eignung beurteilen und geeignete Methoden auswählen und kombinieren können
- Analysemethode falladäquat modifizieren und anwenden können
- Grenzen einer Methode erkennen
- unterschiedliche Perspektiven erfassen, beachten und kennzeichnen können, insbesondere diejenige der Klientin
- zwischen der eigenen Perspektive und derjenigen der Klientin unterscheiden können
- Probleme, Risiken und Ressourcen beurteilen können
- Komplexität der verschiedenen Perspektiven und/oder Dimensionen mittels konstatierender Hypothesen auf wesentliche Aspekte reduzieren können
- Fallthematik schlüssig bestimmen können und dabei erkennen, ob die weitere Bearbeitung im Prozessschritt Diagnose oder Intervention angemessen ist

10 Diagnose

Diagnose gilt als ein sehr wichtiger Prozessschritt, denn es geht dabei um das Erhellen und Verstehen eines Falles. In diesem Kapitel wird nach einer ersten Definition zunächst skizziert, wie der Begriff Diagnose in die Soziale Arbeit eingeführt worden ist, und es werden Aufgaben und Merkmale beschrieben. Unter dem Stichwort ‚Expertendiagnose versus dialogische Aushandlung' wird dargelegt, welche Bedeutung die beiden Kooperationsebenen bei diesem Prozessschritt haben. Es werden zwei unterschiedliche Kategorien von Diagnosemethoden eingeführt, die anschliessend erläutert werden: Die Methode des theoriegeleiteten Fallverstehens wird detailliert vorgestellt und mit Hilfe eines Beispiels illustriert, und es werden verschiedene rekonstruktive Diagnosemethoden beschrieben. Abschliessend werden die vorgestellten Diagnosemethoden einer methodischen Reflexion unterzogen.

10.1 Aufgabe und Merkmale

In den letzten Jahren haben Diagnostik und Diagnose im Fachdiskurs zunehmend an Bedeutung gewonnen.

Begriffsklärung
Manchmal ist statt von Diagnose synonym auch von Fallverstehen die Rede. Wie unter 9.1 erläutert, werden die Begriffe Diagnose und Analyse nicht einheitlich verwendet. Während in diesem Lehrbuch als Analyse all jene Methoden bezeichnet werden, bei denen eine strukturierte Auslegeordnung zur Klärung der Fallthematik vorgenommen wird oder zur schnellen Indikation einer spezifischen Hilfe, so werden jene Zugänge als Diagnosemethode eingestuft, die zur Erhellung eines Falles und zur Erklärung der Fallthematik dienen.

Etymologisch stammt der Begriff Diagnose aus dem Griechischen und wird übersetzt mit ‚unterscheidende Beurteilung und Erkenntnis', mit ‚durch und durch Erkennen' oder ‚Durchblick' (vgl. Duden 2007; Müller 2009:68). In der Brockhaus Enzyklopädie werde der Begriff definiert als methodische Erforschung der Merkmale eines Gegenstandes, um ihn mit bereits bekannten Begriffen erfassen zu können, erläutert Müller und fährt fort: „Einen Gegenstand diagnostizieren heisst demnach, seine Merkmale gleichsam auf die Folie eines Bekannten beziehungsweise Allgemeinen zu legen und zu prüfen, ob sie dazu passen" (ebd.:71). Der Begriff Diagnose ist in vielen Disziplinen gebräuchlich, u.a. in der Biologie und Meteorologie, insbesondere aber in der Medizin. Hier meint Diagnose das Erkennen und Feststellen einer Krankheit, und unter Diagnostik wird die Fähigkeit und Lehre verstanden, Krankheiten zu erkennen und daraus Indikationen für deren Behandlung abzuleiten.

Diagnose als Mittel zur Professionalisierung

Ärzte stellen eine der drei klassischen Professionen dar (siehe 3.1); ihr Expertentum zeigt sich insbesondere in der ärztlichen Diagnose. Dass die Sozialarbeiterin Mary Richmond in ihrem 1917 in New York erschienen Buch ‚Social Diagnosis' den Begriff erstmals auch für die Soziale Arbeit beanspruchte, gilt als Meilenstein in der Professionsentwicklung. Bei Richmond basieren soziale Diagnosen auf einer umfassenden Datenerhebung zur sozialen Situation und zur Persönlichkeit eines Menschen, der in eine soziale Notlage geraten war, und sie dienen zur Ermittlung des Hilfebedarfs und zur Vermeidung unpassender Hilfe. Alice Salomon hat den Text von Richmond übersetzt und an die deutschen gesellschaftlichen und institutionellen Bedingungen angepasst; mit ihrem Buch ‚Soziale Diagnose' wurde der Begriff 1926 auch in Deutschland in den Diskurs eingeführt (vgl. Pantuček 1999:1; Harnach-Beck 1999:42). Gemäss Salomon ist nicht nur eine sorgfältige Sammlung von Daten entscheidend, sondern auch deren Deutung unter Rückgriff auf wissenschaftliche Erkenntnisse (vgl. Salomon 1926:13). Es dauerte allerdings noch lange, bis sich Diagnose als Aufgabe in der Sozialen Arbeit etablieren konnte und nicht mehr (bzw. nur noch selten) an die Nachbardisziplinen Psychologie und Medizin delegiert wurde. In den 1980er wurde kontrovers diskutiert, ob der Diagnosebegriff für die Soziale Arbeit geeignet ist und wie er professionsspezifisch gefüllt werden kann (vgl. u.a. Kunstreich et al. 1988). Insbesondere die Arbeiten von Schütze (1993), von Müller (2009; 1. Ausgabe 1993) und von Mollenhauer/Uhlendorff (1992; 1995) haben die Entwicklung einer eigenständigen Diagnostik in der Sozialen Arbeit vorangetrieben (vgl. u.a. Jakob 1999:103ff., Schrapper 2008:199). In den letzten beiden Jahrzehnten sind viele Publikationen erschienen, u.a. die Sammelbände zu Diagnostik herausgegeben von Jakob/Wensierski (1997), Peters (1999), Ader/Schrapper (2002), Heiner (2004), Schrapper (2004), die sich alle als Beitrag zur Professionalisierung der Sozialen Arbeit verstehen. Die rege Publikation insbesondere von Forschungsbeiträgen hält nach wie vor an, was nicht nur ein Anzeichen dafür ist, dass die Entwicklung und Ausdifferenzierung von Diagnosemethoden in der Sozialen Arbeit im Gange ist, sondern auch den hohen Stellenwert der Diagnose für die Professionsentwicklung aufzeigt. Denn Diagnose und Professionalisierung gehen miteinander einher, sie bedingen sich gegenseitig und sind ohne einander kaum denkbar, so die These von Turner (2002) (vgl. Goblirsch et al. 2007:236f.).

Aufgabe und Anforderungen

Diagnostik in der Sozialen Arbeit befasst sich mit der Frage, wie angesichts der Komplexität von Lebensverhältnissen und angesichts der strukturellen Unsicherheit von Prognosen eine Hilfe gefunden werden kann, die mit relativ hoher Wahrscheinlichkeit eine sinnvolle Unterstützung für Klienten(systeme) darstellen und ihre Lebenssituation merklich verbessern kann. Jede Diagnose ist auf einen Fall bezogen und will Situation und Verhalten von Klienten erhellen. Sie enthält *Erklärungen und Deutungen* für das, was unklar und schwierig ist dabei. Stets sind es komplexe und mehrdeutige, ungewisse soziale und psychische Situationen und Prozesse, die besser verstanden werden sollen.

Zwei Beispiele: Wie entstehen in einer Familie immer wieder ähnliche eskalierende Interaktionsdynamiken, die den baldigen Ausschluss eines Familienmitgliedes wahrscheinlich machen? Welches sind Ursachen und Hintergrund der Konflikte im Stadtteil mit einer Gruppierung männlicher Jugendlicher aus Südosteuropa, welche zur Schliessung eines Jugendtrefflokals geführt haben? etc.

Eine Diagnose in der Sozialen Arbeit hat eine *sozialökologische Ausrichtung*: Menschen werden in ihrer Lebenswelt, ihrer sozialen und sozialstrukturellen Einbettung wahrgenommen. Eine weitere Qualitätsanforderung ist die *mehrperspektivische Orientierung* (vgl. Heiner 2001:256f, Heiner/Schrapper 2004:212f.); dieses Prinzip beinhaltet u.a. die Berücksichtigung biographischer Entwicklungen und die Nutzung unterschiedlicher Wissensbestände bei der Erhellung eines Falles. Wenn ein Fall auf der Hintergrundfolie einer Theorie betrachtet wird, können daraus *Erklärungen* generiert werden, und diese werden genutzt für das *Verstehen* eines Falles (vgl. Becker-Lenz/Müller 2009:26). Mittelpunkt des Fallverstehens ist die subjektive Sichtweise eines Klienten(systems), der Zugang ist ein *hermeneutischer*: Es wird versucht, die Selbstsichten und Eigentheorien eines Menschen vor dem Hintergrund seines lebensgeschichtlichen Kontextes zu verstehen und zu erklären (vgl. u.a. Hanses 2003:261). Dabei interessiert nicht die Frage, wie auffällig und ‚abnormal' Verhalten oder Einstellung eines Menschen möglicherweise sind, sondern vielmehr, welche Funktionen und welche subjektive Logik eine bestimmte Handlungsstrategie in der Lebensgeschichte eines Menschen hat. „Den Eigen-Sinn, die Widersprüche, Spannungen und Brüche in der Lebens- und Lerngeschichte eines Menschen zu ‚entschlüsseln'" (Schrapper 2008:201) ist der entscheidende Zugang einer sozialen (bzw. sozialpädagogischen) Diagnostik. Auch soziale Prozesse und Dynamiken sollen erfasst, erklärt und verstanden werden. Fallverstehen bezieht sich jedoch nicht ausschliesslich auf das Klientensystem, sondern bezieht auch das Hilfesystem mit ein, da die Professionellen immer auch Teil eines Falles sind (sobald sie einen Menschen oder eine Gruppe als ‚Fall' definieren). So hat Diagnose auch mögliche Verstrickungen von Professionellen mit den Systemen der Klienten aufzuhellen (vgl. ebd.; Heiner/Schrapper 2004:209f.; siehe auch 9.3).

Erklärungen und Deutungen zu generieren ist kein Selbstzweck. Jede Diagnose in der Sozialen Arbeit folgt einem pragmatischen Interesse, sie soll Antworten liefern auf die Frage, was aus Sicht der Sozialen Arbeit zu tun ist (vgl. Uhlendorff 1999:126), sie soll realisierbare Leistungen der Unterstützung und Hilfe ermöglichen (vgl. Ader/Schrapper 2004:45). Eine Diagnose hat also stets eine *handlungsleitende und prognostische Funktion*. Deshalb sind die gewonnenen Einsichten und Erklärungen auf den Punkt zu bringen, und es gilt Konsequenzen zu ziehen für Interventionen (vgl. Schrapper 2008:202f.). Interventionen müssen anschlussfähig sein, d.h. sie müssen an die individuellen Sinnkonstruktionen und Handlungslogiken anschliessen können. Diese ‚Passung' zwischen der spezifischen Problemlage und dem Unterstützungsangebot wird durch die Diagnose hergestellt (Heiner 2004, siehe 5.1.4). Im Titel des Aufsatzes von Kobolt (1999) – „Sozialpädagogische Diagnostik zwischen Verstehen und Handeln" – kommt diese Doppel- und Vermittlungsfunktion gut zum Ausdruck.

Merkmale

Wenn bei der Diagnose fachliches Wissen auf einen Fall bezogen wird und daraus Erklärungen generiert werden, bleibt offen, ob diese Erklärungen ‚richtig' oder ‚wahr' sind. Es handelt sich um wissensbasierte *Deutungen* von Wirklichkeit. Die Validierung dieser Deutungen ist auf zwei Wegen möglich: Einerseits, indem eine Klientin die Erklärungen als hilfreich für die Aufklärung ihres Zustandes und damit als *angemessen* beurteilt (vgl. Müller 2009:32), andererseits dadurch, dass sich die auf die Erklärungen aufbauenden Interventionen als *wirksam* erweisen. Eine Diagnose in der Sozialen Arbeit hat nicht einem disziplinären Anspruch auf Wahrheit zu genügen, relevant für die Diagnostik sind vielmehr die unter 2.1.3 erläuterten Kriterien einer Profession: die Zieldimension Wirksamkeit und das Validitätskriterium Angemessenheit.

Aufgrund der Mehrdeutigkeit von Problemkonstellationen gibt es in der Sozialen Arbeit keine eindeutigen Zuordnungen von Ursachen und Wirkungen, und dementsprechend auch keine klaren ‚objektiven' Zuordnungen von Problemen und Lösungen; Diagnosen haben deshalb stets *Hypothesencharakter* (vgl. Merchel 1999 a:77 f., siehe auch 3.2.3). Fallverstehen könne als „schrittweise Annäherung an hypothetische Erkenntnisse" bezeichnet werden, so Heiner/Schrapper (2004:209). Ein eng mit dem Hypothesencharakter zusammenhängendes Merkmal ist *Prozesshaftigkeit* von Diagnosen in der Sozialen Arbeit. Erst durch die Auswertung der Interventionen, die auf der Basis einer Diagnose entwickelt worden sind, lassen sich Rückschlüsse ziehen auf die Angemessenheit einer Diagnose. Kobolt bezeichnet deshalb die *ständige Überprüfung und Evaluation* als eines der Hauptmerkmale von Diagnosen (vgl. 1999:244), Heiner nennt dies das diagnostische Prinzip der reflexiven Orientierung (vgl. 2001:257).

Diagnosen in der Sozialen Arbeit sind differenzierte, wissensgestützte Deutungen zu einem Fall bzw. einer Fallthematik und daraus abgeleitete Interventionsüberlegungen; sie sind als Hypothesen zu verstehen, die im Verlaufe eines Unterstützungsprozesses gemeinsam mit einem Klienten(system) immer wieder überprüft werden. Im Diskurs hat sich der Begriff weitgehend etabliert, wenn auch bei den rekonstruktiven Zugängen häufig der Begriff ‚Fallverstehen' verwendet wird, und Heiner/Schrapper 2004 in ihrem Rahmenkonzept zu Diagnostik ‚diagnostisches Fallverstehen' als neuen Leitbegriff vorschlagen. In diesem Lehrbuch sprechen wir von Diagnose als fallbezogenem Prozessschritt und von sozialer Diagnostik als professionsspezifischer Lehre und Fähigkeit, aus dem Erklären und Verstehen komplexer psychosozialer Problemlagen Interventionen ableiten zu können.

Expertentätigkeit und dialogische Aushandlung

Diagnosen in der Sozialen Arbeit, so wie sie bisher beschrieben wurden, enthalten Deutungen, welche Professionelle stellvertretend für Klienten vornehmen, indem sie deren Situation unter Beizug von fachlichen Wissensbeständen zu erklären und deren subjektive Sicht der Wirklichkeit zu rekonstruieren und zu erhellen suchen. Es sind die Professionellen, welche als Expertinnen Erklärungen generieren, Beurteilungen und Deutungen vornehmen, also eine ‚*Expertinnen-Diagnose*' erstellen. Demgegenüber bezeichnen Vertreter der sog. ‚Aushandlungsrichtung' den gemeinsamen *diskursiven Prozess mit Klienten* als den Kern von Diagnose in der Sozialen Arbeit. Eine Kontroverse hierzu – die Kunstreich initiiert hat und die als Briefwechsel in der Zeitschrift Widersprüche 2003 dokumentiert ist – stand unter dem Titel ‚Diagnose oder Dialog'. Dabei wurde u.a. über den Stellenwert des diagnostischen Expertenwissens im Verhältnis zum dialogischen Aushandlungsprozess mit Klientinnen diskutiert. Neben Kunstreich ist es insbesondere Merchel, der auf die zentrale Bedeutung des dialogischen Aushandlungsprozesses in der Diagnose hinweist und auf die Gleichwertigkeit der Wissensbestände von Professionellen und von Klienten pocht (vgl. Merchel 1999a, 2003 Kunstreich et al. 2003, 2004). Um zu angemessenen Entscheidungen, um zu einer Problem und Klienten entsprechenden Leistung zu gelangen, sei einerseits eine hermeneutische Vorgehensweise des Fallverstehens in einer Gruppe von Professionellen nötig, so Merchel, andererseits die Mitwirkung von Klienten, weil die Wirksamkeit einer Hilfe von deren grundlegender Bereitschaft abhängt, sich auf eine Hilfe einzulassen, und dies nur dann erreicht werden kann, wenn sie ihre Überlegungen und Empfindungen einbringen können (vgl. 1999:78).

Ein wesentlicher Bestandteil von Diagnose in der Sozialen Arbeit besteht darin, die auf Expertenwissen basierenden Deutungen in den Aushandlungsprozess einzubringen, sie „den Menschen zurückzugeben", auf die sich diese stellvertretenden Deutungen beziehen: „Verstehen ist erst der Anfang, danach folgt die meist grössere Anstrengung der Verständigung und Aushandlung. (…) In angemessener Weise erzählende Selbstdeutung herausfordern, stellvertretend Deutungen anzubieten und beides in dialogischen Prozessen zu tragfähigen Bildern für ein ‚Sichselbst-besser-verstehen' aller Beteiligten zu verdichten, ist die Herausforderung" (Schrapper 2008:203). *Partizipative Orientierung* gilt denn auch als Prinzip sozialer Diagnostik, welche den Verständigungsprozess von Professionellen mit Klientinnen als Qualitätsstandard festschreibt (vgl. Heiner 2001:256f., Heiner/Schrapper 2004: 213f.).

Kategorisierungsmöglichkeiten und Vorgehen

In der Sozialen Arbeit lassen sich zwei Kategorien von diagnostischen Zugängen unterscheiden:

- *wissensbasierte* Diagnosemethoden, bei denen ein Fall auf der Folie eines ‚Allgemeinen' (eines Wissensbestandes) betrachtet und diese Wissensbestände genutzt werden, um einen Fall zu erhellen und die Fallthematik zu erklären.

- *rekonstruktive* Diagnosemethoden, welche mit Hilfe von Techniken der qualitativen Sozialforschung aus den Selbsterzählungen von Klienten deren Selbstdeutungsmuster und handlungsleitende Sinnstrukturen rekonstruieren.

Das methodische Vorgehen ist bei den beiden diagnostischen Zugängen so unterschiedlich, dass es hier nicht allgemein, sondern bezogen auf die jeweilige Kategorie in den nachfolgenden Unterkapiteln (10.2 und 10.3) dargelegt wird. Die Bewegung dabei ist die gleiche, wie wir sie beim Prozessschritte der Analyse dargelegt haben: Zunächst wird Komplexität erweitert und anschliessend reduziert (vgl. z. B. Schrapper 2008:199, siehe 9.1).

Des weiteren können Methoden nach dem Anwendungsbereich in der Profession oder der Disziplin eingeordnet werden: Neben Diagnosemethoden für die *fallbezogene Arbeit der Professionellen*, die Antworten ermöglichen wollen auf die Frage, was aus professioneller Sicht in einem Fall zu tun ist, gibt es *wissenschaftliche* Forschungsmethoden zu Diagnose, die darauf abzielen, allgemeines Wissen zu generieren.

10.2 Theoriegeleitetes Fallverstehen

Die Diagnosemethode des theoriegeleiteten Fallverstehens ermöglicht die Erhellung einer Fallthematik vor dem Hintergrund fallspezifisch ausgewählter Theorien oder Forschungsergebnisse. Nach der Verortung der Methode im Fachdiskurs wird das methodische Vorgehen detailliert dargelegt, sodass die Ausführungen als Anleitung dienen können, und anschliessend anhand eines Beispiels illustriert.

10.2.1 Beizug von Theoriewissen in verschiedenen Methodiken

Verbindungen herzustellen zwischen einem Fall und Theorien und den Fall auf Grund theoretischen Wissens besser verstehen zu können, gilt als Kernmerkmal von Professionskompetenz in der Sozialen Arbeit. Dewe et al. bezeichnen Professionalität als „Strukturort der Relationierung von Theorie und Praxis im Kontext dialogischer Prozesse" (2001:16).

Zunächst ist die sog. Theorie-Praxis-Transformation eine allgemeine, grundsätzliche Aufgabe und Herausforderung in der Sozialen Arbeit, die sich als Disziplin und Profession versteht (siehe 2.1.3). Die Aufgabe, diese Verbindungen herzustellen, stellt sich auch in der Fallarbeit und konkretisiert sich hier. Wie unter 10.1 erwähnt, hat bereits Salomon (1926) die Deutung der gesammelten Daten unter Rückgriff auf wissenschaftliche Erkenntnisse als entscheidende Aufgabe von Diagnosen bezeichnet, und auch Bang (1964) hat darauf hingewiesen (siehe 5.1.4). In den aktuellen Methoden und Methodiken wird diese Aufgabe unterschiedlich akzentuiert, und sie wird noch selten methodisch aufgeschlüsselt. Im Folgenden soll skizziert werden, wie der Beizug von Theoriewissen bei verschiedenen wichtigen Autorinnen in der Sozialen Arbeit methodisiert wird.

Eine hohe Bedeutung wird dem Theoriewissen bei *Staub-Bernasconi* zugewiesen. Im Kapitel zur Analyse habe wir ihre Methode der Problem- und Ressourcenanalyse – welche ein wichtiger Bestandteil ihrer Handlungstheorie der Sozialen Arbeit darstellt – kurz erläutert (siehe 9.7.1). Die von ihr entwickelten komplexen ‚Erkundungskarten' für die Situationsanalyse haben nicht nur eine klare theoretische Fundierung, sie sollen auch den Beizug von Theoriewissen ermöglichen. Die ausgefüllten Karten sollen einladen zur Formulierung von Hypothesen und Fragestellungen und ein Instrument darstellen für den inter- und transdisziplinären Diskurs, schreibt sie (vgl. Staub-Bernasconi 1998:75). Für die Bildung von Hypothesen müssten „die Human- und Sozialwissenschaften beigezogen werden" (ebd.), weil die Begriffe in den Erkundungskarten ihrerseits Grundbegriffe von Theorien unterschiedlicher disziplinärer Herkunft seien: „Im Rahmen einer interdisziplinären Sicht sind diese Begriffe das eine Mal beschreibende oder zu erklärende Grössen, das andere Mal erklärende, also determinierende Grössen. Dies unterstreicht ihren ‚Scharniercharakter'"(ebd.:76). Demnach sind nicht nur die Begriffe (wie z.B. ‚Bedeutungssysteme' oder ‚Austauschdimension') ‚Scharniere' zwischen Fall und Theorie, auch die im Rahmen der Analyse ausgefüllten ‚Erkundungskarten' können als Basis und Gelenkstelle gelten für den Beizug von Theorien bzw. um theoretisch fundierte erklärende Hypothesen bilden zu können. Staub-Bernasconi betont die Notwendigkeit der Relationierung von Theorie und Fall am Ende einer Analyse, ein methodisches Vorgehen hierfür beschreibt sie allerdings nicht.

Müller (vgl. 2009:20f) schlägt für die Fallarbeit einerseits eine Typologie vor als Struktur für mögliche Lesarten eines Falles (‚Fall von', ‚Fall für', ‚Fall mit'), andererseits ein Schema, das den Prozess des Fallverstehens in vier Schritte untergliedert (Anamnese, Diagnose, Intervention, Evaluation). Bei ihm ist der Beizug von Expertenwissen wichtig bei der Lesart eines Falles als ‚Fall von' (z.B. als Fall von Kindsmisshandlung, als Fall von Obdachlosigkeit, etc.). ‚Fall von' bedeute, dass der Fall als Beispiel für ein anerkanntes Allgemeines (Beispiel für eine Theorie, eine Norm, ein Phänomen) betrachtet wird. Die Deutung eines Falles als ‚Fall von' beinhaltet das fachgerechte Herstellen einer ‚Wenn-dann-Beziehung' zwischen dem jeweiligen Fall und dem anerkannten Allgemeinen (z.B. dem Strafgesetzbuch), auf welches der Fall zu beziehen ist (vgl. ebd:43). Sozialarbeiter müssen also in der Lage sein, das in einem konkreten Fall relevante ‚Allgemeine' genau zu kennen, d.h. Expertenwissen aus verschiedenen Nachbardisziplinen (vor allem Recht, auch Medizin, etc.) einbeziehen und nutzen zu können für die Lesart eines ‚Falles von', d.h. der Lesart sozialpädagogischen Handeln als Handeln, das vorgegebene Tatbestände verwaltet und umsetzt (z.B. Rechtsansprüche von Klienten, vgl. ebd.:24). Die Lesart eines Falles als ‚Fall für' (z.B. für Jugendgerichtshilfe bzw. Jugendstaatsanwaltschaft, Vormundschaftsgericht bzw. Vormundschaftsbehörde) erfordert demgegenüber Verweisungswissen, also Allgemeinwissen über das Sonderwissen anderer Experten, die in einen Fall involviert sind oder beigezogen werden müssen. Das methodische Vorgehen beim Einbezug solchen Wissens wird bei Müller nicht weiter erläutert. Die beiden skizzierten Lesarten – bei denen spezifisches (Experten-)Wissen genutzt wird – ermöglichen eine erste Falleinordnung, welche die Grundlage bilden für das sozialpädagogische Handeln in der Lesart ‚Fall mit', d. h. das Handeln mit den Klienten (vgl. ebd.:41). Im nunmehr folgenden Prozess der Fallbearbeitung hingegen scheint der Einbezug von Theoriewissen nicht von Bedeutung zu sein. Bei dem von Müller als ‚sozialpädagogische Diagnose' bezeichneten Prozessschritt liegt der Fokus bei der Erfassung der unterschiedlichen Perspektiven der Fallbeteiligten – weshalb wir sie in diesem Lehrbuch als Methode der Perspektivenanalyse einordnen (siehe 9.2.1).

In jenem Kapitel haben wir auch kurz auf *von Spiegel* (2006) Bezug genommen. In ihren Arbeitshilfen zur Situations- und zur Problemanalyse wird die Sozialpädagogin angeregt, über die Erfassung der verschiedenen Perspektiven hinaus in einer Spalte eigene Deutungen und Erklärungen mit Hilfe von Theorie- und Alltagswissen zu notieren und „deutende Hypothesen" (ebd.:162) zu formulieren. In einer Reflexionsspalte können Überlegungen, Widersprüche und Prognosen notiert werden. Mit diesen beiden zusätzlichen Dimensionen leitet von Spiegel implizit über zur Diagnose, indem – wenn auch u. E. zu unsystematisch – Erklärungswissen einbezogen wird.

10.2.2 Methodisches Vorgehen bei der Relationierung von Fall und Theorie

Im Laufe der letzten Jahre haben wir an der Hochschule für Soziale Arbeit der Fachhochschule Nordwestschweiz die Relationierung von Fall und Theorie methodisch aufgeschlüsselt und die Diagnosemethode des theoriegeleiteten Fallverstehens in der Zusammenarbeit mit Studierenden und Praktikerinnen der Sozialen Arbeit kontinuierlich weiterentwickelt (siehe auch Kap. 15). Beim theoriegeleiteten Fallverstehen werden fünf Schritte unterschieden, die im Folgenden erläutert werden.

Erster Schritt: Wahl geeigneter Wissensbestände

Eine Fallbearbeitung beginnt nie mit der Diagnose. Voraussetzung für die Anwendung der Methode theoriegeleiteten Fallverstehens ist, dass die Fallthematik geklärt ist. Weder ist diese Fallthematik aufgrund einer kurzen Situationserfassung offensichtlich und klar bzw. kann als ‚einfach gegeben' vorausgesetzt werden (wie dies z. B. beim Konzept Evidenzbasierter Sozialer Arbeit angenommen wird, siehe 12.4.3), noch ist es sinnvoll, irgendeine beliebige Theorie – welche der Sozialpädagoge vielleicht gut kennt – auf einen Fall zu beziehen, ohne dass geklärt ist, was denn nun besser verstanden werden soll. Es ist auch nicht ‚der Fall insgesamt', der in der Diagnose erhellt wird – sonst wäre der Prozess des Deutens und Erklärens ebenso beliebig wie grenzenlos. (Nebenbei: Grundsätzlich legt bereits das

Strukturmerkmal diffuser Allzuständigkeit der Sozialen Arbeit eine Eingrenzung der Zuständigkeit, eine Begrenzung des potentiell umfassenden und totalitären Zugriffs nahe – siehe 3.2.1 – und damit auch eine Eingrenzung und Fokussierung des Fallverstehens). Vielmehr ist es die *Fallthematik*, welche im Rahmen der Diagnose erhellt und genauer verstanden werden soll. Deren Klärung erfolgt im Rahmen der Analyse, bei der eine strukturierte Auslegeordnung vorgenommen wird, um herauszufinden, worum es ‚eigentlich' bzw. worum es ‚ganz genau' geht in einem Fall. Am Ende der Analyse wird formuliert, was problematisch und erklärungsbedürftig ist und besser verstanden werden soll. Das hier präzisierte Thema bzw. die ‚Fallthematik' stellt die Grundlage dar für den ersten Schritt theoriegeleiteten Fallverstehens: für die Auswahl geeigneter Wissensbestände.

Grundsätzlich kommen hierfür *alle Theorien der Sozialen Arbeit*, aber auch *Theorien aller Nachbardisziplinen* in Frage, insbesondere der Soziologie, Psychologie und Pädagogik, aber auch der Psychiatrie. Meistens ist auch rechtliches Wissen für einen Fall relevant (siehe 4.2). Aufgrund der Zunahme empirischer Forschung in der Sozialen Arbeit in den letzten Jahren wird in Zukunft auch der Beizug *empirischer Erkenntnisse* zu einer spezifischen Fallthematik an Bedeutung gewinnen. Weil die Bandbreite möglicher Wissensbestände äusserst gross ist, ist es umso wichtiger, dass die Auswahl der Wissensbestände anhand der Fallthematik erfolgt. Es soll schlüssig begründet werden können, warum eine bestimmte Theorie (oder ein empirischer Forschungsbeitrag) aufschlussreich sein kann zur Erhellung und Erklärung der Fallthematik (siehe Beispiel unter 10.2.3). Jede Theorie bezieht sich auf einen Gegenstandsbereich, beschreibt einen ausgewählten Wirklichkeitsausschnitt aus einer bestimmten Perspektive mit Hilfe von Modellvorstellungen. Wenn eine Theorie einen spezifischen Zugang zur Wirklichkeit darstellt, dann kann mit Hilfe einer ausgewählten Theorie ein Fall nur aus dieser Perspektive beleuchtet werden. Mit einem einzigen theoretischen – oder auch empirischen – Zugang kann demnach eine Fallthematik selten hinreichend und umfassend erklärt werden. Für das theoriegeleitete Fallverstehen bedeutet dies, dass möglichst mehrere Wissensbestände beigezogen werden sollten, um einen Fall zu erhellen. Wir nennen als Faustregel, mindestens mit zwei Theorien zu arbeiten, die einen je unterschiedlichen Erklärungszugang zur Fallthematik ermöglichen (z. B. eine individuums- und eine systembezogene Theorie).

Zweiter Schritt: Relationierung Theorie und Fall

Die aufgrund der Fallthematik ausgewählte Theorie wird nun mit dem Fall in Verbindung gebracht (zunächst die eine, dann die andere). In einer Bewegung der Öffnung – bei der ausgehend von der Fallthematik auch wieder der Fall insgesamt mit im Blick ist – wird nach Zusammenhängen zwischen Theorie und Fall gesucht: Welche Ausschnitte einer Theorie, welche Modellvorstellungen sind geeignet und können genutzt werden, um einen Entwicklungsverlauf zu beschreiben und Entwicklungshemmungen zu erklären, um Interaktionsdynamiken oder Austauschprobleme zu erfassen und zu erhellen? Es werden sog. ‚*theoriegeleitete Fallüberlegungen*' angestellt, indem der konkrete Fall auf der Folie des

Allgemeinen, d. h. der Theorie, beschrieben und erhellt wird. Dabei werden mögliche Erklärungen für die Fallthematik formuliert. Differenzierte Fallüberlegungen zeichnen sich einerseits dadurch aus, dass Theorieausschnitte angemessen ausgewählt und Modellvorstellungen korrekt genutzt werden, und andererseits dadurch, dass ausschliesslich Bezug genommen wird auf die vorhandenen Falldaten und deren Lückenhaftigkeit nicht durch Spekulationen übergangen werden. Voraussetzung ist demnach eine genaue Kenntnis von Theorie und Fall. Fundiert und aussagekräftig sind Fallüberlegungen dann, wenn sie spezifische Aussagen zu einem Fall und einer Fallthematik enthalten. Im sprachlichen Ausdruck soll allerdings deutlich werden, dass es sich dabei um mögliche Beschreibungen, Interpretationen, Deutungen und Erklärungen handelt (siehe Beispiel unter 10.2.3). Fallüberlegungen können nicht richtig oder wahr sein (siehe 10.1), sondern lediglich *nachvollziehbar*, schlüssig von Theorie und Falldaten hergeleitet. Theoriegeleitetes Fallverstehen ist eine Suchbewegung des Verstehens, ein *Versuch des Erklärens* und Deutens seitens der Professionellen, bei dem sie theoretisches Wissen nutzen und mit Falldaten relationieren. Die Theorie bzw. die empirischen Forschungsergebnisse dienen quasi als Filter für den Fall (siehe Abb. 18).

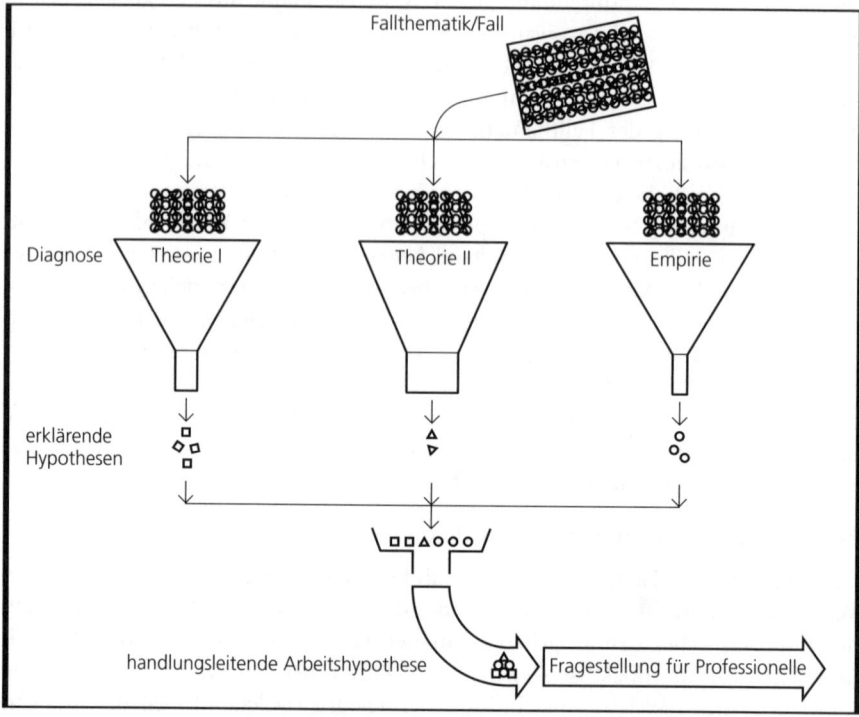

Abb. 18: Theoriegeleitetes Fallverstehen

Dritter Schritt: Fokussierung der Erklärungen

Die Relationierung von Theorie und Fall bedeutet eine Bewegung der Öffnung, bei welcher der Fall insgesamt in den Blick genommen wird (mit einem besonderen Fokus auf die Fallthematik). In der darauf folgenden Bewegung der Reduktion und Schliessung werden jene Erkenntnisse fokussiert, welche Erklärungen zur Fallthematik beinhalten. Ein sinnvolles Hilfsmittel hierfür sind sog. ‚*erklärende Hypothesen*': Die wichtigsten, auf dem Hintergrund der Theorie generierten Erklärungen zur Fallthematik, werden in Hypothesenform festgehalten, in der Form „Weil...".

Zwei Beispiele: Weil es für Jugendliche wichtig ist, sich einen sozialen Raum nach ihren eigenen Wünschen und Vorstellungen aneignen zu können, ist das vollständig eingerichtete Jugendtrefflokal mit seinen klaren Regeln für sie wenig attraktiv. – Weil Partizipation für Jugendliche aktive Mitgestaltung bedeuten würde, die Jugendarbeiter jedoch aufgrund der klaren Vorgaben im Leistungsvertrag bezüglich Art und Anzahl der Veranstaltungen im Jugendtreff sie für eine vorgegebene Art von Mitarbeit gewinnen müssen, gelingt Partizipation derzeit im Jugendtreff nicht.

Je nach Ergiebigkeit des theoretischen Zugangs können eine oder auch mehrere erklärende Hypothesen formuliert werden. Methodisch ist wichtig, dass die erklärenden Hypothesen schlüssig aus den Fallüberlegungen hergeleitet sind (und keine neuen Aspekte und damit gedankliche Sprünge enthalten) und dass sie auf die Fallthematik bezogen sind. Der Begriff ‚Hypothese' macht deutlich, dass diese Aussagen nicht mit dem (disziplinären) Anspruch auf Wahrheit versehen sind, sondern lediglich nachvollziehbare mögliche Erklärungen enthalten, die aufgrund des Spezialwissens der Professionellen generiert wurden. Je nach Klientin und Arbeitsbeziehung können die erklärenden Hypothesen in den dialogischen Prozess eingebracht und durch die Klientin validiert werden, d.h. von ihr als hilfreiche Erklärung beurteilt werden für etwas, was sie selber als schwierig erlebt.

Vierter Schritt: Handlungsleitende Arbeitshypothese

Erklärungen für eine Fallthematik zu finden – wie dies im dritten Schritt vorgeschlagen wird – ist allerdings nicht der eigentliche Zweck einer Diagnose, sondern letztlich nur ein Mittel, ein Zwischenschritt: Es sollen schlüssige Erklärungen herausgearbeitet werden, die als Ansatzpunkte für die Interventionsplanung genutzt werden können. Am Ende der Suchbewegung des theoriegeleiteten Fallverstehens geht es einerseits um ein Gesamtbild aus Erklärungen und Deutungen, um das Herstellen von Zusammenhängen, und andererseits um *Prognose*: Was kann und soll unter Berücksichtigung dieser Zusammenhänge bei spezifischer professioneller Unterstützung ermöglicht werden? Ein Hilfsmittel für diese weitere Bewegung der Schliessung ist die sog. *handlungsleitende Arbeitshypothese*. Sie stellt das Ergebnis der Diagnose dar und bildet die Grundlage für die weiteren Schritte des Prozesses (Zielformulierung, Interventionsplanung), denn sie enthält Antworten auf die Frage, in welche Richtung eine Veränderung ermöglicht und was dabei beachtet werden soll. Formal enthält die Arbeitshypothese einen ‚Bedingungsteil', der die wichtigsten Erklärungen zur Fallthematik beinhaltet und einen ‚Ermög-

lichungsteil', in dem die Veränderungs- und Zielrichtung benannt wird: „*Wenn*....
dann...".

Beispiel: Wenn das Jugendtrefflokal als offener und flexibler Raum gestaltet werden kann, der eine sozialräumliche Aneignung zulässt und aktive Mitgestaltung ermöglicht, dann wird es wieder attraktiv werden für neue Jugendliche.

Wir schlagen vor, an dieser Stelle der Fallbearbeitung tatsächlich Komplexität zu reduzieren und lediglich *eine* Arbeitshypothese zu formulieren (auch wenn aufgrund der theoriegeleiteten Fallüberlegungen und der erklärenden Hypothesen grundsätzlich mehrere Arbeitshypothesen möglich wären). Dies impliziert, eine Entscheidung zu fällen – was irgendwann unabdingbar ist! –, welches die relevanten Erklärungen sind, die in der weiteren Arbeit berücksichtigt werden sollen, und welche Zielrichtung anvisiert werden soll. Das methodische Vorgehen besteht darin, zunächst alle Hypothesen – die konstatierenden Hypothesen aus der Analyse und vor allem die erklärenden Hypothesen aus den gewählten theoretischen bzw. empirischen Zugängen – zu sichten, sie im Gesamtzusammenhang zu sehen und Verbindungen herzustellen zwischen einzelnen Themen, und dann eine *Gewichtung* vorzunehmen von relevanten und als weniger bedeutsam erachteten Aspekten. Erklärungen, die der Klient oder das Klientensystem als hilfreich erachten, werden weiter berücksichtigt, ebenso Erklärungen, welche für die Professionellen einen neuen Zugang ermöglichen oder eine Ahnung berühren („ah, daran kann es liegen'). Diese Aufgabe der Gewichtung ist anspruchsvoll, berufliche Erfahrung und Intuition und eine dialogische Arbeitsbeziehung sind dabei hilfreich. Die wichtigsten Erklärungen werden in den Bedingungsteil der Arbeitshypothese aufgenommen, der wichtigste Zielaspekt (oder auch mehrere) in den Ermöglichungsteil.

Mit der handlungsleitenden Arbeitshypothese wird in der Fallbearbeitung ein Blickwechsel eingeleitet: Einerseits wird zurückgeschaut auf die Erklärungen, die hilfreich sind, um die Fallthematik zu verstehen, andererseits richtet sich der Blick in die Zukunft, wenn überlegt wird, was auf der Ebene des Klienten(systems) ermöglicht werden soll. Auch die Arbeitshypothese kann nicht richtig sein, sondern lediglich nachvollziehbar hergeleitet und von einem Klienten(system) als sinnvoll beurteilt. Ob sie sich tatsächlich als wirksam erweist, wird sich anhand der Interventionen überprüfen lassen, die auf ihrer Basis entworfen werden.

Fünfter Schritt: Fragestellung für die Professionellen

Im Ergebnis einer Diagnose soll geklärt sein, was aus Sicht der Sozialen Arbeit in einem Fall zu tun ist (siehe 10.1). So sind am Ende des Prozesses theoriegeleiteten Fallverstehens Überlegungen anzustellen, welche Aufgaben für die Professionellen sich ergeben aus den Erklärungen und Deutungen zur Fallthematik und im Hinblick auf die anvisierte Zielrichtung auf der Klientenebene. Ein Hilfsmittel hierfür ist die sog. ,*Fragestellung*'. Auf der Basis der Arbeitshypothese werden Überlegungen angestellt werden, was dieser Bedingungszusammenhang und diese Zielrichtung für die professionelle Unterstützung bedeutet, welche Aufträge sich daraus ergeben, was Professionelle berücksichtigen, bereitstellen oder leisten müssen. Der oben erwähnte Blickwechsel ist nun vollzogen, der Blick richtet sich in die Zukunft und wechselt zugleich auf die Ebene der Professionellen

Die Fragestellung ist ein Arbeitsmittel für die Sozialpädagogen. Inhaltlich ist sie oft angelehnt an die handlungsleitende Arbeitshypothese (welche sich auf die Klientenebene bezieht), von der Form her kann sie unterschiedlich sein (z. B. ‚Wie kann es uns gelingen…', ‚Welche Räume müssen wir schaffen, damit…', ‚Wer muss alles einbezogen werden, damit…', etc.).

Am Beispiel: Welches sind die Eckpunkte eines neuen Jugendtreff-Konzeptes, das aktive Mitgestaltung ermöglicht und immer wieder sozialräumliche Aneignung durch Jugendlichen zulässt und gleichzeitig von der Stadt als Auftraggeberin akzeptiert werden kann?

Die Fragestellung verweist auf Überlegungen, welche die Professionellen im Hinblick auf die Gestaltung des Unterstützungsprozesse anstellen müssen, und auf Fragen, die zu klären sind. Sie kann als Brücke dienen zur Formulierung von Unterstützungszielen (siehe 11.4) und leitet über zur Interventionsplanung (siehe 12.).

Partizipative Orientierung

Theoriegeleitetes Fallverstehen ist zunächst eine Methode für die Fachebene. Professionelle nutzen Expertinnenwissen, arbeiten mögliche Erklärungen für die Fallthematik heraus und stellen Überlegungen an, was auf dieser Grundlage zu tun ist. Die Art und Weise, wie die diagnostischen Erkenntnisse – im Sinne fachlicher Hypothesen – in den dialogischen Prozess mit den Klienten eingebracht und hier validiert werden können, stellt einen wichtigen Aspekt professioneller Kompetenz dar. Denn einerseits ist es unabdingbar, *dass* dieses Fachwissen in den Verständigungsprozess mit Klienten eingebracht wird, andererseits gibt es für das *Wie* vielerlei Möglichkeiten. Es hängt u. a. von Alter und kognitiven Möglichkeiten der Klienten ab, ebenso von der Fähigkeit der Sozialarbeiterin, Fachwissen in die Alltagssprache übersetzen und für den Klienten anschlussfähig machen zu können, aber auch vom ‚Stand' der Arbeitsbeziehung und der aktuellen Motivation und Orientierung des Klienten, ob dieses Einbringen möglicher fachlicher Erklärungen und Deutungen im Rahmen des Diagnoseschrittes realisiert wird oder erst im Zielfindungsprozess und in der Interventionsplanung.

Grundvoraussetzung bei dieser Diagnosemethode ist das professionelle Selbstverständnis, dass ‚Fallverstehen' für hilfreiches Unterstützungshandeln unabdingbar ist und der dialogische Verständigungsprozess in der Arbeitsbeziehung zwischen Professionellen und Klientin den Kern professioneller Tätigkeit darstellt. Nun bedeutet die Suche nach theoriegeleiteten Erklärungen eine Bewegung weg von der Kooperationsebene mit dem Klienten – auch wenn es gedanklich dabei um Annäherung geht, da man versucht eine Vorstellung darüber zu bekommen, wie es diesem anderen Menschen geht, wie er sich und die Welt um sich sieht und begreift (vgl. Schrapper 2008:201) – und sie bedarf anschliessend einer bewussten Bewegung hin zum Klienten, eine Fokussetzung auf die Arbeitsbeziehung. Allerdings braucht es eine grosse Flexibilität zu erkennen, wann und wie die diagnostischen Erkenntnisse sinnvoll eingebracht werden können.

So ist es vielleicht möglich, mit einzelnen Jugendlichen, welche den Jugendtreff noch besuchen, die erklärenden Hypothesen zu besprechen – mit den fernbleibenden Jugendlichen können sie nicht validiert werden. So wird es in diesem Beispiel vielleicht eher darum gehen, eine auf diesen Erkenntnissen aufbauende sinnvolle Intervention zu entwickeln, z. B. über unmittelbar realisierbare Möglichkeiten aktiver Mitgestaltung sowie über Konzept und Strategie nachzudenken.

Ist ein dialogischer Verständigungsprozess während der Diagnose möglich, ist es wichtig, dass die vom Klienten(system) als hilfreich beurteilten Erklärungen in die handlungsleitende Arbeitshypothese aufgenommen werden und sie damit für die weitere Arbeit bedeutsam sind.

Zur Arbeitsweise

Das methodische Vorgehen wurde detailliert und in idealtypischer Weise dargestellt, damit die Ausführungen als Anleitung insbesondere von Studierenden genutzt werden können. Theoriegeleitetes Fallverstehen braucht Übung. Zunächst ist es wichtig, dass das idealtypische, ausführliche Vorgehen gelernt und exemplarisch geübt wird (in Fallwerkstätten, an exemplarischen Fällen in der Praxis). Die methodischen Hilfsmittel (wie z. B. erklärende Hypothesen, Fragestellung) einsetzen zu können ist die ‚technische' Seite; über diese Fertigkeiten hinaus soll jedoch verstanden werden, wozu diese Hilfsmittel dienen und warum beispielsweise Fokussierung und Komplexitätsreduktion wichtig sind am Ende des Diagnoseschrittes. In Abbildung 19 ist deshalb das idealtypische methodische Vorgehen zusammengefasst.

| **Schritt 1: Theoriewahl** |
| Welche unterschiedlichen Wissensbestände (Theorien, Konzepte, Forschungsergebnisse) könnten aufschlussreich sein und dazu beitragen, die Fallthematik zu erhellen? |
| *Bewegung der Öffnung I*   < *Blick zurück* |
| **Schritt 2: Theoriegeleitete Fallüberlegungen** |
| Welche Verbindungen lassen sich herstellen zwischen Theorie und Fall/Fallthematik? Inwiefern können Situationen und Verhaltensweisen im Fall auf dem Hintergrund der ausgewählten Theorien oder Forschungsergebnisse erklärt und verstanden werden? |
| *Bewegung der Öffnung II*   < *Blick zurück* |
| **Schritt 3: Erklärende Hypothesen** |
| Welche Erklärungen zur Fallthematik lassen sich aus diesen Fallüberlegungen festhalten? |
| *Bewegung der Schliessung I*   < *Blick zurück* |
| **Schritt 4: Handlungsleitende Arbeitshypothese** |
| Welches sind die wichtigsten Erklärungen, und was wird auf der Klientenebene angestrebt? |
| *Bewegung der Schliessung II*   < *Blick zurück und nach vorne* > |
| **Schritt 5: Fragestellung für die Professionellen** |
| Welche Aufgaben ergeben sich für die Professionellen aus den wichtigsten Erklärungen? |
| *Überleitung zur Interventionsplanung*   *Blick nach vorne* > |

Abb. 19: Vorgehensschritte beim theoriegeleiteten Fallverstehen

Mit etwas Übung kann das theoriegeleitete Fallverstehen auch verkürzt angewendet werden. Wenn die Suchbewegung des Fallverstehens, das Grundprinzip ‚erst zu verstehen, dann zu handeln' internalisiert und habitualisiert, zu Bestandteilen der *professionellen Grundhaltung* geworden sind, dann ist theoriegeleitetes Fallverstehen nicht nur eine Diagnosemethode, die verschiedene Teilschritte enthält und einiges an Zeit erfordert. Vielmehr können die Bewegungen und Teilaufgaben des theoriegeleiteten Fallverstehens auch sehr schnell in Alltagssituationen realisiert werden (siehe 7.3.1).

Wenn eine Sozialarbeiterin alleine zuständig ist für die Begleitung einer Klientin, wird sie die Diagnosemethode selber anwenden und die diagnostischen Erkenntnisse nutzen für den Unterstützungsprozess; vielleicht wird sie ihre Fallüberlegungen auch in einer Intervisionsgruppe diskutieren und damit intersubjektiv überprüfen, und je nach Auftrag wird sie die soziale Diagnose in die interprofessionelle Kooperation einbringen. Nimmt im stationären Kontext ein sozialpädagogisches Team gemeinsam einen Erziehungs- oder Unterstützungsauftrag wahr, erfolgt auch das theoriegeleitete Fallverstehen im Team. Möglicherweise wird der Fall führende Sozialpädagoge (Bezugsperson, Fall-Koordinator) vorbereitend theoriegeleitete Fallüberlegungen anstellen und diese ins Team einbringen, wo sie diskutiert und das Fallverstehen weitergeführt wird, und er wird danach den Dialog mit der Klientin suchen und die Erkenntnisse daraus ins Team zurückbringen. Insbesondere die wichtigsten Erklärungen und die Folgerungen daraus für den weiteren Unterstützungsprozess (Arbeitshypothese, Fragestellung) erfordern einen gemeinsamen Verständigungsprozess auf der Fachebene.

10.2.3 Beispiel theoriegeleiteten Fallverstehens

In diesem Unterkapitel soll in exemplarischer Weise aufgezeigt werden, wie theoriegeleitetes Fallverstehen methodisch geleistet werden kann. Zunächst wird der Fall kurz vorgestellt und im Anschluss daran werden drei Theorien beigezogen und einzelne Aspekte der Fallthematik beleuchtet. Nach der Bildung von ausgewählten erklärenden Hypothesen werden eine handlungsleitende Arbeitshypothese und eine Fragestellung gebildet, welche die Grundlage für Zielbestimmung und Interventionsplanung darstellen.

Wichtigste Informationen zum Fall

Es handelt sich um einen 24 jährigen jungen Mann P, der seit zwei Jahren in einer geschützten Wohneinrichtung für psychisch kranke Menschen lebt. Die Psychiatrische Diagnose lautet: Adoleszenzkrise mit schweren depressiven Verstimmungen. Schulpflicht erfüllt, zwei abgebrochene Berufsausbildungen, keine Arbeit. P. liegt fast den ganzen Tag im Bett, kann max. eine Stunde in institutionsinterner Küche arbeiten. In der Freizeit hoher Bier- und Cannabiskonsum, kaum Kontakt mit andern Menschen. Sein Wunsch ist, allein in einer Wohnung zu leben.

Diagnose

Wahl geeigneter Wissensbestände

In der Analyse wurden folgende wichtige Themen festgestellt: früher Verlust des Vaters, psychische Krankheit der Mutter mit längerem Klinikaufenthalt, Aufenthalt in verschiedenen Pflegefamilien, verbunden mit der Selbstaussage, dass er sich in seiner Kindheit nirgends zuhause gefühlt habe und ihn alle doch nur wieder loshaben wollen, sowie Rückzug. Das *präzisierte Thema* lautet: ‚24 jähriger Mann, passiv, schliesst sich selber durch Rückzug aus'. Angesichts der schwierigen Entwicklungsbedingungen und des Lebensalters scheint die Wahl einer Entwicklungstheorie für einen Teil des Themas adäquat. Die beteiligten Personen, Mutter, Professionelle und auch der Klient P. beurteilen seinen Rückzug als problematisch, es ist für ihn – wie er selber ausdrückt – ein Versuch, mit dem grossen Erwartungsdruck umgehen zu können. Aus diesem Grund ist an einen Erklärungszugang zu denken, der dieses Bewältigungsverhalten thematisiert. Wählbar scheint aus diesem Grund u.a. das Bewältigungskonzept von Lothar Böhnisch oder das Konzept der Lebensweltorientierung nach Hans Thiersch. Die Aussage von P. (dass ihm jedes Mal dasselbe widerfahre: Wenn er nicht arbeiten könne, steige der Druck, weil Professionelle und Mutter reagierten, und wenn der Druck steige, könne er noch weniger arbeiten, etc.) lässt vermuten, dass sich in seinen Bezugssystemen Dynamiken ergeben, die zusätzlich mit einer systemischen Sichtweise erhellt werden könnten.

Wir wählen deshalb in diesem Fall die psychosoziale Entwicklungstheorie (vgl. Erikson 2010), das Konzept der biografischen Lebensbewältigung (vgl. Böhnisch 2008) und einen Interdisziplinär-systemischen Ansatz (vgl. Simmen et al. 2008; Hochuli Freund 2009).

Fallüberlegungen gemäss dem Konzept biografischer Lebensbewältigung

Geht man von diesem Konzept aus, so fällt auf, dass der Klient P. nach zwei abgebrochenen Ausbildungen und mehreren Stellenverlusten als ungelernter Maler nicht mehr Teil der Arbeitsgesellschaft ist. Dies könnte bei ihm eine Bewältigungsspannung hervorgerufen haben, auf die er mit Rückzug und täglichem Cannabiskonsum reagierte (laut seinen Aussagen er sei nach den Kündigungen für längere Zeit abgetaucht). In einem weiteren Schritt – z.B. unter Bezugnahme auf die Entwicklungstheorie von Erikson – wird dann zu erhellen sein, warum er auf diese spezifischen Bewältigungsstrategien zurückgriff und -greift. Eine andere Bewältigungsspannung öffnet sich möglicherweise dadurch, dass P. den Zuschreibungen des Lebensalters ‚Junger Mann' (eigener Beruf, Selbstständigkeit, in Gesellschaft integriert, eigene Wohnung etc.) nicht entsprechen kann. Auch ist er in der stationären Einrichtung mit Definitionen und Deutungen konfrontiert (Angehöriger der Generation der 24 Jährigen zu sein), die er möglicherweise nicht als Aufforderung, sondern als Zumutung erlebt, weil er sich subjektiv nicht als 24 jähriger Mann einstuft (wie er unlängst seiner Bezugsperson mitgeteilt hat, fühle er sich als ein ‚Niemand', der von allen abhängig sei).

Böhnisch unterscheidet vier Grunddimensionen der Spannung von Lebensbewältigung und sozialer Integration, die von Menschen in biografischen Krisen aktiviert werden (vgl. 2008:49). Gehen wir von der Einschätzung aus, dass sich der Klient P. in einer biografischen Krise befindet (seinen Aussagen gemäss gehe im Moment gar nichts mehr und er fühle sich nur noch niedergeschlagen) und betrachten wir den Rückzug von P. als Bewältigungsverhalten, so ist zu überlegen, welche der vier von Böhnisch vorgeschlagenen Dimensionen zur Erhellung beigezogen werden können. Davon ausgehend, dass P. sich als ‚Niemand' fühlt – was durch alltägliche Beobachtungen der Sozialpädagoginnen, die im Journal festgehalten sind, gestützt wird –, ist anzunehmen, dass P. sich als wenig selbstwirksam erlebt. Somit ist die Selbstwertdimension angesprochen (vgl. ebd. 51 ff.). Die zweite Dimension psychosozialer Rückhalt und soziale Sicherheit scheint weniger prekär, da P. einerseits durch das Sozialversicherungssystem (IV-Rente) abgesichert ist und in der Einrichtung seit zwei Jahren eine Milieustruktur erlebt, die ihm Rückhalt und soziale Orientierung geben kann (vgl. ebd. 62 ff.).

Allerdings – und dieser Punkt wird möglicherweise offen bleiben – scheint er sich im Moment wenig auf die Angebote der Professionellen einlassen zu können. Sein Rückzugsverhalten könnte auch Ausdruck einer sozialen Orientierungslosigkeit sein, was mit der dritten Dimension zu erläutern ist (vgl. ebd. 66 ff.). Auch die vierte Dimension (Verlust von Handlungsfähigkeit) ist zu erhellen, weil der Klient sich fast ausschliesslich auf bestimmte Räume fokussiert und damit den Eindruck erweckt, dass sein Bewältigungsverhalten nach noch verfügbaren Räumen drängt (vgl. ebd. 69 ff.). In Beschränkung auf eine exemplarische Fallbearbeitung konzentrieren wir uns nun einzig auf die Selbstwertdimension und lassen die dritte und vierte Dimension aussen vor.

Die Einschätzung, ein Niemand zu sein, nichts bewirken zu können, es, wie P. sagt, nicht einmal zu schaffen aufzustehen oder sich für die ‚leichte' Küchenarbeit aufzuraffen, könnte Ausdruck einer grossen existentiellen Verunsicherung sein, die Gefühle von Hilf-, Macht- und Wertlosigkeit sowie des Ausgesetzt- und Auf-sich-Zurückgeworfen sein aktualisieren (vgl. Böhnisch 2008:52). Die existentielle Verunsicherung lässt sich möglicherweise erklären durch vielfältige Erfahrungen des Nicht-Genügens in allen Lebensbereichen. Eine Anforderung zum falschen Zeitpunkt – wenn er sich unter Druck fühlt, wie er selbst sagt – reicht aus, dass sich das Gefühl des Versagens einstellt und er sich auf sich selbst zurückgeworfen fühlt. Er sagt oft, dass es wie damals als Kind sei, wo er wie eine Ware hin- und hergeschoben worden sei. Aus den Erfahrungen mit P. (er fühlt sich von seinen Gefühlen häufig übermannt und verweigert sich einer näheren Kontaktaufnahme, wenn es um das Erledigen von verbindlichen Abmachungen handelt) liesse sich folgern, dass eine altersgemässe Autonomieentwicklung mit der Dialektik von Bindung und Ablösung wie auch der Aufbau eines grundlegenden Vertrauens in andere Menschen infolge der häufigen Bezugspersonenwechsel wohl nur in sehr beschränktem Ausmass hat erfolgen können. (Diesen Sachverhalt könnte man mit Hilfe einer Entwicklungs- oder psychoanalytische Theorie noch mehr erhellen). Auf Grund des fallbezogenen Wissens, dass P. seinen Vater im Alter von 3 Jahren durch Selbsttötung verlor und seine Mutter durch mehrere Klinikaufenthalte zeitweise abwesend war und er in verschiedenen Orten untergebracht war, kann angenommen werden, dass altersgemässe Bedürfnisse wohl nur in sehr beschränktem Masse erfüllt worden sind und P., sich selbst überlassen, Strategien erlernen musste, um das Allein-gelassen-Werden mit ungestillten Bedürfnissen nicht zulassen zu müssen. Im narrativen Interview, das mit ihm beim Eintritt in die Einrichtung geführt wurde, hat er erzählt, dass er sich jeweils in eine Ecke verkrochen habe, wenn alle so böse mit ihm gewesen seien. Sich zurückziehen, mit niemandem zu sprechen scheint eine Strategie zu sein, sich vor diesen Gefühlen der Ohnmacht zu schützen. Man kann sich auch vorstellen, dass der häufige Cannabiskonsum im Sinne einer Selbstmedikation eine zusätzliche Bewältigungsstrategie darstellt, um sich vor allem, was ihm bedrohlich vorkommt, abzuschotten. So sagt er selber, dass er den Konsum eigentlich verabscheue, dass es ihm aber die Möglichkeit verschaffe, sich den Druck vom Leib zu halten.

Erklärende Hypothesen

Aus diesen Bewertungen lassen sich folgende erklärende Hypothesen zum präzisierten Thema bilden:

- Weil in P. immer dann, wenn er sich vor Anforderungen gestellt sieht, die er als nicht bewältigbar einschätzt, Gefühle von Hilf- und Machtlosigkeit wie auch von Versagen ausgelöst werden und sich in ihm durch diese starke Verunsicherung viel Druck aufbaut, reagiert er mit der biografisch erfolgreich erlebten Bewältigungsstrategie ‚Rückzug von der Aussenwelt'.
- Weil P. sowohl eine dauernde Freisetzung von der Arbeitswelt erfährt als auch mit gesellschaftlichen Zuschreibungen eines junges Mannes konfrontiert ist, die er als Zumutung

erlebt, löst das in ihm Gefühle von Zurückgeworfensein auf seine ungestillten Grundbedürfnisse aus, auf die er mit Ausweichen, Passivität, Schweigen reagiert.

Fallüberlegungen auf dem Hintergrund der psychosozialen Entwicklungstheorie

Nach der Theorie von Erikson ist der 24jährige P. der sechsten Stufe zuzuordnen. Da er die Entwicklungsaufgaben in diesem Stadium kaum wahrnehmen kann, ist nach Erikson davon auszugehen, dass er solche in früheren Stufen nicht oder nicht vollständig bewältigen konnte. Aus der Fallbeschreibung gibt es dafür verschiedene Anzeichen z. B. betreffend erster, zweiter, vierter und fünfter Stufe. An dieser Stelle beziehen wir uns vor allem auf die fünfte Stufe, die Erikson mit ‚Identität versus Identitätsdiffusion' bezeichnet. Gelingt die Bewältigung dieser Stufe nicht, kann es nach Erikson u. a. zu Gefühlen von Identitätsdiffusion kommen, bei der ein adoleszenter Mensch keine Perspektive für sich sieht (vgl. Erikson 2010:114). Das in der zweiten Stufe wohl wenig entwickelte Gefühl von Autonomie (nach zu abrupt erfolgter und zu früher Loslösung von Vater und Mutter) konnte auch in der Pubertät wahrscheinlich nicht gestärkt werden (angesichts der Situation, dass er ab dem 9. Lebensjahr in einer sehr strenggläubigen Pflegefamilie lebte, die ihm zwar Halt gab, ihn aber stark bevormundete und ihm wenig Freiheiten gewährte. Denn aufgrund seiner Geschichte war er von seinem Vormund als ‚gefährdet vor fremden Einflüssen' eingestuft worden). Auch ist anzunehmen, dass er das in der dritten Stufe wenig entwickelte Vertrauen in sich selbst bei seinen beruflichen Misserfolgen (zwei abgebrochene Berufsausbildungen, nie länger als drei Monate an einer Arbeitsstelle tätig) nicht hat festigen können. Zu erfahren, dass die Aussenwelt von einem 15 oder 16jährigen Jugendlichen bestimmte Leistungen verlangt, stand sehr wahrscheinlich im Widerspruch zu seinem grossen Bedürfnis nach Verständnis und nach echtem Ernst- und Angenommensein (seinen Aussagen gemäss sei bei den Pflegeeltern äusserlich alles in Ordnung gewesen, er habe aber nur Kälte, Mitleid oder Strenge empfunden statt echtes Verständnis. In der Pubertät sei es dann ganz schlimm geworden, weil die Pflegeeltern immer strenger geworden seien. Da habe er heimlich zu kiffen begonnen). Seine Äusserungen, dass er sich als 24jähriger Mann als Niemand einstuft, der von allen abhängig ist, lassen darauf schliessen, dass er kaum eine Identität als junger Mann ausgebildet hat und sich in ihm kein stabiles, verlässliches Selbstgefühl hat entwickeln können. Wenn man seine Biografie ab dem 15. Lebensjahr betrachtet, stellt man fest, dass in keinem Bereich (Arbeit, Wohnort, Freundeskreis, Freizeitbeschäftigung etc.) eine Beständigkeit feststellbar ist. Das lässt darauf schliessen, dass das Gefühl der Identitätsdiffusion andauert, sich für ihn die Perspektiven zunehmend verengen und er dadurch noch mehr verunsichert wird. In der Folge traut er sich immer weniger zu und das könnte seine Rückzugstendenzen verstärken.

Erklärende Hypothese

Aus den Fallüberlegungen lässt sich folgende erklärende Hypothese ableiten:

- Weil P. das in seiner Kindheit wenig entwickelte Gefühl von Autonomie und Vertrauen in sich selbst in der Adoleszenz (aufgrund von Misserfolgen im Beruf wie auch infolge wenig stabiler Strukturen und Bestätigungsmöglichkeiten) nicht hat festigen können, erlebte er in dieser Entwicklungsstufe einen Widerspruch zwischen den sozialen Anforderungen und der eigenen Bedürftigkeit. Anstatt für sich eine Perspektive zu entwickeln, kapselte er sich zunehmend von seiner Umwelt ab, um sich vor den seinem Empfinden nach nicht erfüllbaren Anforderungen zu schützen.

Fallüberlegungen auf dem Hintergrund des interdisziplinär-systemischen Ansatzes

Wie eingangs erwähnt, ist für P. der Umgang mit Druck ein stetes Thema. P. beschreibt eine Intrasystemdynamik bezüglich seiner meist vergeblichen Versuche zu arbeiten (vgl. Schwing/

Fryszer 2009:52ff.). Seinen Aussagen gemäss besteht ein Druck zu arbeiten. Wenn P. nicht arbeite, steige der Druck von Mutter und Sozialpädagoginnen; wenn der Druck steige, fühle er sich noch weniger in der Lage, arbeiten zu gehen etc. Das führe so weit, dass er nur schon Druck verspüre, wenn er an Arbeit denke, obwohl ihm die Arbeit in der Küche eigentlich oft viel Spass mache. Hier interessiert nun nicht, worin der Grund oder Auslöser für diesen Druck besteht, sondern es gilt Systemregeln und -dynamik zu erfassen. Das von P. beschriebene System besteht aus P., seiner Mutter und den Professionellen, die für P. in der Einrichtung zuständig sind. Die expliziten Regeln (vgl. Hochuli 2009:6.) sind klar, Herr P. hat gemäss vereinbartem Auftrag jeden Tag zwei Stunden zu arbeiten. Wenn er nicht pünktlich erscheint, hat dies eine Konsequenz zur Folge, die jeweils mit ihm besprochen wird (z.B. Mithilfe im Nachmittagsdienst). Es lässt sich folgende Dynamik beschreiben: Je klarer die Aufforderungen, arbeiten zu gehen, von Mutter und Sozialpädagogen P. gegenüber geäussert werden, desto mehr Druck verspürt er. Je grösser der Druck wird, desto weniger sieht er sich in der Lage zu arbeiten. Je weniger er sich in der Lage sieht zu arbeiten, desto mehr fühlen sich Mutter und Sozialpädagoginnen gezwungen zu reagieren und desto mehr sieht er sich mit Aufforderungen von Mutter und Sozialpädagoginnen konfrontiert. Diese Dynamik weist einen eskalierenden Verlauf auf und führt dazu, dass P. nur noch Druck von allen Seiten spürt, sich noch mehr zurückzieht und sich durch diesen Rückzug noch mehr isoliert. Auf der andern Seite haben Mutter und Professionelle den Eindruck, immer mehr den Kontakt zu P. zu verlieren, je mehr sie auf ihn eindringen, arbeiten zu gehen. Und so geht es weiter. Es sind zwei Teufelskreise festzumachen, die im Moment nicht aufgelöst werden können und im schlechtesten Fall dazu führen, dass P. überhaupt nicht mehr arbeiten geht und sich nur noch als ‚Niemand' einschätzt und Mutter wie auch Sozialpädagoginnen völlig ratlos sind.

Erklärende Hypothese

Aus dieser kurzen systemischen Bewertung lässt sich folgende erklärende Hypothese formulieren:

- Weil P. von seinem direkten Umfeld dauernd Druck verspürt, versucht er sich diesem Druck durch Passivität zu entziehen, was den Druck wiederum verstärkt und in ihm die Rückzugstendenzen erhöht und zu Ratlosigkeit bei allen Beteiligten führt.

Handlungsleitende Arbeitshypothese

Im Gespräch mit P. wurden ihm die erklärenden Hypothesen in adäquater Form vorgestellt. Dabei zeigte er sich ganz erleichtert, dass von den Professionellen dieser ‚unendliche Druck' auch wahrgenommen und auch gesehen werde, dass er in solchen Momenten nicht in der Lage sei, irgendetwas zu tun, sondern sich einfach von allem verkriechen wolle. Werden die vier erklärenden Hypothesen zusammen mit dieser Aussage betrachtet und nach gemeinsamen relevanten Erkenntnissen gesucht, lassen sich folgende *Hauptaspekte* erkennen: Der von P. subjektiv verspürte grosse Druck bei altersgemässen Erwartungen und Anforderungen, die Strategie des Rückzugs von P. und Erhöhung des Druck von aussen durch Mutter und Professionelle. Daraus lässt sich folgende handlungsleitende Arbeitshypothese ableiten:

- Wenn von Seiten der Mutter und der Professionellen jeglicher Druck auf eine Arbeitsleistung weggenommen und gleichzeitig mit ihm herausgefunden werden kann, was er wirklich möchte und eine angemessene Aufgabe (bzw. ein kleines Projekt) in gemeinsamer abgesprochener Tätigkeit mit den Professionellen realisiert werden kann und er darin Anerkennung erfährt, dann kann er seine Angst vor Versagen überwinden und eigene Perspektiven entwickeln.

Fragestellung

Nun ist zu überlegen, wie die Einschätzung der Professionellen von P. und seinen derzeitigen Möglichkeiten zu arbeiten verändert werden kann, damit sie Druck wegnehmen, und wie die Mutter für diesen neuen Zugang zu P. gewonnen werden kann. Gleichzeitig sind mit P. Kleinstprojekte zu entwickeln, die anschlussfähig sind und ihm Möglichkeiten von Partizipation vermitteln. Aus diesen Überlegungen lässt sich folgende Fragestellung für die Professionellen formulieren:

- Wie sollen die Erwartungshaltung angepasst und die alltäglichen Arbeitsanforderungen an P. verändert werden, damit P. sich auf sie einlassen kann, und welches kleine Projekt könnte gefunden werden, das P. selbstaktiv gestalten kann und das Erfahrungen von Gelingen und Erleben von Selbstwirksamkeit ermöglicht?

10.3 Rekonstruktives Fallverstehen

Unter der Bezeichnung ‚rekonstruktives Fallverstehen' wurden in der Sozialen Arbeit – ausgehend von der Traditionslinie der Chicagoer Schule (vgl. Wirth 1931) und basierend auf Erkenntnissen der qualitativen Sozialforschung – seit den 1980er Jahren Diagnosemethoden entwickelt, die in Orientierung an einer ethnografischen Perspektive den ‚Fall' rekonstruieren (vgl. Schütze 1993; Jakob/Wensierski 1997). Sie gehen davon aus, dass die Lebenswelten und Problemlagen von Klienten den Professionellen fremd sind und deshalb in einem zu definierenden Erkundungsprozess erschlossen werden sollen. Aufgrund von autobiografischen Erzählungen (siehe dazu Methode ‚Narratives Interview', 8.4.2) versucht die Sozialarbeiterin, die handlungsleitenden Sinnkonstruktionen einer Klientin zu rekonstruieren. Dies geschieht, indem Verfahren der qualitativen Sozialforschung angewendet werden, die einen hermeneutischen (sinnverstehenden) Nachvollzug der Subjektperspektive anstreben. Die Rekonstruktion biografischer Perspektiven kann den Zugang zu den Lebenswelten und (eingeschränkten) Erfahrungsräumen von Klienten öffnen, zu ihrer Sichtweise und ihren Deutungen, d.h. dazu, was sie als gelingend erfahren (Ressourcen) und was sie als schwierig erachten und sie bedrückt (Probleme). Fallrekonstruktionen ermöglichen, Hypothesen über den Fall zu erstellen und daraus Hinweise auf hilfreiche Interventionen abzuleiten.

Unter der Perspektive der Rekonstruktion wurden in den Sozialwissenschaften viele Methoden entwickelt, die in der Forschung und in der Hochschulausbildung, manchmal auch in der Praxis der Sozialen Arbeit Anwendung finden. Im Folgenden werden einige ausgewählte Methoden vorgestellt, zu denen viele Publikationen veröffentlicht sind und die einen gewissen Bekanntheitsgrad aufweisen (vgl. Oevermann et al.1979, 1981, 1986, 2000b; Kraimer 2000; Fischer et al. 2007; Ader et al. 2001; Haupert 1997, 2007). Noch nicht aufgeführt werden Methoden, die im Rahmen von Forschungsprojekten entwickelt wurden, in der Praxis aber noch keine weitere Anwendung gefunden haben, wie z.B. die Systemmodellierung (vgl. Sommerfeld et al 2007). Die Auswahl ist allerdings weder vollständig noch erhebt sie den Anspruch einer qualitativen Auslese. Die Darstellung soll einen Einblick in die Methoden geben, Verweise auf Literatur zur Vertiefung enthalten und Möglichkeiten wie auch Grenzen rekonstruktiven Fallverstehens aufzeigen.

10.3.1 Objektive oder Strukturale Hermeneutik

Der Begriff Objektive Hermeneutik ist eng mit dem Namen des Soziologen Ulrich Oevermann verbunden. Oevermann hat Ende der 1970er Jahre unter diesem Stichwort eine Methode entwickelt, die lebensgeschichtliche Erzählungen zunächst als (sprachliche) Texte versteht, die mittels einer bestimmten Vorgehensweise interpretiert werden. Die Strukturale Hermeneutik hat ihre Wurzeln u. a. im Symbolischen Interaktionismus (George Herbert Mead), in der Sprechakttheorie (John R. Searle) und in der Psychoanalyse (Sigmund Freud). Sie „geht davon aus, dass sich die sinnstrukturierte Welt durch Sprache konstituiert und in Texten materialisiert" (Wernet 2000:11). Texte nicht sprachlicher Art (wie z. B. eine Fotografie) sollen und können versprachlicht werden, damit sie einem interpretatorischen Zugang zur Verfügung stehen und Gegenstand einer Sinnrekonstruktion werden (vgl. Oevermann 1986:46). Ziel der Objektiven Hermeneutik ist es, den Sinn menschlicher Handlungen methodisch kontrolliert zu erfassen. Bei Texten lassen sich zwei Ebenen unterscheiden: Auf der Oberfläche ist eine formale, syntaktische Ebene erkennbar, von der sich die tiefstrukturelle, semantische Ebene der Bedeutungen abhebt. Menschliches Handeln konstituiert sich nach Oevermann entlang von Regeln, die den Handlungen erst Bedeutung verleihen und einen Raum möglicher Verhaltensweisen für die Subjekte aufspannen. Dies zeigt sich in den biografischen Erzählungen von Menschen, die immer auch Ausdruck ihrer regelgeleiteten Orientierungsstrukturen sind. Daraus schliesst Oevermann, dass die Interpretation der Protokolle dieses Handelns unter Rückgriff auf Regelwissen zu erfolgen hat. Dabei unterscheidet er zwischen Regeln mittlerer bis geringerer Reichweite und Universalregeln oder Bedingungsstrukturen menschlichen Handelns – wie Grammatik, Moral, Logik und Vernunft –, die relativ stabil sind (vgl. Oevermann 1986: 29 ff.). Die universellen Strukturen bilden die Grundlage für kommunikatives Handeln und damit auch für Interpretationen von Texten. Regeln bzw. Strukturen mittlerer oder tieferer Reichweite unterliegen sozialisationsbedingt sog. Transformationsprozessen. Die primären und sekundären Sozialisationsinstanzen (wie Elternhaus, Schule, Beruf) spielen eine wichtige Rolle in der Vermittlung von Sinn generierenden und Orientierung vermittelnden Mustern. In jeder sozialen Handlung wird der gesellschaftlich-kulturelle Hintergrund eines Menschen als meist nicht offenkundige (latente) soziale Struktur wirksam, die Oevermann als sog. ‚Objektive Sinnstruktur' bezeichnet (vgl. 1986:54 f.).

Hier setzt nun die Objektive Hermeneutik ein, weil sie davon ausgeht, dass die Handlungsoptionen einer konkreten Lebenspraxis durch Regeln präformiert sind und Funktion und Gesetzmässigkeit der zugrunde liegenden Sinnstrukturen nur in einem mehrstufigen Interpretationsverfahren reflexiv erschlossen werden können. Unter Lebenspraxis versteht Oevermann ein Individuum (Subjekt), eine Familie, Gruppe, Gemeinschaft oder Organisation. Er geht davon aus, dass die latenten Sinnstrukturen dem Individuum (Lebenspraxis) in der Regel verschlossen bleiben. Rekonstruktives Fallverstehen nimmt den Unterschied zwischen „objektiven Möglichkeiten" und den „wirklichen Verläufen" (Oevermann 2000b:69) als Ansatzpunkt, indem die beiden Ebenen der Sinnstrukturen miteinander sequenzanalytisch verglichen werden. Die *Sequenzanalyse* geht davon aus, dass jedes „scheinbare Einzel-Handeln [...] sequenziell im Sinne wohlgeformter, regelhafter Verknüpfungen an ein vorausgehendes Handeln angeschlossen worden [ist] und [es] eröffnet seinerseits einen Spielraum für wohlgeformte, regelmässige Anschlüsse" (ebd.:64). Die Rekonstruktion einer Fallstruktur besteht deshalb nicht darin, Merkmale einer Lebenspraxis zu sammeln und zu kategorisieren. Vielmehr soll die Selektivität dieser Lebenspraxis in der Rekonstruktion der Ablaufstruktur der fallspezifischen Entscheidungen formuliert werden. *„Die objektiv-hermeneutische Textinterpretation zielt auf die Rekonstruktion der Strukturiertheit der Selektivität einer protokollierten Lebenspraxis"* (Wernet 2000:15, Hervorheb. original). Das bedeutet, dass die sequenziell vorgehende Analyse den latenten Sinn einer Situation rekonstruiert und damit die fallspezifische Struktur visualisiert. Dies führen Oevermann et al. zur Aussage, dass „mit dem Begriff der latenten Sinnstrukturen [...] objektive Bedeutungsmöglichkeiten als reale eingeführt" (1979: 381) werden.

Methodisch wird so vorgegangen, dass zunächst geklärt wird, was der Fall ist, der untersucht werden soll und in welchen Entstehungskontext er eingebettet ist. Dabei interessiert die sog. ‚Interaktionseinbettung', innerhalb derer ein Text als protokollierte Handlung erzeugt worden ist (Person in Familie, diese in Milieu, diese in Region, diese in Stadtteil etc., vgl. Kraimer 2008:12). Basis ist das Textmaterial, das gemäss dem Wortlaut paraphrasiert wurde. Es wird eine erste Auslegung vorgenommen, indem die untersuchende Person sich vorstellt, was für eine Entwicklung sich unter den gegebenen zeitlichen, räumlichen, soziostrukturellen und -kulturellen. Bedingungen möglicherweise ergeben hat. Der vorliegende Text (z.B. das narrative Interview) wird nun in einem zweiten Schritt darauf hin untersucht, ob nach dem Kriterium Wohlgeformtheit eine als geltend gesetzte Norm oder Regel angewendet oder abgewiesen werden kann. Der Text wird also nicht aus der Perspektive möglicher Motive und Intentionen eines Klienten gedeutet, der Forschende nimmt nicht eine lebensweltliche Perspektive ein oder versucht, sich in den Klienten hinein zu versetzen. Oevermann gemäss besitzt jeder Fall eine „Eigenlogik" (2000b:69), die sich im kritischen Vergleich des Textmaterials mit den Erfüllungsbedingungen (Zeit, Raum, Kultur etc.) zeigt. Fallen latente Sinnstruktur mit den im Text vorgestellten Handlungs- und Interpretationsmustern zusammen, stellt dies die Ausnahme der Regel dar. In der Differenz zeigt sich das Besondere des Falles, die *Fallstruktur,* die dann im Anschluss an die Analyse mehrerer Handlungssequenzen verallgemeinert werden kann und in Form einer *Strukturhypothese* bzw. *Strukturgeneralisierung* formuliert wird. Kann diese im Verlauf der Interpretation in weiteren Sequenzen bestätigt werden, ist die Rekonstruktion beendet (vgl. Griese/Griesehop:2007:33). Mit Hilfe dieser Strukturgeneralisierung über das Allgemeine und den Einzelfall ist es möglich, eine vage Prognose für die Zukunft eines Handlungssystems aufzustellen (vgl. Reichertz 1995:400).

Oevermann betrachtet Objektive Hermeneutik als *Kunstlehre*, die nicht operationalisierbar, sondern ausschliesslich durch (jahrelange) mimetische Übung an entsprechendem Fallmaterial erlernbar ist. Die Methode wird in der Regel in der wissenschaftlichen Forschung angewendet oder in der Hochschulausbildung. Für die Beantwortung einer Untersuchungsfrage sind bis zu zwölf Fallrekonstruktionen nötig, bis nurmehr eine Lesart für den gesamten Interpretationstext Sinn macht (vgl. ebd.:392), was deren Anwendung in der Praxis der Sozialen Arbeit in der Regel als zu aufwändig erscheinen lässt. Das weitere methodische Vorgehen in der Arbeit mit Klienten wird nicht erörtert, d. h. es ist nicht klar, wie die Diagnoseergebnisse in das Arbeitsbündnis einfliessen und wie sich Interventionen daraus ableiten lassen.

10.3.2 Fallrekonstruktion

Diese Methode wurde ausgangs der 1980er Jahre von Bernhard Haupert für Studierende und Fachleute aus der Praxis der Sozialen Arbeit entwickelt. Sie ist einerseits in der Traditionslinie der Objektiven Hermeneutik anzusiedeln, übernimmt anderseits Überlegungen aus dem Symbolischen Interaktionismus (u. a. Schütze) und der Chicagoer Schule (Louis Wirth) und versucht, in einer gegenüber der objektiven Hermeneutik verkürzten Verfahrensweise, Fälle in systematischer rekonstruktiver Weise zu bearbeiten. Haupert geht aus von der Sequentialität des Lebens als Abfolge von Öffnungs- und Schliessungsprozessen, als biografietypische Reihung von Routine- und Krisenereignissen und als Abfolge von Entscheidungs- und Begründungssituationen. Fälle können nicht als Einzelsituation angesehen werden, sondern weisen auf Geschichten von Menschen hin, die es zu erheben und entschlüsseln gilt (vgl. Haupert 2007:68). Haupert geht davon aus, dass jede explizite Fallstruktur auf eine immanente Fallstrukturierungsgesetzlichkeit verweist, die es zu untersuchen gilt. Dieses Vorgehen schafft einen methodisch strukturierten „Interpretationsraum zum Verständnis fremder Welten, Milieus und Geschichten" (ebd.70). Sie hat zum Ziel, die strukturellen Bedingungen zu ergründen, die die (Lebens-)geschichte von Einzelnen, Gruppen, Organisationen als Aneignung von Identität bestimmen (vgl. Haupert 1997).

Methodisch geht es zunächst darum zu bestimmen, was der Fall ist und ob gegebenenfalls ein Handlungsproblem feststellbar ist. Im Schritt der Fall-Rekonstruktion werden anschliessend die objektiven Daten (wie z. B. Geburtsort und -jahr, Schul- und Berufsabschluss, Familienstand etc.) interpretiert und darauf aufbauend führen Sozialarbeiter eine Sequenzanalyse durch, die zu ersten Hypothesen und einer Kernaussage über die Struktur des Falles (Strukturhypothese) führt. In gedankenexperimenteller Weise werden am bestehenden Text Lesarten entwickelt, kritisch reflektiert, bestätigt und – wenn falsifiziert – verworfen. Die weitere Analyse des Materials kann auch zu einer Modifizierung der Kernaussage und des eingangs bestimmten Handlungsproblems führen. Danach ist zu entscheiden, ob eine Intervention angezeigt ist oder nicht und wie sie allenfalls aussehen könnte. Zum methodischen Vorgehen zu letzterem finden sich aber keine klaren Hinweise.

Haupert geht davon aus, dass die Kompetenz zur Fallaufbereitung und Analyse in der beschriebenen Art in der Ausbildung erworben werden soll. Die „rekonstruktiv verfahrende Kunstlehre" (Haupert 2007:76) findet ausschliesslich auf der Ebene der Professionellen statt. Unklar ist, wie die diagnostischen Erkenntnisse den Klienten übermittelt und wie mögliche Interventionen entworfen werden.

10.3.3 Narrativ-biografische Diagnostik

Auf der Grundlage des Ansatzes der Biografieforschung (vgl. Fischer-Rosenthal/Kohli 1987, Fischer-Rosenthal/Rosenthal 1997) haben Martina Goblirsch und Wolfram Fischer die Methode der narrativ-biographischen Diagnostik entwickelt. Diese geht davon aus, dass Menschen durch all das, was sie in ihrem Leben erfahren, erkennen und erleben in sich selber *grundlegende Orientierungsstrukturen* aufbauen, die ihnen Halt und Sicherheit geben und damit zugleich die Möglichkeit, sich auf Neues einzulassen. Diese „generativen Strukturen des Erlebens und Handelns" (Fischer/Goblirsch 2001:130) sind funktional mit der konkreten Lebensgestaltung und -bewältigung verbunden, können aber Menschen nicht davor bewahren, dass sie in Situationen oder Umstände geraten, die sie selber oder ihre Umwelt als problematisch einstufen. Die Orientierungsstrukturen sind nicht direkt zu erforschen, sie werden von Menschen auch nicht als solche beschrieben, aber sie sind in ihrer textlichen Ausgestaltung einer Rekonstruktion zugänglich (vgl. ebd.). Auf der Grundlage von narrativ-biographischen Interviews können sie mit Instrumenten einer soziologischen Textanalyse erforscht werden. Diese rekurriert auf die Traditionen der Grounded Theory, der Konversationsanalyse, Objektiven Hermeneutik, soziologischen Biografieforschung und Interaktionsanalyse. Ziel der Rekonstruktion ist das Herausschälen dieser Orientierungsstrukturen als latente Sinnstrukturen, die Handlungen und Erfahrungen einer Klientin im Kontext ihres Umfeldes in Einklang bringen. Die herausgearbeitete Ereignis- oder Erfahrungskette wird zum einen hinsichtlich Handlungsmöglichkeiten untersucht und zum andern darauf hin, was tatsächlich realisiert wurde. Das Augenmerk liegt auf dem Erkennen von realistischen Möglichkeiten der Klientin in der Spanne von Nutzung und Nicht-Nutzung.

Der erste Schritt bildet analog den anderen rekonstruktiven Methoden ein narratives Interview. Goblirsch et al. haben in der Arbeit mit Jugendlichen, die eine lange institutionelle Karriere hinter sich haben, die Erfahrung gemacht, dass die Interviews sich von den Vorgaben für narrative Interviews bezüglich Offenheit markant unterscheiden. Oft fällt der Hauptteil des Interviews sehr kurz aus, und so gilt es danach sich nachfragend vorzutasten. Diese Dialoge haben manchmal auch den Charakter von Aushandlungsprozessen, wobei es vielfach um die Aushandlung von Positionen und Identitäten gehe und nicht so sehr um einzelne Themen (vgl. 2007:230).

Das transkribierte Interview wird in der Folge einer fallrekonstruktiven Analyse unterzogen, die drei Perspektiven berücksichtigt. Es geht um die Betrachtung der gelebten, erzählten und erlebten Lebensgeschichte (vgl. ebd.:231). Analog der Fallrekonstruktion von Haupert geschieht die Rekonstruktion der *gelebten* Lebensgeschichte mittels der zeitlich-sequentiellen Analyse von Daten, die aus dem Interview und anderen Quellen entnommen wurden. Dabei spielt die chronologische Abfolge eine wesentliche Rolle, wird doch bei jedem biografischen Eckpunkt nach der möglichen Bedeutung des jeweiligen Ereignisses für den Klienten gefragt. Bei der Rekonstruktion der *erzählten* Lebensgeschichte rücken die Präsentation der Erzählung und ihre Gestaltung in den Mittelpunkt. Hier interessiert, welche Themen ein Klient in welcher Form einbringt, welche Lebensphase nicht erwähnt wird. Dabei spielt eine Rolle, dass der Blick in die Vergangenheit von der momentanen Situation bestimmt wird und die Erzählung somit auf das damalige wie auch heutige Erleben verweist. Mit der Rekonstruktion der *erlebten* Lebensgeschichte wird dieser Punkt speziell aufgegriffen, indem die Forscherin in hypothetischer Weise nachzuvollziehen versucht, wie die Klientin bestimmte Ereignisse zu verschiedenen Zeiten erlebt hat. Ins Zentrum rücken dabei Situationen oder Ereignisse, die die Klientin ganz detailliert schildert und die eine differenzierte Rekonstruktion erlauben. Anschliessend erfolgt eine Feinanalyse, bei der in unterschiedlichen sehr kurzen Textsequenzen zuvor gebildete Strukturhypothesen überprüft, modifiziert, verworfen oder vertieft werden. Je nach Fall wird entschieden, welche Auswertungsschritte sinnvoll scheinen, eher ausgebaut oder ganz weggelassen werden. So kann es vorkommen, dass bei einem sehr kurzen Hauptinterviewteil keine Sequenzierung erfolgt, sondern gleich eine Feinanalyse durchgeführt wird oder dass der Auswertungsschritt der erlebten Lebensgeschichte verfeinert werden soll.

Fischer und Goblirsch stellten fest, dass in der Praxis der stationären Kinder- und Jugendhilfe die analytische Ebene der Interaktionen mit den drei beschriebenen Auswertungsschritten nicht genügend erfasst werden kann. Sie haben deshalb zusätzlich eine videogestützte Interaktionsanalyse entwickelt, die nach den gleichen methodischen Schritten durchgeführt wird, wobei die verbale wie auch nonverbale Ebene von Interaktionen sequentiert wird. Durch die Rekonstruktion von Sinnstrukturen können Einsichten über das interaktive Verhalten von Klienten gewonnen werden.

Ausgangspunkt für die Entwicklung des Konzepts für narrativ-biografische Diagnostik bildete ein Forschungsprojekt von Wissenschafterinnen und Professionellen, das in der Praxis über einen längeren Zeitraum erprobt wurde. Aufgrund der Erfahrungen ist vorgesehen, die eigentliche Durchführung einem Fachteam von mindestens drei Kollegen zu übertragen, die in dieser Methode geschult sind und die im Moment der Analyse keinen direkten Kontakt mit den Jugendlichen haben

(Prinzip der Dekontextualisierung, vgl. Goblirsch et al. 2007:232 ff.). Die nach jedem Auswertungsschritt abgeleiteten Empfehlungsideen für Interventionen werden am Ende der Fallrekonstruktion nach einem intraprofessionellen Diskurs im Team zu einer Empfehlung zusammengefasst. Diese bezieht sich auf die Entstehungsbedingungen der herausgearbeiteten Themen und Problemlagen wie auf Ressourcen und Kompetenzen der Klientinnen. Es soll der Klientin aufgezeigt werden, über welche alternative Handlungs- wie auch Erfahrungsmöglichkeiten sie verfügt und es kann mit ihr ausgehandelt werden, wie gewünschte Strukturen zu verstärken sind oder verändert werden können (vgl. Goblirsch/Fischer 2001:130).

10.3.4 Sozialpädagogisch-hermeneutische Diagnose

Die Methode der sozialpädagogisch-hermeneutische Diagnose wurde von Uhlendorff (anfänglich zusammen mit Mollenhauer 1992, 1995) für die Jugendhilfe entwickelt. Aus der Erfahrung, dass mit dieser Methode nicht die gesamte familiäre Problemlage erfasst werden kann, haben Uhlendorff et al. (2006) zusätzlich die ‚Sozialpädagogische Familiendiagnose' erarbeitet. Beide Methoden sollen kurz vorgestellt werden.

Sozialpädagogisch-hermeneutische Diagnose für die Jugendhilfe

Ziel dieser Methode ist es, mittels Diagnosen im Sinne von sog ‚Wirklichkeitskonstruktionen' zu Deutungen zu gelangen, die das Handeln von Sozialpädagoginnen begründen und planbar machen. Diagnosen sollen die Professionellen aus der Alltagshaftung herauslösen und zu einem Selbstverständnis verhelfen, wie in einem bestimmten Fall vorzugehen ist (vgl. Uhlendorff 1999: 129). Uhlendorff geht davon aus, dass zum Verständnis der Lebenswelten und der Handlungen der Klienten Gespräche oft nicht ausreichen und deshalb rekonstruktive, interpretative Methoden angewendet werden sollen. Diese erlauben es genauer zu verstehen, was für Kinder und Jugendliche in ihren Bildungsprozessen so schwierig ist und für sie wie auch für ihr Umfeld zu einem Problem geworden ist. Uhlendorff unterteilt seine Methode in vier Schritte, die in einer Zusammenfassung kurz vorgestellt werden.

Zu Beginn werden Kinder oder Jugendliche ermuntert, über ihre Lebenssituation sowie über ihre Selbst- und Lebensentwürfe zu sprechen. Basierend auf Erfahrungswerten geht Uhlendorff davon aus, dass Kinder ab dem 10. Lebensjahr in der Lage sind, ihre Selbst- und Weltdeutungen sprachlich mitzuteilen. Die Aufgabe einer sozialpädagogischen Diagnose besteht zunächst darin, möglichst nahe an den Klienten, zum Teil in deren Sprache, die Schwierigkeiten zu beschreiben, die sie bei ihrer Lebensgestaltung haben, und die konflikthaften Lebensthemen eines Jugendlichen herauszuarbeiten. Dies geschieht in einer „möglichst dichten Beschreibung der Selbst- und Weltdeutungen des oder der Jugendlichen" (Uhlendorff 1999:131). Diese Deutungen können auch in Form von Verallgemeinerungen im Sinne einer

Gruppendiagnose geschehen und auf Lebensthematiken oder Deutungsmuster einer Gruppe hinweisen.

Nun wird ein Bezug geschaffen zu den Normalitätserwartungen unserer Kultur, die sich u. a. in den allgemeinen Entwicklungsaufgaben widerspiegeln. Kinder, Jugendliche haben sich beim Aufwachsen mit altersgemässen Aufgaben auseinander zu setzen, die – von verschiedenen Instanzen vermittelt – gelöst werden sollen, damit die Sozialisation gelingt. Da Jugendhilfe oft dann auf den Plan tritt, wenn das Bewältigen dieser Entwicklungsaufgaben gefährdet ist, hat sie diese gesellschaftlichen Normalitätserwartungen nach Uhlendorff transparent zu machen. Er hat aus diesem Grund mit Hilfe von 100 Interviews ein heuristisches Modell von Entwicklungsaufgaben entwickelt, die er für die Diagnose in vier pädagogisch relevante Kategorien aufteilt. (In der ursprünglichen Fassung – vgl. Uhlendorff 1997 – wurde aus der Devianzforschung unter dem Stichwort ‚Devianz' eine fünfte Kategorie eingebracht, die in späteren Darlegungen der Methode aber nicht mehr auftaucht – vgl. Uhlendorff u. a.1999, 2006.). Die erste Dimension betrifft die Entwicklung des Selbst (*Selbstentwürfe*), die zweite hängt mit dem Thema *zeitlicher Schemata* zusammen. Mit *Körperkonzepten* wird die dritte Entwicklungsdimension gefasst und schliesslich geht es um moralische, *normative Orientierungen.* Unter Einbezug verschiedener Entwicklungsmodelle formulierte Uhlendorff 90 Entwicklungsaufgaben, die Kinder und Jugendliche im Alter zwischen 10 und 24 Jahren zu bewältigen haben. Aufgeteilt in die vier beschriebenen Kategorien und nach Entwicklungsetappen geordnet, entstand ein Diagnosemanual, das als Grundlage für die Interpretation der Interviews dienen kann.

Die dritte Diagnoseaufgabe besteht nun darin herauszuarbeiten, welches gemäss Manual die anstehenden Entwicklungsaufgaben sind, mit denen eine Jugendliche nicht klar kommt. Es geht also darum, an diesem Punkt die genauen Entwicklungserwartungen zu erkennen. Aufgrund dieser Erkenntnis sollen von den Sozialpädagoginnen entsprechende Aufgabenstellungen entworfen, entwicklungsfördernde Tätigkeitsangebote und ein angemessenes Lernumfeld geschaffen werden. Vorgesehen ist in einem letzten Schritt, die Aufgabenstellungen mit den Jugendlichen zu diskutieren und anzupassen (vgl. Uhlendorff 1999: 130 ff.).

Sozialpädagogisch-hermeneutische Diagnose geschieht im Team unter gleichberechtigten Sozialpädagoginnen. Die festgestellten Thematiken und zu bewältigenden Entwicklungsaufgaben weisen die Form von Arbeitshypothesen auf, die in der Arbeit mit den Jugendlichen überprüft und nötigenfalls revidiert werden sollen.

Sozialpädagogische Familiendiagnose

Diese Methode beschäftigt sich vornehmlich mit der Frage der Bewältigung des Familienalltags und der Kindererziehung und fokussiert auf die Analyse der aktuellen Problembelastungen im Eltern-System und Eltern-Kind-System (vgl. Uhlendorff et al. 2006:174). Auf der Grundlage von ausgewählten familientheoretischen Ansätzen (Mollenhauer, Brumlik, Wudtke 1975) und erweitert durch Care-Ansätze, die die grundlegenden Funktionen einer Familie bezeichnen (wie z. B. Tronto 2000, Conradi 2001), haben Uhlendorff et al. in der Form eines Manuals einen

Raster an familialen Alltagsdimensionen, möglichen Konfliktlinien und Aufgabenstellungen erarbeitet, den sie in einer sozialwissenschaftlichen Untersuchung mit 77 Familien empirisch überprüften. Sozialpädagogische Familiendiagnose rekurriert auf 12 Selbstdeutungsmuster (wie z. B. Biographische Leidensmuster), die auf 16 eltern- bzw. erwachsenenbezogene Konfliktthemen aus Sicht der Eltern hinweisen. Im Sinne von Unterstützungsmöglichkeiten sind fünf Hilfethematiken (wie z. B. Wie erziehen wir unsere Kinder?) abgeleitet und sechs familiäre Aufgabentypen (wie z. B. Überlastungsfamilien: Mütter entlasten, familiale Aufgaben neu verteilen) im Sinne von ‚Muster-Hilfeplänen' entwickelt.

Die eigentliche Diagnose besteht in der Durchführung von narrativen Interviews mit allen Angehörigen einer Familie durch Professionelle eines Sozialdienstes sowie einer ersten Klassifizierung signifikanter Mitteilungen entlang der 12 Selbstdeutungsmuster. Die eigentliche Auswertung findet in einem Team von Wissenschaftern und Sozialarbeiterinnen statt, indem anhand des Diagosemanuals zentrale Familienthemen und Problemstellungen herausgearbeitet werden. Abschliessend wird mit der Klientenfamilie eine sozialpädagogische Aufgabenstellung entwickelt, die in der Form eines ausgehandelten und gemeinsam vereinbarten Begleitungsplans zur Unterstützung des betreffenden Familiensystems beitragen soll.

10.4 Reflexion des Prozessschrittes

Die vorgestellten Diagnosemethoden werden wiederum in einer Methodenreflexion kritisch diskutiert, anschliessend werden Fragen aufgelistet, die zur Evaluation des Prozessschrittes dienen.

10.4.1 Methodenreflexion

Entlang den in 7.4 erarbeiteten Kriterien zur Reflexion und Beurteilung der Methoden der Sozialen Arbeit überprüfen wir die vorgestellten Methoden bezüglich ihrer Umsetzbarkeit und beurteilen sie anhand der fünf entwickelten Reflexionskriterien.

Alle vorgestellten Diagnosemethoden erfüllen die professionsethischen Kriterien in grossem Ausmass und mit einer Einschränkung (bei der Objektiven Hermeneutik) unterstützen sie die übergreifenden Zielsetzungen der Sozialen Arbeit. Indem alle Methoden einen (Sinn-)verstehenden Zugang zum Fall bzw. zur Fallthematik anstreben, diese zum Teil ins Zentrum rücken (wie z. B. Strukturale Hermeneutik, Fallrekonstruktion), erfüllen sie eine wichtige Anforderung an professionelles Handeln: Erst auf der Grundlage eines vertieften Verständnisses des Falls können Überlegungen zu möglichen Interventionen angestellt werden, die in direktem Bezug zu den gewonnenen Erkenntnissen stehen. Der professionelle

Theoriegeleitetes Fallverstehen						
	Kriterium Kooperation Klientin Profess.		Kriterium Zielsetzung Soziale Arbeit	Kriterium Professionsethik	Kriterium Praxisfelder	Kriterium Aufwand
Theoriegeleitetes Fallverstehen	+++[1]	++++	++++	++++	überall	mittel (–gering)[2]

[1] zunächst ExpertInnentätigkeit, dann Einbezug Klientensystem
[2] mit zunehmender Habitualisierung sinkt der Aufwand

Rekonstruktive Methoden						
	Kooperation Klientin Profess.		Zielsetzung Soziale Arbeit	Professionsethik	Praxisfelder	Aufwand
Objektive bzw. strukturale Heremeneutik	+	+	++[1]	+++	(ev. Einzelfall- und Familienhilfe)[2]	sehr hoch
Fallrekonstruktion	+	++	+++	++++	überall	hoch
Narrativ-biografische Diagnostik	+++	++++	++++	++++	Stationäre Jugendhilfe	hoch
Sozialpäd.-hermeneutische Diagnose	+++	++++	++++	++++	Stationäre Jugendhilfe, Familienhilfe	hoch

[1] unklar betreffend Interventionsvorschlägen
[2] wissenschaftliche Methode, wenig für Praxis vorgesehen

Legende: ++++ *unterstützt aktiv* | +++ *ermöglicht* | ++ *kann ermöglichen* | + *kann unter Umständen ermöglichen*

Abb. 20: Beurteilung der Diagnosemethoden

Standard der Kooperation mit Klientinnen wird zum Teil sehr begrenzt (Strukturale Hermeneutik, Fallrekonstruktion) eingehalten, die drei andern vorgestellten Methoden ermöglichen die Kooperation in bestimmten Bereichen. Dabei fällt auf, dass bei diesen drei Methoden die Diagnose zwar nicht ausgehandelt, das Ergebnis der Diagnose aber kommuniziert wird und mit den Klienten die nächsten Schritte besprochen werden. Das Theoriegeleitete Fallverstehen hebt sich insofern etwas ab, als es mit der Formulierung einer handlungsleitenden Arbeitshypothese den Blick in die Zukunft (Ziele, Intervention) richtet, und ausserdem methodisch überlegt wird, wie die Erkenntnisse in den dialogischen Verständigungsprozess mit Klienten eingebracht und die von diesen für hilfreich erachteten Erklärungen aufgenommen und berücksichtigt werden. Damit gibt diese Methode vor, nach der Suche von theoriegeleiteten Erklärungen, bei der man sich auf der direkten Kooperationsebene – aber nicht gedanklich – von der Klientin etwas entfernt hat, ganz bewusst wieder eine Bewegung zur Klientin hin zu machen. Die Kooperation auf der Ebene der Professionellen wird sehr unterschiedlich gesucht. Während Objektive Hermeneutik dies nur sehr bedingt vorsieht, kann Fallrekonstruktives Arbeiten kooperativ erfolgen, wobei beide Methoden voraussetzen, dass Professionelle in die hermeneutische Kunstlehre eingeführt worden sind. Die drei andern Methoden werden ausschliesslich in Kooperation auf der Fachebene realisiert, und wenn zunächst einzelne Professionelle daran arbeiten – wie dies z. B. beim Theoriegeleiteten Fallverstehen möglich ist – werden die gewonnenen Erkenntnisse in den gemeinsamen Diskurs eingebracht und einer intersubjektiven Überprüfung unterzogen. Bei allen Methoden ergibt sich in diesem Zusammenhang die Aufgabe, die diagnostischen Erkenntnisse im interprofessionellen Kontext zu vertreten, was irritieren kann (vgl. Goblirsch et al. 2007: 236), aber mit hoher Wahrscheinlichkeit auch dazu führen wird, dass die Sozialarbeiterinnen von Vertretern anderer Disziplinen auch in der Diagnose-Kompetenz ernst genommen werden. Zwei Methoden können in allen Praxisfeldern eingesetzt werden (Theoriegeleitetes und Fallrekonstruktives Arbeiten). Die narrativ-biographische Diagnostik ist speziell für den Bereich der stationären Jugendhilfe entworfen worden, die sozialpädagogisch-hermeneutische Methode beschränkt sich – wie die Bezeichnungen der beiden unter diesem Begriff figurierenden Methoden aussagen – auf die stationäre Jugendhilfe sowie auf Familienhilfe, während Strukturale Hermeneutik, wenn überhaupt, in der Einzelfall- und Familienhilfe zur Anwendung kommen kann. Die meisten Methoden sind, vor allem bei wenig Übung, sehr aufwändig. Geht man davon aus, dass Diagnose eine zentrale Aufgabe in der Prozessgestaltung darstellt, in der sehr viel Komplexität zu bewältigen ist, erstaunt dies nicht. Vielmehr ist die Tatsache, dass die Wichtigkeit einer aufwändigen Diagnose für die Erfassung der Komplexität eines Falles erkannt wird, als Ausdruck einer zunehmenden Professionalisierung in der Sozialen Arbeit zu werten.

Insgesamt ist festzustellen – und das zeigt auch die Beurteilung in der Übersicht – dass die objektive Hermeneutik vor allem für die sozialwissenschaftliche Forschung und weniger für die professionelle Praxis angelegt ist und in der Regel für letztere viel zu aufwändig. Allerdings ist es vorstellbar, dass in verworrenen Situationen, in denen schon ganz Vieles erfolglos versucht wurde, eine durch Wissenschaftlerinnen durchgeführte Diagnose mit dieser Methode helfen kann, die Sinnstruktur der Problematik aufzudecken und damit einen wesentlichen Beitrag zur Klärung zu leisten. Auch das Fallrekonstruktive Arbeiten erweist sich zumeist als recht zeitaufwändig und verlangt viel Meisterschaft, die eine spezifische Ausbildung und viel Übung braucht. In Bezug auf die Methode ist kritisch zu hinterfragen, wie das Handlungsproblem zu Beginn der Fallrekonstruktion bestimmt wird, ebenso bleibt der methodische Einbezug des Klienten unklar (auch wenn postuliert wird, es gehe darum, den Klienten dort abzuholen, wo er stehe, vgl. Haupert 2007:75). Das Arbeiten nach der Methode der sozialpädagogisch-hermeneutischen Diagnose scheint nach der Beurteilung im Überblick erfolgsversprechend. Die Methode selber wirft Fragen auf. Sie enthält einerseits rekonstruktive Elemente, arbeitet andererseits mit einem klassifikatorischen System (Diagnosemanual). Das Manual wurde im Rahmen eines Forschungsprojekts rekonstruktiv schlüssig erarbeitet; auf welche Weise aber damit Fall bezogen gearbeitet wird, bleibt unklar, beispielsweise nach welchen Kriterien die Daten aus den Interviews ausgewählt und im Manual zugeordnet werden, oder wie die anhand des Diagnosemanuals herausgearbeiteten

Themen und Problemstellungen in eine sozialpädagogische Aufgabenstellung überführt werden. Im Gegensatz dazu wird bei der narrativ-biographischen Diagnostik – ähnlich wie bei der Strukturalen Hermeneutik und der Fallrekonstruktion – mit sozialwissenschaftlichen Methoden im Fachteam eine Diagnose erstellt. Auch wenn der Aufwand beträchtlich ist (mind. 50 Stunden im 3er Fachteam, vgl. Goblirsch et al. 2007:236), erweist sich diese Diagnostik als fundierte Methode im stationären Kontext der Jugendhilfe, bei der die Beteiligten aktiv in den Unterstützungsprozess mit einbezogen werden und Interventionsbezogene Folgerungen vorgesehen sind. Das Theoriegeleitete Fallverstehen unterscheidet sich ganz grundsätzlich in der Vorgehensweise von den rekonstruktiven Methoden. Es setzt ein relativ breites theoretisches Wissen in der Sozialen Arbeit wie auch in verschiedenen Nachbardisziplinen voraus, das – wie auch das methodische Wissen – in der Hochschulausbildung erworben werden kann. Es ist in allen Praxisfeldern anwendbar, erfüllt die Anforderung partizipativer Orientierung und gewährleistet, dass Interventionshinweise erarbeitet werden. Die Methode wird von Professionellen selber angewendet und bedarf im Gegensatz zu den rekonstruktiven Methoden nicht der Unterstützung durch Wissenschaftlerinnen. Da sie zudem als idealtypische Methode anzusehen ist, die in einem Fall nicht immer mit der gleichen Intensität durchgeführt wird, kann der Aufwand insgesamt als angemessen betrachtet werden.

Wir empfehlen auf Grund dieser Einschätzung, entweder die Methode des theoriegeleiteten Fallverstehens oder – im Kontext der stationären Jugendhilfe und bei entsprechenden Ressourcen – die narrativ-biographische Diagnostik in diesem Prozessschritt anzuwenden. In Fällen, die sehr komplex und verworren sind und in denen Professionelle nicht weiter kommen, kann es nützlich sein, mit Hilfe von Objektiver Hermeneutik oder Fallrekonstruktion in einen erweiterten Verstehensprozess zu treten, um mit Hilfe einer Strukturanalyse mögliche verdeckte Zusammenhänge zu ergründen und aufzudecken.

10.4.2 Evaluationsfragen

Je nach Wahl der Diagnosemethode gestaltet sich die Reflexion unterschiedlich. Bei der Methode des theoriegeleiteten Fallverstehens können die Professionellen folgende Fragen zur Überprüfung der Qualität in diesem Prozessschritt stellen:

- Sind geeignete Wissensbestände – Theorien oder Forschungsergebnisse – gewählt worden, die etwas zur Erhellung der Fallthematik beitragen konnten? Sind unterschiedliche Zugänge genutzt worden (individuumsspezifische, interaktionsbezogene, soziologische)?
- Sind die theoriegeleiteten Fallüberlegungen nachvollziehbar hergeleitet? Wurden angemessene Theorieausschnitte gewählt sowie theoretische Modellvorstellungen ebenso wie Falldaten korrekt genutzt? Sind die Fallüberlegungen aussagekräftig und wird zugleich sprachlich klar, dass es sich um Deutungen handelt, um Interpretationen, wie etwas (gewesen) sein könnte?

- Sind prägnante Erklärungen zur Fallthematik herausgearbeitet? Sind diese erklärenden Hypothesen schlüssig aus den Fallüberlegungen hergeleitet und auf die Fallthematik bezogen?
- Enthält die handlungsleitende Arbeitshypothese die wichtigsten Erklärungsaspekte und eine schlüssig hergeleitete Veränderungsrichtung für die Klientenebene? Sind die für den Klienten hilfreichen Erklärungen in die handlungsleitende Arbeitshypothese aufgenommen? Ist eine nachvollziehbare Komplexitätsreduktion gelungen? Ist die Arbeitshypothese gut verständlich formuliert?
- Umschreibt die Fragestellung die wichtigsten Aufgaben für die professionelle Unterstützung? Ist der Zusammenhang mit der handlungsleitenden Arbeitshypothese ersichtlich, werden die wichtigsten Erklärungen zur Fallthematik genutzt?
- Ist es gelungen, die diagnostischen Erkenntnisse in angemessener Weise in den dialogischen Verständigungsprozess mit dem Klienten(system) einzubringen?

Da die rekonstruktiven Methoden unterschiedlich sind, können hier nur allgemeine Evaluationsfragen formuliert werden:

- War die Zuständigkeit zwischen Wissenschaftlerinnen und Professionellen klar geregelt und die Form des Austausches geklärt?
- War die Datengrundlage (objektive Daten, Texte) geeignet und die Datenerhebung (narrative Interviews) in sinnvoller Weise organisiert?
- (Falls Professionelle hier beteiligt sind): Ist die Datenauswertung und -interpretation entsprechend den methodischen Vorgaben erfolgt?
- Konnten die Erkenntnisse aus der Fallrekonstruktion in den Diskurs mit den zuständigen Professionellen eingebracht und eine gemeinsame Sprache gefunden werden? Sind sie kompatibel mit den bisherigen Erfahrungen der Professionellen in der Begleitung der Klientin? Konnten die offenen Fragen der Professionellen aufgenommen werden?
- Wie konnten die Erkenntnisse genutzt werden für Interventionsempfehlungen bzw. für Überlegungen zur Intervention?
- Wie ist es gelungen, Erkenntnisse aus der Fallrekonstruktion in den Dialog mit der Klientin einzubringen und fruchtbar zu machen?

10.5 Übersicht Prozessschritt Diagnose

Aufgabe

Diagnosen sind differenzierte, wissens- oder methodengestützte Deutungen zu einem Fall bzw. einer Fallthematik und enthalten Hinweise für das weitere Vorgehen. Sie haben eine sozialökologische Ausrichtung, wollen die subjektive Sichtweise und Eigenlogik von Klienten entschlüsseln und enthalten Erklärungen für das, was problematisch ist in einem Fall. Diagnosen sind als Hypothesen zu verstehen, die im Verlaufe eines Unterstützungsprozesses überprüft und weiterentwickelt werden. Ziel einer Diagnose ist es, auf der Grundlage von Fallverstehen Hinweise für hilfreiche Interventionen zu generieren.

Methoden
- Theoriegeleitetes (bzw. empiriegestütztes) Fallverstehen
- Rekonstruktive Methoden: Objektive oder Strukturale Hermeneutik, Fallrekonstruktion, Narrativ-biographische Diagnostik, Sozialpädagogisch-hermeneutische Diagnose (= nur z. T. rekonstruktiv)

Vorgehen bei der Methode des theoriegeleiteten Fallverstehens
- Wahl geeigneter Wissensbestände (Faustregel zwei unterschiedliche)
- Relationierung von Theorie und Fall (theoriegeleitete Fallüberlegungen)
- Fokussierung der Erklärungen (erklärende Hypothesen)
- Handlungsleitende Arbeitshypothese (wichtigste Erklärungen und Zielrichtung)
- Fragestellung für die Professionellen (Welches sind Aufgaben der Professionellen?)

Vorgehen bei den rekonstruktiven Methoden
- Datenerhebung (Konzeption und Durchführung)
- Datenauswertung gemäss spezifischer Methode, z. B. Sequenzanalyse
- z. T. Erörterung der Erkenntnisse mit Fallbeteiligten (Professionellen, Klientinnen)
- z. T. Interventionsvorschläge

Kooperation

Ebene Klienten/Zielgruppe:
- diagnostische Erkenntnisse in den Verständigungsprozess einbringen (in fallbezogen angemessener, anschlussfähiger Weise)
- durch Klienten(systeme) validierte Erklärungen nutzen

Fachebene:
- Diskussion der Fallüberlegungen, Erklärungen und interventionsbezogenen Folgerungen im intraprofessionellen Team
- (bei einigen rekonstruktiven Methoden): Kooperation Wissenschaftler – Professionelle
- Soziale Diagnose in den interprofessionellen Diskurs einbringen

Kompetenzen

Um einen Fall verstehen und daraus Folgerungen ableiten zu können für Interventionen, brauchen Professionelle verschiedene Kompetenzen. Für die Methode des Theoriegeleiteten Fallverstehens erforderlich sind:

- über ein breites und fundiertes Wissen über unterschiedliche Theorien verfügen und nach empirischen Forschungsergebnissen recherchieren können
- geeignete Wissensbestände auswählen und differenziert nutzen können für das Fallverstehen, schlüssige Verbindungen zwischen Theorie und Fall herstellen können
- Erklärungen zur Fallthematik fokussieren können (mittels erklärender Hypothesen)
- Komplexität angemessen reduzieren, die wichtigsten Erklärungen auswählen und eine Veränderungsrichtung schlüssig herleiten können
- diagnostische Erkenntnisse in angemessener Weise in den dialogischen Verständigungsprozess mit dem Klienten(system) einbringen und die von ihm als hilfreich erachteten Erklärungen speziell berücksichtigen können
- Interventionsüberlegungen und Aufgaben für die Professionellen ableiten können

Für die rekonstruktiven Methoden sollen Professionelle

- über fundiertes Wissen über die Rekonstruktionsmethode verfügen und – u. U. – Datenerhebung und Datenauswertung gemäss den methodischen Vorgaben durchführen können
- mit Wissenschaftlerinnen, welche die Fallrekonstruktion durchführen oder begleiten, aufgabenbezogen und zielgerichtet zusammenarbeiten können

11 Ziele

Mit der Formulierung der handlungsleitenden Arbeitshypothese wird ein erster Schritt von der Diagnose zu den Zielsetzungen unternommen, indem der Fokus auf das gerichtet wird, was den eigentlichen Interventionsprozess leiten soll. In diesem Kapitel interessiert nun die Frage: Was macht eine gute diagnosegestützte Zielsetzung aus und wie kommt sie in kooperativer Weise zustande? Nach einer Begriffsklärung werden Aufgaben, Funktion und Herangehensweisen wie auch diesbezügliche Anforderungen an die Professionellen in einem Unterstützungsprozess beschrieben. Nach einem kurzen Exkurs über lösungsorientiertes Arbeiten in der Sozialen Arbeit wird erläutert, was wir unter professionellem Umgang mit Zielen verstehen, wie z.B. das gemeinsame Erarbeiten oder den Aushandlungsprozess von Zielen bei Klienten, die wenig motiviert sind. Auf dieser Grundlage beschreiben wir, welche Anforderungen sich an das Formulieren von Zielen in der Sozialen Arbeit stellen und was bei diesem Prozess besonders zu beachten ist.

11.1 Aufgabe und Funktion

„Ob es besser wird, wenn es anders wird, weiß ich nicht. Dass es anders werden muss, wenn es besser werden soll, ist gewiss" (Lichtenberg 2006:293). Dieser vielzitierte Ausspruch von Lichtenberg (1742–1799) aus seinen Sudelbüchern zeigt auf, dass sich Situationen nicht von selber bessern. Es braucht Vorstellungen davon, wohin sich etwas verändern soll, um den weiteren Prozess in eine ganz bestimmte Richtung zu lenken. So erfüllen Zielsetzungen auch in der Sozialen Arbeit die Funktion von handlungsleitenden Grundlagen für den weiteren Unterstützungsprozess.

Doch zunächst soll genauer erörtert werden, was die Bedeutung von Zielen ist. Abgeleitet vom griechischen Begriff ‚Telos' (Ende, Schluss(punkt)) besagt der Begriff Ziel in den verschiedensten Disziplinen und Lebensbereichen, dass das Denken oder Handeln auf etwas ausgerichtet ist, das man erreichen möchte. Ziel bezeichnet einen zukünftig zu erstrebenden Zustand, etwas, worüber man verfügen möchte und was man im Augenblick nicht hat und als Mangel konstatiert. Meist äussert sich die Bewegung, das Fehlende auszugleichen oder den Mangel zu beheben, in einer Vorstellung, einer Idee, einem Wunsch oder Anliegen. Damit es nicht bei einer Wunschvorstellung bleibt und sich daraus eine Zielsetzung entwickelt, muss sich eine Idee über eine gewisse Zeitdauer hinweg mit einer erkennbaren Intensität als bedeutungsvoll für den betreffenden Menschen ausweisen (vgl. Schwabe 2008:54f.). Das Ziel ist dadurch charakterisiert, dass ein Mensch (oder eine Gruppe von Menschen) zu dessen Erreichung von sich aus etwas unternehmen, aktiv sein muss. Dahinter liegt eine Willenserklärung sowie eine

Entscheidung, dieses Ziel erreichen zu wollen, die Kräfte darauf zu konzentrieren, das eigene Handeln zu planen und ev. andere Wünsche oder Ziele zurückzustellen. Allerdings bleibt das Erreichen eines Zieles ergebnisoffen: Es kann gelingen, aber auch scheitern. Damit ein möglicher Erfolg nicht dem Zufall überlassen bleibt, sind im Voraus die verfügbaren Ressourcen und Mittel einzuschätzen und in Verbindung mit den Möglichkeiten und Kompetenzen auf die Zielsetzung hin abzuwägen.

Herangehensweise

Zur Frage des Wie gibt es sehr unterschiedliche Herangehensweisen und Traditionen. Man könnte sich die sog. Wikinger-Methode vorstellen, indem man einen guten Führer anheuert, der sich gestützt auf seine Erfahrung nach den ‚Sternen' orientiert. Dies kann in Krisensituationen durchaus sinnvoll sein, wenn keine Zeit (mit langen Diskussionen) zu verlieren ist. Vorstellbar ist auch die sog. Titanic-Methode, bei der alles bis aufs kleinste Detail vorausgeplant wird, damit später nichts schiefgeht. Die Titanic-Methode weist darauf hin, dass eine gute Planung viele Kräfte sparen kann und man sich im Voraus eine Vorstellung über die verschiedenen Abläufe und Zusammenhänge machen muss. Wie die Erfahrung zeigt, weisen beide Methoden Schwachpunkte auf. Für die Soziale Arbeit scheint als Grundidee die sog. Kolumbus-Methode sehr sinnvoll. Zunächst wird ein globales Ziel bezeichnet, damit man die Richtung bestimmen kann. Man sollte ungefähr wissen, worauf man sich einzustellen und mit welchen Problemen auseinander zu setzen hat, damit man sich gut vorbereiten kann (z. B. Strömungen, Wellengang, Winde, menschliche Qualitäten, vorhandene Mittel etc.). Dann geht es darum, die Instrumente zu erwerben und zu besitzen, um täglich die Position neu bestimmen zu können (z. B. was war bis jetzt – wo sind wir im Moment – wie gehen wir weiter?). (Vgl. Hagmann/Simmen 2002:58 ff.)

Anforderungen an die Professionellen

Wenn es um die Zielfindung geht, hilft die Metapher der Kolumbus-Methode für die Steuerung des Schiffes nicht weiter, weil Menschen im Gegensatz zu Maschinen nicht instruierbar sind (siehe 3.2.3), sondern in eigenwilliger, manchmal auch sehr eigensinniger Weise möglichst autonom ihren Lebensalltag gestalten und deshalb eigene Ziele verfolgen wollen. Zusammen mit der prinzipiellen Ergebnisungewissheit und den teils prekären Erfolgsaussichten kommt daher dem Prozess der professionell durchgeführten Zielfindung eine hohe Bedeutung zu. Dabei ergibt sich ein Dilemma, das Thiersch (1993) mit dem Begriff der ‚strukturierten Offenheit' beschrieben hat. Professionelle haben in der Offenheit von Praxisfeld, Auftrag und Aufgabengebiet Prioritäten zu setzen, bestimmte Strukturierungen vorzunehmen, die das Setting berücksichtigen und auf der andern Seite auf die Besonderheiten des Falls einzugehen, um herauszufinden, was in dieser speziellen Konstellation für die Zielerreichung hilfreich sein könnte. Aufgrund der gewonnenen Erkenntnisse in Analyse und Diagnose sind mit den Klientinnen individuell Ziele zu entwickeln; gleichzeitig darf die erreichte Zielvereinbarung nicht als fixe Zielplanung verstanden werden. Dies würde die Dynamik von Situation und Problem zu wenig beachten wie auch die Folgen einer sich entwickelnden Arbeitsbeziehung. Wenn wir davon ausgehen, dass Klientinnen zu Beginn eines Unterstützungsprozesses eine gewisse (gesunde) Distanz zu den Professionellen einnehmen und viele Informationen zurückhalten – vielleicht weil ihnen deren Bedeutung zu Beginn eines solchen Prozesses gar nicht klar ist –, so können im Laufe einer gelingenden Arbeitsbeziehung gewonnene zusätzliche Kenntnisse zu einer andern Einschätzung der Fallthematik und möglicherweise zu anderen diagnostischen Erkenntnissen und Zielsetzungen führen. Dabei ist zu berücksichtigen, dass für viele Klienten das Ausrichten auf Ziele eine neue Kultur darstellt, weil sie aufgrund ihrer Biografie vor allem bedürfnisorientiert leben, um ihren Alltag meistern zu können (vgl. Pantuček 2009:112 f.).

Orientiert sich die Sozialarbeiterin zu stark an den momentanen individuellen Bedürfnissen, Wünschen und Vorstellungen von Klientinnen, kann es geschehen, dass Arbeitsschwerpunkt und Ziele dauernd verändert und die wirklichen Probleme nicht angegangen werden. Dabei besteht die Gefahr, dass die Sozialarbeiterin „schliesslich in Abhängigkeit von den Wünschen und Ambivalenzen der KlientInnen agiert, die ihrerseits oftmals zwischen Veränderungs- und Beharrungstendenzen schwanken" (Heiner 2007:453). Das gemeinsame Entwickeln von Zielen stellt auch eine Antwort dar auf die ethische und fachliche Anforderung, Klientinnen nicht zu manipulieren, weil man ja nur das Beste für sie erreichen möchte und möglicherweise glaubt, den Verbesserungsbedarf bereits erkannt zu haben. Hier wird das Strukturmerkmal der Koproduktion (siehe 3.2.4) bedeutungsvoll.

Gelingt es, sich in einem Unterstützungsprozess auf Ziele zu einigen, ermöglicht dies allen Beteiligten, einen Überblick über den Prozess zu gewinnen, Prioritäten zu setzen, Klarheit zu schaffen und das Handeln zu fokussieren. Vereinbarte Ziele sind demnach handlungsleitend, bilden die Grundlage, um Interventionen zu planen, zu strukturieren und zu koordinieren. Sie sichern Effektivität, steigern die Effizienz und ermöglichen erst Evaluation (vgl. Neuffer 2005:87). Das bedingt oft einen längeren Aushandlungsprozess, weil viele Perspektiven, Werthaltungen, Deutungen und unterschiedliche Interessen der Beteiligten einfliessen. Erschwerend wirken sich bei vielen Klientinnen deren biografische Erfahrungen des Scheiterns aus, verbunden mit teils tief sitzenden Kränkungen und Misserfolgserfahrungen, die den Blick für Erreichbares verstellen. In solchen Situationen kann es hilfreich sein, die Perspektive weg von Einschränkendem, Kränkendem hin zu mehr Gelingendem zu öffnen, andere, positive Gefühle zu ermöglichen, damit sich Klientinnen (wieder) etwas zutrauen und die Misserfolgsspirale durchbrochen werden kann. In der Sozialen Arbeit wie auch in verschiedenen Nachbardisziplinen (wie z. B. Gesundheitswissenschaften, Psychotherapie, Pädagogik) haben sich wohl nicht zuletzt deshalb in den letzten Jahren verschiedene Handlungsansätze entwickelt, die den Fokus vor allem auf die Selbstermächtigung (Empowerment), Lösungsorientierung oder Ressourcenorientierung richten. Gerade der Lösungsorientierte Ansatz kann sich bei der Zielfindung als sehr hilfreich erweisen, weil er vorsieht, sich am Gelingenden zu orientieren wie auch an möglichen Lösungen. Im

Sinne eines kurzen Exkurses soll dieser Handlungsansatz im Folgenden vorgestellt werden.

11.2 Lösungsorientiertes Arbeiten in der Sozialen Arbeit

Unsere Ausführungen beziehen sich auf das Modell der Kurzzeittherapie, das Steve de Shazer und Insoo Kim Berg im ‚Brief Familie Therapy Centre' in Milwaukee entwickelt haben. De Shazer et al. suchen in der lösungsorientierten Arbeit mit Klienten nach Situationen, in denen ein bestimmtes Problem nicht aufgetaucht ist. Sie gehen davon aus, dass das Forschen nach Erklärungen für das Auftreten eines Problems irrelevant sei, weil keine kausalen Zusammenhänge zwischen Entstehungskontext, Problem und der Lösung des Problems festzustellen seien. Hingegen sei davon auszugehen, dass es für jedes Problem eine begrenzte Auswahl an Strategien der Lösungsfindung gebe. Kurzzeittherapie kann deshalb als Typologie der Lösungsfindung bezeichnet werden. Eine weitere Grundannahme besteht darin, dass jede Veränderung im Verhalten, Denken, Fühlen oder (in) der Situation zu einer Veränderung und damit zu einer Lösung führen kann. Daraus leitet de Shazer die sog. Multifinalität ab, nach der es für ein Problem stets mehrere mögliche Lösungen gibt (vgl. de Shazer 2006:40; Hochuli Freund/Stotz 2009:2). Wichtig ist es, mit Klientinnen in einen lösungsbezogenen Austausch zu kommen, um die Aufmerksamkeit auf Gelingendes, auf Ressourcen zu lenken. Ziel ist das Entwickeln von gelingenden Bewältigungs- und Lösungsmustern, die zur Klientin und deren Kontext passen. Hintergrund des Ansatzes bildet der Konstruktivismus. In der Art und Weise wie der Mensch seine Wirklichkeit konstruiert, kann er sie auch im Sinne von Lösungsorientierung verändern, neu gestalten. Eine neuer Denk-Rahmen (‚frame') ermöglicht andere Zugänge, Gefühle, Gedanken, eröffnet Perspektiven, die anderes Verhalten ermöglichen. Das bedeutet für den therapeutischen Prozess, dass sich der Prozess der Lösungskonstruktion modellieren lässt. Dabei geht die Kurzzeittherapie zunächst davon aus, herauszufinden, was der Klient will. In einem zweiten Schritt wird gemeinsam danach gesucht, was funktioniert, und der Klient wird darin bestärkt, mehr davon zu tun. Sollte der Klient etwas machen, das nicht funktioniert, hat der Therapeut ihn zu motivieren, etwas anderes zu machen (vgl. Walter/Peller 2004:22 ff.).

Beim Arbeiten mit dem Lösungsorientierten Ansatz in der Sozialen Arbeit sind gewisse Strukturbedingungen wie Auftrag und Setting zu berücksichtigen. Unter den Klientinnen finden sich oftmals Menschen, die nicht freiwillig die Dienste der Sozialen Arbeit in Anspruch nehmen, in ihrem Eigensinn verharren, ohne erkennbares eigenes Anliegen und ohne eigene Problemsicht sind. Während in einer Therapie einzig die Patientin oder Kundin einen Auftrag erteilt, finden sich in der Sozialen Arbeit meist mehrere Auftraggeber mit unterschiedlichen Anliegen (siehe 8.1). Im Gegensatz zur Kurzzeittherapie, wo der Problemerörterung keine Bedeutung zukommt und keine Diagnostik betrieben wird, stellen die Problemdefinition und -erhellung wichtige Schritte in der Gestaltung von Unterstützungsprozessen in der Sozialen Arbeit dar. Erst wenn gemeinsam erarbeitet werden konnte, was die Autonomie einschränkt oder die soziale Integration gefährdet, kann mit der gezielten Konstruktion von Lösungen begonnen werden. Geht es im geschützten Rahmen einer Therapie darum, aufgrund von Schilderungen einer Kundin Lösungen kommunikativ zu konstruieren, die sie anschliessend in ihren Lebensbereichen realisiert, so bestehen im Alltag der Sozialen Arbeit vielfältigere Kommunikations- und Interaktionsmöglichkeiten (wie z.B. Beobachtungen in gemeinsam ausgeführten Tätigkeiten – in der Arbeit mit kognitiv schwer beeinträchtigten Menschen und auch mit kleineren Kindern ist dies sogar die einzige Informationsbasis, siehe 8.3.2). Diese bilden eine breitere Basis für die Suche nach Lösungen, bei deren Umsetzung Klienten nicht wie nach der Therapie auf sich allein gestellt sind, sondern oft begleitet und unterstützt werden. Die Arbeit mit dem lösungsorientierten Ansatz kann gewinnbringend sein, wenn dadurch Klientinnen ermöglicht wird, mittels einer anderen Denk- und Herangehensweise Strategien für eine gelingendere Alltagsbewältigung zu entwickeln (vgl. Hochuli Freund/Stotz 2009:5). Die Arbeit mit dem lösungsorientierten Ansatz kann Klienten motivieren, mehr Eigenverantwortung für ihr Leben zu übernehmen. Er kann Professionellen u.a. bei der Überprüfung dienen, ob der gewählte Rahmen den Klienten den Status von Kompetenz zugesteht (vgl. Durrant 2004).

11.3 Zielfindung und Verständigung

Als übergeordnete Orientierungslinie für die Zielerarbeitung mit Klienten und Klientengruppen erachten wir die grundlegende Ausrichtung der Sozialen Arbeit als wegweisend (siehe 2.4.). Auf welcher Ausdifferenzierungsebene Ziele auch formuliert werden, stets sollen sie die (Wieder-)Herstellung einer autonomen Lebenspraxis unterstützen, zur Bewältigung eines gelingenden Alltags beitragen sowie Inklusionsvermittlung und – wo angezeigt – Exklusionsverwaltung befördern. Diese Leitlinie bildet zwar eine Grundlage, handlungsleitend aber sind erst die gemeinsam mit Klientinnen herausgearbeiteten Zielvorstellungen. Professionelle erkunden, was für Klientinnen aufgrund von Situationsbeschreibung, Analyse und Diagnose subjektiv wichtig und bedeutsam ist und erarbeiten mit ihnen Ziele, die sie befähigen, das, was für sie wichtig ist, besser zu bewältigen (wie z.B. Konflikte in der Familie oder Umgang mit dem eigenen Suchtverhalten). Diese Ziele werden auch Bildungsziele genannt, denn sie visieren einen Zuwachs an Kompetenzen in einem bestimmten Bereich an.

Zielfindung mit wenig motivierten Klientinnen

Soziale Arbeit hat häufig mit Klienten im Zwangskontext zu tun, die professionelle Hilfe nicht von sich aus gesucht haben und keine konkreten Vorstellungen vom Unterstützungsprozess haben, sich nicht festlegen wollen oder können, wenig motiviert sind etc. In der Praxis wird oftmals mit etwas Druck nachgeholfen, weil Professionelle im Sinne der Klienten zu handeln glauben, da sie ja deren Nutzen im Auge haben. Kognitiv-behavioralen Ansätzen gemäss sollen Klienten durch Information, Appelle, Verhandeln oder durch strategisches Einsetzen professioneller Autorität beeinflusst oder überredet werden, damit sie (wieder) Kontrolle über ihre Lebenssituation erlangen (vgl. Conen/Cecchin 2008:55). Nachlassende Motivation oder Ausblenden der Abmachungen sind oft Zeichen dafür, dass dieses Überreden keine nachhaltige Wirkung gezeigt hat und nach dem falschen Motto „Wo mein Wille ist, ist dein Weg" (Lüttringhaus/Streich 2007:137) gehandelt wurde. Der eigene Wille stellt auch im Zwangskontext das entscheidende Kriterium für eine Veränderung dar, und wenn er nicht vorhanden ist, lässt er sich auch nicht erzwingen. Es ist aber möglich, dass Professionelle in solchen Situationen für sich selber Unterstützungsziele formulieren. Diese sollen eine Orientierungslinie für das eigene Handeln bilden, indem benannt wird, welche Erfahrungsfelder geschaffen werden sollen, durch die Klienten schliesslich motiviert werden können, für sich selber (wieder) Perspektiven zu entwickeln.

Der ‚nicht vorhandene Wille' kann einleuchtende Gründe haben. Er kann als Reaktion auf die Veränderungsbestrebungen der Professionellen betrachtet werden, möglichst autonom einen eigenen Weg zu beschreiten. Es kann auch sein, dass Klienten nicht vorschnell (liebgewonnene) Gewohnheiten aufgeben wollen, Loyalitätsgründe geltend machen oder auf negative Erfahrungen mit Hilfssystemen hinweisen. Viele Klienten sehen vor allem die Risiken und Anstrengungen und verspüren deshalb wenig Motivation, etwas Vertrautes zu verändern angesichts einer neuen, noch nicht kontrollierbaren Situation (vgl. Conen/Cecchin 2008:57). In der stationären Kinder- und Jugendhilfe kann die Motivation aus Loyalitätsgründen wenig entwickelt sein, wenn Kinder oder Jugendliche befürchten müssen, dass sie sich bei gewissen Zielen (indirekt) gegen die impliziten Ziele in der Familie stellen müssten. Die wenig vorhandene Motivation kann auch Ausdruck davon sein, dass Klienten in der Vergangenheit gelernt haben, dass Professionelle an ihrer Stelle Probleme definieren, entsprechende Lösungsvorschläge machen und sie damit von der Bürde der Verantwortung entlasten. Wenn die Problemlösung gelingt, können sie sich zurücknehmen, den Erfolg den Sozialarbeiterinnen zuschreiben und auf weitere ‚Hilfe' warten. Bei Nicht-Gelingen können sie sich auf ihre bekannte Position zurückziehen: Sie wussten ja, dass dies nichts bringt und wenn es den professionellen Helfern nicht gelingt, kann es nicht an ihnen liegen (vgl. ebd.:59). Der eigene Wille kann auch nicht erkennbar sein, wenn ein Mensch – aus welchen Gründen auch immer – (fast) kein konsistentes Bild von sich selbst, seinen Bedürfnissen und Wünschen und dem, was für ihn Sinn macht, entwickelt hat (z. B. in der Folge einer Lebenskrise). Ohne Kontinuität im Sein und

Wollen (vgl. Fend 1991:84f.) fehlt dem Menschen die Grundlage für das Formulieren von eigenen Anliegen und damit für das Entwickeln von Zielen. Menschen und insbesondere junge Menschen erleben auch Phasen des Wechsels, in denen sie hin- und hergerissen sind zwischen Altem und Neuem oder zwischen zwei unterschiedlichen Tendenzen (wie z. B. ‚Ich möchte dieses Arbeitsintegrationsprogramm zwar absolvieren, aber ich kann meine Freundin in diesem Zustand nicht allein lassen'). In solchen Situationen zeigt sich der eigene Wille nicht in kontinuierlicher, sondern möglicherweise in ambivalenter Weise (vgl. Schwabe 2008:86f.). In der Jugendhilfe trifft man oft die Situation, dass Jugendliche aufgrund ihrer Entwicklung und ihrer Biografie nur wissen, was sie *nicht* wollen, nämlich das, was die Erwachsenen sich vorstellen. Es kann auch sein, dass „man sich auch nicht klar darüber [ist], ob man sich klar werden will" (ebd.:99), weil man sich zwischen verschiedenen Impulsen und Wünschen nicht entscheiden kann und für die z. T. widersprüchlichen Regungen keine Sprache besitzt. Viele Jugendliche, die Cliquen angehören, lassen sich vom mainstream in der Gruppe (fremd-)bestimmen und nehmen dazu einiges in Kauf, um zu verhindern, dass sie weiter von Erwachsenen fremd bestimmt werden.

Dialogisches Aushandeln von Zielen

Für die Zielfindung ist deshalb ein sorgfältiges, aber auch transparentes methodisches Vorgehen von Sozialpädagogen angesagt. In einem ersten Schritt gilt es zu erkunden, welche Motive und Absichten hinter vorgebrachten Wünschen erkennbar werden, welche Erwartungshaltung hinter den Äusserungen und dem Verhalten von Klienten steht und dabei fallspezifisch die diagnostischen Erkenntnisse zu nutzen. Erst auf der Grundlage echten Fallverstehens kann erkennbar werden, ob Klientinnen eine minimale Motivation zeigen, irgendetwas verändern zu wollen.

Eine weitere Hürde kann sich in der möglichen Uneinigkeit innerhalb eines Klientensystems zeigen, in dem unterschiedliche Zielvorstellungen verfolgt werden. Dabei stellt sich oft heraus, dass jeder vom andern oder vom Umfeld eine Änderung erwartet anstatt von sich selbst. Auch Fachkräfte neigen dazu, von den Klientinnen Änderungen zu erwarten. Der Zielfindungsprozess ist demnach so zu gestalten, dass sich alle beteiligen und ihre Perspektive einbringen können und sich darüber verständigen, wer oder was sich verändern soll (vgl. von Spiegel 2006:137). Diese Verständigung kann aufwändig sein; sie bildet aber eine Basis für alle weiteren Aushandlungen, wenn es um die Interventionsplanung geht. Dabei sind u. a. zu berücksichtigen:

- Grad der Involviertheit und Positionierung der beteiligten Fachleute
- Art der Machtverhältnisse unter den Beteiligten
- Durchsetzungsvermögen der Beteiligten
- Bereitschaft zum Aushandeln versus Beharren auf eigenen Vorstellungen
- Vorstellung von Gleichberechtigung versus hierarchisches Denken
- verhandelbare Positionen versus nicht verhandelbare Werte und Normen
- unterschiedliche kulturelle Formen des Aushandelns (vgl. Schwabe 2008:358ff.).

Dies verlangt von den Professionellen hohe fachliche und kommunikative Kompetenzen, geht es doch um eine konsensorientierte Vermittlung verbunden mit dem Einbringen von inhaltlichen Anliegen und der Ermöglichung von Partizipation. Schwabe hat dafür den Begriff des ‚selbst-reflexiven mitbetroffenen Verhandlungspartners' geprägt. Dieser „hat inhaltliche Präferenzen, muss diese aber nicht durchsetzen. Ist an Konsens interessiert, kann sich aber auch parteilich engagieren. Versucht zu vermitteln, vertritt aber auch eigene Positionen bzw. Interessen. Wechselt zwischen neutraler und solidarischer Position und macht diese transparent. Weiss um das Prekäre der eigenen Rolle: Unterstützer der andern und zugleich Vertreter von eigenen Positionen" (ebd.:364). Je nach Auftrag und Setting kann sich diese Position mehr zur Position der Durchsetzerin verschieben (wie z. B. bei Kindesschutzaufgaben) oder der Vermittlerin (wie z. B. bei Gruppenprozessen).

11.4 Formulierung von Zielen

Bei der Zielentwicklung trifft man oft auf Formulierungen, die wenig präzise sind, (wie z. B. ‚Verbesserung des Sozialverhaltens', ‚erhöhter Selbstwert') oder die negativ ausgerichtet sind (wie z. B. ‚schlägt nicht mehr zu', ‚verweigert nicht mehr'). Manchmal finden sich auch ganz ausführliche Zielbeschreibungen, die jedes Detail festhalten.

Ein Beispiel für eine solche Zielformulierung könnte sein: ‚Der Übergang des Jungen F. nach dem wöchentlichen Besuch der Mutter ist so zu gestalten, dass der diensthabende Sozialpädagoge im Rahmen eines Einzelkontakts während einer Viertelstunde mit F die Erlebnisse des Nachmittags durchgeht, ihm die Möglichkeit gibt, wieder einen guten Kontakt zur Gruppe zu schaffen und F nach dieser Zeit wieder auf die Wohngruppe führt.'

Sowohl die zu offene oder negative Form wie auch die Vorstellung, für Klientinnen Behandlungspläne aufzustellen und in den Zielen bereits Interventionen einzubauen, zeigen, dass das Formulieren von Zielen einigen Qualitätsanforderungen zu genügen hat, wenn die Ziele im Unterstützungsprozess handlungsleitend sein sollen. Im Zuge der Entwicklung von Managementprozessen in der Sozialen Arbeit werden vermehrt organisationsspezifische Bögen für Zielformulierungen entworfen, die für die Zielvereinbarung mit Klienten über einen bestimmten Zeitraum eingesetzt werden. Meist gehen sie von der Idee einer statischen Zielplanung aus, die u. a. wenig berücksichtigt, dass die Arbeit mit Zielen in der Sozialen Arbeit flexibel zu gestalten ist (vgl. hierzu Pantuček 2009:112 ff.)

Bildungs- und Unterstützungsziele

Wir haben ausgeführt, dass Ziele einen Soll-Zustand umschreiben, Aussagen nach dem Wohin und Wozu enthalten. Dabei ist oftmals nicht ganz klar, für wen die gefundenen Ziele gelten, für Klientinnen, für Sozialarbeiter oder für beide? Wenn wir vom übergeordneten Auftrag der Sozialen Arbeit ausgehen, wonach Unterstützungs- und Vernetzungsprozesse (intern und extern sowie im Herkunftssystem der Klientin) Bildungsprozesse von Klientinnen ermöglichen und unterstützen, ist es u. E. sinnvoll, im Bereich der Ziele eine Unterscheidung vorzunehmen. Auf der Ebene der Klientinnen geht es entweder darum, Kompetenzen zu entwickeln oder diese möglichst lange Zeit zu bewahren. Auf dieser Zielebene sprechen wir in diesem Lehrbuch deshalb von *Bildungszielen*, die sich Klientinnen selber setzen oder die gemeinsam mit Professionellen erarbeitet werden und die Klienten als sinnvoll und wichtig für sich erachten und deshalb übernehmen. Bildungsziele können niemals verordnet werden, sondern erfordern die Partizipation der Klientinnen. Aufgabe der Professionellen ist es, den Erwerb von Kompetenzen zu ermöglichen. Deshalb sprechen wir im Rahmen des professionellen Unterstützungsprozesses (bzw. bei Minderjährigen im Rahmen des Erziehungsprozesses) von *Unterstützungszielen* für die Sozialarbeiterinnen, die den Bildungsprozess von Klienten ermöglichen. Beide Zielarten müssen deshalb in einem Zusammenhang stehen.

Dazu ein Beispiel: Ein mögliches Bildungsziel könnte lauten: ‚Der Klient R. kann seine Gefühle wahrnehmen und äussern.' Ein darauf bezogenes Unterstützungsziel könnte heissen: ‚Die Professionellen wissen, wie sie Räume schaffen, die R. Sicherheit geben, sich angstfrei zu äussern.'

Kann eine Klientin nicht in den Zielformulierungsprozess einbezogen werden oder lässt sie sich im Moment nicht dazu motivieren, formulieren die Professionellen auf der Feinzielebene (siehe unten) keine Bildungsziele, sondern ausschliesslich Unterstützungsziele.

Eine ähnliche Unterscheidungslinie zwischen Zielen für die Klienten und für die Professionellen nehmen auch Heiner (2007) und von Spiegel (2006) vor. Ihre Bezeichnungen ‚Wirkungsziele' (Ebene Klienten) und ‚Handlungs- oder Leistungsziele' (Ebene Professionelle) halten wir aber für weniger überzeugend als die Unterscheidung von Bildungs- und Unterstützungszielen.

Polytelie

Zielformulierungen fokussieren oftmals das Vermeiden von ungeliebten Reaktionen oder Situationen (wie z. B. das Vermeiden von Gewalt oder von Ausschluss). Solche Formulierungen sind meist sehr global und beziehen sich auf das Verhindern unerwünschter Zustände oder Verhaltensweisen. Sie helfen weder Klientinnen noch Sozialpädagoginnen herauszufinden, was denn tatsächlich gewünscht ist, und sie sind meist demotivierend. Deshalb sollen Ziele immer *positiv,* als Anstrebensziele formuliert sein. Oftmals haben die Beteiligten eine Vorstellung vom Sollenszustand.

Dazu ein Beispiel: Auf einer Wohngruppe im Kontext stationärer Kinder- und Jugendhilfe wird als Ziel gesetzt: ‚Die Situation am Mittagstisch unter den Jugendlichen soll friedlicher sein.'

In dieser Formulierung stecken unscharfe, unklare Zielvorstellungen und man weiss gar nicht genau, wie der angestrebte Zustand wirklich aussehen soll. Hinter dieser Unklarheit steckt Polytelie (Vielzieligkeit) (vgl. Dörner 2003:76f.) Dies bedeutet, dass mehrere Kriterien erfüllt sein müssen, soll die angestrebte Zielvorstellung erreicht werden.

In obigem Beispiel könnte das bedeuten, dass sich alle pünktlich zu Tisch setzen, dass das Essen zu diesem Zeitpunkt vorbereitet ist, dass mögliche Konflikte vorher beigelegt sind, dass die Jugendlichen sich nicht aggressiv verhalten etc.

Diese Kriterien können miteinander positiv oder negativ verknüpft sein oder auch unverknüpft neben einander stehen. Sind sie positiv verknüpft, kann das der Zielerreichung dienen.

In unserem Beispiel kann die konstruktive Lösung von Konflikten vor dem Essen dazu führen, dass die aufgestauten Aggressionen abgebaut werden können.

Sind sie negativ verknüpft, wird man im Erreichen eines Ziels ein anderes verfehlen.

Es könnte dann sein, dass das Lösen von Konflikten seine Zeit braucht und deshalb nicht pünktlich mit dem Essen angefangen werden kann, was möglicherweise zu Unmut, Ungeduld oder wieder zu einer aggressiven Stimmung unter den anderen Jugendlichen führt.

Dieser letzte Punkt weist auf einen weiteren Aspekt hin. Das Ziel ‚Erreichen einer friedlichen Stimmung am Mittagstisch' kann so überwertig sein, dass eine Problemlösung ein anderes Problem erzeugt.

In unserem Fall steht die konstruktive Konfliktlösung als wichtigste Vorbedingung für ein friedliches Nebeneinander während des Essens so stark im Zentrum, dass mögliche Nebenfolgen wie Ungeduld und Aufkommen von aggressiven Gefühlen gegenüber den unpünktlichen Sozialpädagogen nicht bedacht werden.

Bei der Zielformulierung ist demnach auf Klarheit, Verknüpfung von Zielkriterien, Vermeidung von Überwertigkeit und auf Zielkonflikte zu achten.

Aspekte von Zielentwicklung

Auf der Ebene der Bildungsziele soll nicht nur der Verstand, sondern der ganze Mensch angesprochen sein. Obwohl explizit nicht ausgeführt, orientiert sich Schwabe in seinem Konzept der drei Zielebenen am Grundsatz der ganzheitlichen Bildung von Pestalozzi (1746–1827). Basis der pädagogischen Konzeption von Pestalozzi ist die gleichzeitige Ausbildung von Kopf, Herz und Hand. Ziele sollen demnach dem Kopf Aufgaben stellen, die Klientin soll motiviert sein, eine Entwicklungsaufgabe anzugehen, eine Kompetenz zu erwerben oder zu erweitern. Gleichzeitig soll ihr Herz angesprochen werden, die Ziele sollen für ihre Gefühle bedeutsam sein und schliesslich die Möglichkeit eröffnen, etwas Konkretes zu tun (z. B. mit ihren Händen). Nach Schwabes Konzept – das eine eigentliche Methodik von Prozessgestaltung mit dem Hauptfokus auf Zielentwicklung darstellt – ist es wichtig, diese drei Ebenen auf eine stimmige Weise zusammenzuführen, damit Bildungsziele für Klientinnen wichtig, bedeutsam und motivierend sind. So kann ermöglicht werden, dass das Ziel immer wieder Anstoss und Motivation gibt, daran zu arbeiten (vgl. Schwabe 2008:148 ff.). In einem Zielerarbeitungsprozess sind auf Seiten der Professionellen hohe kommunikative und interaktive Kompetenzen erforderlich, damit die drei Ebenen entsprechend berücksichtigt wie auch in Einklang gebracht werden und sich Klientinnen und deren Herkunftssystem aktiv an einem Unterstützungsprozess beteiligen.

Hierarchisierung

Zielformulierungen sollen hierarchisiert werden, d. h. einen unterschiedlichen Grad an Konkretheit aufweisen. Dabei kann zwischen Fern-, Grob- und Feinzielen unterschieden werden.

- *Fernziel:* Ausgangspunkt bildet meistens das *Fernziel,* das oft im Auftrag enthalten ist und einen Orientierungsrahmen abgibt für die weiteren Zielformulierungen.
- *Grobziel:* Auf der Grundlage des Fernzieles werden nach fachlichen Überlegungen die Anliegen herausgearbeitet, die sich aufgrund der Erhellung durch die Diagnose als relevant erweisen und von möglichst vielen Beteiligten mitgetragen werden. Im Zuge einer Komplexitätsreduktion werden diese Anliegen auf ausgewählte Grobziele transformiert. Als Kriterien für gute Grobziele gelten: sie sind den Klientinnen wichtig, bedeutsam und *diagnosebasiert*. Sie motivieren Klienten, werden als erreichbar angesehen und von ihnen akzeptiert. Leitet man direkt von der Analyse zu den Zielen über, ist sorgfältig darauf zu achten, dass sich die Grobziele auf die gewonnenen Erkenntnisse in jenem Prozessschritt abstützen, also *analysebasiert* ausformuliert werden.
- *Feinziel:* Jedes Grobziel wird wiederum spezifiziert in mehrere operationalisierbare Feinziele. Diese müssen in direktem Bezug zu Grobzielen stehen, konkret, überschaubar, relevant, realistisch sowie anhand benannter Indikatoren überprüfbar sein. Das verlangt von den Professionellen, dass sie bereits eine Vorstellung von der Interventionsplanung haben. In der Praxis belässt man es in der Regel vorerst bei der Formulierung von Grobzielen und entwirft eine Interventionsplanung (siehe 12.5). Dabei lassen sich sehr schnell Teilschritte erkennen, für deren Erreichen dann operationalisierbare Feinziele gefunden werden können. An dieser Stelle der Fallarbeit findet eine Verzahnung der beiden Prozessschritte Ziele und Interventionsplanung statt.

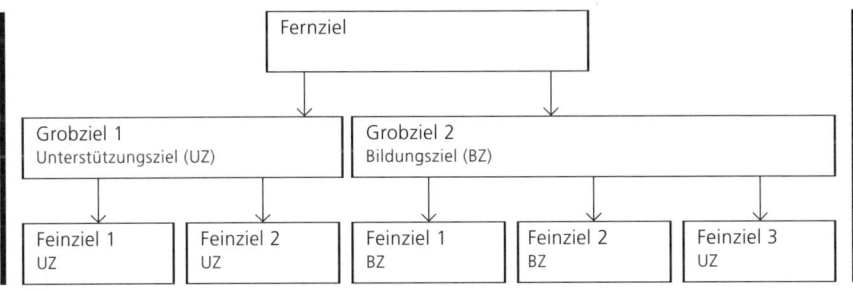

Abb. 21: Hierarchisierung von Zielen

Dazu ein Beispiel aus der sozialpädagogischen Familienhilfe. Mit der Mutter eines 12 jährigen Jungen wurden folgende Ziele ausgehandelt und vereinbart:

Fernziel

- Frau Grunert kann (in einem halben Jahr) mit ihrem 12 jährigen Sohn täglich gemeinsame Essenszeiten realisieren und ihm bei Konfliktsituationen klare Grenzen setzen.

Grobziele

- Grobziel 1 (Unterstützungsziel, UZ): Die Familienhelferin kann Frau Grunert Angebote zur Unterstützung des eigenen Zeitmanagements unterbreiten.
- Grobziel 2 (Bildungsziel, BZ): Frau Grunert kann in ihrem Alltag Prioritäten setzen und die wichtigsten Aufgaben (wie z.B. Kochen) zeitlich so strukturieren, dass ein geregelter Ablauf möglich ist.
- Grobziel 3 (UZ): Die Familienhelferin schafft Räume und Angebote, wo Frau Grunert sich mit ihrer Rolle als Mutter eines 12 jährigen Jungen auseinandersetzen kann.
- Grobziel 4 (BZ): Frau Grunert hat gelernt, ihre Mutterrolle wahrzunehmen und sich für die Anliegen einzusetzen, die ihr in dieser Rolle wichtig erscheinen.

Alle Grobziele werden in Feinziele heruntergebrochen. Diejenigen zu zwei ausgewählten Grobzielen lauten folgendermassen:

Feinziele zu Grobziel 3

- UZ 1: Die Familienhelferin kennt Elterntrainingsgruppen/Selbsthilfegruppen alleinerziehender Mütter und kann die Eignung von mind. zwei solcher Gruppen beurteilen (Zeitraum 2 Wochen).
- UZ 2: Die Familienhelferin hat mind. zwei Angebote ausgewählt, die sie nach Einschätzung der Situation Frau Grunert empfehlen kann und hat diese ihrer Klientin vorgestellt (Zeitraum Woche 3–5).
- UZ 3: Die Familienhelferin hat mit der Sozialbehörde die teilweise Übernahme allfälliger Kosten von Trainingsgruppen wie auch die Beteiligung von Frau Grunert an dieser Weiterbildung abgeklärt und vereinbart (Zeitraum Woche 4–7).

Feinziele zu Grobziel 4

- UZ 1: Frau Grunert kann sich für das Angebot entscheiden, das sie anspricht und regelmässig daran teilnehmen (Zeitraum ab Woche 8).
- UZ 2: Frau Grunert kann ihre Bedürfnisse und Erwartungen als Mutter wahrnehmen, zulassen und dazu stehen (Zeitraum ab sofort, sicher ab Woche 12).
- UZ/BZ 3: Frau Grunert ist mit Unterstützung der Familienhelferin in der Lage, ihre Erwartungen vor ihrem Sohn vertreten (Zeitraum ca. ab Woche 12–14).
- BZ 4: Frau Grunert ist fähig, in der Rolle als Mutter die Anliegen gegenüber ihrem Sohn auch allein durchsetzen (Zeitraum ab Woche 16–20).
- UZ 5: Die Familienhelferin ist in der Lage, ein mögliches Scheitern oder Verzögern der Zielerreichung lösungsorientiert mit Frau Grunert zu erörtern und mit ihr hilfreichere Strategien herauszuarbeiten.

Zielentwicklungssysteme

Bei den Feinzielen kann das Zielentwicklungssystem mit den sog. S.M.A.R.T.-Kriterien angewendet werden. Nach diesem Konzept soll die Zielformulierung

Formulierung von Zielen

nach ausgewählten Kriterien erfolgen, die eine mehrperspektivische Sichtweise in grösstmöglicher Nachhaltigkeit gewährleisten.

- Der Buchstabe S steht für spezifisch und meint, das Ziel so konkret wie möglich auf die Verhaltens- oder Handlungsweisen zu formulieren.
- M meint messbar, überprüfbar und bezieht sich auf die Vollständigkeit einer Zielformulierung. Ein Indikator gibt an, auf welche Weise die Arbeit am Ziel und/oder die Zielerreichung überprüft werden kann.
- Der Buchstabe A bedeutet ausgehandelt, akzeptiert. Damit wird ausgesagt, dass die Zielformulierung mit den Direktbeteiligten ausgehandelt und akzeptiert ist.
- R steht für realistisch. Hier gilt es genau hinzuschauen, ob sich die Ziele aufgrund der Ressourcen, bisheriger biografischer Erfahrungen, Kompetenzen, Unterstützungsmöglichkeiten etc. im Sinne von herausforderungsvollen Aufgaben lösen lassen.
- Mit T ist die Terminierung angesprochen. In den Feinzielen sollen die relevanten zeitlichen Dimensionen festgehalten werden. (Vgl. Schwabe 2008: 278 ff.)

Die Arbeit mit den fünf S.M.A.R.T.-Kriterien ist auf den ersten Blick sehr verlockend, weil sie Genauigkeit verspricht. Allerdings kann dieses Konzept dazu verführen, alle Prozesse in der Sozialen Arbeit als operationalisierbar zu betrachten ungeachtet der Menschen, mit denen man es zu tun hat. Es kann auch dazu verleiten, die Ziele sehr konkret und nahezu als Interventionen zu formulieren und dabei zu übersehen, dass Ziele für einen Menschen bedeutsam sein müssen, sollen sie motivierend sein.

Ein anderes methodisches Vorgehen für die Zielformulierung ganz allgemein bilden die sieben sog. W-Fragen, die in Anlehnung an das 7-W-Schema nach Adler entwickelt wurden. (Vgl. Adler 1998:125 ff.)

- WARUM soll das Ziel erreicht werden? Die Frage nach dem Motiv erhellt die Gründe, warum Hilfe erforderlich ist.
- WOZU soll das Ziel erreicht werden? Die Frage nach dem Zweck erörtert die Intentionen und Vorstellungen der Beteiligten.
- WER soll das Ziel erreichen? Gefragt wird nach den Adressatinnen einer möglichen Unterstützungsleistung.
- WAS soll mit der vorliegenden Zielsetzung erreicht werden? Hier geht es um die Inhalte und Formen der Unterstützungsleistung, damit die Situation in Bezug auf die Ziele verändert werden kann.
- WO soll das Ziel erreicht werden? In den Fokus werden der Ort und dessen Beschaffenheit gerückt.
- WANN, WIE LANGE, WIE OFT soll Unterstützung geleistet werden? Es interessiert, in welcher Zeit das Ziel erreicht werden kann.
- WIE soll das Ziel erreicht werden? Angesprochen sind damit die Mittel, die es für die Zielerreichung braucht.

Hier ist kritisch anzumerken, dass die beiden letzten W-Fragen bereits in die Interventionsplanung münden.

Die auf dieser Basis entwickelten Zielvorstellungen sind gut zu dokumentieren und mit den Beteiligten einzeln zu erörtern. Damit schaffen Sozialarbeiterinnen eine notwendige Grundlage für die Weiterarbeit und ermöglichen eine gemeinsame Ausrichtung des Handelns.

11.5 Reflexion des Prozessschrittes

Die vorgestellten Herangehensweisen, methodischen Überlegungen, Vorgehensweisen und Instrumente werden nachfolgend einer kritischen Reflexion unterzogen. Da bei den Zielen im Gegensatz zu den vorhergehenden Prozessschritten nicht von abgrenzbaren Methoden im eigentlichen Sinne gesprochen werden kann, geschieht die Reflexion in summarischer, zusammenfassender Weise.

11.5.1 Methodenreflexion

Kennzeichen für unsere Auswahl der methodischen Herangehensweise, den methodischen Überlegungen und/oder Instrumenten bildet die grösstmögliche *Beteiligung auf Klientenseite*, um den Kooperationsaspekt optimal auszugestalten. Insofern sehen alle methodischen Schritte bei der Zielfindung den direkten Einbezug der Klientinnen vor. Ausnahme bildet das Formulieren von Unterstützungszielen. Diese können auch gebildet werden, wenn mit Klienten noch keine Einigung im Bereich von Bildungszielen erzielt werden kann (z. B. im Zwangskontext). Sie sollen den Klienten ermöglichen, (in Zukunft) für sich eigene Bildungsziele zu formulieren und deren Sinn erkennen zu können. Die *Kooperation mit Professionellen* wird nirgends explizit erwähnt, weil der Zielfindungsprozess auf die Klienten fokussiert ist. Die methodischen Überlegungen und Vorgehensweisen lassen aber in jedem Punkt das (kritische) Einbringen von Ideen, Vorschlägen etc. weiterer beteiligter Professionellen zu, um den Horizont für zusätzliche Perspektiven zu öffnen. Die *grundlegenden Zielsetzungen* Sozialer Arbeit stellen als Basis für alle Überlegungen zur Zielentwicklung eine übergeordnete Leitlinie dar. Allerdings ergibt sich ein potentielles Spannungsfeld zwischen den grundlegenden Zielsetzungen und dem Zielentwicklungssystem mit den S. M. A. R. T.-Kriterien. Hier ist jeweils zu prüfen, inwieweit die Idee der Messbarkeit mit dem Gedanken an grösstmöglicher Autonomie in der Lebensführung vereinbar ist. Es muss jeweils kritisch reflektiert werden, ob die überprüfbaren Feinziele letztlich die Autonomiebestrebungen von Klienten unterstützen oder sie (erneut) in Abhängigkeit führen. *Professionsethisch* sind die gewählten methodischen Vorgehensweisen gut vertretbar, sehen sie doch die grösstmögliche Beteiligung der Klientinnen in jeder Prozessphase vor. Kritisch könnte es im Zwangskontext werden, wenn Klienten ‚zwischen zwei Übeln' wählen müssen und dadurch die (Bildungs-)Ziele nicht wirklich anstreben, obwohl sie verbal ausgehandelt sind. Zu beachten sind an dieser Stelle auch mögliche Loyalitätskonflikte bei Kindern und Jugendlichen, wenn sich ihre Zielvorstellungen mit denen ihrer Eltern nicht vereinbaren lassen.

Die aufgeführten methodischen Überlegungen und Instrumente sind bewusst sehr allgemein gehalten und sie eignen sich grundsätzlich für jedes Praxisfeld. Allerdings beginnt die grosse Kunst bei der fallbezogenen Umsetzung. Die Ausführungen bei Schwabe (2008) zeigen in eindrücklicher Weise, dass das Entwickeln und Aushandeln von Zielen von den Professionellen hohe kommunikative Kompetenzen erfordert, weil anspruchsvolle Transformationsleistungen zu erbringen sind.

Der *Aufwand* für die gemeinsame Zielfindung und -vereinbarung wird in der Regel unterschätzt. Sollen die aufgeführten Aspekte gebührend berücksichtigt werden, ist mit einem hohen zeitlichen Aufwand zu rechnen, der sich lohnt, weil mit den Zielvereinbarungen eine Verbindlichkeit im Unterstützungsprozess hergestellt werden kann, die ein systematisches Arbeiten an Lösungen ermöglicht und von allen Beteiligten Anstrengungen und Leistungen erfordert.

Bei jeder Zielfindung und -formulierung ist in zweifacher Hinsicht Bezug zu nehmen auf den Prozessschritt Diagnose bzw. Analyse. Ausgangspunkt für die Überlegungen bildet einerseits das Ergebnis der Diagnose, das in der Form einer handlungsleitenden Arbeitshypothese vorliegt oder das Resultat der Analyse, das ein präzisiertes relevantes Thema und klare Vorstellungen für den Interventionsbedarf aufweist. Anderseits weisen die Erfahrungen mit dem Klienten oder Klientensystem auf mögliche kritische Punkte hin, die beim gemeinsamen Prozess der Zielfindung besonders zu berücksichtigen sind.

11.5.2 Evaluationsfragen

Kontinuierliche Selbstreflexion gehört zum Selbstverständnis, zum Habitus (siehe 6.2.2) von Professionellen der Sozialen Arbeit. Nach Abschluss des vierten Prozessschrittes hat sich der Sozialpädagoge folgende Fragen zu stellen:

- Ist die Herangehensweise an das Ziel auf das Setting abgestimmt worden?
- Sind die Implikationen der ‚strukturierten Offenheit' angemessen berücksichtigt worden?
- Ist es gelungen, den Blick auf Lösungen zu richten?
- Konnten wenig motivierte Klienten (Zwangskontext) für die Zielfindung gewonnen werden?
- Sind die vereinbarten Ziele diagnose- oder analysebasiert hergeleitet?
- Sind die Ziele positiv und klar formuliert?
- Ist die Aufteilung in Bildungs- und Unterstützungsziele vorgenommen worden? Falls der Einbezug von Klienten (noch) nicht möglich war: Sind ausschliesslich Unterstützungsziele formuliert worden?
- Sind die Bildungsziele dialogisch ausgehandelt worden? Sind die Grobziele auf Bildungszielebene für die Klientin wichtig, bedeutsam und motivierend?

- Sind Zielvereinbarungen vorgenommen worden und Indikatoren für die Erreichung von Feinzielen bestimmt?
- Konnten Überwertigkeit vermieden und Zielkonflikte erkannt werden?
- Sind die Ziele in sinnvoller Weise hierarchisiert?
- Sind die Feinziele operationalisiert (S. M. A. R. T.-Kriterien berücksichtigt)?
- Sind bei der Zielformulierung die sieben W-Fragen angemessen berücksichtigt worden?
- Bilden die Zielformulierungen eine gute Grundlage für die Interventionsplanung? Umschreiben Sie einen wünschbaren Sollzustand, ohne bereits konkrete Interventionen vorzugeben?
- Falls ein Qualitätsmanagementsystem einer Organisation ein Zielformular vorschreibt: Wie wird damit gearbeitet und welche Hilfe oder welches Hemmnis stellt dieses dar?

11.6 Übersicht Prozessschritt Ziele

Aufgabe

Ziele umschreiben einen anzustrebenden Sollzustand und sind für den weiteren Unterstützungsprozess handlungsleitend. Gestützt auf Diagnose oder Analyse sollen in Zusammenarbeit mit dem Klienten(system) realisierbare Ziele gefunden, ausgehandelt, formuliert und vereinbart werden. Dabei sind alle Begleitumstände zu berücksichtigen und mögliche Zielkonflikte zu vermeiden. Die Ziele werden unterteilt in Bildungsziele für die Klienten (die nur von den Klienten formuliert oder von ihnen übernommen werden) und in Unterstützungsziele (für die Professionellen). Ziel in diesem Prozessschritt ist eine Richtung für den Unterstützungsprozess zu bestimmen und damit Voraussetzungen für die Interventionsplanung zu schaffen.

Methodisches Vorgehen

Es gibt keine eigentlichen Methoden der Zielfindung, jedoch einige *methodische Herangehens- und Vorgehensweisen* oder *Instrumente*:
- Methodische Überlegungen zur Zielfindung: Nutzen der Ergebnisse von Diagnose bzw. Analyse, Berücksichtigung der strukturierten Offenheit und der Implikationen des Zwangkontextes; Methode des lösungsorientierten Arbeitens
- Zielverständigung: Methodische Überlegungen zum dialogischen Aushandeln, Rolle der ‚selbstreflexiv mitbetroffenen Verhandlungspartnerin'
- Zielformulierung: Methodisches Vorgehen bei der Unterscheidung in Bildungsziele für Klienten und Unterstützungsziele für Sozialpädagogin; Hierarchisierung von Fern-, Grob- und Feinzielen; Indikatoren für Grobziele:

bedeutsam, motivierend; Indikatoren für Feinziele mit Instrument Zielentwicklungssystem S.M.A.R.T; allgemein Instrument für Grob- und Feinziele: 7 W-Fragen
- Vereinbarung, Dokumentation

Kooperation

Ebene Klientin/Zielgruppe:
- gemeinsame Aushandlung und Vereinbarung von Zielen
- Unterstützungsziele finden, die u.a. die Entwicklung von Bildungszielen anstossen

Fachebene:
- Kooperation mit allen Beteiligten bei der Zielvereinbarung

Kompetenzen

Um Ziele gemeinsam mit Klientinnen erarbeiten, aushandeln, formulieren und vereinbaren zu können, sollen Sozialarbeiter über die nachfolgenden Kompetenzen verfügen:
- Methodische Herangehensweisen kennen, Situation einschätzen und geeignetes Vorgehen auswählen können
- Umgehen mit unterschiedlichen Implikationen des institutionellen Kontexts und den individuellen Anliegen der Klientinnen (strukturierte Offenheit)
- Denk- und Herangehensweise im lösungsorientierten Arbeiten im Fall anwenden können
- Diagnose- bzw. analysebasierte Ziele formulieren können
- Handeln können als gleichzeitige Unterstützerin von Klienten und Vertreterin der eigenen Position
- Ressourcen und Grenzen aller Beteiligten (auch der eigenen) sowie der Organisation realistisch einschätzen
- klare, positive, realistische, hierarchisierte Bildungsziele formulieren, aushandeln und vereinbaren sowie damit zusammenhängende Unterstützungsziele ableiten können

12 Interventionsplanung

In allen bisherigen Prozessschritten fanden bereits auch Interventionen statt: Wenn die Klientin zu einer biographischen Erzählung angeregt wird, wenn diagnostische Erkenntnisse besprochen oder wenn gemeinsam Ziele herausgearbeitet und vereinbart werden, dann sind das alles bereits Interventionen. Von Intervention in engerem Sinne wird dann gesprochen, wenn auf der Grundlage einer Analyse und/oder Diagnose und im Hinblick auf Ziele ein umfassender Handlungsplan entwickelt und realisiert wird. Dabei lassen sich zwei Phasen bzw. Prozessschritte unterscheiden: die Interventionsplanung – welche in diesem Kapitel thematisiert wird – und die daran anschliessende Umsetzung (Interventionsdurchführung, siehe Kap. 13). Im Folgenden werden nach einer Begriffsklärung die Aufgabe des Prozessschrittes Interventionsplanung und die unterschiedlichen Interventionsmodi und -typen dargelegt. Die Idee der Planbarkeit wird kritisch reflektiert und die Kooperation mit Klientinnen bei diesem Prozessschritt dargelegt. Es wird auf die Bedeutung von Konzepten und Methoden für spezifische Probleme eingegangen sowie auf den aktuellen Stand empiriebasierter Methoden in der Sozialen Arbeit. Schliesslich wird das konkrete Vorgehen bei der Interventionsplanung beschrieben.

12.1 Aufgabe und Formen

Seit einigen Jahren hat sich *Intervention* als neuer Oberbegriff für geplantes zielgerichtetes Handeln in der Sozialen Arbeit eingebürgert (vgl. Hochuli Freund 2005:91, von Spiegel 2006:253). Intervention kommt vom lateinischen Wort ‚intervenire', welches ‚dazwischenkommen', ‚dazwischentreten' bedeutet. Müller interpretiert Intervention auf diesem Hintergrund als ein vermittelndes Dazwischentreten zwischen eine Person und ihr Problem (vgl. 2009:68f.). Intervention meint demnach immer auch ‚Einmischung' in einen Fall und damit in das Leben anderer Menschen (vgl. ebd.:140). Unter *Planung* wird allgemein ein intentionales, zukunftsgerichtetes Überlegen und Handeln verstanden; in der Sozialen Arbeit wird damit „ein spezifischer, gegenüber dem sonstigen Handeln hervorgehobener zukunftsbezogener Reflexionsmodus bezeichnet" (Merchel 2005:1364). Unter *Interventionsplanung* kann demnach ein zukunftsbezogenes, zielgerichtetes Nachdenken darüber, was in einem Fall zu tun ist, verstanden werden. Der Begriff ist praxisfeldübergreifend verwendbar. Es handelt sich bei der Planung von Interventionen um einen *kontinuierlichen* und hypothesengestützten Prozess (vgl. Freigang 2009:15f.).

Aufgabe und Vorgehen

Im Prozessschritt Interventionsplanung soll die Frage beantwortet werden, was zukünftig zu tun ist in einem Fall. Auf der Basis analytischer und diagnostischer

Erkenntnisse und im Hinblick auf ein definiertes Ziel sollen Möglichkeiten des Vorgehens entworfen und reflektiert werden; dies stellt eine *Bewegung der Öffnung* in der Fallbearbeitung dar. Voraussetzung für eine professionelle Planung ist, dass die Situation einer Klientin oder einer Klientengruppe erfasst, analysiert und gedeutet ist, und dass die angestrebte Veränderungsrichtung bestimmt ist. Manchmal kann beim Entwerfen von Interventionsmöglichkeiten die berufliche Erfahrung genutzt werden (Was war in einem ähnlichen Fall hilfreich?), in Zukunft kann dies vielleicht auch eine Recherche zu empiriebasierten Erkenntnissen über geeignete Interventionen sein (siehe 12.5). Professionelles Handeln zeichnet sich des Weiteren dadurch aus, dass Interventionsideen nicht sofort umgesetzt werden; vielmehr werden die verschiedenen Möglichkeiten des Vorgehens zunächst reflektiert, manche Ideen danach verworfen und andere Interventionsmöglichkeiten modifiziert. Eine Aufgabe bei der Interventionsplanung besteht also im Abschätzen der Wirkung und Nebenfolgen von Interventionen.

Erst auf der Basis reflektierter Interventionsszenarien werden gemeinsam mit einer Klientin, einer Gruppe oder mit Akteuren eines Gemeinwesens Interventionen ausgewählt (= *Bewegung der Schliessung*) und auf eine Weise geplant, dass alle Beteiligten wissen, was zu tun ist und wer wofür zuständig ist. Dabei ist dem Prinzip der *Ressourcenorientierung* besondere Beachtung zu schenken, indem alle individuellen und sozialen Ressourcen genutzt werden, um Lebensbedingungen zu verbessern, Bildungsprozesse zu unterstützen, den individuellen Handlungsspielraum zu vergrössern und Einschränkungen der Lebenspraxis zu überwinden. Ziel des Prozessschrittes ist es, Interventionen mit allen Beteiligten zu entwerfen, gemeinsam Entscheidungen zu fällen und konkret zu planen. (Genauere Ausführungen zum konkreten Vorgehen bei der Interventionsplanung finden sich unter 12.5).

Interventionsmodi und -typen

Interventionen erfolgen in der Sozialen Arbeit wenn immer möglich in Kooperation mit KlientInnen. Allerdings ist dies – insbesondere zu Beginn einer Arbeitsbeziehung, die nicht oder nur teilweise auf Freiwilligkeit basiert, z.B. in einem Zwangskontext – nicht immer möglich. Müller (vgl. 2009:140ff.) unterscheidet drei *Interventionsmodi:* Ein *Eingriff* ist mit der Ausübung von Macht verbunden, er erfolgt unmittelbar und direkt; Eingriffshandeln ist immer legitimationsbedürftig, es ist nur dann angezeigt, wenn eine Gefahr für den Klienten oder für andere Personen besteht, die anders nicht abzuwenden ist (insbesondere bei selbst- oder fremdgefährdendem Handeln, z.B. bei Kindswohlgefährung). Bei einem *Angebot* von Professionellen wird auf Machtausübung verzichtet, es basiert auf Freiwilligkeit, d.h. die Klientin kann es annehmen oder nicht. Bei den Angeboten differenziert Müller weiter zwischen Rahmenangeboten bzw. Vorhalteleistungen (wie z.B. eine Beratungsstelle in einem Jugendtreff) und spezifischen, fallbezogenen Angeboten innerhalb einer solchen Vorhalteleistung (wie z.B. Beratungsgespräche zum Thema Arbeitsmarktintegration). Die dritte Interventionsart, das *gemeinsame Handeln* von Professionellen und Klienten schliesslich basiert auf Freiwilligkeit, ist unmittelbar und direkt (wie z. B. Begleitung bei einem Vorstellungsgespräch für eine Arbeitsstelle). Hier schlagen wir eine weitere Differenzierung vor hinsichtlich Aktivitätsgrad der Professionellen und unterscheiden gemeinsames Handeln mit hohem Aktivitätsanteil der Sozialpädagogin von punktuellem, bedarfsbezogenem Unterstützen der Eigenaktivität einer Klientin oder einer Klientengruppe.

Die drei Interventionsarten unterscheiden sich hinsichtlich Einwirkungsgrad und Freiwilligkeit. Müller postuliert in seiner vierten Arbeitsregel zur Intervention, Eingriffshandeln so weit wie möglich zu beschränken: „Alle Legitimation von Eingriff steht in der Sozialpädagogik unter dem Vorbehalt, dass sie versuchen muss, den Eingriffsanteil ihrer Intervention nach Möglichkeit zu verkleinern und den Anteil an Angeboten und gemeinsamem Handeln zu verstärken" (ebd:148). Als allgemeine Leitlinie für fallbezogene Interventionen lässt sich festhalten, dass Eingriffe und Angebote im Verlaufe eines Unterstützungsprozesses in gemeinsames Handeln zu überführen sind und die eigene Aktivität zu reduzieren ist.

Die sozialen Dienstleistungen, welche die Soziale Arbeit erbringt, können unterschieden werden in sachbezogene, materielle und personenbezogene, immaterielle Leistungen (siehe 3.2.4). In Kap. 2.2.2 haben wir des Weiteren festgehalten, dass sich Interventionen auf die Veränderung der Lebensbedingungen von Menschen beziehen können oder aber auf die Veränderung der Lebensweise und damit auf die Person selber.

Müller nimmt diese Unterscheidungen auf, indem er vier *Interventionstypen* unterscheidet: *situations- und personenbezogene* Interventionen einerseits, die sich ihrerseits danach differenzieren lassen, ob es sich um *materielle Ressourcen* oder *immaterielle Dienstleistungen* handelt (vgl. 2009:153). Unter situationsbezogenen materiellen Ressourcen werden Gelder, Räume, Medien etc. verstanden, unter situationsbezogenen immateriellen Ressourcen fasst er Kontakte, Netzwerke, Informationen u. ä. Bei den personenbezogenen Ressourcen ist die Unterscheidung weniger trennscharf, unter materiellen Ressourcen werden hier das Zurverfügungstellen von Zeit, die Ansprechbarkeit u. ä. gefasst, und unter den immateriellen Dienstleistungen die konkreten Tätigkeiten wie beraten, begleiten, erziehen, etc. (vgl. 2009:153). Insgesamt machen die personenbezogenen immateriellen Dienstleistungen den grössten Teil der Dienstleistungen Sozialer Arbeit aus (vgl. Gängler 2005:782). Diese analytische Unterscheidung von Interventionstypen vermag deutlich zu machen, wie breit das Interventionsrepertoire der Sozialen Arbeit ist. Meistens jedoch beinhaltet ein Interventionsmodus mehrere Interventionstypen.

Ein Beispiel für den Interventionsmodus Angebot: Das Einrichten eines wöchentlichen Müttercafés im Stadtteilzentrum stellt zunächst eine situationsbezogene materielle Ressource dar. Wenn die Sozialarbeiterin beim Café-Treffen mit dabei ist, stellt sie den Nutzerinnen personenbezogen die materielle Ressource Zeit zur Verfügung. Eine kurze Informationsveranstaltung über familienergänzende Kinderbetreuungsmöglichkeiten kann als situationsbezogene immaterielle Ressource bezeichnet werden, das Vermitteln von Kontakten oder das vertiefte Gespräch mit einer Frau über die Spielsucht ihres Lebensgefährten als personenbezogene immaterielle Ressource.

Uns erscheint insbesondere die Unterscheidung zwischen *situations- und personenbezogenen Interventionen* wichtig. Vielfach fokussieren Professionelle der Sozialen Arbeit die Ebene der Person. In Beratungsgesprächen, bei denen gemeinsam an einem Bildungsziel einer Klientin gearbeitet wird (z. B. den eigenen Tagesablauf zufriedenstellend strukturieren zu können), ist dies auch angemessen. In stationären Kontexten beispielsweise gilt es darüber hinaus, die Möglichkeit der Gestaltung von Situationen so zu nutzen, dass – indirekt – auf das Verhalten der Klienten eingewirkt werden kann.

Beispiel: In einer Wohngruppe für Jugendliche ist die Haushaltsführung als Gruppenaufgabe definiert. In regelmässigen Abständen wird ausgehandelt, wer wann welche konkreten Aufgaben übernimmt. Einem Jugendlichen, der allgemein Schwierigkeiten hat, die Konsequenzen seines Handelns abzuschätzen und über einige (durchaus ausbaufähige) Ressourcen im Bereich des Kochens verfügt, kann nahe gelegt werden, die Zuständigkeit für die Zubereitung der Mahlzeiten zu übernehmen.

Unter anderem hat Uhlendorff in seinem Konzept sozialpädagogisch-hermeneutischer Diagnostik auf das grosse Potential hingewiesen, das in der Gestaltung von Lernumgebungen und in spezifischen Aufgabenstellungen für Jugendliche liegt (vgl. 1999:130 ff., siehe 10.3.3).

12.2 Planbarkeit und Rahmenbedingungen

Eingangs haben wir Interventionsplanung als zukunftsbezogenes, zielgerichtetes Nachdenken darüber, was in einem Fall zu tun ist, definiert und darauf hingewiesen, dass das Abschätzen von Wirkungen möglicher Interventionen mit zur Aufgabe dieses Prozessschrittes gehört. Im Folgenden möchten wir erläutern, von welchem Planungsverständnis wir ausgehen sowie auf die organisationsbezogenen Rahmenbedingungen fallbezogener Interventionsplanung eingehen.

(Nicht-)Planbarkeit von Prozessen

Ein Strukturmerkmal Sozialer Arbeit ist die Nichtstandardisierbarkeit des professionellen Handelns (siehe 3.2.3). Weil es kaum gesichertes Wissen über Ursache-Wirkungs-Zusammenhänge bei sozialen Problemen gibt – was als strukturelles Technologiedefizit bezeichnet wird –, sind sozialpädagogische Interventionen stets ergebnisoffen: Was genau bewirkt wird mit einer Handlung, ist nie mit Sicherheit vorauszusagen. Hier liegt die Begründung der Notwendigkeit von Fallverstehen und fallbezogener Prozessgestaltung: Jeder Fall muss spezifisch erfasst und analysiert, Theoriewissen und fallbezogenes Wissen müssen aufeinander bezogen und die daraus gewonnenen diagnostischen Erkenntnisse in Handeln übersetzt werden. Doch auch diagnosebasierten Interventionen ist der Erfolg nicht garantiert: Die Arbeitshypothese kann unzutreffend sein, die Dynamik in einer Familie kann sich eigendynamisch in eine neue Richtung verändern, eine Intervention kann trotz Reflexion andere Wirkungen entfalten als erwartet.

Warum also sollten Sozialpädagoginnen planen? Planung diene dazu, die Ungewissheit von Zukunft durch gedankliche Vorwegnahme und Strukturierung künftiger Handlungen zu reduzieren, so Merchel (vgl. 2005:1364), gleichzeitig bleibe grundsätzlich ungewiss, ob und in welcher Weise die geplanten Handlungen bei ihrer Umsetzung Erfolg haben (und die erhoffte Wirkung erzielen werde). Planung stehe „vor dem Widerspruch, einerseits zur Reduktion von Ungewissheit eingesetzt zu werden, andererseits im Planungskalkül selbst strukturell einer (...) Belastung durch Ungewissheit ausgesetzt zu sein. Diese doppelte Konfrontation mit Ungewissheit hat zur Folge, dass die angestrebte Rationalität des Handelns sich in erster Linie auf die Intention und weniger auf eine weitgehende Voraussagbarkeit von Wirkungen beziehen kann" (ebd.). Die *Absicht* bei Interventionen ist demnach entscheidend und soll differenziert reflektiert werden; die tatsächliche Wirkung hingegen muss über kontinuierliche Evaluation überprüft und dokumentiert werden (siehe Kap. 14).

Auch Schwabe wendet sich gegen ein technologieorientiertes Planungsverständnis. Er demontiert einerseits die Fehlhaltung des sog. Planungsoptimismus, der von der Idee ausgeht, mittels Planungen Ziele auf berechenbare Weise erreichen zu können, andererseits aber auch die Fehlhaltung der sog. Planungsabwehr aus Prinzip, die Planungen auch da verweigert, wo sie möglich und sinnvoll wären (vgl. ebd.:4ff.). Erfolgreiche Planerinnen

- fassen nach ihm solche Ziele ins Auge, die sie erreichen können und die zugleich so bedeutsam sind, dass sie Energien mobilisieren
- haben bei der Planung stets die zur Verfügung stehenden Mittel im Blick (Zeit, Kompetenzen, Geld)
- knüpfen an bereits vorhandene Planungen anderer Prozessteilnehmer an und ermöglichen so Planung mit Konsens in Bezug auf Ziele und Mittel
- visieren ein Fernziel an, bauen in den Planungsprozess Feinziele und Etappen ein, die auch erlauben, das halb erreichte Ziel als Erfolg zu feiern, und sie planen die Möglichkeit zu scheitern bereits aktiv mit ein und wissen im voraus, was sie dann tun werden.
- verfügen über ein doppeltes Steuerungsverständnis, indem sie die Differenz zwischen Ist- und Soll-Zustand immer wieder von beiden Seiten her überprüfen (was getan werden muss für eine Annäherung an den Sollzustand ebenso wie die Angemessenheit des angestrebten Soll-Zustandes) (vgl. ebd.:8f.).

Bei der Kompetenz zu planen bleibt vorerst offen, wie sie mit der Kompetenz zur Kooperation verbunden wird (siehe 12.3). Grundsätzlich müssen Professionelle in der Lage sein, Unterstützungsprozesse zu planen im Wissen um die Eigendynamik von Bildungsprozessen und um die Ergebnisoffenheit der Interventionen. Dabei ist es wenig sinnvoll, einen Interventionsplan zu entwickeln, der über einen längeren Zeitraum hinweg bis in Details durchstrukturiert ist. Vielmehr wird ein Interventionskonzept entwickelt, das kontinuierlich konkretisiert wird im Sinne einer *rollenden Planung* (vgl. u. a. Lüttringhaus/Streich 2007:140f.). Dabei wird lediglich die erste Interventionsphase geplant, weitere Phasen werden zunächst nur skizziert und erst nach der Zwischenevaluation der ersten Phase fortlaufend weiter spezifiziert.

Organisations- und fallbezogene Handlungslogik

In vielen Organisationen basiert Interventionsplanung auf standardisierten Prozessabläufen und Phasenmodellen, welche die Arbeit mit Klienten vereinfachen und vereinheitlichen sollen.

Zwei Beispiele: In einer Sozialberatung ist der Prozessablauf folgendermassen definiert. Im Intake werden in einem oder zwei Beratungsgesprächen Problematik, Hilfebedarf und -anspruch geklärt. Anschliessend gibt es drei mögliche Interventionsvarianten: Der Klient wird intern an eine der spezifischen Beratungsstellen weiterverwiesen, oder der Fall wird abgeschlossen, weil kein Anspruch besteht, oder er wird an ein anderes Hilfesystem überwiesen. – In einer stationären Einrichtung der Kinder- und Jugendhilfe besteht ein sog. Stufenplan, welcher den Aufenthalt von Klienten strukturiert. Es werden verschiedene Aufenthaltsphasen unterschieden, die idealtypisch eine bestimmte Zeit umfassen und für die Rechte, Pflichten und vor allem spezifische Verhaltensanforderungen für einen sog. Stufenübertritt definiert sind.

In der Handlungslogik der Organisation ist eine solche Standardisierung und Schematisierung des Unterstützungsprozesses sinnvoll: Nicht nur, weil damit Gleichbehandlung und Transparenz gewährleistet werden können, sondern auch, weil sie einen Rahmen für fallbezogene Interventionen darstellen und die fachliche Diskussion um angemessene Interventionen abkürzen können. Hier scheint ein möglicher Widerspruch auf zur bislang in diesem Lehrbuch propagierten Notwendigkeit, Interventionen auf der Basis der Analyse und Diagnose des je besonderen Falles zu konzipieren – zumindest dann, wenn Prozessabläufe nicht modifizierbar sind und Stufenpläne sehr eng umgesetzt werden. Merchel verweist denn auch auf die spezifischen institutionellen Bedingungen, unter denen sich Planung in der Sozialen Arbeit vollzieht und die den Planungsprozess in besonderer Weise beeinflussen, und nennt dabei insbesondere „das Beharrungsvermögen der Organisationen sowie die in den Organisationsstrukturen und im Organisationsleben zum Ausdruck kommenden ‚Sinnstrukturen'" (2005:1365). Diese Sinnstrukturen einer Organisation können der Handlungslogik in einem Fall entgegenstehen und erschweren, dass fallbezogen angemessene Interventionen realisiert werden können. So berichten beispielsweise Goblirsch et al. in Zusammenhang mit einem Projekt rekonstruktiver Diagnostik in einer Einrichtung der stationären Jugendhilfe, dass die organisationsbezogenen Folgen des Projekts zunächst unterschätzt worden waren; aufgrund von Falldiagnosen seien Interventionsvorschläge gemacht worden, welche für die Flexibilität der Organisation eine grosse Herausforderung darstellten (vgl. 2007:236f.).

Zusammen mit ständigem Handlungsdruck und dem Fehlen institutionalisierter, handlungsentlasteter Reflexionsgefässe können geschlossene, schematisierte Planungskonzepte in Organisationen bei Professionellen eine Grundhaltung präformieren des ‚immer bereits wissen, worum es in einem Fall geht und was zu tun ist'. Eine Organisation mit einem *offenen Planungskonzept* hingegen bietet einen Rahmen für die Entwicklung und Realisierung fallbezogen sinnvoller Interventionen; die Standardisierung von Prozessabläufen – die bei Bedarf variierbar sind – kann dabei unterstützend wirken. Flexibilität ist ein Kennzeichen solcher Organisationen. Erfahrungswissen wird hier genutzt als ein Schatz, auf den beim Entwurf diagnosebasierter Interventionsszenarien zurückgegriffen werden kann, die aber auf ihre fallbezogene Angemessenheit hin überprüft werden.

12.3 Konzepte und Methoden

Wir wollen in diesem Abschnitt der Frage nachgehen, auf welche grundlegenden handlungsleitenden Konzepte sich die Interventionsplanung abstützen kann, wie diese beschaffen sind und welche Bedeutung ihnen zukommt. Dabei interessiert auch die Frage, ob sie spezielle Interventionsmethoden enthalten, die bei der fallbezogenen Interventionsplanung berücksichtigt werden müssen. Unter dem Begriff ‚Evidence Based Practice' (EBP) wurden in letzter Zeit in der Forschung empiriegestützte Methoden für die Interventionsplanung entwickelt, die kurz vorgestellt und diskutiert werden.

12.3.1 Konzepte als Handlungsorientierung

Mit der Ausdifferenzierung verschiedenster Praxisfelder der Sozialen Arbeit seit dem sog. Psychoboom (siehe 6.1.2) wie auch im Zuge der zunehmenden Professionalisierung wurden seit den 1980er Jahren einige handlungsleitende Konzepte entwickelt, die ein hohes Mass an Generalisierbarkeit aufweisen und die Funktion einer Handlungsorientierung innehaben. Die bekanntesten unter ihnen sind Empowerment, Lebensweltorientierung, Lösungsorientierter Ansatz und Partizipation. Auf der andern Seite können diese Konzepte bezogen auf ein bestimmtes Praxisfeld die Form einer Methode aufweisen (wie z. B. lösungsorientierte Beratung oder lebensweltorientierte Kinder- und Jugendhilfe). Ihnen gemeinsam ist neben der theoretischen Fundierung, dass sie grundsätzlich auf *alle Praxisfelder* übertragbar sind, weil sie grundlegende Prinzipien der Sozialen Arbeit aufnehmen und diese als übergreifende Norm- und Wertvorstellungen formulieren.

So bezeichnet Thiersch sein Konzept der Lebensweltorientierung als grundlegende Orientierung sozialpädagogischer Praxis. Auftrag einer Lebensweltorientierten Sozialen Arbeit ist, die soziale Gerechtigkeit bezüglich Lebensressourcen zu fördern sowie die Entwicklung jedes einzelnen Menschen zu fördern. Sie soll traditionelle Unterstützungsaufgaben (wie z.B. Bekämpfung von Armut) mit lebensweltorientierten Hilfen zur individuellen Lebensbewältigung verbinden, und sie hat sich in ihrer Ausrichtung im Rekurs auf die jeweils gängigen lebensweltlichen Strukturen und den damit sich ergebenden Konstellationen zu spezialisieren. Dazu entwickelt Thiersch verschiedene *Handlungsprinzipien* – wie Prävention, Partizipation, Alltagsnähe etc. –, welche die Gewichtung und Gestaltung sozialer Dienstleistungen bestimmen (vgl. Grunwald/Thiersch 2005. 1141).

Über das Konzept des Empowerments oder den Lösungsorientierten Ansatz (siehe 11.2) liesse sich in analoger Weise Ähnliches aussagen. Die Konzepte eignen sich sowohl für die Arbeit mit Einzelnen und Gruppen wie auch für Organisationen und regionale Einheiten. Sie dienen als *Hintergrundfolie* für die Interventionsplanung und müssen jeweils fallspezifisch dem Kontext angepasst werden.

Wie sich aufgrund der Ausführungen zu den Strukturmerkmalen (siehe 3.2) erahnen lässt, sind an handlungsleitende Konzepte in der Sozialen Arbeit hohe Ansprüche zu stellen, damit sie der Komplexität des Arbeitsfeldes gerecht werden. Sie müssen fachlich fundiert sein, d.h. von den ethischen und anthropologischen Grundannahmen bis zur theoriegeleiteten Ausgestaltung von praxisfeldspezifischen Techniken sollen sie in sich zusammenhängend sein (vgl. Stimmer 2006:25, 27f.). Solche Konzepte bilden einen Rahmen, in dem diagnosegestützt Interventionen geplant und einer kritischen Diskussion unterzogen werden können. Darüber hinaus ist ihnen eine ganz bestimmte ‚Philosophie' eigen, mit der sich ein Sozialarbeiter auseinanderzusetzen hat und die er verinnerlichen soll. Die Konzepte können nicht als Werkzeuge oder Instrumente, mit denen bestimmte Handgriffe auszuführen sind, verwendet und dann in einer späteren Interventionsphase durch ein ganz anderes Konzept oder eine ‚erfolgsversprechendere' Methode ersetzt werden.

Dazu ein Beispiel: In einer Organisation der stationären Jugendhilfe wird nach dem Konzept der Lösungsorientierung gearbeitet. Ein 15jähriger Jugendlicher wird bei der bevorstehenden Berufswahl in lösungsorientierter Weise unterstützt, sich für einen Beruf zu entscheiden. Nun kann er sich nicht entscheiden, seine Motivation in der Schule sinkt, sein Verhalten wird zunehmend auffälliger, die Zeit für das Finden einer Lehrstelle wird knapp. Das Team der Sozialpädagogen entscheidet sich nun, die ‚lösungsorientierte Schiene' zu verlassen und setzt stattdessen auf den Ansatz der ‚konfrontativen Pädagogik' in der Absicht, dass er lernt, sich der Situation zu stellen. In der Folge wird der Jugendliche noch auffälliger und äussert, dass er sich unverstanden und nicht ernst genommen fühlt.

12.3.2 Spezielle Methoden und Techniken

Daneben wurden in den *einzelnen Praxisfeldern* für spezifische Probleme, Themen und Aufgaben Interventionsmethoden und Techniken entwickelt, oder es wurden solche aus andern Disziplinen adaptiert (wie z.B. Themenzentrierte Interaktion, systemische Gesprächsführung, Psychodrama etc.). Sie weisen einen mehr oder weniger hohen Ausdifferenzierungsgrad und eine unterschiedliche Reichweite aus und werden in den Praxisfeldern unterschiedlich angewendet, was eine Systematisierung erschwert. Die nachfolgende beispielhafte Auflistung zeigt eine Strukturierungsmöglichkeit (vgl. Galuske/Müller 2005:504; Galuske 2007:164):

- *Direkt interventionsbezogen:*
  einzelfallbezogen: Soziale Einfallhilfe, konfrontative Pädagogik, klientenzentrierte oder lösungsorientierte Beratung, Anti-Aggressivitäts-Training
  gruppenbezogen: Familientherapie, Mediation, Familie im Mittelpunkt, Gruppenarbeit, Gruppenpädagogik, Streetwork
- *Indirekt interventionsbezogen:* Supervision, Intervision
- *Struktur-* & *organisationsbez*ogen: Qualitätsmanagement, Gesundheitsförderung

Es ist auch denkbar, eine Strukturierung nach speziellen Problemen (wie z.B. konstruktive Konfliktbearbeitung), nach Themen (wie z.B. Mädchenarbeit), nach Aufgaben (wie z.B. Sexualerziehung), oder nach Praxisfeldern (wie z.B. Normalisierungsprinzip) vorzunehmen. In der Methodenliteratur finden sich unterschiedliche Versuche, die Interventionsmethoden nach bestimmten Kriterien zu systematisieren, um einen Überblick über ihre grosse Vielfalt zu schaffen. Da die Begriffe Konzepte, Methoden, Verfahren, Techniken etc. unterschiedlich verwendet werden und sich ihre Zuordnung mit der Ausdifferenzierung der Aufgaben, die Soziale Arbeit zu lösen hat, verändert, kann eine Systematisierung lediglich als rudimentäre Orientierungshilfe verstanden werden. Dennoch vermag sie einen Eindruck zu vermitteln von der Vielfalt und Bandbreite an nützlichen Methoden und Techniken. Für eine umfassende Interventionsplanung ist es deshalb nötig, in Anlehnung an ein handlungsleitendes Konzept (nach dem in der Organisation gearbeitet wird) und ausgehend von den Erkenntnissen aus den vorigen Prozessschritten fall- und praxisfeldspezifisch zu prüfen, welche Interventionsmethode sinnvoller Weise in Betracht zu ziehen ist.

12.3.3 Evidenzbasierte Soziale Arbeit

Bei der Auswahl von Methoden stellt sich seit jeher die Frage ‚Was wirkt?'. Im anglophonen und skandinavischen Raum wird nach dem Vorbild der Medizin seit einigen Jahren die Frage wissenschaftlich untersucht, welche Interventionen sich für welche Problemlage am besten eignen. Seit kurzem wird nun auch im deutschsprachigen Raum unter dem Begriff ‚Evidenzbasierte Soziale Arbeit' (bzw. Evidence Based Practice, EBP) geforscht, welches Wissen die Soziale Arbeit braucht, um wirkungsvolle Interventionen klienten- und aufgabenbezogen zu entwerfen. EBP wird bezeichnet als Prozess, „in dem es darum geht, die empirische Evidenz über die Wirksamkeit und/oder Effizienz verschiedener Interventionsmöglichkeiten zu identifizieren" (Mullen et al. 2007:13). Sie beabsichtigt die Optimierung der Praxis der Sozialen Arbeit (vgl. Hüttemann 2006:159) und beabsichtigt maximalen Nutzen für Klienten. EBP stellt ein zyklisches Entscheidungsfindungsmodell dar, das sich in fünf Schritten vollzieht (vgl. Mullen et al 2007:12ff.).

Im Folgenden soll das Vorgehen bei EBP dargelegt werden. Zunächst soll das Informationsbedürfnis als eine beantwortbare Frage formuliert werden.

Dazu ein Beispiel (vgl. ebd 15 ff.): Einer Organisation der Sozialen Arbeit, die hauptsächlich mit lateinamerikanischen Immigranten arbeitet, wird ein junges Paar zugewiesen, das mit den Verhaltensweisen ihrer 2 1/2 jährigen Tochter nicht mehr zurechtkommt. Da in der Praxisorganisation kein Interventionsprogramm für Kinder mit Verhaltensauffälligkeiten besteht, entschliesst sich die diensthabende Sozialarbeiterin, das Problem evidenzbasiert anzugehen. Dazu formuliert sie folgende Frage: „Führt bei Einwandererfamilien aus Lateinamerika, die ein Kind mit Verhaltensauffälligkeiten haben, die Teilnahme an einer Elterngruppe – verglichen mit keiner Intervention – beim Kind zu günstigeren Verhaltensoutcomes?" (ebd.).

Zur Beantwortung der Frage wird daraufhin nach der besten Evidenz gesucht.

In unserem Beispiel findet die Sozialarbeiterin auf der Homepage der Campbell Collaboration einen systematischen Review zu gruppenbasierten Elterntrainingsprogrammen (vgl. ebd.15 f).

In einem dritten Schritt ist die Evidenz in Bezug auf ihre Validität kritisch zu bewerten.

Die Resultate zeigen eine gewisse Evidenz auf. Allerdings bleibt offen, ob sich die Ergebnisse auf die vorliegende Situation übertragen lassen. Keine der Studieninterventionen war für eine (lateinamerikanische) Immigrantengruppe konzipiert. Deshalb sucht die Sozialarbeiterin nach Ergebnissen über andere mögliche Interventionsformen wie z.B. kognitive Verhaltenstherapie (KVT) oder eine medikamentöse Therapie (vgl. ebd. 16).

Danach ist zu überprüfen, ob die im dritten Schritt vorgenommene Bewertung sowie die eigenen praktischen Erfahrungen mit den Stärken, Wertvorstellungen und Lebensumständen der Klientinnen in eine Passung gebracht werden können.

Die Ergebnisse werden der Familie in einem Gespräch vorgestellt. Auch wird erläutert, dass die Organisation keine der erwähnten Interventionen anbieten kann, sie aber als Case Managerin an entsprechende Einrichtungen verweisen kann. Die Eltern haben Bedenken gegenüber einer medikamentösen Therapie, erachten die KVT nicht als geeignete Methode zum Aufbau eines sozialen Unterstützungssystems und entscheiden sich für ein Eltern-Gruppentraining (vgl. ebd.17).

Abschliessend ist die eigene Effektivität und Effizienz bei der Durchführung der vier Schritte zu bewerten, eventuell gilt es nach Optimierungsmöglichkeiten zu suchen.

Im Beispiel evaluiert die Sozialarbeiterin die Frage bezüglich Teilnahme an einer Elterngruppe, die systematische Literaturrecherche, die Bewertung der Studien zu den drei Interventionsmethoden bezüglich Evidenz. Ausserdem bewertet sie die Anwendung der Evidenz in ihrer Arbeit mit der Immigrantenfamilie. Schliesslich leitet sie Verbesserungsmöglichkeiten für ihr nächstes EBP-Vorgehen ab (vgl. ebd. 17).

Die Befürworter von EBP sind der Ansicht, dass mit dieser Methode u.a. die Qualität der Entscheidungen, was hilfreich ist, verbessert wird. EBP setzt voraus, dass es empirische Ergebnisse zu bestimmten Problemlösungen gibt und dass Professionelle über die Kompetenz zum Auffinden, Bewerten und Anwenden von wissenschaftlicher Evidenz verfügen. Am Beispiel von Kindswohlgefährdung zeigt beispielsweise Kindler auf, was EBP in Bezug auf Diagnostik und Intervention leisten und in welcher Weise die Praxis von einer stärkeren Orientierung an empirischer Evidenz profitieren kann (vgl. 2007:92 ff.). Kritisiert wird in der Fachdiskussion u. a., dass EBP das Theorie-Praxis-Transfer Problem zwar wieder thematisiert, aber nicht löst, und dass Analyse und Diagnose vernachlässigt werden (indem vorausgesetzt wird, dass die Fallthematik klar ist und dazu eine Frage formuliert werden kann). Zudem wird bemängelt, dass EBP die Strukturmerkmale der Sozialen Arbeit (siehe 3.2) kaum einbezieht, sondern die Problemlösung auf einfache Handlungsanweisungen reduziert und die Frage nach den Wirkungszusammenhängen auslässt (vgl. Cloos/Thole2007:62 ff.; Forrer/Parpan/Wilhelm 2007:150 ff.). Wir schliessen uns dieser Kritik an, teilen aber auch die Ansicht, dass EBP im Bereich der Interventionsplanung eine sinnvolle Möglichkeit der Orientierung bietet, insbesondere wenn *nach* der Analyse oder Diagnose für ein ganz spezielles Problem Forschungsergebnisse beigezogen werden können, die Hinweise auf eine erfolgversprechende Intervention geben.

12.4 Kooperative Planung

Unter 12.1 wurde darauf hingewiesen, dass ‚Angebote' und ‚gemeinsames Handeln' die beiden präferierten Interventionsmodi in der Sozialen Arbeit sind. Während Angebote von Professionellen entwickelt und von Klientinnen akzeptiert oder abgelehnt werden können, verweist der Modus ‚gemeinsames Handeln' auf ein kooperatives Vorgehen bei der Interventionsplanung. Darauf soll zunächst eingegangen werden. Anschliessend wird die sog. Hilfekonferenz als Möglichkeit der Interventionsplanung zusammen mit anderen fallbeteiligten Professionellen sowie relevanten Beteiligten aus dem Klientensystem kurz thematisiert.

Interventionsplanung zusammen mit Klientinnen

Die zehnte Arbeitsregel von Müller zu Intervention umschreibt, welche Grundhaltung der Professionellen bei ‚gemeinsamem Handeln' erforderlich ist: „Raum für gemeinsames Handeln kann entstehen, wenn die jeweiligen ‚Vorschläge', was getan werden sollte, unverzerrt wahrgenommen und ohne Diskriminierung akzeptiert werden" (2009:158). Ein kooperatives Vorgehen bei der Interventionsplanung bedeutet, zunächst einen Rahmen zu schaffen, in dem diagnostische Erkenntnisse vermittelt und besprochen und gemeinsam Grobziele (auf der Ebene Bildungsziele) formuliert werden; auf dieser Basis können Interventionsvorschläge erfragt und aufgenommen, kreative Ideen für Interventionen gemeinsam entwickelt werden – ohne dass sie sogleich ‚zensuriert' bzw. bewertet werden hinsichtlich Angemessenheit oder Realisierbarkeit. Die gemeinsame kritische Bewertung der Interventionsmöglichkeiten soll erst in einem nächsten Schritt erfolgen (siehe 12.5).

Wenn Klienten mit eigener Motivation und einem eigenen Anliegen ein Hilfeangebot der Sozialen Arbeit in Anspruch genommen und sich aktiv am Prozess von Erfassung, Analyse und Diagnose beteiligt haben – d.h. am Herausfinden, worum es eigentlich geht und warum etwas bislang schwierig war –, dann kann dieser Wechsel vom Verstehen hin zur Handlungsebene, zur Frage ‚Und was könnten wir nun tun?' viel Energie und Kreativität freisetzen. Das gilt nicht nur für die Arbeit mit Einzelnen und Familien, sondern ebenso für diejenige mit Gruppen und für die Gemeinwesenarbeit. In der Arbeit mit Klienten in einem Zwangskontext hingegen bleibt es oft auch bei der Interventionsplanung eine Herausforderung für die Professionellen, wie sie die Klienten beteiligen und zur Zusammenarbeit motivieren können. Die Frage, die zugleich der Titel des Buches von Conen/Cecchin (2007) zur Arbeit im Zwangskontext ist – „Wie kann ich Ihnen helfen, mich wieder loszuwerden?" – setzt an der Problemsicht des Klienten an (nämlich selber kein Problem zu haben bzw. dass sein Hauptproblem darin besteht, die unerwünschte Hilfe wieder los werden zu wollen), konfrontiert ihn aber auch mit dem Arbeitsauftrag seitens der Institution der sozialen Kontrolle, die fordert, dass bestimmte unerwünschte Verhaltensweisen nicht mehr auftreten. Der Versuch der Motivierung für Änderungen setzt am unmittelbaren Interesse des Klienten an, wieder mehr Autonomiespielräume zu erhalten und darüber zu entscheiden, mit wem er zu tun haben möchte und mit wem nicht. Im Buch von Conen/Cecchin finden sich eine ganze Reihe von Anregungen zu systemisch-zirkulären Fragen, welche die Eigenaktivität des Klienten anregen können (z.B. „Was denken Sie, wann das Jugendamt Sie in Ruhe lässt, und wie könnte ich Ihnen dabei helfen, dass dies eintrifft?" ebd.:149). Sie können als Bausteine dienen, um gemeinsam Interventionen planen zu können. Die Ausweitung der Wahlmöglichkeiten steht dabei im Zentrum (vgl. Kähler 2005:107).

Wenn sich dieser Aktivierungs- und Beteiligungsprozess erst in den Anfängen befindet, kann sich eine Interventionsplanung auch genau darauf beziehen: Dann überlegen Professionelle im Hinblick auf ein Unterstützungsziel, was hilfreich sein kann, um den Klienten für eine Arbeitsbeziehung und einen gemeinsamen Arbeitsprozess zu gewinnen.

Planung gemeinsam mit allen Fall-Beteiligten

Interventionen sind also nicht etwas, was eine Sozialarbeiterin auf der Grundlage von Diagnose und Zielformulierungen alleine am Schreibtisch entwickelt. Wir haben festgestellt, dass die Einbindung der Klientin in diesen Suchprozess wesentlich ist. Aber auch auf der Fachebene findet dieser Such- und Planungsprozess statt – wobei es Aufgabe der Fall führenden Sozialpädagogin ist, diese beiden Prozesse zu vernetzen und in eine gemeinsame Planung überzuführen. Wird die Aufgabe der Unterstützung (bzw. Erziehung) von mehreren Sozialpädagogen gemeinsam wahrgenommen, dann wird auch die kreative Suche nach Interventionsmöglichkeiten im (intraprofessionellen) Team stattfinden. Wichtig ist dies insbesondere, um Ideen zur Umsetzung von Unterstützungszielen zu finden – die sich meist auf die Gestaltung von Angeboten beziehen – und um Eingriffshandeln zu vereinbaren.

Viele Fälle in der Sozialen Arbeit sind komplex, und so sind oft auf Klientenseite wie auch auf der Fachebene weitere Personen an einem Fall beteiligt. Hilfe führe nur dann zu den gewünschten Effekten, „wenn alle Beteiligten in angemessener Form an Entscheidungen beteiligt sind und die Möglichkeit haben, sich in die Gestaltung des Prozesses einzubringen", fasst Freigang (2007:110) den aktuellen Stand des Fachdiskurses zusammen. Dies gilt auch für die Aushandlung des Hilfebedarfs und die konkrete Planung von Interventionen. Das im deutschen Kinder- und Jugendhilfegesetz seit 1990 vorgeschriebene sog. Hilfeplangespräch sieht die Partizipation der Beteiligten bei der Planung der Hilfe zwingend vor.

Anmerkung zum Begriff Hilfeplanung: Der Begriff thematisiert Hilfe auf einer Metaebene, nicht auf der Ebene der Fallarbeit selbst; er bezeichnet eine Methodik zur Sicherung von Qualität in der Fallarbeit und definiert einen Prozess, in dessen Rahmen sich Hilfe vollzieht und bei dem festgestellt wird, ob und in welcher Weise eine Familie einen Anspruch auf sozialpädagogische Hilfeleistung hat (vgl. Freigang 2007:105,109). Müller weist dem Begriff nur eine fachhistorische Bedeutung zu und bezeichnet ihn als ungeeignet für die Fallarbeit (vgl. 2008:426). Auch Freigang erachtet ihn als missverständlich, weil er einen Prozess benenne, in dem Verständigungs-, Aushandlungs- und Bewertungsprozesse organisiert werden müssten (u.a. bezüglich Problemdefinition und Zielen), und in dem nur zu einem kleineren Teil geplant werden könne (vgl. 2007:105f.). Gleichwohl wird der Begriff in der Literatur teilweise weiterhin verwendet, auch für die Ebene der Fallarbeit.

Dieses Hilfeplangespräch – manchmal auch *Hilfekonferenz* genannt – als Gefäss für das gemeinsame Aushandeln von Interventionen wird in der Literatur zu Case Management, zu systemischer Sozialarbeit bzw. systemorientierter Sozialpädagogik mehrfach beschrieben (vgl. u.a. Neuffer 2007, Ritscher 2002, Simmen et al. 2008, Simmen 2009). Die Case Managerin bzw. Systemvernetzerin – die Bezeichnung hängt vom handlungsleitenden Konzept ab (siehe 12.4) – lädt den Klienten, die wichtigen Personen aus dem Klientensystem (z.B. die Eltern) und dem sozialen Netzwerk sowie alle in den Fall involvierten Fachleute anderer Institutionen/Hilfesysteme zu diesem gemeinsamen Planungsgespräch ein. Grundprinzip ist, dass die Hilfeplanung gemeinsam erfolgt, im Beisein aller wichtigen beteiligten Bezugspersonen und an einem Ort, so Simmen (vgl. 2009:33). Ziel einer solchen interprofessionellen Hilfeplansitzung sei es, die Grobziele für eine erste Periode zu konkretisieren und zu verfeinern. Die Kernfrage dabei laute: „Wer oder was kann zur Verbesserung der momentanen Situation etwas beitragen?"(ebd.). Gemäss Neuffer (vgl. 2007:102) sollen in der gemeinsamen Sitzung die grundlegenden Konturen des Hilfeplans festgelegt und erste Vereinbarungen verbindlich festgehalten werden. In weiteren Gesprächen – u.a. mit dem Klienten – werde anschliessend der konkrete Hilfeplan erarbeitet, in dem die einzelnen Leistungen und Handlungsschritte festgelegt werden. Produkt und Ergebnis der Hilfeplanung sei der schriftlich dokumentierte Hilfeplan.

12.5 Vorgehen

Für das Beschreiben des Vorgehens bei der Interventionsplanung finden sich in der Fachliteratur wenige Hinweise. Es scheint fast so zu sein, dass diese Domäne den Praktikerinnen und Praxisorganisationen überlassen wird. Neben den unter 12.1 erwähnten Arbeitsregeln von Müller findet sich bei Schwabe eine Strukturierung des Hilfeplanungsprozesses mit Hinweisen auf die Gestaltung des Vorgehens (vgl. 2008:101 ff.). In unserer Methodik stellen die Interventionsplanung und deren Einbettung in die Prozessgestaltung einen wesentlichen Aspekt dar. Wir sehen sie als eigenständigen Prozessschritt im Unterstützungsprozess an (siehe 12.1) und messen dem methodisch strukturierten Vorgehen eine wichtige Bedeutung zu. Dieses lässt sich in vier Schritte gliedern.

Schritt 1: Vorüberlegungen zum Vorgehen

Oftmals erweisen sich Zielfindung, gemeinsames Aushandeln und Zielvereinbarung als zeitaufwändig, sodass in der Folge möglichst zügig Interventionen erarbeitet werden möchten. Dabei kann leicht vergessen gehen, dass die ausgearbeiteten Ziele das Ergebnis eines längeren analytischen Prozesses darstellen und auf einer Komplexitätsreduktion basieren. Das kann dazu führen, dass wichtige Erkenntnisse aus dem Fallverstehen ungenutzt bleiben (und es in der Fallbearbeitung sozusagen zu einem Bruch zwischen analytischer und Handlungsphase kommt). Damit Analyse und Diagnose einerseits und Ziele andererseits tatsächlich als Grundlage (bzw. Rahmen) für die Interventionsplanung dienen, ist es hilfreich, zunächst die wichtigsten *Erkenntnisse aus den vorausgegangenen Prozessschritten* noch einmal zusammenzufassen und ihre Bedeutung für die Interventionsplanung herauszuarbeiten.

- Situationserfassung: Wie lautet der Auftrag? Was wissen wir? Welches sind relevante Fakten zur aktuellen Situation und zur Vorgeschichte? Welche Informationen zur Klientin oder ihrem Umfeld sollen unbedingt beachtet werden? Wo gibt es Ressourcen?
- Analyse: Welche Erkenntnisse aus der Analyse müssen berücksichtigt werden (wie z.B. personale und soziale Ressourcen, Probleme, Anliegen der Klienten und Beteiligten)? Worum geht es, wie lautet die Fallthematik?
- Diagnose: Welches sind wichtige Erkenntnisse aus dem Verstehensprozess, die beachtet werden sollen (wie z.B. jahrelange Stigmatisierung in einem Wohnquartier)? Welche Erklärungen sind bedeutsam (z.B. zu einem bestimmten Bewältigungsverhalten)?
- Ziele: Welche Grobziele werden von wem angestrebt (wie z.B. vereinbarte Bildungsziele für Klienten und Unterstützungsziele für die Professionellen)? Wer war an der Vereinbarung der Ziele beteiligt und soll evtl. in das weitere Vorgehen einbezogen werden? Woran wird man erkennen können, dass die Ziele erreicht sind?

Weiter gilt es zu überlegen, ob sich die Praxisorganisation an einem *handlungsleitenden Konzept* (siehe 12.3.2) orientiert (z. B. Empowerment, lösungsorientierter Ansatz). Wenn ja ist zu fragen, was dies für das Vorgehen bedeutet.

Schritt 2: Interventionsmöglichkeiten entwerfen

Zunächst geht es bei der Suche nach Interventionsmöglichkeiten darum, das Blickfeld möglichst weit zu öffnen, kreativ zu sein, neue Möglichkeiten des Vorgehens vorerst ohne Einschränkungen zu erfinden, den Organisationsauftrag sowie die Ressourcen zu berücksichtigen und zugleich das Erfahrungswissen der Praxisorganisation zu nutzen (Was war in einem ähnlichen Fall wirkungsvoll?). Das bedeutet nicht, die Routinen der Praxisorganisationen unreflektiert zu übernehmen nach dem Motto: ‚Was sich bis jetzt als hilfreich erwiesen hat, wird sich auch in Zukunft bewähren!', sondern im Sinne des EBP geeignete Methoden oder Techniken zu wählen, die Klientinnen bei ihrer Zielerreichung gut unterstützt haben und dies möglicherweise auch im vorliegenden Fall tun können. Auch ist es hilfreich, das Erfahrungswissen des Klientensystems mit einzubeziehen (Was haben Beteiligte in ähnlichen Situationen als hilfreich erlebt?). Dies bedeutet, den Rahmen eines einzigen Methodenkonzepts zu überschreiten (vgl. von Spiegel 2006:143).

Es gilt, die *Ressourcen* der Klientin und die des gesamten Umfeldes einzubeziehen (Angebote in oder ausserhalb der Organisation, Ressourcen und Kompetenzen im Team, im Herkunftssystem der Klientin, etc.), auf die Vorlieben der Klienten zu achten, auf das was sie – auch emotional – anspricht. Die Suche sollte sich vor allem auf mögliche Veränderungen von Situationen konzentrieren (wie z. B. die sozialräumliche Umwelt der Klientin). Interventionen, die direkt auf die Veränderung des Verhaltens einer Klientin zielen, müssen mit ihr ausgehandelt und vereinbart werden. Es ist trotz Kreativität darauf zu achten, dass die Zielformulierung nicht aus den Augen verloren wird.

Schritt 3: Reflexion der Interventionsszenarien

Nach dem Sammeln sind die Vorschläge unter verschiedenen Gesichtspunkten zu bewerten.

- *Ressourcen:* Sozialpädagogen prüfen, ob die Interventionsmöglichkeiten mit dem Auftrag kompatibel sind. Insbesondere schätzen sie in möglichst realistischer Weise ein, welche personenbezogenen materiellen und immateriellen Ressourcen in diesem Fall zur Verfügung stehen. Sie vergewissern sich, dass die meist von äusseren Umständen (Organisation, Auftraggeber) abhängigen situationsbezogenen Ressourcen vorhanden sind und die Dienstleistungen tatsächlich erbracht werden können. Dies soll verhindern, dass im Unterstützungsprozess nicht plötzlich Abstriche gemacht werden müssen und die Erwartungen von Klienten enttäuscht werden.
- *Einflussfaktoren und mögliche Nebenwirkungen:* Da Interventionen nicht einer Technologie folgen, können viele Einflussgrössen im Voraus nicht genau bestimmt werden, ebenso wenig wie mögliche Wirkungen. Deshalb scheint es

förderlich, Überlegungen anzustellen über mögliche Hindernisse, Einflussfaktoren und den bisherigen Kooperationsverlauf. Dabei können folgende Fragen den Bewertungsprozess leiten:
- Wie realisierbar sind die einzelnen Möglichkeiten punkto Aufwand und Ertrag?
- Wie realisierbar ist die Kooperation mit den Beteiligten?
- Welche Rahmenbedingungen blockieren die Interventionen?
- Welche Hindernisse, Widerstände und Restriktionen gibt es?
- Welche weiteren Einflussfaktoren könnten wichtig sein?
- Welche unerwünschten Nebeneffekte könnten sich einstellen?
- Welche Vor- und Nachteile haben die einzelnen Varianten insgesamt?

Ein hilfreiches Vorgehen, um eine Vorgehensmöglichkeit zu bewerten, ist die Diskussion verschiedener Szenarien. Bei der Vorstellung des ‚best-case'-Szenarios erhalten Klienten und Sozialpädagoginnen im Sinne des lösungsorientierten Arbeitens eine Idee vom Gelingen einer Intervention und, was vor allem wichtig ist, es macht deutlich, was zu einer Zielerreichung nötig sein könnte und deshalb im Vorfeld zu klären und vorzubereiten ist. Der Entwurf des ‚worst-case'-Szenarios zeigt auf, was alles schief gehen könnte und öffnet die Augen für die Tücken und Fallen beim geplanten Vorgehen und mögliche unerwünschte Nebenwirkungen. Die Überlegung, ‚was geschieht, wenn *nichts unternommen* oder im gleichen Stil weiter gearbeitet wird', macht mögliche Differenzen deutlich und hilft zu entscheiden, wo Unterstützung tatsächlich angebracht ist und wo Professionelle auf die selbständige Nutzung der Fähigkeiten und Ressourcen der Klienten setzen können. Werden die drei Varianten wie auch obige Bewertungsfragen mit den Klientinnen gemeinsam erörtert, schafft dies Klarheit, welche Intervention für alle Sinn macht und Erfolg verspricht, welche Intervention allenfalls wie modifiziert werden soll und welche Variante zum Vorneherein auszuschliessen ist (auch dann, wenn sie von den Professionellen als bestechend eingeschätzt wurde).

- *Ethische Ebene:* Sozialarbeiterinnen wägen ab, ob Eingriffshandeln notwendig und legitimiert, die Intervention ethisch vertretbar ist (siehe 12.1). Sie prüfen kritisch, inwieweit die Selbstbestimmung der Klientin erhalten bleibt und die Intervention deren Selbstverantwortung nicht einschränkt. Sie fragen – auch während der ganzen Interventionsdurchführung –, ob (und wann) Eingriffshandeln in gemeinsames Handeln mit dem Klienten überführt werden kann.
- *Handlungsbedarf:* Sozialarbeiterinnen klären ab, ob und wo der grösste Handlungsbedarf feststellbar ist. Manchmal ist dies nicht auf den ersten Blick erkennbar (vor allem bei Klienten, die am lautesten klagen). So muss möglicherweise zäh verhandelt werden, was im Moment als dringlich erklärt wird und was im Moment zurückgestellt werden kann.
- *Veränderungsebene*: Sozialpädagogen vergewissern sich, ob überwiegend auf der Ebene ‚Veränderung von Situationen' angesetzt wird (wo die grössten professionellen Einflussmöglichkeiten liegen) oder eher auf der Ebene ‚Veränderung von Verhalten und Fähigkeiten einer Person'? Sie überprüfen, ob die Intervention ressourcenorientiert ist oder defizitorientiert bleibt.

- *Team-Ebene*: Wird im Team gearbeitet, ist zu fragen, wie sich die Teammitglieder verhalten. Die beste Interventionsplanung nützt nichts, wenn sie nicht von allen Teammitgliedern (wie auch der Organisation) mitgetragen wird. Zu berücksichtigen sind auf dieser Ebene auch die verschiedenen expliziten und impliziten Rollen in einem Team und die Geschichte des Teams. So ist kritisch zu reflektieren, wer handeln will, wer sich zurück hält, wer mit trägt, wer bereit ist, Kritik entgegenzunehmen und die möglicherweise etwas ungewöhnliche Intervention vor den hierarchisch höher eingestuften Mitarbeitenden zu vertreten etc.

Schritt 4: Entscheiden, planen, synchronisieren, organisieren

Auf der Basis der Reflexion unterschiedlicher Interventionsmöglichkeiten wird die beste Variante ausgewählt. Es ist zu überlegen, ob sich für die Durchführung eine bestimmte Interventionsmethode besonders eignet und/oder was in Anlehnung an ein handlungsleitendes Konzept methodisch zu beachten ist. Auch das setzt einen Einigungsprozess voraus (Ausnahme: Eingriffshandeln). Bei der konkreten Planung des Vorgehens klären die Professionellen, welche Personen in welcher Weise beteiligt sind bzw. involviert werden und wer mit wem zusammenarbeitet. Sie sprechen die Aufgabenverteilung ab, handeln Zuständigkeiten aus und klären Verantwortlichkeiten. Ein Zeitrahmen und eine Zeitstruktur werden festgelegt, verschiedene Interventionen werden synchronisiert und die ganze Planung wird allen Beteiligten transparent gemacht. Dies verlangt von der Fall führenden Sozialarbeiterin ein gute Koordination und ein effizientes Zeitmanagement.

In der Regel wird lediglich die erste Interventionsphase detailliert geplant und – wie in Kap. 11.4 ausgeführt – werden in Abstimmung dazu Feinziele formuliert. Weitere Feinziele und Interventionsphasen werden zunächst nur skizziert. Erst nach der Zwischenauswertung der ersten Phase wird – im Sinne einer fortlaufenden, ‚rollenden' Planung (siehe 12.2) – die nächste Phase genau geplant.

Konkret müssen bei diesem letzten Schritt der konkreten Interventionsplanung folgende Fragen beantwortet werden:

- Wer macht wann was?
- Wer ist wofür verantwortlich?
- Was muss besonders beachtet werden?
- Was wird wie dokumentiert?
- Wann und mit wem finden Zwischenevaluationen statt, wann ist Endauswertung?
- Wer ist hauptsächliche Ansprechperson?

Planung ist als eine Möglichkeit, eine Hypothese zu sehen. Sie kann für das Handeln eine Orientierungs- und Verbindlichkeitsstruktur bilden, aber sie kann durch die Wirklichkeit relativiert werden, denn *‚manchmal kommt es anders als man denkt'*. Deshalb ist es wichtig, in der Arbeit mit Menschen, mit Klientensystemen im Rahmen der Sozialen Arbeit die Grenzen der Planbarkeit stets zu bedenken.

12.6 Reflexion des Prozessschrittes

Die verschiedenen methodischen Überlegungen zur Interventionsplanung – von den Interventionsmodi über die handlungsleitenden Konzepte und spezifischen Interventionsmethoden, über EBP bis hin zu den Vorgehensschritten in der Methodik Kooperativer Prozessgestaltung – sollen im Folgenden kritisch reflektiert werden. Die Reflexion hinsichtlich der in Kap. 7.4 definierten Reflexionskriterien für Methoden geschieht wie schon in Kapitel 11 in summarischer Weise.

12.6.1 Methodenreflexion

Alle vorgestellten methodischen Überlegungen zielen darauf ab, Interventionsplanung in *Kooperation mit den Klienten* vorzunehmen. Eine Ausnahme besteht bei Eingriffshandeln, das notwendig werden kann, um Fremd- oder Selbstgefährdung abzuwenden. Eingriffshandeln legitimiert sich im Hinblick auf eine *Zielsetzung Sozialer Arbeit* – menschliches Leben und Zusammenleben zu sichern – und ist gleichzeitig immer höchst legitimationsbedürftig, weil damit eine andere wichtige Zielsetzung – die Autonomie der Lebenspraxis – missachtet wird. Unter *professionsethischen Aspekten* ist kritisch zu überprüfen, ob ein Eingriff oder aber der Verzicht auf einen Eingriff die Würde des Menschen eher verletzt. Die Interventionsmodi Angebot und gemeinsames Handeln hingegen entsprechen professionsethischen Vorgaben, beruhen sie doch auf Seiten der Klientinnen auf Freiwilligkeit. Besteht noch keine Basis für eine Kooperation bei der Interventionsplanung, so sind Professionelle angehalten, im Hinblick auf Unterstützungsziele – die sie für sich formulieren – Angebote zu entwickeln, welche Kooperation ermöglichen sollen. In der *interprofessionellen Kooperation* ist nicht nur die gemeinsame Planung, sondern auch die Koordination von Interventionen sicherzustellen; ein bewährtes Instrument hierfür ist das sog. Hilfeplangespräch (bzw. die Hilfekonferenz). In Bezug auf die Wahl der Interventionstypen ist jeweils sorgfältig abzuwägen, welche Ressourcen bereitgestellt werden können und welche nicht zur Verfügung stehen. Dabei ist immer zu überlegen, wie die Situation verändert bzw. was an der Situation verbessert werden könnte.

Bei der Bezugnahme auf ein handlungsleitendes Konzept oder der Anwendung einer spezifischen Interventionsmethode ist zu überprüfen, ob diese Wahl fallbezogen angemessen und sinnvoll ist und ob sie tatsächlich von Relevanz ist (d. h. ob die Bezugnahme allenfalls nur ‚pro forma' geschieht – z. B. weil gemäss Leitbild einer Praxisorganisation mit einem bestimmten handlungsleitenden Konzept gearbeitet wird –, aber bei der konkreten Interventionsplanung überhaupt nicht zum Tragen kommt). In diesem Zusammenhang können Gefässe wie Supervision, Intervision, Coaching etc. genutzt werden, um die institutionellen Bedingungen und Sinnstrukturen kritisch zu hinterfragen, ob sie der Logik der Fallbearbeitung entsprechen oder ihr entgegenstehen. Die in vielen Praxisorganisationen installierten Standortbestimmungen, Erziehungsplanungssitzungen etc. sind daraufhin zu untersuchen, ob sie die Anforderungen an ein Hilfeplangespräch oder eine Hilfekonferenz (wie z. B. gemeinsames Planen und Konkretisieren von Grobzielen) erfüllen. Bei EBP stellt sich nicht nur die Frage nach der Fähigkeit der Professionellen zur entsprechenden Literaturrecherche, darüber hinaus ist kritisch zu überprüfen, ob es zu einer bestimmten Thematik derzeit bereits empirische Daten zu wirksamen Interventionen gibt.

Sorgfältige Interventionsplanung bedeutet einen gewissen *Aufwand*, der sich u. E. jedoch unbedingt lohnt: Die kurze Rückschau ermöglicht, diagnostische Erkenntnisse angemessen zu berücksichtigen und die Ausrichtung auf Grobziele zu gewährleisten. Die breite Suche nach Interventionsmöglichkeiten, das Abschätzen von möglichen Wirkungen und Nebenfolgen vor der Wahl der Intervention sowie das fallbezogene Abwägen von geeignetem Interventionsmodus und -typ können den Unterstützungsprozess optimal leiten. Damit können unangemessene Interventionen und ein unnötiger Zusatzaufwand vermieden werden, weil der Individualität eines Falles Rechnung getragen wird.

12.6.2 Evaluationsfragen

Wenn – als Ergebnis dieses Prozessschrittes – ein Interventionsplan formuliert und dokumentiert ist, lohnt es sich, rückblickend das Vorgehen bei der Interventionsplanung noch einmal kritisch zu überprüfen. Dabei können die nachfolgenden Fragen hilfreich sein:

- Wurden die Erkenntnisse aus Situationserfassung, Analyse und Diagnose einerseits und die Grobziele andererseits als Rahmen für die Interventionsplanung genutzt? Sind diagnostische Erkenntnisse in der Interventionsplanung ersichtlich? Ist ein Zusammenhang zu den vereinbarten Zielen ersichtlich?
- Wurde die Fallbearbeitung wirklich geöffnet und nach unterschiedlichsten Interventionsmöglichkeiten gesucht? Wurde der berufliche und organisationseigene Erfahrungsschatz genutzt und in Hinblick auf fallbezogene Angemessenheit beurteilt?
- Wurden die Interventionsmöglichkeiten kritisch reflektiert – in Hinblick u. a. auf Ressourcen, mögliche Wirkungen und Nebenfolgen? Wurde die Reflexion genutzt, um Interventionen gegebenenfalls zu verändern und zu ergänzen?
- Wurden verantwortliche Entscheidungen für Eingriffe gefällt, da wo sie angezeigt waren? Und wurde kritisch überprüft, ob diese Einschränkungen der Autonomie wirklich notwendig waren, um Fremd- oder Selbstgefährdungen abzuwenden?
- Wurden dem Klienten und dem Klientensystem genügend unterschiedliche Angebote unterbreitet? Waren die Klientinnen – ihren Möglichkeiten entsprechend – beteiligt am kreativen Prozess der Suche nach Interventionsmöglichkeiten?

- Wurde geprüft, wo es Möglichkeiten des gemeinsamen Handelns gibt? Wurde reflektiert, wo eigenverantwortliches Handeln unterstützt und die Aktivität der Professionellen zurückgenommen werden kann?
- Wurden alle direkt am Fall beteiligten Fachpersonen einbezogen in die Interventionsplanung? Sind die nunmehr geplanten Interventionen abgestimmt mit den Interventionen anderer Hilfesysteme? Wurden die in weitem Sinne am Fall Beteiligten informiert, soweit dies angemessen erscheint?

12.7 Übersicht Prozessschritt Interventionsplanung

Aufgabe

Bei der Interventionsplanung gilt es, konkrete Antworten zu finden auf die Frage ‚Was tun?‘ Aufgabe ist, mit einer fallbezogenen sinnvollen Auswahl von Interventionen Bildungsprozesse von Klienten zu unterstützen und zu ermöglichen sowie ihre Lebensbedingungen zu verbessern. Erkenntnisse aus Analyse und Diagnose sowie vereinbarte Grobziele bilden den Rahmen für Interventionsplanung; das Prinzip der Ressourcenorientierung kann als Basis, ein handlungsleitendes Konzept als Hintergrundfolie genutzt werden. Ziel ist es, gemeinsam mit allen Beteiligten Interventionen auszuwählen und konkret zu planen (wer macht wann was wie?).

Konzepte und Methoden
- Handlungsleitende Konzepte (wie z.B. Konzept der Lebensweltorientierung, Empowerment, Lösungsorientierter Ansatz, etc.)
- Spezifische Interventionsmethoden für spezielle Probleme, Themen, Praxisfelder
- Methode Evidenzbasierte Soziale Arbeit (EBP)

Vorgehen
- Vorüberlegungen: sich wichtige Daten aus der Situationserfassung und Erkenntnisse aus Analyse und Diagnose sowie Grobziele vergegenwärtigen
- Interventionsmöglichkeiten entwerfen – kreativ und innovativ – und dabei den beruflichen und organisationseigenen Erfahrungsschatz nutzen
- Interventionsszenarien reflektieren in Hinblick auf Wirkung und unerwünschte Nebenfolgen (best- und worst-case, Vergleich mit keinen Interventionen)
- Interventionen auswählen und modifizieren, entscheiden
- erste Interventionsphase planen, Feinziele formulieren und vereinbaren, Interventionen koordinieren (wer macht wann was?)

- Art der Dokumentation bei der Interventionsdurchführung sowie Zwischenevaluation vereinbaren

Kooperation

Ebene Klientin/Zielgruppe:
- angemessene Interventionsmodi auswählen: Eingriffe (sind legitimationsbedürftig!), Angebot (Rahmenangebot bzw. konkretes fallbezogenes Angebot) und gemeinsames Handeln (mit hohem bzw. niedrigem Aktivitätsgrad der Professionellen)

Fachebene:
- Interventionstypus berücksichtigen (situations- oder personenbezogen)
- fallbezogene Koordination

Kompetenzen

Um fallbezogen angemessene, hilfreiche Interventionen planen zu können, muss eine Sozialpädagogin
- Falldaten und Erkenntnisse aus Analyse und Diagnose und Grobziele als Rahmen für die Interventionsplanung nutzen können
- kreativ und innovativ Interventionsmöglichkeiten erfinden und dabei den eigenen Erfahrungsschatz sowie denjenigen in der Organisation fruchtbar machen
- Interventionsmodi falladäquat bestimmen, insbesondere die Angemessenheit von Eingriffshandeln beurteilen und bei Bedarf entsprechende Entscheidungen fällen und die Verantwortung dafür übernehmen können
- Interventionsmöglichkeiten kritisch reflektieren können, Wirkungen voraussehen, Nebenfolgen abschätzen – und daraus Folgerungen für Auswahl und Ergänzung der Interventionen ziehen können
- Klientinnen(systeme) in die kreative Suche nach Interventionsmöglichkeiten einbeziehen und Angebote entwickeln können, die zur gemeinsamen Suche motivieren
- Ressourcen – der Organisation, des Klientensystems, eigene – realistisch beurteilen und nutzen können
- Entscheidungen fällen und Verantwortung dafür übernehmen können

13 Interventionsdurchführung

Im Anschluss an die Interventionsplanung wird direkt umgesetzt, was vorher ausgehandelt und vereinbart wurde. Wie eingangs in Kap. 12 erwähnt, sprechen wir in diesem Kapitel von der *Interventionsdurchführung im engeren Sinne*, die unmittelbar an die Interventionsplanung anschliesst und nicht von den Interventionen, die während den übrigen Prozessschritten stattfinden. In diesem Kapitel wird nach der Beschreibung von Aufgabe und Bedeutung der Interventionsdurchführung im Unterstützungsprozess dargelegt, was beim ‚Tun' besonders zu beachten ist und welchen Einfluss der Kontext auf die Intervention haben kann. Ein besonderes Augenmerk gilt den Ausführungen zur Person als Arbeitsinstrument. Dabei werden Aufgaben, Rollen und Kompetenzen von Professionellen im Rahmen der Interventionsdurchführung eingehend beschrieben. Wir stellen anschliessend das Instrument ‚Fall-Controlling' in Kurzform vor, und beschäftigen uns mit der Frage, wie Interventionen in der Sozialen Arbeit zu dokumentieren sind.

13.1 Aufgabe und Bedeutung

Für die Intervention im engeren Sinne gehen alle Beteiligten von den ausgehandelten Zielen, Aufgaben und Abmachungen aus. Dabei erweist sich die Situation trotz Planung meist als recht komplex, weil die verschiedenen Beteiligten und Organisationen z.T. von abweichenden Ausgangspunkten ausgehen, für sich persönlich die Prioritäten möglicherweise anders setzen und die fremden wie auch eigenen Interessen unterschiedlich gewichten. An diesem Punkt wird oftmals besonders deutlich, wie ungenau Kommunikation sein kann (man spricht über das Gleiche und meint Unterschiedliches). Das zeigt, wie wichtig es ist, Interventionsaufgaben und -aufträge bei der Aushandlung und Vereinbarung sehr präzise zu fassen (Aufgabe, Verantwortlichkeit, Datum, Zeit, Ort etc.) und schriftlich festzuhalten, auch wenn sich die Daten im Laufe des Prozesses wieder verändern können. Aber sie erfüllen eine Ordnungs- und Orientierungsfunktion, auf die sich alle im Prozess involvierten Personen und Organisationen abstützen können. Im Wissen um die unterschiedliche Auslegung von Interesselage wie auch um die unterschiedliche Interpretation von Vereinbarungen kommt der *Koordination* eine zentrale Rolle zu.

Ergeben sich im Verlaufe der Intervention Veränderungen, treffen unerwartete Ereignisse, Rückschläge ein, entstehen unvorhergesehene Prozessdynamiken, nehmen Sozialarbeiterinnen in Absprache mit den Beteiligten Korrekturen an der Planung vor, sind jeweils alle Beteiligten zu informieren. Generell besteht während der ganzen Interventionsdurchführung neben der Koordination eine *Informationsnotwendigkeit*, wobei auf eine angemessene Dosierung zu achten ist. Aufgabe in diesem Prozessschritt ist neben der Umsetzung der Interventionsplanung das Durchführen von Zwischenevaluationen, das Formulieren von weiteren Feinzielen und evtl. die Modifikation der Unterstützungsleistung. In der Regel ist die Fall führende Sozialpädagogin Ansprech- oder Koordinationsperson, im Fall eines eingerichteten Case Management ist es die Case Managerin. Simmen et al. schlagen vor, für die Koordination im Helfersystem eine geeignete Person als Systemvernetzerin zu bestimmen (vgl. 2009:32). *Koordinationsperson, Case Managerin oder Systemvernetzerin* sein bedeutet, die Gesamtverantwortung für den Unterstützungsprozess zu tragen und alle Leistungen aufeinander abzustimmen und gleichzeitig ein offenes Ohr zu haben für begründete Anliegen, die im Laufe der Intervention entstehen und für eine gute Entwicklung relevant erscheinen. Eine zentrale Aufgabe in der Intervention ist u. E. die Vernetzung. Man kann von einer mehrdimensionalen Vernetzungsaufgabe sprechen, die verschiedene Ebenen betrifft. Es geht um Vernetzung

- der beteiligten Personen zur Abstimmung der Aufgaben, Vorgehensweisen
- der beteiligten Personen und Organisationen untereinander
- aller Informationen, Veränderungen, neuer Situationen, z. B. über ein gemeinsames Dokument auf dem Internet
- der gemeinsamen Tätigkeiten mit Einzeltätigkeiten, die parallel dazu verlaufen

Ziel einer guten Vernetzung, die bereits bei der Auftragsklärung beginnen und in allen Prozessschritten stattfinden kann, ist das angemessene Einbinden aller Beteiligten in einen Fall, der Austausch von nötigen Informationen, die Klärung von Verantwortlichkeiten sowie das Gewinnen von Synergien. Mit der Systemvernetzung verringert sich die Gefahr, dass Wichtiges vergessen wird oder die Interventionen im Sand verlaufen.

Die wichtigste Zielsetzung bei diesem Prozessschritt bildet die effektive, zielgerichtete Unterstützung in vernetzter Weise und unter optimaler Nutzung der zur Verfügung stehenden Mittel, damit die anvisierten Ziele möglichst umfassend erreicht werden können. Die implizite Zielsetzung heisst immer, sich selber als Unterstützerin überflüssig zu machen oder in Fällen, wo dies nicht möglich ist, dies weitestgehend zu tun.

13.2 Durchführung im engeren Sinne

Während der Interventionsdurchführung sind die Interventionsmodi und -typen (siehe 12.1) immer wieder auf ihre Angemessenheit hin zu prüfen. Bei jeder Veränderung der Intervention ist zu überlegen, ob Eingriffshandeln immer noch angezeigt, die Angebotspalette wirklich nochmals erweitert werden soll oder ob Eingriffshandeln und Angebot in gemeinsames Handeln zu überführen sind. Bei einer Verschärfung der Situation kann auch das Gegenteil der Fall sein, dass mit

Eingriffshandeln eine Klientin geschützt werden muss (bspw. um zu verhindern, dass sie misshandelt wird). Auch ist zu beurteilen, ob und in welchem Masse die Professionellen sich noch mehr aus dem Unterstützungsprozess zurückziehen, eine passivere Rolle einnehmen sollen, damit die Klienten (wieder) mehr herausgefordert werden, ihr Leben selbstverantwortet zu gestalten. Um die Interventionen zielgerichtet durchführen zu können, ist bezüglich Interventionstypus in periodischen Abständen kritisch zu prüfen, ob und wie Klientinnen selber Situationen verändern bzw. gestalten können, die grössere Optionen bieten für die Rückgewinnung einer autonom(er)en Lebenspraxis.

Eine weitere Anforderung stellt sich in der Kooperation zwischen Professionellen und/oder beteiligten Organisationen bei der *Übergabe* eines Falls an eine neue Bezugsperson. Hier ist zu gewährleisten, dass die notwendigen Informationen übermittelt werden, u. a. auch um zu verhindern, dass von den neu zuständigen Sozialarbeitern die gleichen ‚Fehler' gemacht oder dass andere Prioritäten gesetzt und die bisherige Arbeit – und damit die Bemühungen der Klienten – entwertet werden. Während der Intervention und vor allem nach Übergängen können Irritationen, Verunsicherungen, Fragen auftreten. Entscheidend in der Kooperation ist, dass diese Platz haben und thematisiert werden, auch wenn sie den Fluss der Intervention scheinbar stören. Dies hilft Missverständnissen vorzubeugen oder sie aufzudecken.

Hilfreiche Interventionen bauen darauf, dass sie von allen getragen werden. Voraussetzung dafür ist, dass auf der Basis von Fallverstehen Ziele und Vorgehensschritte ausgehandelt und die Kompetenzen und Entscheidungsstrukturen in einem Fall für alle nachvollziehbar geregelt sind. Dies ist insbesondere bei Eskalationen, überraschenden Wendungen wichtig, damit die Balance zwischen Unterstützung und Eigenverantwortung oder zwischen Nähe und Distanz gewahrt werden kann und nicht plötzliche eine übergeordnete Stelle in den Prozess eingreift und im schlechten Fall Klienten einmal mehr die Erfahrung machen, dass sie schliesslich fremdbestimmt werden. Die klare Regelung ist auch wichtig, wenn in Teams gearbeitet wird, damit es bei einem möglichen Teamkonflikt nicht zu einem Abbruch einer Intervention kommt, weil sie z. B. den neuen Teammitgliedern zu aufwändig erscheint. Dies verweist auf einer weitere wichtige Voraussetzung für die Ermöglichung gelingender Interventionen.

Organisationen der Sozialen Arbeit erfüllen spezifische Aufträge (wie z. B. Erziehungsberatung, Begleitung von Menschen mit einer schweren kognitiven Beeinträchtigung, Bewährungshilfe etc., siehe 2.2). Zur Erfüllung ihres Auftrags haben sie spezifische Strukturen entwickelt, die einerseits Grundlage für die Unterstützungsleistungen darstellen, anderseits Tendenzen zur Systemstabilisierung aufweisen, u. a. damit dieses System die geforderten Leistungen nach bestimmten Qualitätskriterien auch in Zukunft erbringen kann. In Organisationen bilden sich demnach verschiedene Interessenlagen aus, die nicht immer auszugleichen sind. So kann die Ausrichtung auf den Eigenzweck der Organisation unter Umständen mit dem fallbezogenen Unterstützungsmotiv kollidieren und Interventionen nachhaltig beeinflussen (siehe 12.2).

> Eine Organisation im stationären Kontext der Sozialen Arbeit ist beispielsweise zu ihrem Erhalt auf eine bestimmte Belegung ihrer Plätze angewiesen und ist deshalb möglicherweise bereit, Klienten aufzunehmen, auf die das Unterstützungsangebot nur teilweise zutrifft.

Sozialpädagogen haben immer wieder kritisch zu prüfen, ob die Organisationsstrukturen die nötige Abstimmung unterstützen. Sie haben allfällige differierende Interessen offen zu legen und Möglichkeiten des Ausbalancierens zu schaffen. Damit soll verhindert werden, dass bestimmte Handlungsansätze (wie z. B. Massnahmeorientierung oder Strategie des minimalen Eingriffs oder Konfrontative Pädagogik) zu Maximen werden, die weniger eine planvolle Unterstützungsleistung darstellen als das Ergebnis einer Handlungsweise, die sich an der Eigenlogik innerhalb eines Hilfssystems orientiert.

Wir haben an anderer Stelle ausgeführt, dass Handeln immer ergebnisoffen ist und Sozialpädagoginnen immer ein Wagnis eingehen, weil sich erst in der Alltagssituation herausstellt, welche Handlungsoptionen Klienten wählen. Nicht selten ist es so, dass sie auf Handlungsstrategien zurückgreifen, die sie internalisiert haben, weil sie sich zu einem gegebenen Zeitpunkt als nützlich erwiesen haben, aber in der Gegenwart wenig hilfreich sind. Die Chance, dass sich nach einer Zielvereinbarung gleich alles zum Guten wandelt und Klienten vor allem in belastenden Situationen neu erworbene oder erarbeitete Strategien und Handlungsmuster anwenden, ist nicht sehr hoch und es besteht ein Risiko zu scheitern. Es wäre deshalb naiv anzunehmen, dass es keine Stagnation oder Rückschläge gibt.

> So kann beispielsweise von einer Familie mit Problematik ‚Schulden' nicht erwartet werden, dass es bei einem Engpass Ende Monat trotz Begleitung durch eine Sozialarbeiterin nicht zu einer Krise kommt.

Realistischerweise sind von Anfang an Szenarien des Scheiterns oder des Eskalierens von bestimmten Situationen miteinzubeziehen (siehe dazu Szenario des worst-case in 12.1), dies nicht im Sinne einer sich selbst erfüllenden Prophezeiung, sondern zur Verhinderung einer inadäquaten Erwartungshaltung, die unnötigerweise Druck erzeugt.

Die Interventionen sind nicht nach eigenen Werten und Normvorstellungen der Professionellen durchzuführen, denn Wunschdenken, Ideale können zu Enttäuschung führen. Deshalb ist der Blick zu richten auf das, was für die Klientinnen vorstellbar ist, was sie mit ihren Erfahrungen und Erlebnissen in einen Zusammenhang bringen und deshalb eher realisieren können. Dies bedeutet im Sinne der Kooperativen Prozessgestaltung, bei Differenzen achtsam zu sein, bei Unstimmigkeiten oder auftretenden Uneinigkeiten immer wieder auszuhandeln, wovon die Beteiligten ausgehen, welches ihre Vorstellungen und Anliegen sind. Achtsamkeit schliesst auch eine Reflexion von teils unbewussten eigenen Wertorientierungen ein (vgl. Ader 2006:176 ff.).

> So wird z. B. in systemisch orientierten Handlungskonzepten meist davon ausgegangen, dass Systeme wie die Familie erhalten bleiben sollen. Die Unterstützung richtet sich auf den Zusammenhalt der Familie und nicht unbedingt auf die emotionale und soziale Bedürfnislage

eines vernachlässigten, traumatisierten Kindes, was die gesamte Unterstützungsleistung fraglich erscheinen lässt.

Interventionsdurchführung schliesst eine kontinuierliche kritische Reflexion des eigenen Handelns im Hinblick auf die zugrunde liegende Bewertung und Erhellung des Falls und eine Bewusstmachung von eigenen Orientierungs- und Deutungsmustern ein.

13.3 Person als Arbeitsinstrument

In der Interventionsdurchführung ist der Sozialpädagoge als ganze Person in die Arbeitsbeziehung mit Klienten involviert. Er hat die Aufgabe, Einheit von Theorie und Praxis in der Interaktion mit Klienten in und mit seiner Person herzustellen (siehe 3.2.5). Im Folgenden werden wir einige Implikationen für den Interventionsprozess skizzieren, die sich aus der Tatsache ergeben, dass die Person des Professionellen sein ‚Arbeitsinstrument' ist.

13.3.1 Rollenwechsel: Von aktiver Unterstützung hin zu Begleitung

Beim dritten Interventionsmodus nach Müller – dem gemeinsamen Handeln – haben wir in Kap. 12.1 eine Differenzierung vorgeschlagen hinsichtlich Aktivitätsgrad der Professionellen. Die Unterscheidung zwischen gemeinsamem Handeln mit hohem Aktivitätsanteil der Sozialpädagogin und punktuellem, bedarfsbezogenem Unterstützen der Eigenaktivität eines Klienten(systems) ist jedoch nicht als bipolare Unterteilung zu verstehen, sondern vielmehr als Kontinuum eines allmählichen Rollenwechsels, das im Selbstverständnis der Sozialpädagogin verankert ist (siehe 6.2.2) und jeweils fallbezogen ausgestaltet sein will.

Insbesondere dann, wenn die Arbeitsbeziehung nicht auf Initiative der Klientin entstanden, sondern durch Dritte begründet worden ist (z. B. durch eine Platzierung in einer stationären Einrichtung, der die Klientin nur halbherzig zugestimmt hat), hat die Sozialpädagogin anfangs die Rolle der Initiatorin und Motivatorin inne: Sie sucht den Kontakt, formuliert für sich Unterstützungsziele, plant und lädt zu gemeinsamen Aktivitäten ein, stellt die eigene Vertrauenswürdigkeit und Zuverlässigkeit unter Beweis, sie versucht das Interesse der Klientin an einer Zusammenarbeit zu wecken und ihre Veränderungsmotivation zu stärken. Die Sozialpädagogin hat eine aktive Rolle, sie handelt manchmal stellvertretend für die Klientin (was Oevermann 1979, 1981, 2002 zum Begriff der ‚stellvertretenden Krisenbewältigung' verallgemeinert hat) und übernimmt bei Bedarf auch Aufgaben, die eigentlich solche der Klientin sind. Hier ist neben der Fähigkeit der Einnahme einer aktiven Rolle manchmal auch diejenige zum Handeln unabhängig von Akzeptanz durch die Klientin gefragt. Dies gilt insbesondere für den Interventionsmodus des Eingriffshandelns. Aber auch der zweite Interventionsmodus – Klienten Angebote zu machen (siehe 12.1) – erfordert die Fähigkeit, akzeptieren zu können, dass ein Angebot nicht angenommen wird. Diese Situation gilt es zu nutzen für einen erneuten und vertieften Verstehensprozess, um herauszufinden, welche Angebote anschlussfähiger sind. Conen/Cecchin weisen auf die Schwierigkeit von Professionellen hin, die mögliche Ablehnung und Feindseligkeit von Klienten zu Beginn einer auf Unfreiwilligkeit basierenden Arbeitsbeziehung persönlich zu nehmen und sich abgelehnt zu fühlen: „Schweigen und Unwillen werden als Abwertung der eigenen Person interpretiert" (2008:104). Sie führen dies zurück auf die grundlegendere Schwierigkeit der Professionellen, die Situation eines unfreiwilligen Klienten zu verstehen.

Die aktive Rolle wandelt sich im Verlaufe einer Arbeitsbeziehung idealer Weise zunehmend zur Rolle der Begleiterin, welche die Eigentätigkeit der Klientin unterstützt.

So kann es sein, dass die Sozialarbeiterin in einem niederschwelligen Beratungs- und Integrationsprojekt nicht nur die Überschuldungssituation der Klientin thematisiert, sondern aktiv mit ihr zusammen den Briefkasten leert, der seit Wochen überquillt. Auf die Aussage der Klientin hin, dass dort sowieso nur Mahnungen zu finden sind, ergreift sie die Initiative und fordert sie auf: ‚Kommen Sie, das machen wir jetzt zusammen'. Später jedoch wird sie nur noch von Zeit zu Zeit nachfragen: ‚Und, wie geht es dem Briefkasten?'

Der Sozialpädagoge muss also in der Lage sein, den Grad an Unterstützung zu dosieren, zu oszillieren zwischen hoher Aktivität und Begleitung aus dem Hintergrund. Dabei bleibt offen, welcher Grad an Unterstützung gerade angemessen ist: Die Entscheidung darüber erfolgt stets unter der Bedingung von Ungewissheit (siehe 3.2). Ein differenziertes Fallverstehen und Erfahrungswissen helfen, solche oftmals situativ erforderlichen Entscheidungen angemessen treffen zu können.

In einer eskalierenden Gruppensitzung von Jugendlichen kann es angebracht sein, dass der Sozialpädagoge zwischendurch selber die Sitzungsleitung übernimmt und sie dann wieder abgibt – oder es kann auch sinnvoll sein, die Jugendliche, welche die Sitzung leitet, nur durch ein Votum oder durch Blickkontakt zu unterstützen.

Die Angemessenheit der realisierten, mehr oder minder direktiv-aktiven Intervention kann grundsätzlich erst im Nachhinein beurteilt werden (und darüber hinaus wird diese Einschätzung selten eindeutig sein, siehe 14.3.2).

Beim Übergang von der aktiven Rolle hin zu derjenigen des freundlich-aufmerksamen Begleiters, der wie ein Coach die Eigenaktivität der Klientin unterstützt, sind Fähigkeiten des Loslassens gefragt. So muss der Sozialarbeiter aushalten, dass die Klientin etwas nun selber macht – vielleicht nicht so, wie es seiner Vorstellung entspricht, aber durchaus gelingend hinsichtlich ihrer selbständigen Lebenspraxis. Es bedeutet auch akzeptieren zu können, dass eine Klientin ‚Umwege' macht, vielleicht auch noch einmal scheitert (und beispielsweise auch die nächste Arbeitsstelle verliert, weil sie doch nicht regelmässig zur Arbeit erscheint, etc.) – und auf diesem Umweg noch einmal intensivere Unterstützung benötigt oder aber ihren Weg eigenständig geht, auf ihre Weise. Die fallbezogene Dosierung des Aktivitätsgrades basiert auf der Fähigkeit der Professionellen zu kontinuierlicher Selbstreflexion.

13.3.2 Emotionale Verstrickungen

Dieses Loslassen und sich Zurücknehmen stellt den Sozialarbeiter vor spezifische Herausforderungen hinsichtlich seiner Persönlichkeit. Musste er zu Beginn einer Arbeitsbeziehung vielleicht akzeptieren können, dass seine Unterstützung gar nicht willkommen scheint (siehe oben), so muss er gegen Ende möglicherweise aushalten können, dass seine Unterstützung nicht mehr oder nur noch sehr punktuell benötigt wird. Auch das beinhaltet – je nach Persönlichkeitsstruktur des Sozialarbeiters – Kränkungspotential und erfordert ein Nachdenken darüber, was die Aufgabe, als Person ‚Arbeitsinstrument' zu sein, bedeutet. Es kann aber auch die Klientin sein, die nicht loslassen möchte und immer neue Wege findet für eine Intensivierung der Beratungsgespräche (nicht selten in Fällen, in denen die Arbeitsbeziehung zu Beginn von Widerständen geprägt war). Hier ist es Aufgabe des Sozialarbeiters, die Autonomietendenzen der Klientin zu unterstützen und die Arbeitsbeziehung sachte loser zu gestalten. Eine Falle für Professionelle kann darin bestehen, emotional darauf angewiesen zu sein, gebraucht zu werden. Schmidbauer hat dies in seinem erstmals 1977 erschienenen Buch ‚Hilflose Helfer. Über die seelische Problematik der helfenden Berufe' plastisch herausgearbeitet. Tatsächlich stellt es eine hohe Anforderung dar, als Sozialpädagogin einerseits fähig sein zu müssen, Nähe zu Klienten zuzulassen und ‚herzustellen', zugleich aber auch emotionale Distanz, Auseinandersetzung und Loslösung zulassen und ertragen zu können. Arbeitsbeziehungen sind aufgabenbezogen und zeitlich befristet (siehe 5.1.1).

Klienten müssen weder die Verhaltenserwartungen der Professionellen erfüllen noch sie ‚lieben' oder ihnen dankbar sein. Eine Sozialpädagogin wird sich über positive Rückmeldungen von Klienten freuen; sie darf aber – und hier formulieren wir bewusst normativ – nicht darauf angewiesen sein, dass ihr Bedürfnis nach Selbstbestätigung und Akzeptanz in der Arbeitsbeziehung mit Klienten befriedigt wird. Sie soll in der Lage sein, sich diese Anerkennung (‚das habe ich gut gemacht') selber zu geben. Auch in der reflexiven Auseinandersetzung mit Kolleginnen kann und soll dieses menschliche Grundbedürfnis nach Bestätigung befriedigt werden. Dies ist ein weiterer Grund für die Notwendigkeit eines institutionalisierten Austausches auf der Fachebene (Supervision, Intervision).

Als Professionelle der Sozialen Arbeit die eigene Person als Arbeitsinstrument zu nutzen meint auch, die persönlichen Fähigkeiten und den eigenen Enthusiasmus in der Arbeit einsetzen. Eine gute Sozialpädagogin wird zugleich aber auch immer überprüfen, inwieweit diese persönlichen Ressourcen und Vorlieben den aktuellen Bedürfnissen und Interessen der Klientinnen(gruppe) entsprechen. Auch hier kann die Aussenperspektive von Fachkollegen hilfreich sein, um die Verstrickung in eigene Vorliebe-Projekte erkennen und auch die Kompatibilität mit Organisationsauftrag und -ressourcen kritisch prüfen zu können.

So wird die Sozialpädagogin mit Zusatzausbildung in Erlebnispädagogik, die in ihrer Freizeit begeistert Klettertouren unternimmt, vielleicht ein Klettergarten-Projekt organisieren, die feministische Sozialarbeiterin hingegen Mädchenabende zu sexueller Aufklärung und zu Lebensvisionen als junge Frauen. Letztere wird jedoch erkennen können, wenn im Jugendtreff gerade *keine* geschlechtshomogenen Abende angesagt sind, und erstere trotz eigener Aktivitätsbegeisterung *auch* ‚Chill-Abende' begleiten und das Kletterprojekt zeitweise ruhen lassen.

Persönliche Verstrickungen lassen sich oft erkennen durch die Überprüfung der Zielsetzung: Geht es wirklich um Ziele der Klienten? Geht es bei der Arbeit an der Zielerreichung um die Klienten, oder um die Sozialarbeiterin selber und ihre Selbstbestätigung? Dabei können selbstkritische Fragen hilfreich sein (z. B.: Wo ist mir etwas selber so wichtig, dass ich es ungeachtet aller Widerstände von Klienten und Kolleginnen unbedingt realisieren will? Wo muss etwas unbedingt gelingen? Bin ich übermässig aktiv? u. a. m.). Um solche persönlichen Verstrickungen und Kränkungen überhaupt erkennen zu können, ist immer wieder und immer wieder von Neuem eine Auseinandersetzung mit der eigenen Person erforderlich. Dies muss nicht nur als Aufgabe und Last, sondern kann auch als Chance zu ständiger Selbsterkenntnis und persönlichem Wachstum verstanden werden: Es ist ein Vorteil von Professionen, da hier die eigene Person als Arbeitsinstrument genutzt wird.

13.4 Controlling

In der Methodik Case Management hat sich im Zusammenhang mit der Intervention im engeren Sinne der Begriff ‚Controlling' etabliert. Er umfasst neben der Koordination von Unterstützungsleistungen auch das aufrecht Erhalten eines angemessenen Informationsflusses unter den Beteiligten sowie die Be- und Auswertung von Leistungen und Massnahmen (vgl. Neuffer 2005:103 ff.). Zielsetzung des Controlling ist im Sinne eines Qualitätsmanagements, Effektivität und Effizienz von Interventionen zu prüfen und Optimierungsmöglichkeiten aufzuzeigen. Nach dem Bundesministerium hat ein Controllingsystem die Zielsetzung einer „ethische[n] Verpflichtung zu höchster Professionalität und Effizienz gegenüber Hilfesuchenden sowie (...) zur Ermöglichung motivierender Erfolgserlebnisse durch systematische Rückkoppelungen" (1996:31). Da in der Sozialen Arbeit die Wirksamkeit von professionellen Unterstützungsleistungen kaum gemessen werden kann und die Zielerreichung oft nicht linear erfolgt, hat das Controlingkonzept den Prozess der Unterstützung und dessen Rahmenbedingungen zu fokussieren (vgl. Neuffer 2005:105). Im Controllingprozess soll der Fallverlauf gesteuert, geregelt und geleitet werden, um die fachlichen Standards zu sichern (dass z.B. nach einer bestimmten Methodik gearbeitet wird, die den Erfordernissen der Klientin und der Problemlage angemessen ist). Im Organisationszusammenhang wird zwischen strategischem und operativem Controlling unterschieden. Während sich ersteres auf den Gesamtablauf in einem Prozess richtet, orientiert sich operatives Controlling am Umsetzen der vereinbarten Ziele und fokussiert

- den Einsatz der Beteiligten im Hinblick auf das Einhalten der Zielvereinbarungen
- die gewählten Interventionen, Methoden und Instrumente (Arbeitsweisen) in Bezug auf die Zielerreichung
- die Umwelteinflüsse
- die inter- und intraprofessionelle Kooperation
- die Angemessenheit der eingesetzten Mittel
- die entstehenden Kosten (vgl. ebd.:107).

Das Controlling in der Sozialen Arbeit beinhaltet immer auch ein vorausschauend angelegtes Überprüfen, um Optimierungschancen erkennen zu können. Es ist demnach zu fragen, zu welchen Aspekten man Erkenntnisse erlangen möchte und was diese für den weiteren Prozessverlauf bedeuten. Simmen et al. sehen in einem umfassenden Controlling eine grosse Chance, wenn es Klientinnen – mit Unterstützung von Sozialpädagogen – gelingt, nicht nur neue Strategien zu erlernen, sondern diese auf den Alltag zu transformieren. Dies setzt ein Bewusstsein voraus, wie Lernen bei den Klientinnen funktioniert (vgl. Simmen et al:2008:35).

Neben dem Schaffen von Transparenz (Informationsnotwendigkeit) und der fortdauernden Dokumentation der Fallbearbeitung/Unterstützungsleistungen sehen wir das Controlling als dritte wesentliche Aufgabe der Koordinationsperson oder Systemvernetzerin bei der Interventionsdurchführung.

13.5 Dokumentation

Bereits im ersten Prozessschritt Situationserfassung haben wir darauf hingewiesen, dass Daten, Fakten, Beobachtungen etc. schriftlich festgehalten werden sollen, ohne aber genauer auszuführen, wie dies zu geschehen hat. Nun sollen im Zusammenhang mit der Interventionsdurchführung einige Hinweise zur Aktenführung bzw. Dokumentation gegeben werden, die in Bezug auf alle Prozessschritte gültig sind.

Dokumentationen werden von Professionellen über Klientinnen geschrieben. Sie werden für ausgewählte Klienten(gruppen) oder Adressatengruppe mit einem bestimmten Auftrag oder Ziel verfasst. Der Inhalt bezieht sich auf einen spezifischen Zeitraum und fokussiert zum Einen die Interventionen bzw. die sozialarbeiterische Unterstützungsarbeit und zum Andern die Veränderungen und Entwicklungen einer Klientin. Dokumentationen sind das Ergebnis der Aktenführung;

es sind die auf Papier oder elektronisch, akustisch oder optisch gespeicherten und abgelegten Daten (vgl. Geiser 2003:24; siehe auch 8.5). „Aktenführung ist eine wichtige professionelle Aufgabe [...] die
- reflektiert (überlegt)
- systematisch (nach einem sachlogischen Verlauf gesteuert, d. h. auch zielgerichtete)
- objektivierbar (sachbezogen, begründbar)
- effektiv (zeigen, gemessen an Zielen, bestimmte Wirkungen)
- effizient (gemessen an der erwünschten Wirkung erscheint der Aufwand lohnend)

durchgeführt werden soll" (ebd.).

Bei der Dokumentation ist wichtig zu wissen, was der Gegenstand der Dokumentation ist: Wird ein gemeinsam ausgehandeltes Ziel festgehalten, eine Arbeitshypothese der Professionellen, die Durchführung einer vereinbarten Intervention u. a. m. Sozialpädagogen soll die Differenz zwischen Realität und Dokumentation stets bewusst sein. Dokumentationen werden zu einem bestimmten Zweck erstellt und sie erfüllen eine bestimmte Funktion (siehe unten). Deshalb ist es wichtig, dass Transparenz hergestellt wird, wozu die Dokumentation dient. Dokumentationen sind Schriftstücke, die dem *Datenschutz* unterstehen und von den Beteiligten eingesehen werden können (siehe 4.2.4). Die Beteiligten sind über den Umfang und Zweck der Dokumentation ins Bild zu setzen. In der Praxis werden immer wieder Notizen, Tagesrapporte, generell Aufzeichnungen gemacht, die nicht in die ‚offizielle' Akte eingehen. Diese sind spätestens bei Beendigung des Auftrags zu vernichten (vgl. Merchel 2004:35).

Die Dokumentation in den einzelnen Prozessschritten soll den Fokus jeweils auf die Unterstützungsleistung richten, damit erkennbar (und evaluierbar) wird, in welcher Art und Weise das fallbezogene methodische Handeln hergeleitet und realisiert wurde. Würde man nur notieren, was Klienten unternehmen oder unterlassen, wäre in den anschliessenden Reflexionen nicht ersichtlich, worin die Unterstützungsaufgabe bestanden hat, ob und wie sie umgesetzt wurde; eine anschliessende Evaluation würde nur einen sehr einseitigen Blick auf den Unterstützungsprozess ermöglichen (siehe Kap. 14). Bei der Dokumentation lässt es sich nicht vermeiden, dass Verhalten von Menschen oder Gruppen bewertet und damit etikettiert wird. Im Wissen um diesen Prozess sind Dokumentationen im professionellen Kontext deshalb mit besonderer Sensibilität zu erstellen (vgl. ebd.:37). Ein gutes Dokumentationssystem für die professionelle Arbeit zeichnet sich demnach dadurch aus, dass für jeden Prozessschritt eine spezielle Rubrik eingeräumt wird. Wichtig für den Bereich Interventionsdurchführung ist es, dass die Interventionen, professionellen Unterstützungsleistungen und Bewertungen in gesonderten Rubriken aufgezeichnet werden können.

In den letzten Jahren wurden in verschiedenen Organisationen *PC-gestützte Dokumentationssysteme* implementiert. Diese verschaffen eine Vereinheitlichung und damit eine gewisse Übersicht über die Dokumentation. Sie sind aber kritisch darauf zu prüfen, ob der Fokus auf die Unterstützungsleistung gelegt wird, zwischen Beschreibung und Bewertung unterschieden wird und der Aufwand in angemessener Weise zum Ertrag steht. Kontinuierlich geführte Dokumentationen bilden die Grundlage für das Verfassen von Berichten durch die Professionellen. Berichte nehmen in der Sozialen Arbeit eine besondere Stellung ein, weil sie vielfach Grundlage bilden für Entscheidungen, wie in einem Fall (weiter)gearbeitet werden soll (z.B. ob eine Fremdplatzierung angezeigt ist, ob ein Integrationsprojekt mit jungen Frauen aus Eritrea in einem Gemeinschaftszentrum finanziert werden soll). Aus diesem Grund stellt das Verfassen von Berichten an Sozialarbeiter einige Anforderungen, die nun kurz erläutert werden sollen.

Berichte können Entscheidungsgrundlagen für Ressourcenerschliessung bilden (wie z.B. Gesuch um Sozialhilfe, Bericht an eine Versicherung) oder Rechtsanwendung durch Behörden (wie z.B. Anträge an Sozialbehörden, Abklärungsberichte zuhanden von Gerichten). Berichte können auch in der Funktion von Berichterstattung die Form von Rechenschaftsablagen und Standortbestimmungen einnehmen (wie z.B. Berichte an Vormundschaftsbehörden, Entwicklungsberichte im Kontext stationärer Sozialpädagogik oder bei der Begleitung von Familien, vgl. Geiser 2003:132f.). Sie sollen gut strukturiert, formal übersichtlich gegliedert und inhaltlich sachlogisch aufgebaut sein. Eine mögliche Gliederung könnte sein:

- Personalien Klientin (evtl. Familienverhältnisse)
- Anlass, Auftrag
- Vorgeschichte
- strukturierte Beschreibung des Unterstützungsprozesses
- fachliche Beurteilung
- Schlussfolgerung (Gesuch/Antrag/Empfehlung).

Immer ist zu berücksichtigen, dass der institutionelle Auftrag die in einer Organisation verfassten Berichte beeinflusst. Bei den Formulierungen ist aus diesem Grund wie auch zur Vermeidung von Etikettierungen (siehe oben) die Sichtweise aller Beteiligten einzubeziehen, entsprechend zu deklarieren und insgesamt auf grosse Sorgfalt zu achten.

13.6 Reflexion des Prozessschrittes

Die verschiedenen methodischen Überlegungen zur Interventionsdurchführung im engeren Sinne betreffend Informationsnotwendigkeit, Vernetzung und Dokumentation wie auch zur Person als eigenes Arbeitsinstrument sollen einer kritischen Reflexion unterzogen werden. In Bezug auf die in Kap. 7.4 definierten Reflexionskriterien für Methoden soll sie auch diesmal in summarischer Weise erfolgen.

13.6.1 Methodenreflexion

Die methodischen Überlegungen zur Interventionsdurchführung fokussieren eine Vernetzung auf verschiedenen Ebenen, um Aufgaben, Vorgehensweisen und Tätigkeiten zu koordinieren, alle Beteiligten zu informieren und sie angemessen in einen Unterstützungsprozess einzubetten. Dadurch wird die *Kooperation auf Klientenebene* gestärkt, indem auch Aktivitäten und Anstrengungen gegenseitig wahrgenommen, ausgetauscht und evaluiert werden. Das wichtigste methodische Hilfsmittel ‚Person der Sozialpädagogin' kann die Kooperation wesentlich unterstützen, wenn sie sich als eigenes ‚Arbeitsinstrument' ganz bewusst und gezielt in eine Arbeitsbeziehung einbringen und die verschiedenen Rollen besetzen kann, um die Einheit von Theorie und Praxis in der Interaktion anzustreben. Dieses selbstreflexive Vorgehen, das eine stete Auseinandersetzung mit der eigenen Person und den subjektiven Norm- und Wertorientierungen einschliesst, unterstützt auch die *Zielsetzung Sozialer Arbeit*, indem immer wieder geklärt werden kann, was das anzustrebende Ziel ist und indem die emotionalen Verstrickungen aufgelöst werden können zur Unterstützung einer grösseren Lebensautonomie von Klientinnen. Kooperation auf der Klientenebene wird auch dann unterstützt, wenn es aufgrund von Controlling gelingt, neue hilfreiche Strategien zu finden und individuell auszurichten, damit sie von Klienten übernommen werden können. Wenn in Zwischenevaluationen Ziele und Unterstützungsleistungen neu definiert werden, hilft das methodisch vernetzende Arbeiten dazu, die Perspektiven Aller mit einzubeziehen, was die Zusammenarbeit auf der *interprofessionellen Ebene* stärkt. Eine methodisch strukturierte und transparent gestaltete Dokumentation kann ebenfalls einen wesentlichen Beitrag auf dieser Ebene leisten, weil damit eine gute Grundlage für den Austausch wie auch für weitere Schritte und Entscheidungen geschaffen werden kann.

Die verschiedenen Controlling- und Reflexionsgefässe (wie z. B. Supervision, Intervision, Coaching) stellen einen Rahmen dar, in dem neben der Zielüberprüfung die Angemessenheit von Interventionsmodi wie auch die Dichte von Interventionen jeweils kritisch geprüft und wenn nötig angepasst werden können. Gerade in Bezug auf die möglichen Hemmnisse wie aber auch Chancen einer Arbeitsbeziehung stellen diese Gefässe unverzichtbarer Bestandteil professionalisierter Praxis zur Wahrung von Menschwürde, Menschenrechten und Verpflichtung zur sozialen Gerechtigkeit dar. Es ist deshalb zu untersuchen (z. B. mit wissenschaftlichen Evaluationen), ob diese Reflexionsgefässe den Qualitätsstandards professionellen Handelns genügen. Vorab in Reflexionsrunden mit Externen können u. a. die organisationsspezifischen Strukturen darauf hin geprüft werden, ob sie den grundlegenden Zielsetzungen und *professionsethischen Anliegen* der Sozialen Arbeit gerecht werden.

Methodisch ist Interventionsdurchführung immer auch als reflexive Angelegenheit zu sehen, die in Orientierung auf den Kern sozialpädagogischer Tätigkeit zu geschehen hat. Die Ausführungen zu Koordination, Vernetzung, Controlling und zur klaren Regelung von Verantwortlichkeiten wie auch die Überlegungen zur eigenen Person als Arbeitsinstrument zeigen, dass diese methodischen Leitlinien einen strukturellen Rahmen bilden für die Intervention im engeren Sinne. Dieser bedingt und ermöglicht erst eine zielgerichtete professionelle Unterstützung.

13.6.2 Evaluationsfragen

Evaluation und Reflexion auf der Grundlage strukturierter systematischer Dokumentation sind in der Interventionsdurchführung ganz wesentliche Aufgaben, die kontinuierlich zu leisten sind. Daraus ergeben sich ganz viele Fragen, welche für die Evaluation leitend sind:

- Wurde die Interventionsplanung wie vorgesehen umgesetzt? Wo gab es Abweichungen und wie sind diese zu begründen? Wurden die Interventionsaufgaben und -aufträge präzise und verständlich verfasst und die Verantwortlichkeiten ausgehandelt?
- Wurden die Koordinationsaufgaben wahrgenommen? Wurde eine Koordinationsperson bzw. Systemvernetzerin bestimmt? Erhielten alle Beteiligten die nötigen Informationen? Wurden die Kompetenzen aller Beteiligten geregelt? Gab es eine Vernetzung der beteiligten Personen zur Abstimmung der Aufgaben und Vorgehensweisen wie auch zur Vernetzung von Personen und Organisationen? Wurden die gemeinsamen Tätigkeiten mit Einzeltätigkeiten abgestimmt?
- Konnten Zwischenevaluationen durchgeführt und die Unterstützungsleistung entsprechend angepasst werden?
- Wurden die Interventionsmodi dem Unterstützungsprozess gemäss angepasst? Wurden Möglichkeiten des Scheiterns oder Eskalierens miteinbezogen? Wurden bei einer allfälligen Übergabe des Falls die notwendigen Informationen vermittelt? Wurden die Organisationsstrukturen daraufhin geprüft, ob sie die Interventionsbemühungen ermöglichen und wenn nicht, Möglichkeiten des Ausbalancierens geschaffen?
- Konnte die durch den Interventionsmodus bestimmte Rolle des Sozialpädagogen fallbezogen eingenommen werden? Wurde der Rollenwechsel von der Sozialpädagogin fallbezogen ausgestaltet? Konnten persönliche Verstrickungen erkannt und aufgelöst werden? Fand bezüglich Rolle und emotionales Involviertsein eine persönliche Auseinandersetzung mit der eigenen Person des Professionellen statt?
- Wurde in einem operativen Controlling der Einsatz der Beteiligten im Hinblick auf die Zielsetzungen überprüft und angepasst? Wurden die gewählten Interventionen, Methoden und Arbeitsweisen in Bezug auf die Zielerreichung reflektiert? Wurden die eingesetzten Mittel in Bezug auf Angemessenheit und entstehende Kosten überprüft?
- Wurde(n) die Dokumentation(en) systematisch, reflektiert und objektivierbar durchgeführt? Wurde der Datenschutz gewährleistet? Wurde das eigene Handeln im Unterstützungsprozess dokumentiert? Wurde unterschieden zwischen

objektiven Daten und Einschätzungen, Annahmen, Bewertungen und Interpretationen und wurden letztere mit Hypothesencharakter formuliert?

13.7 Übersicht Prozessschritt Interventionsdurchführung

Aufgabe

Bei der Interventionsdurchführung im engeren Sinne ist zu überlegen, *wie* das Geplante *zu tun* ist. Es geht darum, Personen, Aufgaben, Vorgehensweisen, Organisationen und Tätigkeiten auf der Basis von offen gelegten Entscheidungsstrukturen miteinander zu vernetzen und für einen angemessenen Informationsfluss zu sorgen. Interventionen sind systematisch und kontinuierlich zu dokumentieren; mittels Controlling soll der Mitteleinsatz überprüft und nötigenfalls angepasst werden. Ziel ist eine wirksame Unterstützung von Klienten(systemen) zum Erreichen der vereinbarten Ziele unter optimalem Einsatz vorhandener Ressourcen.

Methodisches Vorgehen
- Handlungsleitende Konzepte und Interventionsmodi auf ihre Angemessenheit prüfen und gegebenenfalls im Sinne einer rollenden Planung anpassen
- Von Beginn weg Koordination festlegen z. B. durch Einsatz einer Koordinationsperson oder Systemvernetzerin
- Ein PC-gestütztes Dokumentationssystem zur Schaffung von Transparenz, Übersicht und als Orientierungshilfe bei Übergaben eines Falls etc. einrichten und führen
- Rolle der Professionellen dem Interventionsmodus entsprechend fall- und situationsbezogen selbstreflexiv gestalten
- Ständige Evaluationen (z. B. mit Klientin), Zwischenevaluationen in grösserem Rahmen festlegen und durchführen, Interventionen modifizieren, weitere Interventionsphase planen und einleiten

Kooperation

Ebene Klientin/Zielgruppe:
- Grad der Unterstützung ständig überprüfen und dosieren

Fachebene:
- Eigene Person als Arbeitsinstrument reflektieren
- Koordination und Vernetzung

Kompetenzen

Um Interventionen zielorientiert und in koordinierter Weise in Kooperation mit den relevanten Beteiligten durchführen zu können, sollen Sozialarbeiterinnen über folgende Kompetenzen verfügen:
- Rollend planen können bei Veränderungen, Dynamiken etc., dabei Interventionsmodi falladäquat überprüfen und bei Bedarf anpassen
- als Koordinationsperson die Verantwortung für den Unterstützungsprozess tragen können, alle Beteiligten in den Fall angemessen einbinden und die Leistungen aufeinander abstimmen
- Organisationsstrukturen prüfen können, ob sie die nötige Abstimmung der Interventionsbemühungen unterstützen oder behindern und Möglichkeiten des Ausbalancierens schaffen
- Möglichkeiten des Scheiterns oder Eskalierens in bestimmten Situation einräumen können
- erkennen können, wann eigene Aktivität nötig ist und wann sie zurückgenommen werden soll
- eigene Verstrickungen erkennen und reflektieren und Kränkungen auf der Fachebene thematisieren können
- die Erkenntnisse des Controlling gewinnbringend in den Unterstützungsprozess einbringen können
- reflektiert und systematisch dokumentieren und in sachlogisch strukturierter Weise Berichte verfassen können unter Einbezug der Perspektive aller Beteiligten

14 Evaluation

Auswerten, Bilanz ziehen und lernen daraus: Das sind die abschliessenden Aufgaben bei jedem Unterstützungsprozess. Wir stellen zunächst die unterschiedlichen Formen von Evaluation vor, um die fallbezogene Evaluation – um die es in diesem Kapitel geht – einzuordnen. Die Funktionen von Evaluation werden ebenso benannt wie ihre Voraussetzungen. Ausführlich werden die Dimensionen und Kriterien einer fallbezogenen Evaluation im Rahmen Kooperativer Prozessgestaltung erläutert. Abschliessend werden die Rahmenbedingungen dieser Evaluationsform reflektiert und die Evaluationsmöglichkeiten im Hinblick auf den Prozessschritt dargelegt.

14.1 Formen und Aufgabe

Evaluation bedeutet ‚Auswertung', ‚Bewertung' und ‚Beurteilung'. Etymologisch wird der Begriff abgeleitet aus dem lateinischen ex-Valor (d. h. einen Wert ziehen aus etwas). Evaluieren heisst, einen Gegenstand systematisch zu untersuchen und daraus Folgerungen abzuleiten. „Evaluationen sind datenbasierte und methodisch angelegte Beschreibungen und Bewertungen von Programmen, Projekten und Massnahmen. Sie lassen sich an Gütekriterien überprüfen und zielen unter Berücksichtigung des jeweiligen Kontextes systematisch darauf ab, zu einer rationaleren Entscheidungsfindung und zu einer Verbesserung der Problemlösungsansätze beizutragen" (Jurt 2005:53 f.). Evaluation beinhaltet nach König drei Aufgaben: die Sammlung von Informationen, deren Analyse sowie die Interpretation der gewonnenen Erkenntnisse (vgl. 2007:36 f.). Eine spezifische Form von Evaluation ist die *Selbstevaluation*: „Selbstevaluation meint die Beschreibung und Bewertung von Ausschnitten des eigenen alltäglichen beruflichen Handelns und seiner Auswirkungen nach (selbst)bestimmten Kriterien" (ebd.:41). In der Methodik Kooperativer Prozessgestaltung ist dieser Ausschnitt der ‚Fall' (wobei ein Fall, wie wir wissen, eine Einzelperson, eine Familie oder Gruppe ebenso wie ein Gemeinwesen sein kann). Unter Evaluation wird hier also die fallbezogene Evaluation verstanden, welche Professionelle selber vornehmen. Sie ist ein unabdingbarer Schritt in jedem bewusst gestalteten Prozess und dient der Überprüfung des professionellen Handelns.

Formen von Evaluation

In der Literatur finden sich viele Differenzierungen hinsichtlich Evaluation. So können die Evaluationformen beispielsweise unterschieden werden in Hinblick auf die bewertenden Akteure: Eine *externe* Evaluationen wird von Fachleuten durchgeführt, die nicht der untersuchten Organisationseinheit angehören; sie ist stets eine *Fremdevaluation*. Bei einer *internen* Evaluation untersucht eine Einrichtung sich selber (insgesamt oder in Teilbereichen). Diese interne Evaluation kann ebenfalls als *Fremdevaluation* konzipiert sein – wenn das Handeln anderer Personen untersucht wird (z. B. Vorgesetzte das Handeln eines Teams beurteilen) – oder aber als *Selbstevaluation*, bei der Professionelle das eigene Handeln fokussieren und reflektieren (vgl. u. a. Heiner 2005:486 f.). Müller (2009:178 ff.) unterscheidet bei der Fremdevaluation ausserdem zwischen *Evaluation von oben* (wenn bürokratische Kontrollen durch Entscheidungsträger institutionalisiert sind), *Evaluation von unten* (wenn Klientinnengruppen Rechenschaft von der Sozialen Arbeit fordern, sog. Nutzerkontrolle) und *Evaluation von aussen*, einerseits durch die *Öffentlichkeit* (insbesondere durch die Medien), andererseits *durch sozialwissenschaftliche Forschung* (mit Methoden der empirischen Sozialforschung).

Darüber hinaus lassen sich weitere Formen von Evaluation unterscheiden. Beispielsweise kann in Hinblick auf die Zielsetzung einer Untersuchung differenziert werden zwischen summativer und formativer Evaluation: *Summative* Evaluationen fokussieren das Gesamtergebnis, *formative* Evaluationen hingegen zielen darauf ab, laufende Prozesse zu unterstützen, zu beeinflussen und zu verbessern. Während bei der (klassischen) Form der *Outputevaluation* die Wirkungen von Massnahmen untersucht werden, interessieren bei einer *Inputevaluation* vor allem die eingesetzten Ressourcen. Im Rahmen von Qualitätsmanagement von Organisationen wird häufig unterschieden zwischen *Prozess-, Struktur- und Ergebnis*evaluation (vgl. u. a. König 2007:39 f., Harald 2009:325 f.). Grohmann (vgl.1977:222) arbeitet in seinem ‚Drei-Ebenen-Modell der Evaluation sozialpädagogischer Praxis' mit folgender Unterscheidung:

- *Evaluation im Hinblick auf das professionelle Handeln* untersucht die prozesshafte Interaktion von Professionellen und Klientinnen. (Diese Ebene entspricht der fallbezogenen Evaluation im Rahmen Kooperativer Prozessgestaltung).
- Bei der *Evaluation im Hinblick auf die Organisation* wird das professionelle Handeln in einer Gesamtperspektive als Beitrag zur Erfüllung institutioneller Zielsetzungen betrachtet und beurteilt.
- Bei einer *Evaluation im Hinblick auf die gesellschaftliche Funktion von Sozialer Arbeit* wird die institutionalisierte Praxis Sozialer Arbeit anhand sozialpolitischer und ethischer Kriterien untersucht; Evaluation dient dann legitimatorischen Zwecken (Ebene der Profession).

Eine Evaluation kann sich also auf unterschiedliche Ebenen beziehen und verschiedene Funktionen erfüllen.

Evaluationsforschung und Qualitätssicherung

In den 1990er Jahren wurde die Bedeutung von Evaluation in der Sozialen Arbeit zunehmend erkannt und thematisiert (vgl. u. a. Heiner 1994, Heiner et al. 1998). Hintergrund dieses Interesses war nicht zuletzt die Finanzkrise öffentlicher Haushalte und der damit verbundene Druck, die Effektivität und Effizienz öffentlich finanzierter Leistungen nachzuweisen. Mit der Forderung nach Institutionalisierung von Methoden der Selbstevaluation waren gemäss Galuske (vgl. 2007:324) drei Hoffnungen verbunden: Die Verhinderung von Fremdkontrolle, gesteigerte legitimatorische Einflusschancen (wenn die Soziale Arbeit die Wirkung ihrer Interventionen nachweisen kann) sowie fachliche Qualifizierung. Insbesondere von Spiegel (1994, 1998) hat die Selbstevaluation auf der Ebene der Organisation als Mittel beruflicher Qualifizierung thematisiert. Allgemein weist sie der Evaluation in der Sozialen Arbeit vier *Funktionen* zu, die sie als eng miteinander verwoben sieht: Kontrolle, Aufklärung, Qualifizierung und Innovation (vgl. 1994:15 ff.). Bei König findet sich als fünfte Funktion diejenige der Legitimierung Sozialer Arbeit in betriebs- und volkswirtschaftlichem Sinne (vgl. 2007:64 f.). Harald benennt die Funktionen von Evaluation mit Legitimierung, Profilierung, Entscheidungshilfe und Optimierung (vgl. 2009:321 ff.). Evaluationen auf der *Ebene der Organisation und der Profession* werden mit Hilfe von Methoden der empirischen Sozialforschung durchgeführt. Anregungen zur Konzeption solcher Evaluationen finden sich u. a. bei Heiner (1998) und König (2007). Die Evaluationsforschung in der Sozialen Arbeit ist heute sehr vielfältig. Harald betont einerseits ihre grosse Bedeutung, indem sie Evaluationen als *das* Mittel zur Professionalisierung der Sozialen Arbeit bezeichnet – „Die Zukunft von Sozialer Arbeit liegt in der Evaluation der Sozialen Arbeit" (2009:338) –, andererseits konstatiert sie, dass Theorie wie Praxis von einer Systematisierung und Präzisierung evaluatorischer Zugänge noch weit entfernt seien (vgl. ebd.:341).

Evaluation auf der Ebene der Organisation ist – zumindest im deutschsprachigen Raum (vgl. Heiner 2005:485) – eng verknüpft mit Qualitätsentwicklung und -management. Darunter werden alle strukturierten Bemühungen einer Organisation um die Qualität ihrer Produkte und Dienstleistungen gefasst. In *Qualitätsmanagementsystemen* werden Standardisierungen von Abläufen (z. B. bei der Aufnahme eines Falles) und Vorgaben für die Dokumentation (z. B. von Analysebogen, Zielformulierungen, Auswertungsgesprächen, etc.) definiert. Damit soll eine Überprüfung und fachliche Beurteilung von Effektivität, Effizienz und Qualität ermöglicht werden. Zugleich bedeutet dies, dass Evaluation auf der Ebene der Organisation festgeschrieben ist. Die Finanzierung von Organisationen durch die öffentliche Hand setzt heute in vielen Bereichen die – in sog. Audits überprüfte – Implementierung von Qualitätsmanagementsystemen voraus (vgl. u. a. Peterander/Speck 1999).

Evaluation, Supervision und Reflexion

Auf der ersten Evaluationsebene nach Grohmann wird das professionelle Handeln in einem Fall untersucht und kritisch reflektiert. Diese fallbezogene Evaluation ist in zwei Richtungen abzugrenzen: Einerseits gegenüber sog. klassischen Instrumenten der Rechenschaftsablegung wie Dienstbesprechungen und Berichtwesen – die viel stärker legitimatorische Funktion haben und wenig Raum für Erörterung und Abwägung zulassen –, andererseits gegenüber der Supervison (vgl. Galuske 2007:324 f.). *Supervision* bezieht sich auf die Person der Professionellen selbst und auf das professionelle Setting, in das sie eingebunden sind (vgl. ebd.: 316).

Hier werden die emotionalen Aspekte der Arbeitsbeziehung mit Klientinnen thematisiert und die Verwicklung der eigenen Person in einen Fall entwirrt. In einer fallbezogenen Evaluation hingegen werden die Bildungsprozesse von Klienten und die Gestaltung des professionellen Unterstützungsprozesses fokussiert. Es lässt sich sagen, dass Supervision die Voraussetzungen dafür schafft, dass ein Fall unverstellt von persönlichen Verstrickungen betrachtet und verstanden werden kann (wobei die Übergänge fliessend sind, denn die Emotionen der Professionellen können auch strukturiert genutzt werden, um die Fallthematik erfassen zu können, siehe 9.3, und um die Arbeitsbeziehung zu verbessern, siehe 5.1). „Selbstevaluation ergänzt die ‚psychohygienische Funktion' der Supervision um die fachliche Dimension", so hat von Spiegel (1994:18) den Unterschied auf den Punkt gebracht.

Anders als Supervision und fallbezogene Evaluation sind die Begriffe *Reflexion* und Evaluation wenig trennscharf und werden manchmal synonym verwendet (z.B. bei Heiner 1998). Stimmer (2006) verwendet Reflexion als Überbegriff (und Selbstevaluation wird als eine der Methoden von Reflexion definiert). Üblicher jedoch ist, Reflexion als eine allgemeine, kontinuierliche Aufgabe von Professionellen zu sehen, die im Habitus verankert ist (siehe 6.2.2) und bei jedem Prozessschritt zum Tragen kommt. Evaluation als strukturierte, kriteriengeleitete Überprüfung des eigenen Handelns setzt demnach Reflexionsfähigkeit voraus und beinhaltet zugleich reflexive Aufgaben.

Aufgabe von Evaluation

Die grosse Bedeutung von Evaluation – von fallbezogener Evaluation durch die Professionellen bis hin zu sozialwissenschaftlicher Fremdevaluation auf der Ebene der Organisation – lässt sich mit Hilfe einer einfachen Frage erkennen: Was würde passieren, wenn die professionelle Arbeit in einer Organisation oder in einem Fall nie evaluiert würde? Dann wüssten Professionelle nie wirklich, ob das, was sie tun, eine Wirkung zeigt, geschweige denn, welche. Weder könnte überprüft werden, ob mit einem Angebot oder einer fallbezogenen Intervention die anvisierten Ziele erreicht werden, noch könnte beurteilt werden, ob es gelungen ist, einen Fall zu verstehen und ob sich der Aufwand in einem Fall gelohnt hat. Wenn nie beurteilt wird, inwiefern ein Unterstützungsprozess hilfreich war, dann sind auch keinerlei Anpassungen nötig. Gemeinsames Lernen wäre nicht möglich, Veränderungen in einer Organisation wären unnötig – und die Profession hätte ein Legitimationsproblem. Denn wo Technologiewissen fehlt und Handeln nicht standardisierbar ist, sondern fallbezogen gestaltet wird (siehe 3.2.1), ist dieses ‚sich selber und das eigene Handeln erforschen (wollen)' (vgl. Galuske 2007:326) ein Kernbestandteil von Professionskompetenz und professioneller Grundhaltung (siehe 6.2.2). Evaluation beinhaltet die Möglichkeit zu lernen – aus den Fehlern ebenso wie aus erfolgreichen Prozessen. „Was hat's gebracht?", lautet bei Müller folgerichtig das Motto von Evaluation (vgl. 2009:162).

Auf der Ebene des Falles bedeutet eine Evaluation darüber hinaus, die (bisher) geleistete Arbeit zu *würdigen*: Wertzuschätzen, was erreicht worden und zu benennen, was weniger gut gelaufen ist und schwierig war – und es damit auch loslassen zu können. Insbesondere bei längerfristigen Arbeitsbeziehungen ist es wichtig, den Abschluss für und mit allen Beteiligten bewusst zu gestalten und dabei eine Auswertung zu ermöglichen sowie einen Fallrückblick auf der Ebene der Professionellen zu institutionalisieren, bei dem der Unterstützungsprozess noch einmal reflektiert und das gemeinsame Bemühen gewürdigt werden kann. Wenn ein Prozess anstrengend verlief und Rückschläge und Enttäuschungen mit beinhaltet hat, stellt eine solche Rückschau ein Beitrag dar zur Psychohygiene ebenso wie zur Burnout-Prophylaxe. Im Sinne des Grundprinzips der Ressourcenorientierung in der Sozialen Arbeit erscheint es ebenfalls wichtig, gemeinsam festzustellen und zu dokumentieren, was gut gelaufen und gelungen ist. Die Aufgabe von Evaluation liegt auch in dieser wertschätzenden *Distanznahme* zum eigenen Handeln.

Innerhalb der Methodik Kooperativer Prozessgestaltung weist die Evaluation eine *Interdependenz auf mit allen andern Prozessschritten*: Evaluation ist bezogen auf alle anderen Prozessschritte und diese wiederum sind angewiesen auf Evaluation: Einerseits soll jeder Prozessschritt abschliessend kurz evaluiert werden (gemäss den Anregungen und Fragen, die sich am Ende jedes Kapitels finden), andererseits sind manche Erkenntnisse erst nach einem gewissen Zeitablauf in einer Gesamtevaluation möglich (z. B. Beurteilung der Validität der Arbeitshypothese oder der Zielerreichung). Im Verlaufe eines Prozesses ist der Übergang von Evaluation zu Situationserfassung fliessend: In beiden Prozessschritten geht es um die strukturierte Sammlung von Informationen; bei der Evaluation werden diese gesammelten Daten jedoch auch interpretiert. Wie genau dabei vorgegangen wird, soll unter 14.3 erläutert werden.

14.2 Voraussetzungen

Wir haben festgestellt, dass Evaluation wichtig ist, dass sie die Möglichkeit zu lernen beinhaltet. Allerdings geschieht Evaluation nicht einfach von selber, sie muss vielmehr gewollt und organisiert werden, und sie bedarf bestimmter Rahmenbedingungen.

Kultur der Offenheit und Fehlerfreundlichkeit

In der Organisationsentwicklung der 1980er und 90er Jahre wurde der Begriff der ‚lernenden Organisation' geprägt für „Organisationen, in denen die Menschen kontinuierlich die Fähigkeiten entfalten können, ihre wahren Ziele zu verwirklichen, in denen neue Denkformen gefördert (…) werden und in denen Menschen lernen, miteinander zu lernen" (Senge 1998:11). Ständiger Wandel und ‚Fehlerfreundlichkeit' sind Kennzeichen einer solchen Organisation. Analog dazu schlagen wir den Begriff der ‚lernenden Profession' vor, um deutlich zu machen, dass ein Selbstverständnis kontinuierlicher Reflexion und eines ‚Lern Wollens am

Fall' ein angemessener Umgang ist mit dem Strukturmerkmal der Nichtstandardisierbarkeit des professionellen Handelns. Fehler zu machen, manchmal auch das eigene Scheitern festzustellen werden dann als Chance zu gemeinsamem Lernen begriffen. Dies allerdings setzt eine Kultur der Fehlerfreundlichkeit in der Organisation ebenso voraus wie Offenheit, Ehrlichkeit und Mut zu kritischem Hinschauen bei den Sozialarbeiterinnen. Müller (2009) hat dies in den ersten drei (der insgesamt sieben) ‚Arbeitsregeln zur Evaluation' anschaulich zusammengefasst.

- Evaluation heisst genaues und ehrliches Zugänglichmachen von empfindlichen Punkten.
- Evaluation hat Voraussetzungen: Man muss sie sich leisten können! In einem Klima, in dem Angst und wechselseitige Bedrohung herrschen, ist Selbstevaluation unmöglich. Sie muss freiwillig sein und kann nicht erzwungen werden. Sie muss davor geschützt werden, missbraucht zu werden. Und sie erfordert etwas Zivilcourage.
- Selbstevaluation heisst Herstellen von Rahmenbedingungen, die Offenheit und ungeschützte Kritik erleichtern (vgl. ebd.:164–167).

Erst unter diesen Voraussetzungen kann Evaluation zu einer echten Möglichkeit gemeinsamen Lernens werden. Nicht nur für die Professionellen, sondern auch für Klienten kann diese Kultur der Fehlerfreundlichkeit sehr entlastend sein.

Ein Beispiel: In einem Beratungsgespräch mit einer jungen Frau wird als Ziel ‚Berufsfindung' formuliert. Eines der Feinziele lautet: ‚Die Klientin hat Schnupperlehren in drei unterschiedlichen beruflichen Bereichen absolviert'. Bereits nach einem halben Tag jedoch bricht die Klientin die erste Schnupperlehre ab und wagt auch keine weiteren Versuche mehr. Im nächsten Beratungsgespräch könnte dann festgestellt werden, dass die Klientin das Ziel nicht erreicht hat – was diese wahrscheinlich als Bestätigung ihres Ungenügens erleben würde. Wenn der Sozialarbeiter hingegen eingesteht, dass er zuwenig erkannt hat, wie Angst besetzt diese Aufgabe ‚Schnupperlehre' für die Klientin ist (d.h. seine Diagnose fehlerhaft war), und man offensichtlich ein unsinniges Ziel formuliert habe, entlastet das die Klientin von Versagensgefühlen und eröffnet einen neuen Möglichkeitsraum.

Auch die gemeinsame Evaluation mit Klienten hat Voraussetzungen. Ihr Gelingen hängt davon ab, ob Sozialpädagogen einen Raum und eine Atmosphäre schaffen und die Arbeitsbeziehung so gestalten können, dass Klienten – trotz struktureller Machtasymmetrie und in vielen Fällen bestehendem Abhängigkeitsverhältnis (siehe 3.2.4) – angstfrei ehrliche und auch kritische Rückmeldungen äussern können.

Reflexionsgefässe und Dokumentation

Im Handlungsdruck und in der Hektik professioneller Praxis scheint oftmals keinerlei Zeit übrig zu sein für Evaluation, für diesen scheinbaren Luxus des Innehaltens, der Selbstbetrachtung und des Aufzeichnens. Eine fallbezogene Evaluation im Verlaufe eines Unterstützungsprozesses ist eine künstliche, bewusst organisierte *Pause*. Solche Unterbrechungen ermöglichen es, für einen Moment aus der Eigendynamik von Prozessen auszusteigen, Abstand zu gewinnen, einen

Fall – und das eigene Handeln darin – neu anschauen zu können. Eine Fremdevaluation hingegen erlaubt einen kritischen Blick von aussen auf die Praxis in einer Organisation und ermöglicht auf diese Weise Distanz.

Solche ‚Unterbrechungen' können auf verschiedenen Ebenen und in verschiedener Zusammensetzung erfolgen, stets aber brauchen sie institutionalisierte Gefässe. Auf der Fachebene sind dies beispielsweise Fallbesprechungen, Intervisionen oder – nach Abschluss eines Falles – Fallrückblicksitzungen. Ein Gefäss für die Auswertung zusammen mit der Klientin ist das Beratungs- oder Bezugspersonengespräch. Das Standortgespräch bzw. die Hilfekonferenz (siehe Kap. 12) sind Möglichkeiten für die gemeinsame Evaluation mit allen Fallbeteiligten (z. B. Eltern, Behörden, weiteren Hilfesystemen). Grundsätzlich ist es Aufgabe der Organisation, solche Gefässe zu etablieren, und Aufgabe der Professionellen, sie zu nutzen und zu gestalten.

Evaluation braucht eine *Datengrundlage*. „Jegliche Form der (Selbst-)Evaluation lebt von der Qualität der Datenerhebung", hat von Spiegel (1994:39) festgehalten. Erforderlich ist eine systematische Beschreibung des eigenen professionellen Handelns, eine kontinuierliche zielgerichtete schriftliche Dokumentation des Unterstützungsprozesses (in Form von Protokollen, Akteneinträgen, u. a., vgl. z. B. Müller 2009:168 ff.). Fallbezogene Evaluation ist also angewiesen auf eine sorgfältige Dokumentation der vorangegangenen Prozessschritte. Zugleich wird auch die Evaluation dokumentiert (bei einem Fallabschluss z. B. in Form eines Abschlussberichts).

14.3 Vorgehen

„Selbstevaluation meint die Beschreibung und Bewertung von Ausschnitten des eigenen alltäglichen beruflichen Handelns und seiner Auswirkungen nach (selbst)bestimmten Kriterien" (König 2007:41), haben wir eingangs festgehalten (siehe 14.1). Ein allgemeingültiges, geschlossenes Konzept zur fallbezogenen Evaluation durch die Professionellen – das in jedem Fall anzuwenden wäre – gibt es in der Sozialen Arbeit nicht. Wohl aber finden sich in der Literatur Kriterien für die fallbezogene Auswertung des professionellen Handelns. Systematisiert nach dem Modell Kooperativer Prozessgestaltung sollen diese ausführlich dargestellt werden. Zunächst jedoch wird kurz dargelegt, wer an einer Evaluation beteiligt ist und wann diese angesetzt werden soll.

14.3.1 Zeitpunkte und Beteiligte

Bereits die Darstellung im Prozessmodell legt nahe, dass die Evaluation den Abschluss eines Unterstützungsprozesses bildet. Eine Auswertung wird vorgenommen im Sinne eines abschliessenden Rückblicks, bei dem Bilanz gezogen wird. Den Zeitpunkt des Abschlusses planen zu können ist Bestandteil der Aufgabe von Professionellen. Neuffer verweist darauf, dass ein Case-Manager anhand gesetzter Kriterien in der Hilfeplanung und beobachteter Veränderungen in der Hilfestellung erkennen kann, wann die Unterstützung für Klientinnen zu Ende ist (vgl. 2005:108 f). Ziel eines qualifizierten Abschlusses sei es, das Beenden der Unterstützung und Massnahmen bewusst zu gestalten, den gesamten Verlauf anhand der Ziele zu reflektieren und auszuwerten und weiterführende Massnahmen – sofern notwendig – einzuleiten.

Evaluation ist aber auch eine kontinuierliche Aufgabe im Verlaufe eines Unterstützungsprozesses. Insbesondere bei längerfristigen Beratungen oder Platzierungen sind regelmässige Zwischenauswertungen mit allen Beteiligten zu vereinbaren. Die zeitlichen Abstände richten sich nach dem institutionellen Auftrag und Kontext. Während in Einrichtungen der stationären Behindertenhilfe jährliche Zwischenevaluationen üblicherweise ausreichen, sind bei schnelleren Entwicklungsprozessen von Kindern oder Familien eher halbjährliche Auswertungsgespräche angebracht, und bei Kriseninterventionsstellen sind die Evaluationsintervalle noch kürzer anzusetzen. So nützlich und hilfreich institutionalisierte Vorgaben bezüglich Evaluationsgesprächen sind, so wichtig ist es gleichzeitig, dass Evaluationen nicht ausschliesslich gemäss der Logik der Organisation stattfinden, sondern entsprechend den Erfordernissen in einem Fall.

Wir haben unter 14.1 dargelegt, dass der Begriff der fallbezogenen Evaluation bzw. ‚Selbstevaluation' in Abgrenzung zu ‚Fremdevaluation' entstanden ist. Der Begriff Selbstevaluation ist allerdings missverständlich, könnte er doch suggerieren, dass lediglich die Professionellen ihre Arbeit auswerten. Selbstverständlich jedoch ist in einer fallbezogenen Evaluation – welche die Professionellen selbst vornehmen und für die sie verantwortlich zeichnen – die Auswertung gemeinsam mit der Klientin und/oder dem Klientensystem ein wesentlicher Bestandteil. Fallbezogene Evaluation findet sowohl auf der Kooperationsebene mit Klienten als auch auf der Fachebene statt. Neuffer verweist auf die Notwendigkeit der Trennung dieser beiden Ebenen: „Die Auswertung und Bewertung der Fallverläufe des Case Managements wird nicht in die Abschlusskonferenz integriert" (ebd.: 111), an der das gesamte Klientensystem und wichtige Professionelle teilnehmen.

14.3.2 Evaluationsdimensionen und -kriterien

Fallbezogene Evaluation erfolgt in der Methodik Kooperativer Prozessgestaltung entlang der Prozessschritte, welche als *Evaluationsdimensionen* bezeichnet werden können. Rückblickend kann jeder Prozessschritt beurteilt werden im Hinblick auf verschiedene *Kriterien*. Wir führen im Folgenden umfassend alle denkbaren Evaluationskriterien auf, die sich einerseits in der Literatur finden und die wir andererseits im Hinblick auf das Prozessmodell in den letzten Jahren selber erarbeitet haben, und notieren zu jedem Kriterium mögliche Evaluationsfragen. Aus der

Literatur sind insbesondere die von Heiner (vgl. 1998:169 ff.) formulierten Evaluationskriterien zur Dimension der Intervention wichtig, auf die u. a. auch Galuske (vgl. 2007:326 f.) und Stimmer (vgl. 2006:212 f.) zurückgreifen. Einzelne Anregungen zu Evaluationsfragen haben wir aus Simmen et al. (vgl. 2008:58) entnommen.

In jedem Fall ist es Aufgabe der Sozialarbeiterin zu beurteilen, welche Kriterien für die Evaluation herangezogen und welche Fragen gestellt werden sollen. Sinnvoll ist es u. E., einen Fall kurz zu ‚screenen' hinsichtlich aller Kriterien und dabei zu entscheiden, welche Evaluationskriterien in diesem spezifischen Fall besonders relevant sind und für die gemeinsame Auswertung mit dem Klientinnensystem und/oder dem Team genutzt werden.

Evaluation der Interventionen

Diese Dimension kann anhand verschiedenster Kriterien erfasst und durch eine ganze Reihe unterschiedlicher Fragen aufgeschlüsselt werden.

- *Wirklichkeit:* Welche Interventionen wurden realisiert? Was lief so wie geplant und was anders? Was wurde eventuell nicht gemacht, und warum nicht? Wo passierte Unvorhergesehenes? Wo entstanden Schwierigkeiten?
- *Wirksamkeit (Effektivität):* Welche Veränderungen sind erkennbar? Waren die Mittel geeignet, um das Ziel zu erreichen? Gab es relevante Nebeneffekte? Welche Aussagen können gemacht werden, ob und wie sich das konkrete Vorgehen ausgewirkt hat? Wo waren Interventionen hilfreich oder blockierend?
- *Wünschbarkeit, Verträglichkeit:* Wie sind die Veränderungen zu beurteilen? Entsprechen sie gesellschaftlichen und fachlichen Standards (z. B. Normorientierung, Steigerung der Autonomie) oder persönlichen Wünschen (von wem – der Klientin selber, ihren Eltern, der Sozialarbeiterin?) Wie wirkt sich die Veränderung auf den Gesamtkontext aus?
- *Wirtschaftlichkeit (Effizienz):* Mit welchem Aufwand wurde das Ergebnis erreicht? In welchem Verhältnis standen Aufwand und Ertrag? Hat sich der Aufwand (an Zeit, Geld, Nerven etc.) gelohnt? Wurden eventuell zu viele Ressourcen gebunden?
- *Angemessenheit:* Wurden die Probleme in angemessener Weise angegangen? Ist das Prinzip der Ressourcenorientierung beachtet worden? Insbesondere bei Eingriffshandeln: Lässt sich der Einsatz der Mittel rückblickend ethisch vertreten? Wurden die grundlegenden Zielsetzungen der Sozialen Arbeit bei der Intervention (und in der ganzen Fallbearbeitung) angemessen berücksichtigt? Wie lautet die Legitimation gegenüber dem Auftraggeber?
- *Realitätsbezug, Kontext:* Was hat sonst noch zum Ergebnis beigetragen (Klientin, weitere Beteiligte, veränderte Situation aufgrund anderer Faktoren)? Wer hat welchen Beitrag zum Geschehen geleistet? Wo haben die Professionellen durch die Intervention verhindert, dass andere etwas tun konnten?

Der Sozialpädagoge wählt fallbezogen sinnvolle Evaluationskriterien hinsichtlich Intervention aus und entscheidet, welche Evaluationsfragen in welchem Gefäss mit wem thematisiert werden.

Evaluation in Hinblick auf die angestrebten Ziele

Bei dieser Dimension können zwei Kriterien unterschieden werden, die bei jeder fallbezogenen Evaluation herangezogen werden sollten. Darüber hinaus ist es unabdingbar, die Beurteilungen der verschiedenen Fallbeteiligten einzuholen (insbesondere die Einschätzung der Klientin selber) und allfällige Unterschiede festzuhalten.

- *Bewertung der Zielerreichung:* Wurden die vereinbarten Feinziele auf der Ebene der Bildungsziele erreicht? Wurde an den Unterstützungs(fein)zielen gearbeitet? Konnte eine Annäherung an die Grobziele bzw. das Fernziel stattfinden? Was hat allenfalls die Zielerreichung verhindert?
- *Beurteilung der Zielsetzung:* Waren die Ziele sinnvoll und realistisch formuliert? Waren Indikatoren benannt?

Evaluation von Diagnose, Analyse und Situationserfassung

Hier scheint die ‚Sreening-Aufgabe' der Sozialarbeiterin besonders wichtig, d.h. die kurze Überprüfung, welches Kriterium und welche Fragen in einem Fall bei der Evaluation sinnvoller Weise gestellt werden sollen.

- *Diagnose:* Hat sich die Arbeitshypothese bestätigt? War die Wahl der theoretischen Bezugsysteme bzw. der empirischen Ergebnisse sinnvoll?
- *Analyse:* War die Wahl der Analysemethode sinnvoll? Ist die Fallthematik ausreichend präzisiert worden? Hat sich ihre Relevanz im Verlaufe des weiteren Unterstützungsprozesses bestätigt? Sind die relevanten Bewertungsperspektiven angemessen erfasst worden? Insbesondere: Ist die Sichtweise der Klientin ausreichend erfasst und einbezogen worden?
- *Situationserfassung:* War die Wahl des Realitätsausschnittes angemessen? Sind wichtige Aspekte der Wirklichkeit übersehen worden? Wurde die Situation adäquat erfasst (ausführlich und prägant genug?)? Sind alle individuellen und sozialen Ressourcen erfasst worden?

Auswertung der Kooperation

Die nachfolgenden Evaluationsfragen sind immer von der Fall führenden Sozialarbeiterin selber zu beantworten. Eine Auswertung der Kooperation gemeinsam mit der Klientin ist wahrscheinlich oft sehr gewinnbringend.

- *Kooperation mit Klientin und Klientensystem:* Wie wurde die Kooperation gestaltet? Wann wurde die Klientin bzw. das Klientensystem einbezogen, und auf welche Weise? Wann nicht, und warum nicht? Wie ist die Kooperation mit dem Klientensystem gelungen? Wie beurteilen wir Qualität und Ausmass dieser Kooperation im Rückblick? Sind Qualität und Ausmass im Verlaufe des Unterstützungsprozesses gestiegen oder gesunken?
- *Kooperation auf der Fachebene:* Mit wem wurde zusammen gearbeitet (= Realisierung)? Wie verlief die intraprofessionelle Kooperation, d.h. die Zusammenarbeit im sozialpädagogischen Team? Wie wurde die Kooperation mit andern

Professionen intern gestaltet? Wie wurde die Kooperation mit den involvierten externen Hilfesystemen gestaltet, und wie verlief sie? Wie ist die Kooperation auf der Fachebene gelungen? Wie sind Qualität und Ausmass dieser Kooperationen im Rückblick zu beurteilen?

Gesamtbeurteilung und Folgerungen

Hier geht es um eine Gesamtschau, um die Frage, was gelernt werden kann, wenn die Erkenntnisse insgesamt betrachtet werden. Welche Folgerungen lassen sich ziehen für die weitere Arbeit? Was soll weitergeführt werden, was muss geändert werden?

- *Folgerungen für den Fall:* Wie soll im Fall weiterarbeitet werden? Ergibt sich eine neue Situation? Braucht es eine neue bzw. eine modifizierte Diagnose? Müssen Ziele neu formuliert werden? Wenn die Interventionen fortgeführt werden: Wie müssen sie verändert werden?
- *Allgemeine Folgerungen für die Berufspraxis:* Welche Folgerungen lassen sich ableiten aus diesem Fall für die Arbeit mit Klientinnen mit ähnlicher Problematik bzw. mit den andern Klienten in der Organisation? Ergibt sich ein Veränderungsbedarf für die Organisation(-struktur)? Welche Folgerungen lassen sich ableiten für das professionelle Handeln allgemein?

Während unter den ersten Evaluationsdimensionen und -kriterien aufgrund der zur Verfügung stehenden zeitlichen Ressourcen teilweise fallbezogen ausgewählt werden muss, so sind die Dimension der Gesamtbeurteilung und das Kriterium der Folgerungen für die Weiterarbeit im Fall stets einzubeziehen. Die Frage nach den allgemeinen Folgerungen für die Organisation und die Profession sind insbesondere bei jedem Abschluss eines Prozesses zu stellen, wenn sich diese als ‚lernende Organisation' bzw. als ‚lernende Profession' verstehen.

14.4 Reflexion des Prozessschrittes

Ein Nachdenken über die Evaluation lohnt sich in Bezug auf unterschiedliche Aspekte: Die Rahmenbedingungen sollen kritisch reflektiert werden und das methodische Vorgehen bei der fallbezogenen Evaluation soll in Hinblick auf die in Kap. 7.4 formulierten Reflexionskriterien kritisch beurteilt werden. Schliesslich können auch bei diesem Prozessschritt fallbezogene Reflexionsfragen formuliert werden.

14.4.1 Methodenreflexion

Fallbezogene Evaluation findet in Form von Selbstevaluation statt, d.h. die zuständigen Professionellen der Sozialen Arbeit werten ihr eigenes Handeln aus, wählen

Evaluationskriterien aus und beziehen bei dieser Beurteilung in angemessener Weise die Beteiligten ein. Dies erfordert spezifische Kompetenzen, aber auch Rahmenbedingungen auf der Ebene der Organisation. Eine ‚lernende Organisation' mit einer Kultur der Fehlerfreundlichkeit, welche Evaluationsgefässe institutionalisiert und Standards für die Evaluation (z. B. hinsichtlich zeitlicher Intervalle und Dokumentation) definiert hat, stellt gute Voraussetzungen für eine einzelfallbezogene Evaluation zur Verfügung. Gleichzeitig soll eine Auswertung stets entsprechend den Erfordernissen eines Falles organisiert werden können. Dies impliziert auch die Entscheidung darüber, wann es sich um einen ‚Fall für die Supervision' handelt, d. h. die Thematisierung der emotionalen Verstrickung der Professionellen in einen Fall ansteht, wann eine prozessorientierte Fallevaluation auf der Fachebene organisiert und wann in Kooperation mit einem Klientensystem eine gemeinsame Zwischenbilanz gezogen werden soll. Offenheit, Ehrlichkeit, ein Klima der Angstfreiheit und die Bereitschaft zur kritischen Auseinandersetzung mit der eigenen Person und dem eigenen Handeln stellen bei jeder dieser Möglichkeiten von Auswertung entscheidende Voraussetzungen für das Gelingen dar.

Das Vorgehen bei einer einzelfallbezogenen Prozessevaluation soll im Folgenden in Bezug auf die Reflexionskriterien für Methoden in der Sozialen Arbeit in summarischer Weise überprüft werden. Das Kriterium der *Kooperation mit den Klienten(systemen)* macht deutlich, wie wichtig die gemeinsame Auswertung mit der Klientin und/oder dem Klientensystem und das Einholen der Beurteilung durch die Klientin sind. Dies gilt auch für die Kooperation auf der Fachebene: Die Einschätzung von anderen Professionellen ist zu erfragen und zu dokumentieren. In Hinblick auf die *Zielsetzung Sozialer Arbeit* erscheint das Evaluationskriterium ‚Beurteilung der Zielsetzung' besonders wichtig, da hier (noch einmal) überprüft wird, ob die vereinbarten individuelle Ziele mit der allgemeinen Zielsetzung Sozialer Arbeit kompatibel sind (und die Autonomie der Lebenspraxis und die soziale Integration angestrebt werden). Unter professionsethischen Gesichtspunkten ist einerseits die Ressourcenorientierung bei der Evaluation wichtig – es soll nicht nur erfasst werden, was schwierig und hinderlich war, sondern immer auch festgehalten werden, was gut gelaufen und geglückt ist – andererseits ist das Kriterium *Angemessenheit* in der Evaluationsdimension Intervention wichtig, indem insbesondere das Eingriffshandeln noch einmal kritisch überprüft wird. Evaluation hat *in allen Praxisfeldern* eine sehr hohe Bedeutung. Diese organisierte Pause, die Distanznahme und kritische Reflexion ermöglicht, ist unabdingbar für den gesamten Prozess Kooperativer Prozessgestaltung wie auch für die einzelnen Prozessschritte. Fehlt die Evaluation, so wird der Unterstützungsprozess ‚unterlaufen' und ist insgesamt in seiner Qualität in Frage gestellt. Der mit Evaluation verbundene *Aufwand* ist deshalb unbedingt gerechtfertigt. Durch die Kompetenz, einen Fall in Hinblick auf den Evaluationsbedarf zu ‚screenen' und fallbezogen relevante Evaluationsdimensionen und -kriterien auswählen zu können, kann er auf ein handhabbares Ausmass reduziert werden.

14.4.2 Evaluationsfragen

Zu einem professionellen Vorgehen bei der Evaluation gehört eine abschliessende Reflexion. So kann sich die Sozialpädagogin eine Reihe von Fragen stellen:

- Basiert die Evaluation auf einer Kultur von Offenheit, Ehrlichkeit und Fehlerfreundlichkeit (oder ist es eine ‚Pseudoevaluation', die als vorgeschriebenes Element der Qualitätssicherung abgehandelt und schnell dokumentiert wird)?
- Sind die in diesem Fall wichtigen Evaluationsdimensionen und -kriterien berücksichtigt worden? (oder sind allenfalls schwierige Fragen übergangen worden?)
- Sind die relevanten Beteiligten bei der Evaluation einbezogen worden (oder gibt die Evaluation ausschliesslich die Sicht der Sozialpädagogin wieder)? Ist dabei eine Atmosphäre geschaffen worden, die es Klienten(systemen) erlaubt hat, ehrlich und angstfrei ihre Einschätzungen zu äussern?
- Ist die Ressourcenorientierung bei der Evaluation ersichtlich? Wurden bei jeder Dimension die positiven wie negativen Aspekte eines Prozesses benannt?
- Wurde eine adäquate Gesamtbeurteilung vorgenommen und wurden konkrete Folgerungen für die Weiterarbeit formuliert?
- Bei einer Zwischenevaluation: Wurde ein sinnvoller Zeitpunkt für das gemeinsame Innehalten und Distanznehmen gewählt?
- Bei Abschluss eines Falles: Wurde der konkrete Fall als Möglichkeit des Lernens genutzt und wurden allgemeine Folgerungen für die Weiterarbeit mit allen Klienten in der Organisation (bzw. für Klienten mit ähnlicher Thematik) abgeleitet?

14.5 Überblick Prozessschritt Evaluation

Aufgabe

Evaluieren heisst, einen Gegenstand systematisch zu untersuchen und daraus Folgerungen abzuleiten. Bei der fallbezogenen Evaluation geht es um die Bewertung und Beurteilung des Unterstützungsprozesses; dazu gehört auch die gemeinsame Auswertung mit Klienten(systemen). Evaluation bedarf einer bewussten, künstlichen Pause in einem Prozess und erlaubt Distanznahme zum Geschehen. Ziel ist das bisherige Vorgehen zu bewerten, Bilanz zu ziehen und Folgerungen für die weitere Arbeit abzuleiten. Durch Evaluationsgefässe wird die Möglichkeit gemeinsamen Lernens institutionalisiert.

Methodisches Vorgehen

Der Prozess insgesamt wird ausgewertet, im Sinne einer Selbstevaluation der Professionellen – wobei hierzu auch das Einholen der Einschätzung der Klien-

ten und anderer Beteiligten gehört. Die Dimensionen einer Evaluation beziehen sich auf die vorangehenden Prozessschritte und können in Hinblick auf verschiedene Kriterien beurteilt werden:
- *Intervention:* Wirklichkeit, Wünschbarkeit, Wirksamkeit, Wirtschaftlichkeit, Angemessenheit, Realitätsbezug
- *Ziele:* Bewertung der Zielerreichung und der Zielsetzung
- *Diagnose, Analyse, Situationserfassung:* Bestätigung der Arbeitshypothese, der Fallthematik, u. a.
- *Kooperation:* Gestaltung der Zusammenarbeit mit Klient(ensystem), Gestaltung der Zusammenarbeit auf der Fachebene
- *Gesamtbeurteilung, Folgerungen:* Folgerungen für die Weiterarbeit im Fall, Folgerungen für die Organisation bzw. die Profession

Kooperation

Ebene Klient/Zielgruppe:
- Kriterienbezogene Erfassung der Sichtweise von Klienten(systemen), Ermöglichen von ehrlichen und selbstkritischen Einschätzungen

Fachebene
- Kriterienbezogene Erfassung der Beurteilungen jener Professionellen, die massgeblich in einen Fall involviert sind

Kompetenzen

Um einen Fall so auswerten zu können, dass dabei neue Erkenntnisse generiert werden, bedürfen Professionelle der Sozialen Arbeit folgender Kompetenzen:
- fallbezogen relevante Evaluationsdimensionen und -kriterien auswählen können
- analytisch denken und Distanz zu einem Fall und zum eigenen Handeln nehmen können
- Einschätzungen von Klientinnen und anderen Professionellen einholen können, dabei Bedingungen schaffen, die auch kritische Rückmeldungen ermöglichen
- sowohl schwierige wie auch gelungene Aspekte eines Prozesses erkennen und benennen können
- sich offen, ehrlich und selbstkritisch mit sich selber auseinandersetzen, das eigene Handeln hinterfragen und zugleich die geleistete Arbeit Wert schätzen können
- Reflexionsgefässe adäquat nutzen können und einen Beitrag leisten zu einer Kultur der Fehlerfreundlichkeit

15 Schlusswort oder Wie man Kooperative Prozessgestaltung lernen kann

Der Methodik Kooperativer Prozessgestaltung liegt ein spezifisches Verständnis eines Prozessablaufs der Unterstützung und Begleitung von Klienten der Sozialen Arbeit zugrunde. Entsprechend dieser Prozessstruktur haben wir die aus unserer Sicht derzeit wichtigsten Methoden, Instrumente und methodischen Hilfsmittel im deutschsprachigen Raum systematisiert. Manche davon haben wir ausführlich dargestellt, in der Absicht, dass aufgrund der Ausführungen damit gearbeitet werden kann. Andere haben wir deutlich knapper erläutert; die Skizzierung soll den Leserinnen eine Einschätzung ermöglichen, was die jeweilige Methode leisten kann. Das Lehrbuch soll als Nachschlagewerk dienen und Anregungen vermitteln, wie Fälle methodisch bearbeitet werden können. Unser wichtigstes Anliegen jedoch ist es, ein bestimmtes Grundverständnis von professionellem Handeln zu vermitteln. Dieses Grundverständnis Kooperativer Prozessgestaltung lässt sich mit verschiedenen Kurzformeln und Bildern umschreiben:

- ‚zuerst verstehen, dann handeln', eine Suchbewegung des Fallverstehens
- mit einer Haltung von Offenheit und Neugier erfassen und zu verstehen versuchen und auf dieser Basis überlegen, was zu tun ist
- wissen, was man wann und weshalb tut, wenn man etwas tut (d.h. in welchem Prozessschritt man sich gerade bewegt)
- Verschränktheit des Handelns auf der Fachebene und der Kooperationsebene mit Klientinnen
- kontinuierlicher Wechsel zwischen analytischer Ebene und Ebene des Handelns u.a.m.

Bei diesem Grundverständnis verändert sich die übliche Gewichtung der Prozessphasen. Nicht Interventionen allein stehen im Zentrum einer oft unter grossem Handlungsdruck stehenden Praxis Sozialer Arbeit. Vielmehr kommt der analytischen Phase eine bedeutende Stellung in der Prozessgestaltung zu, weil erst sie die Voraussetzungen für angemessene Interventionen schafft. Dies impliziert, dass dieser ersten Phase mehr Raum und auch Zeit zuzumessen ist, Zeit für eine genaue Analyse und Diagnose, Zeit auch für eine sorgfältige Evaluation.

Ziel einer Ausbildung auf Hochschulebene ist es, die Entwicklung eines solchen Grundverständnisses von professionellem Handeln zu ermöglichen. Erforderlich dazu ist zunächst Wissensvermittlung bzw. -erwerb zu den Grundlagen Sozialer Arbeit, zur Methodik und zu einzelnen Methoden. Für den Kompetenzerwerb zu methodisch strukturierter Fallarbeit auf dieser Basis ist Übung nötig – und Übung und Übung. Es braucht didaktische Arrangements, die im handlungsentlasteten Raum der Hochschule eine deutliche Verlangsamung des Fallbearbeitungsprozesses zulassen und eine Komplexitätsreduktion vorsehen, indem die Fallbearbeitung zunächst auf die Fachebene beschränkt wird. An der Hochschule für Soziale Arbeit der Fachhochschule Nordwestschweiz (HSA) – an der wir lehren – wird Fallbearbeitung zunächst in Fallwerkstätten und mit Hilfe eines eLearning-Tools eingeübt. Neben der Notwendigkeit, Fallbearbeitung und Prozessgestaltung zunächst theoretisch zu lernen und in der handlungsentlasteten Situation zu üben, braucht es des Weiteren Möglichkeiten, Prozessgestaltung in der berufspraktischen Situation, in Kooperation mit Kollegen und in Kooperation mit Klienten ausprobieren und einüben zu können (was eine deutliche Komplexitätssteigerung bedeutet). Dies erfolgt an unserer Hochschule insbesondere im Rahmen einer sog. Praxisarbeit. Dabei bearbeiten die Studierenden im Rahmen eines Praktikums bzw. ihrer studienbegleitenden Praxisausbildung exemplarisch einen Fall, sie entwickeln eine analyse- und diagnosebasierte Interventionssequenz, realisieren und evaluieren diese. Der Erwerb von Professionskompetenz bedarf u. E. unabdingbar zweier Lernorte: Den Lernort Hochschule zur Wissensvermittlung und zur handlungsentlasteten gemeinsamen Arbeit an Fällen *und* den Lernort in der Praxis mit den realen Handlungssituationen in Kooperation mit Klienten(systemen).

Nun stehen Studierende am Lernort Praxis zumeist vor der Herausforderung, dass eine Organisation nach einer eigenen, oftmals bürokratischen Logik funktioniert, bei der Vorgehensweisen bei bestimmten Situationen und Problemen institutionalisiert sind, die teilweise mündlich tradiert sind und gemäss impliziten – und d. h. zunächst nicht diskutierbaren – Regeln bearbeitet werden, und nicht gemäss der idealtypischen Vorgehensweise, wie sie in diesem Lehrbuch vorgestellt wurde. Die Logik der Organisation steht manchmal im Widerspruch zur Logik eines einzelnen Falles (siehe 12.2). Eine hilfreiche Übungsaufgabe für Studierende kann darin bestehen, dass sie Elemente von Prozessgestaltung in der Praxis erkennen können (z. B. einen bestimmten Erfassungsbogen als Raster zur Perspektivenanalyse zu identifizieren); auf diese Weise lernen sie, sich in beiden Logiken zu bewegen und dazwischen hin und her zu wechseln. Ausserdem sollen sie erkennen können, wann in fachlich begründeter Weise der eingespielten Routine und/oder institutionalisierten Abläufen zuwider gehandelt werden soll, damit man einem Klienten(system) wirklich gerecht wird (dies kann beispielsweise dann der Fall sein, wenn noch nicht klar ist, was denn eigentlich die Fallthematik ist bzw. wenn ein Fall noch zuwenig verstanden ist).

Kooperative Prozessgestaltung in dieser ausführlichen – und in der Durchführung wie erwähnt verlangsamten – Form, wie sie im Lehrbuch dargestellt worden ist, sehen wir als notwendig für den Prozess der Kompetenzentwicklung. Erst dann, wenn eine Studentin verstanden hat, was Analyse genau bedeutet – welche Bewegung der Komplexitätserweiterung und -reduktion hier beispielsweise erforderlich ist –, erst dann kann sie angemessen mit Hilfe einer geeigneten Analysemethode die verschiedenen Einschätzungen z. B. in einer Familie erfragen. Erst wenn sie gelernt hat, die in der Analyse erhobenen Daten auszuwerten und zu gewichten und die Themen darin herauszuarbeiten, kann sie ein Gespräch mit einer Familie so führen, dass gemeinsam die Fallthematik bestimmt wird. Ein Prozess der Expertentätigkeit ist Voraussetzung dafür, in einen dialogischen Aushandlungsprozess eintreten und dort die Expertenposition vertreten zu können. Kooperative Prozessgestaltung bedeutet, zwischen beiden Ebenen der Fallbearbeitung – der Fachebene (und hier auch im Diskurs mit Kolleginnen) und der Kooperationsebene mit Klienten(systemen) – flexibel wechseln zu können bzw. sich auf beiden Ebenen gleichzeitig zu bewegen. Wenn das Grundprinzip ‚erst verstehen, dann handeln' jedoch internalisiert, die Suchbewegung des Fallverstehens habitualisiert und beides zu Bestandteilen der *professionellen Grundhaltung* geworden ist, dann kann ein Prozesszyklus auch sehr schnell ablaufen und in Alltagssituationen realisiert werden (bspw. in einer halben Minute, wie in 7.3.1 dargestellt).

Der grössere Zyklus der Fallbearbeitung hingegen soll institutionalisiert werden – und er braucht zeitliche und räumliche Gefässe. Insbesondere bei komplexen Fällen ist es unabdingbar, dass ein Team gemeinsam diese Suchbewegung des Fallverstehens unternimmt und auf dieser Basis Interventionsmöglichkeiten entwirft. Professionalisierung ohne entsprechende *Arbeits- und Reflexionsgefässe* für die Professionellen – Fallarbeitssitzungen, Inter- bzw. Supervision – ist nicht zu vertreten, vor allem im Zeitalter zunehmender Ökonomisierung des Sozialen nicht. Möglichkeiten für die Fallbearbeitung systematisch zu nutzen kann sich als deutlich effizienter erweisen und ist aus professionsethischer Sicht angemessener als auf ein Problem in wiederholter Weise mit einer Symptombehandlung zu reagieren. Ein ganz grundlegender Aspekt von Professionskompetenz ist die kontinuierliche Selbstreflexion, der fachliche Austausch und die gemeinsame Reflexion von Professionellen. Hierfür sind Gefässe zu institutionalisieren, welche die Grundlage für professionelles Handeln bilden.

Wir haben in der Übersicht in den Kapiteln 8 bis 14 jeweils die Kompetenzen aufgelistet, die für die Gestaltung jedes Prozessschrittes nötig sind. Zusammen genommen ergibt sich daraus eine Vielzahl von Kompetenzen, über die Professionelle der Sozialen Arbeit verfügen (müssen). Dabei ist es nötig, praxisfeld- und aufgabenbezogen zu beurteilen, welche Kompetenzen besonders wichtig sind und erworben bzw. weiterentwickelt werden sollen. Die Kompetenzen strukturieren den Bildungsprozess von angehenden Sozialarbeiterinnen, welcher mit dem Studium beginnt und weit darüber hinausreicht. ‚Professionskompetenz' umfasst all diese Kompetenzen und besteht aus vielen unterschiedlichen Aspekten (wie z.B. persönliches Zeitmanagement, Arbeitsbündnisse mit Klienten(systemen) schaffen, sich mit anderen Professionen vernetzen können, etc.). Voraussetzung zur Erlangung von Professionskompetenz bilden zudem interaktive und kommunikative Kompetenzen (siehe auch Kap. 5). Professionskompetenz setzt eine hohe Reflexionsfähigkeit voraus, gründet sich auf ethischer Reflexion, orientiert sich an den übergreifenden Zielen Sozialer Arbeit und stützt sich ab auf einen professionellen Habitus. Indem sie Sozialpädagogen dazu verhilft, weniger in widersprüchliche Situationen zu geraten und sich aus der diffusen Allzuständigkeit zu lösen, kann sie Sicherheit im Handeln schaffen.

Schlusswort oder Wie man Kooperative Prozessgestaltung lernen kann

Ein Lehrbuch mit dem Anspruch, *methodenintegrativ* zu sein, d. h. unterschiedliche, aktuell relevante Methoden in der Sozialen Arbeit vorzustellen und diese in eine eigene Systematik einzugliedern und einzupassen, setzt sich zwangsläufig dem Ekklektizismus-Vorwurf aus. Manche Methoden sind explizit als solche, d. h. als Methoden entwickelt worden (z. B. systematische Beobachtung, siehe 8.5; Sozialpädagogische Risiko-Ressourcenanalyse, siehe 9.5.3) und lassen sich daher sehr gut in eine umfassende Methodik integrieren. Andere der im Rahmen eines Prozessschrittes vorgestellten Methoden sind Bestandteil einer eigenständigen Methodik (z. B. die Problem- und Machtquellen bzw. Ressourcen-Analyse nach Staub-Bernasconi, siehe 9.7.1), welche bei der Eingliederung in die Systematik Kooperativer Prozessgestaltung nicht berücksichtig wird. Wir nehmen dies im Hinblick auf den Versuch und Vorteil einer umfassenden, methodenintegrativen Methodik in Kauf.

Der andere grundlegende Anspruch der Methodik besteht in ihrer Eignung für den *praxisfeldübergreifenden Einsatz*. Dies bedingt einen gewissen Abstraktionsgrad in der Darstellung. Und es entbindet Professionelle nicht von der Aufgabe, in einem konkreten Fall innerhalb einer spezifischen Organisation geeignete Methoden und Instrumente auszuwählen. Auf der Grundlage der Methodik Kooperativer Prozessgestaltung lässt sich jedoch organisationsspezifisch ein Set von Methoden, Techniken und Instrumenten konkretisieren. Das stellt eine spannende Aufgabe im Rahmen von Organisations- und Konzeptentwicklung dar (in die idealerweise alle Professionellen einer Organisation eingebunden sind). Die Methodik kann dann auch weiterentwickelt werden für die interprofessionelle Zusammenarbeit (wie dies gegenwärtig in verschiedenen Projekten an der Hochschule für Soziale Arbeit FHNW in Kooperation mit einzelnen Partnerorganisationen in der Praxis geschieht).

Im ersten Teil haben wir Soziale Arbeit als professionalisierungsbedürftige Profession dargestellt bzw. als Profession mit spezifischen Strukturbedingungen, Spannungsfeldern und Widersprüchen, die von Sozialarbeitern ausbalanciert werden müssen (siehe 3.2). Manche Autoren betrachten Diagnose als *den* Beitrag zur Professionalisierung (siehe 10.1), andere die Evaluation (siehe 14.1). Aus unserer Sicht ist Professionalisierung in der Sozialen Arbeit gekennzeichnet durch mindestens zwei Merkmale:

- Professionelles Handeln ist ein strukturiertes und reflektiertes methodisches Vorgehen, d. h. ein Vorgehen, bei dem der Prozess der Fallbearbeitung strukturiert wird und unterschiedliche Methoden genutzt werden
- die strukturierte Fallbearbeitung aus Expertinnensicht und der dialogische Verständigungsprozess mit Klienten sind ineinander verwoben

In diesem Sinne soll das vorliegende Lehrbuch einen Beitrag leisten zur Professionalisierung der Sozialen Arbeit: Dazu, dass Klienten, die mit Schwierigkeiten der Alltagsbewältigung und mit sozialer Benachteiligung zu kämpfen haben, von den zuständigen Sozialarbeitern in ihrem Autonomiebestreben und in ihrer sozialen Integration wahrgenommen, verstanden und gut unterstützt werden. Dass die Sozialpädagoginnen ihre spezifische Kompetenz selbstbewusst in die Zusammenarbeit mit anderen Professionen einbringen und ihnen dabei der ihnen gebührende Status zukommt. Und schliesslich, dass Professionelle der Sozialen Arbeit auf einer soliden Basis methodisch abgestützter Tätigkeit sich zunehmend in den politischen Diskurs um soziale Gerechtigkeit einmischen und Gehör finden.

Literaturverzeichnis

Ader, Helmut K. (2004). Das Person-in-Environment-System (PIE). Vorteile einer eigenständigen, standardisierten Diagnostik in der Sozialen Arbeit. S. 165–182 in: Heiner, Maja (Hg.) (2004). Diagnostik und Diagnosen in der Sozialen Arbeit – Ein Handbuch. Dt. Verein für öffentliche und private Fürsorge, Frankfurt a. M..

Ader, Sabine (2006). Was leitet den Blick? Wahrnehmung, Deutung und Intervention in der Jugendhilfe. Juventa, Weinheim/München.

Ader, Sabine/Thiesmeier, Monika (2002). Kollegiales Fallverstehen und Fallkonsultationen als Instrumente sozialpädagogischer Analyse und Deutung. S. 76–96 in: Henkel, Joachim/Ader, Sabine/Schrapper, Christian (Hg.) (2002). Was tun mit schwierigen Kindern? Bericht zum Kölner Modellprojekt. Votum, Münster.

Ader, Sabine/Schrapper, Christian/Thiesmeier Monika (Hg.) (2001). Sozialpädagogisches Fallverstehen und sozialpädagogische Diagnostik in Forschung und Praxis. Votum, Münster.

Adler, Helmut (1998). Fallanalyse beim Hilfeplan nach § 36 KJHG. Peter Lang, Frankfurt a. M..

Aichhorn, August (2005). Verwahrloste Jugend. Die Psychoanalyse in der Fürsorgeerziehung. 11. Auflage. Huber, Bern.

Arendt, Hannah (1996). Vita activa. Oder vom tätigen Leben. 8. Auflage. Piper, München.

AvenirSocial (2010). Berufskodex Soziale Arbeit Schweiz. Ein Argumentarium für die Praxis der Professionellen. Professionelle Soziale Arbeit Schweiz, Bern.

Balz, Hans-Jürgen/Spiess, Erika (2009). Kooperation in sozialen Organisationen. Grundlagen und Instrumente der Teamarbeit. Ein Lehrbuch. Kohlhammer, Stuttgart.

Bang, Ruth (1964). Die helfende Beziehung als Grundlage der persönlichen Hilfe. Ein Wegweiser der Hilfe von Mensch zu Mensch. Reinhardt, München/Basel.

Bayerisches Landesjugendamt (Hg.) (2001). Sozialpädagogische Diagnose. Arbeitshilfe zur Feststellung des erzieherischen Bedarfs. München.

Becker-Lenz, Roland/Busse, Stefan/Ehlert, Gudrun/Müller, Silke (2009). Professionalität in der Sozialen Arbeit. Standpunkte, Kontroversen, Perspektiven. VS Verlag für Sozialwissenschaften, Wiesbaden.

Becker-Lenz, Roland/Müller, Silke (2009). Der professionelle Habitus in der Sozialen Arbeit. Grundlagen eines Professionsideals. Peter Lang, Bern/Berlin u. a..

Becker, Roland (2005). Das Arbeitsbündnis als Fundament professionellen Handelns. Aspekte des Strukturdilemmas von Hilfe und Kontrolle in der Sozialen Arbeit. S. 87–104 in: Pfadenhauer, Michaela (Hg.). Professionelles Handeln. VS Verlag für Sozialwissenschaften, Wiesbaden.

Becker, Roland/Friedli, Charlotte/Wilhelm, Elena (2005). Sozialarbeit. S. 160–162 in: FHA, Fachhochschule Aargau Nordwestschweiz, Departement Soziale Arbeit (2005). Wörter – Begriffe – Bedeutungen. Ein Glossar zur Sozialen Arbeit der Fachhochschule Nordwestschweiz. 2. Auflage. Brugg.

Bernfeld, Siegfried (1994). Sisyphos oder die Grenzen der Erziehung. 7. Auflage. Suhrkamp, Frankfurt a. M..

Boban, Ines/Hinz, Andreas (2000). Förderpläne – für integrative Erziehung überflüssig!? Aber was dann?? S. 131–144 in: Mutzeck, Wolfgang (Hg.) Förderplanung. Grundlagen – Methoden – Alternativen. Beltz, Weinheim.

Bock, Irmgard (1984). Pädagogische Anthropologie der Lebensalter. Eine Einführung. Ehrenwirth, München.

Boer, Jo/Utermann, Kurt (1970). Gemeinwesenarbeit. Community Organization – Opbouwwerk. Einführung in Theorie und Praxis. Ferdinand Enke, Stuttgart.

Böhnisch, Lothar (2008). Sozialpädagogik der Lebensalter. Eine Einführung. 5. überarbeite Auflage. Juventa, Weinheim/München.
Böhnisch, Lothar (2005). Lebensbewältigung. Ein sozialpolitisch inspiriertes Paradigma für die Soziale Arbeit. S. 199–213 in: Thole, Werner (Hg.) Grundriss Soziale Arbeit. Ein einführendes Handbuch. 2. überarbeitete und aktualisierte Auflage. VS Verlag für Sozialwissenschaften, Wiesbaden.
Böhnisch, Lothar (1979). ‚Sozialpädagogik' hat viele Gesichter. S. 222–24 in: Betrifft: Erziehung Heft 12.
Böhnisch, Lothar/Lösch, Hans (1973). Das Handlungsverständnis des Sozialarbeiters und seine institutionelle Determination. S. 21–40 in: Otto, Hans/Schneider, Siegfried (Hg.). Gesellschaftliche Perspektiven der Sozialarbeit. Bd. 2. Luchterhand, Neuwied/Berlin.
Bohnsack, Ralf (2007). Rekonstruktive Sozialforschung. Einführung in qualitative Methoden. 6. aktualisierte Auflage. Leske + Budrich, Opladen.
Bommes, Michael/Scherr, Albert (2000). Soziologie der Sozialen Arbeit. Eine Einführung in Formen und Funktionen organisierter Hilfe. Juventa, Weinheim/München.
Bourdieu, Pierre. (1974). Zur Soziologie der symbolischen Formen. Suhrkamp, Frankfurt a. M..
Brack, Ruth (2003). Minimalstandards für die Aktenführung in der Sozialarbeit. Vorschlag zur Vereinheitlichung der Erfassung von Merkmalen zu Klient- beziehungsweise Beratungsdaten. 4. vollständig überarbeitete Auflage. Interact, Luzern.
Bronfenbrenner, Urie (1981). Die Ökologie der menschlichen Entwicklung. Natürliche und geplante Experimente. Fischer, Stuttgart.
Brumlik, Micha (2004). Advokatorische Ethik. Zur Legitimation pädagogischer Eingriffe. 2. Auflage. Klinkhardt, Berlin/Wien.
Brunswik, Egon (1997). Wahrnehmung und Gegenstandswelt. Deuticke, Wien.
Bullinger, Hermann/Novak, Jürgen (1998). Soziale Netzwerkarbeit. Lambertus, Freiburg i.Br.
Bundesministerium für Familie, Senioren, Frauen und Jugend (Hg.) (1996). Qualitätsentwicklung und Qualitätssicherung in der Jugendverbandsarbeit: Bedarf und Anforderungen an Konzepte des Controlling und der Selbstevaluation. Materialien zur Qualitätssicherung in der Kinder- und Jugendhilfe. 2. Auflage. Bergisch Gladbach.
Cassée, Kitty/Spanjaard Han (2009). KOSS-Manual. Handbuch für die Kompetenzorientierte Arbeit in stationären Settings. Haupt, Bern.
Cassée, Kitty/Los-Schneider, Barbara/Spanjaard Han (2008). KOFA-Manual. Handbuch für die Kompetenzorientierte Arbeit mit Familien. Haupt, Bern.
Cassée, Kitty (2007). Kompetenzorientierung. Eine Methodik für die Kinder- und Jugendhilfe. Ein Praxisbuch mit Grundlagen, Instrumenten und Anwendungen Haupt, Bern.
Chassé, Karl A./von Wensierski, Hans-Jürgen (2004). Praxisfelder der Sozialen Arbeit. Eine Einführung. 3. Auflage. Juventa, Weinheim/München.
Chassé, Karl A./von Wensierski, Hans-Jürgen (2004a). Praxisfelder der Sozialen Arbeit – eine Einleitung. S. 7–16 in: Dies. (Hg.) Praxisfelder der Sozialen Arbeit. Eine Einführung.. 3. Auflage. Juventa, Weinheim/München.
Cloos, Peter/Thole, Werner (2007). Professioneller Habitus und das Modell einer Evidence-Based-Practice. Reflexive Wissensarbeit jenseits einfacher Technisierbarkeit. S. 60–74 in: Sommerfeld, Peter/Hüttemann, Matthias (Hg.). Evidenzbasierte Soziale Arbeit. Nutzung von Forschung für die Praxis. Schneider, Baltmannsweiler.
Combe, Arno/Helsper, Werner (Hg.) (2002). Pädagogische Professionalität. Untersuchungen zum Typus pädagogischen Handelns. 4. Auflage. Suhrkamp, Frankfurt a. M..
Conen, Marie-Luise/Cecchin Gianfranco (2008). Wie kann ich ihnen helfen, mich wieder loszuwerden? 2. Auflage. Auer, Heidelberg.
Conradi, Elisabeth (2001). Take Care. Grundlagen einer Ethik der Achtsamkeit. Campus, Weinheim.

DBSH (Deutscher Berufsverband für Sozialarbeit e.V.) (1997) Berufsethische Prinzipien des DBSH. Verfügbar unter: http://www.dbsh.de/html/Publikationen.html (abgerufen am 15.09.2010).
Dewe, Bernd/Otto, Hans-Uwe (2005a). Profession. S. 1399–1423 in: Otto, Hans-Uwe/Thiersch, Hans (Hg). (2005). Handbuch Sozialarbeit Sozialpädagogik. 3. Auflage. Reinhardt, München/Basel.
Dewe, Bernd/Otto, Hans-Uwe (2005b). Reflexive Sozialpädagogik. Grundstrukturen eines neuen Typs dienstleistungsorientierten Professionshandelns. S. 179–198 in: Thole, Werner, (Hg.) Grundriss Soziale Arbeit. Ein einführendes Handbuch. 2., überarbeitete und aktualisierte Auflage. VS Verlag für Sozialwissenschaften, Wiesbaden.
Dewe, Bernd/Ferchhoff Wilfried/Radtke Frank-Olaf (1992). Einleitung. Auf dem Wege zu einer aufgabenzentrierten Professionstheorie pädagogischen Handelns. S. 7–20 in: Dewe, Bernd, Ferchhoff, Wilfried, Radtke, Frank-Olaf (Hg.). Erziehen als Profession. Zur Logik professionellen Handelns in pädagogischen Feldern. Leske+ Budrich, Opladen.
Dewe, Bernd/Ferchhoff, Wilfried/Scherr, Albert/Stüwe Gerd (2001). Professionelles soziales Handeln. Soziale Arbeit im Spannungsfeld zwischen Theorie und Praxis. 3. Auflage. Juventa, Weinheim/München.
Dörner, Dietrich (2003). Die Logik des Misslingens. Strategisches Denken in komplexen Situationen. Reinbek, Hamburg.
Dörr, Margret/Müller, Burkhard (Hg.). (2007). Nähe und Distanz. Ein Spannungsfeld pädagogischer Professionalität. 2. Auflage. Juventa, Weinheim/München.
Dörr, Margret/Müller, Burkhard (2007a). Einleitung: Nähe und Distanz als Strukturen der Professionalität pädagogischer Arbeitsfelder. S. 7–27 in: Dies. (Hg). Nähe und Distanz. Ein Spannungsfeld pädagogischer Professionalität. 2. Auflage. Juventa, Weinheim/München.
Dungs, Susanne/Gerber, Uwe/Schmidt, Heinz/Zitt, Renate (Hg.) (2006). Soziale Arbeit und Ethik im 21. Jahrhundert. Evangelische Verlagsanstalt, Leipzig.
Durrant, Michael (2004). Auf die Stärken kannst du bauen – Lösungenorientierte Arbeit in Heimen und anderen stationären Settings. 4. Auflage. Modernes Leben, Dortmund.
Ehrhardt, Angelika (2010). Methoden der Sozialen Arbeit. Wochenschau, Schwalbach.
Eisenmann, Peter (2006). Werte und Normen in der Sozialen Arbeit. Kohlhammer, Stuttgart.
Erikson, Erik H. (2010). Identität und Lebenszyklus. Drei Aufsätze. Neuauflage. Suhrkamp, Berlin.
Erpenbeck, John/von Rosenstiel, Lutz (2007). Einführung. S. IX–XXXVII. in: Dies. (Hg.). Handbuch Kompetenzmessung. Erkennen, verstehen und bewerten von Kompetenzen in der betrieblichen, pädagogischen und psychologischen Praxis. 2. überarbeitete und erweiterte Auflage. Schaefer-Poeschel, Stuttgart.
Europäische Union (2006) Der Qualifikationsrahmen für Lebenslanges Lernen. Deskriptoren der Niveaus des europäischen Qualifikationsrahmens (EQR). Brüssel. Verfügbar unter: http://ec.europa.eu/education/pub/pdf/general/eqf/leaflet_de.pdf (abgerufen am 02.04.2010).
Fend, Helmut (1991). Identitätsentwicklung in der Adoleszenz. Lebensentwürfe, Selbstfindung und Weltaneignung in beruflichen, familiären und politisch-weltanschaulichen Bereichen. Huber, Bern.
Fischer, Johannes et al. (2007). Grundkurs Ethik. Grundbegriffe philosophischer und theologischer Ethik. Kohlhammer, Stuttgart.
Fischer, Wolfram/Giebeler, Cornelia/Goblirsch, Martina/Miethe, Ingrid/Riemann, Gerhard (Hg.) (2007). Fallverstehen und Fallstudien. Interdisziplinäre Beiträge zur rekonstruktiven Sozialarbeitsforschung. Rekonstruktive Forschung in der Sozialen Arbeit, Band 4. Budrich, Opladen & Farmington Hills.
Fischer, Wolfram/Goblirsch, Martina (2001). Narrativ-biographische Diagnostik in der Jugendhilfe. Fallrekonstruktion im Spannungsfeld von wissenschaftlicher Analyse und professioneller

Handlungspraxis.. S. 127–140 in: Heiner, Maja (Hrsg.) Diagnostik und diagnosen in der Sozialen Arbeit. Ein Handbuch.. Dt. Verein für öffentliche und private Fürsorge, Frankfurt a. M..

Fischer-Rosenthal, Wolfram/Rosenthal, Gabriele (1997). Warum Biographieforschung und wie man sie macht. S. 405–427 in: Zeitschrift für Sozialisationsforschung und Erziehungssoziologie. Band 4. Juventa, Weinheim.

Fischer-Rosenthal, Wolfram/Kohli Martin (1987). Biographieforschung. S. 25–49 in: Vogges, Wolfgang (Hg.) Methoden der Biografie- und Lebenslaufforschung. Leske &Budrich, Opladen

Forrer-Kasteel, Esther/Parpan-Blaser, Anne/Wilhelm Elena (2007). Vom *scientist-practioner* zum *information scientist*?. Ein kritischer Vergleich von evidenz-, theorie- und forschungsbasierten Modellen in der Sozialen Arbeit und deren Implikationen für die Ausbildung. S. 148–169 in: Sommerfeld, Peter/Hüttemann, Matthias (Hg.). Evidenzbasierte Soziale Arbeit. Nutzung von Forschung für die Praxis. Schneider, Baltmannsweiler.

Francis, Dave/Young, Don (1996). Mehr Erfolg im Team. Ein Trainingsprogramm. 5. Auflage. Windmühle, Hamburg.

Freigang, Werner (2009). Hilfeplanung. S. 103–120 in: Michel-Schwarze, Brigitta (Hg.) Methodenbuch Soziale Arbeit. Basiswissen für die Praxis. 2., überarbeitete und erweiterte Auflage. VS Verlag für Sozialwissenschaften, Wiesbaden.

Friedrich, Ernst Christian (2001). Soziale Arbeit – Berufsethos – Sozialmanagement. Zentrale Elemente eines ganzheitlichen Professionskonzeptes. Beltz, Weinheim/Basel.

Gängler, Hans (2005). Hilfe. S. 772–786 in: Otto, Hans-Uwe/Thiersch, Hans (Hg.). Handbuch Sozialarbeit Sozialpädagogik. 3. Auflage. Reinhardt, München/Basel.

Galuske, Michael (2007). Methoden der Sozialen Arbeit. Eine Einführung. 7. ergänzte Auflage. Juventa, Weinheim/München.

Galuske, Michael/Müller, Wolfgang C. (2007). Handlungsformen in der Sozialen Arbeit. Geschichte und Entwicklung. S. 485–508 in: Thole, Werner (Hg.) Grundriss Soziale Arbeit. Ein einführendes Handbuch. 2., überarbeitete und aktualisierte Auflage. VS Verlag für Sozialwissenschaften, Wiesbaden.

Galuske, Michale/Thole, Werner (Hg.) (2006). Vom Fall zum Management. Neue Methoden in der Sozialen Arbeit. VS Verlag für Sozialwissenschaften, Wiesbaden.

Gehlen, Arnold (2003). Der Mensch. Seine Natur und seine Stellung in der Welt. 14. Auflage. Aula, Wiebelsheim.

Gehrmann, Gerd/Müller, Klaus D. (2007). Aktivierende Soziale Arbeit mit nicht-motivierten Klienten. 2., aktualisierte Auflage. Walhalla, Regensburg.

Geiser, Kaspar (2009). Problem- und Ressourcenanalyse in der sozialen Arbeit. Eine Einführung in die systemische Denkfigur und ihre Anwendung. 4., überarbeitete Auflage. Interact, Luzern.

Geiser, Kaspar (2003). Klientenbezogene Aktenführung und Dokumentation in der Sozialarbeit. S. 23–45 in: Brack, Ruth/Geiser, Kaspar (Hg.). Aktenführung in der Sozialarbeit. Neue Perspektiven für die klientbezogene Dokumentation als Beitrag zur Qualitätssicherung. 3. Auflage. Haupt, Bern.

Geissler, Karl Heinz A./Hege Marianne (2001). Konzepte sozialpädagogischen Handelns. Ein Leitfaden für soziale Berufe. 10. Auflage. Beltz, Weinheim/Basel.

Gerrig, Richard J./Zimbardo, Philipp G. (2008). Psychologie. 18., aktualisierte Auflage. Pearson Studium, München.

Gildemeister, Regine/Robert, Günther (1997). „Ich geh da von einem bestimmten Fall aus..". Professionalisierung und Fallbezug in der Sozialen Arbeit. S. 23–38 in: Jakob, Gisela, Wensierski, Hans-Jürgen (Hg.). Rekonstruktive Sozialpädagogik. Juventa, Weinheim/München.

Gildemeister, Regine (1995). Professionelles soziales Handeln – Konturen der Sozialarbeit. S. 25–40 in: Wilfing, Heinz (Hg.). Konturen der Sozialarbeit. Ein Beitrag zu Identität und Professionalisierung der Sozialarbeit. Wiener Universitätsverlag, Wien.

Gildemeister, Regine (1993). Soziologie der Sozialarbeit. S. 57–74 in: Korte, Hermann/Schäfers, Bernhard (Hg.). Einführung in Spezielle Soziologien. Leske + Budrich, Opladen.

Gildemeister, Regine (1992). Neuere Aspekte der Professionalisierungsdebatte. Soziale Arbeit zwischen immanenten Kunstlehren des Fallverstehens und Strategien kollektiver Statusverbesserung. S. 207–219 in: Neue Praxis, Heft 2.

Giesecke, Hermann (1997). Die pädagogische Beziehung. Pädagogische Professionalität und die Emanzipation des Kindes. Juventa, Weinheim/München.

Goblirsch, Martina/Inthorn, Daniela, Veit, Monika (2007). Professionalisierung und Diagnostik in der Sozialen Arbeit. S. 227–238 in: Miethe, Ingrid et al. Rekonstruktion und Intervention. Barbara Budrich, Opladen.

Goffman, Erving (1973). Asyle. Suhrkamp, Frankfurt a. M..

Gorges, Roland (2002). Fallanalysen im Studium der Sozialen Arbeit. S. 373–380 in: Neue Praxis, Heft 4.

Grasshoff, Gunther/Schweppe, Cornelia (2009). Biographie und Professionalität in der Sozialpädagogik. S. 207–318 in: Becker-Lenz, Roland/Busse, Stefan/Ehlert, Gudrun/Müller, Silke. Professionalität in der Sozialen Arbeit. Standpunkte, Kontroversen, Perspektiven. VS Verlag für Sozialwissenschaften, Wiesbaden.

Griese, Birgit/Griesehop, Hedwig Rosa (2007). Biographische Fallarbeit. Theorie, Methode und Praxisrelevanz. VS Verlag für Sozialwissenschaften, Wiesbaden.

Grohmann, Romano (1997). Das Problem der Evaluation in der Sozialpädagogik. Peter Lang, Frankfurt.

Gross, Peter (1983). Die Verheissungen der Dienstleistungsgesellschaft. Soziale Befreiung oder Sozialherrschaft. Westdeutscher Verlag, Opladen.

Grossmass, Ruth (2006). Die Bedeutung der Care-Ethik für die Soziale Arbeit. S. 319–328 in: Dungs, Susanne/Gerber, Uwe/Schmidt, Heinz/Zitt, Renate (Hg.) (2006). Soziale Arbeit und Ethik im 21. Jahrhundert. Evangelische Verlagsanstalt, Leipzig.

Grunwald, Klaus/Thiersch, Hans (2005). Lebensweltorientierung. S. 1136–1148 in: Otto, Hans-Uwe/Thiersch Hans (Hg.). Handbuch Sozialarbeit/Sozialpädagogik. 3. Auflage. Reinhardt, Basel.

Gumpinger, Marianne (Hg.) (2001). Soziale Arbeit mit unfreiwilligen KlientInnen. Edition pro mente, Linz.

Habermas, Jürgen (2005). Moralbewusstsein und kommunikatives Handeln. Suhrkamp, Frankfurt a. M..

Hagmann, Thomas/Simmen, René (2002). Ausbildung der Ausbildenden. hep, Bern.

Haker, Hille (2001). „Compassion" als Weltprogramm des Christentums? S. 436–450 in: Concilium. Internationale Zeitschrift für Theologie 37, Heft 4.

Hamann, Bruno (2005) Pädagogische Anthropologie. 4. überarbeitete und erweiterte Auflage. Peter Lang, Frankfurt.

Hamann, Bruno (1982). Pädagogische Anthropologie. Klinkhardt, Bad Heilbronn.

Hamburger, Franz (2003). Einführung in die Sozialpädagogik. Kohlhammer, Stuttgart.

Hammerschmidt, Peter (2005). Geschichte der Rechtsgrundlagen der Sozialen Arbeit bis zum 20. Jahrhundert. S. 637–646 in: Thole, Werner (Hg.). Grundriss Soziale Arbeit. Ein einführendes Handbuch. 2., überarbeitete und aktualisierte Auflage. VS Verlag für Sozialwissenschaften, Wiesbaden.

Hammerschmidt, Peter/Tennstedt, Florian (2005). Der Weg zur Sozialarbeit: Von der Armenpflege bis zur Konstituierung des Wohlfahrtsstaates in der Weimarer Republik. S. 63–76 in: Thole, Werner (Hg.). Grundriss Soziale Arbeit. Ein einführendes Handbuch. 2., überarbeitete und aktualisierte Auflage. VS Verlag für Sozialwissenschaften, Wiesbaden.

Hanses, Andreas (2003). Angewandte Biographieforschung in der Sozialen Arbeit. Erörterungen zu ‚Abkürzungsverfahren' biographischer Analysen in praxisorientierter Forschung.

S. 259–277 in Otto, Hans Uwe/Oelerich, Gertrud/Micheel, Heinz-Günter (Hg.) Empirische Forschung und Soziale Arbeit. Ein Lehr- und Arbeitsbuch. Luchterhand, München/Unterschleissheim.

Harald, Christa (2009). Evaluation. S. 317–343 in: Michel-Schwarze, Brigitta (Hg.). Methodenbuch Soziale Arbeit. Basiswissen für die Praxis. 2., überarbeitete und erweiterte Auflage. VS Verlag für Sozialwissenschaften, Wiesbaden.

Harmsen, Thomas (2009). Konstruktionsprinzipien gelingender Professionalität in der Sozialen Arbeit. S. 255–264 in: Becker-Lenz, Roland/Busse, Stefan/Ehlert, Gudrun/Müller, Silke. Professionalität in der Sozialen Arbeit. Standpunkte, Kontroversen, Perspektiven. VS Verlag für Sozialwissenschaften, Wiesbaden.

Harmsen, Thomas (2004). Die Konstruktion professioneller Identität in der Sozialen Arbeit. Carl Auer Systeme, Heidelberg.

Harnach-Beck, Viola (1999). Ohne Prozessqualität keine Ergebnisqualität – Sorgfältige Diagnostik als Voraussetzung für erfolgreiche Hilfe zur Erziehung. S. 27–48 in: Peters, Friedhelm (Hg.). Diagnosen – Gutachten – hermeneutisches Fallverstehen. Rekonstruktive Verfahren zur Qualifizierung individueller Hilfeplanung. IGFH, Regensburg.

Harnach-Beck, Viola (1997). Psychosoziale Diagnostik in der Jugendhilfe. Grundlagen und Methoden für Hilfeplan, Bericht und Stellungnahmen. 2. Auflage. Juventa, Weinheim/München.

Haupert, Bernhard (2007). Rekonstruktion und Intervention. Die Rekonstruktionsmethode als Grundlage der Professionalisierung Sozialer Arbeit. S. 61–79 in: Fischer, Wolfram/Giebeler, Cornelia/Goblirsch, Martina/Miethe, Ingrid/Riemann, Gerhard (Hg.). Fallverstehen und Fallstudien. Interdisziplinäre Beiträge zur rekonstruktiven Sozialarbeitsforschung. Rekonstruktive Forschung in der Sozialen Arbeit, Band 4. Budrich, Opladen & Farmington Hills.

Haupert, Bernhard (1997). Die Fallrekonstruktionsmethode als Grundlage der Professionalisierung Sozialer Arbeit. Von der Zeitgeistdiagnostik zur materialen Analyse. S. 7–44 in: Forum Soziale Arbeit, Heft 1.

Heidelmeyer, Wolfgang (Hg.) (1997). Menschenrechte. Erklärungen, Verfassungsartikel, Internationale Abkommen. Schöningh, Paderborn.

Heiner, Maja (2007). Soziale Arbeit als Beruf. Fälle – Felder – Fähigkeiten. Reinhardt, München/Basel.

Heiner, Maja (2005). Evaluation. S. 481–495 in: Otto, Hans-Uwe/Thiersch, Hans (Hg) Handbuch Sozialarbeit Sozialpädagogik. 3. Auflage. Reinhardt, München/Basel.

Heiner, Maja (Hg.) (2004). Diagnostik und Diagnosen in der Sozialen Arbeit – Ein Handbuch. Dt. Verein für öffentliche und private Fürsorge, Frankfurt a. M..

Heiner, Maja (2004a). PRO-ZIEL Basisdiagnostik. Ein prozessbegleitendes, zielbezogenes, multiperspektivisches und dialogisches Diagnoseverfahren im Vergleich. S. 218–238 in: Dies. (Hg.). Diagnostik und Diagnosen in der Sozialen Arbeit – Ein Handbuch. Dt. Verein für öffentliche und private Fürsorge, Frankfurt a. M.

Heiner, Maja (2004b). Professionalität in der Sozialen Arbeit. Theoretische Konzepte, Modelle und empirische Perspektiven. Kohlhammer, Stuttgart.

Heiner, Maja (2004c). Integrative Diagnostik. S. 99–115 in: Schrapper, Christian (Hg.) (2004). Sozialpädagogische Diagnostik und Fallverstehen in der Jugendhilfe. Anforderungen, Konzepte, Perspektiven. Juventa, Weinheim/München.

Heiner, Maja (2001). Diagnostik: psychosoziale. S. 253–265 in: Otto, Hans-Uwe/Thiersch,Hans (Hg.). Handbuch Sozialarbeit Sozialpädagogik. 3. Auflage. Reinhardt, München/Basel.

Heiner, Maja/Meinhold, Marianne/von Spiegel, Hiltrud/Staub-Bernasconi, Silvia (1998). Methodisches Handeln in der Sozialen Arbeit. 4., überarbeitete Auflage. Lambertus, Freiburg.

Heiner, Maja (1998a). Reflexion und Evaluation methodischen Handelns in der Sozialen Arbeit. Basisregeln, Arbeitshilfen und Fallbeispiele. S. 138–219 in: Meinhold, Marianne/von Spiegel,

Hiltrud/Staub-Bernasconi, Silvia. Methodisches Handeln in der Sozialen Arbeit. 4. überarbeitete Auflage. Lambertus, Freiburg.
Heiner, Maja (Hg.) (1994). Selbstevaluation als Qualifizierung in der Sozialen Arbeit. Fallstudien aus der Praxis. Lambertus, Freiburg.
Henkel, Joachim/Ader, Sabine/Schrapper, Christian (Hg.) (2002). Was tun mit schwierigen Kindern? Bericht zum Kölner Modellprojekt. Votum, Münster.
Hermanns, Harry (2000). Narratives Interview. S. 360–368 in: Flick, Uwe/von Kardoff, Ernst/Keupp, Heiner/von Rosenstiel, Lutz/Wolff, Stefan (Hg.). Handbuch Qualitative Sozialforschung. Grundlagen, Konzepte, Methoden und Anwendungen. Juventa, Weinheim.
Hillmeier, Hans (2004). Sozialpädagogische Diagnose. Eine Arbeitshilfe des Bayerischen Landesjugendamtes. S. 203–217 in: Heiner, Maja (Hg.). Diagnostik und Diagnosen in der Sozialen Arbeit – Ein Handbuch. Dt. Verein für öffentliche und private Fürsorge, Frankfurt a. M..
Hillmeier, Hans/Huber, Gertraud/Pschibl, Kerstin (2004). „EST!-Evaluationsprojekt Sozialpädagogische Diagnose-Tabellen". Bayerisches Landesjugendamt. S. 50–59 in: Unsere Jugend, Heft 2.
Hilpert, Konrad (2005). Art. Solidarität. S. 152–160 in: Eicher, Peter (Hg.). Neues Handbuch theologischer Grundbegriffe. Band 4. 3. Auflage. Kösel, München.
Hochuli Freund, Ursula (2009). Soziale Auffälligkeit aus systemischer Perspektive. Systemische Analysemöglichkeiten. Fachhochschule Nordwestschweiz, Olten. Unveröffentlichtes Manuskript.
Hochuli Freund, Ursula (2005a). Sozialpädagogik. S. 173–175 in: FHA, Fachhochschule Aargau Nordwestschweiz, Departement Soziale Arbeit (2005). Wörter – Begriffe – Bedeutungen. Ein Glossar zur Sozialen Arbeit der Fachhochschule Nordwestschweiz. 2. Auflage. Brugg.
Hochuli Freund, Ursula (2005b). Intervention. S. 91 f. in: FHA, Fachhochschule Aargau Nordwestschweiz, Departement Soziale Arbeit (2005). Wörter – Begriffe – Bedeutungen. Ein Glossar zur Sozialen Arbeit der Fachhochschule Nordwestschweiz. 2. Auflage. Brugg.
Hochuli Freund, Ursula/Stotz, Walter (2009). Lösungsorientierung als Handlungsansatz bei Sozialer Auffälligkeit. Fachhochschule Nordwestschweiz, Olten. Unveröffentlichtes Manuskript.
Hochuli Freund, Ursula/Stotz, Walter (2006a). Niederschwelliges Integrationsprojekt für junge, erwerbslose Sozialhilfeempfänger/innen Stadt Bern (NIP). Evaluationsbericht. Fachhochschule Nordwestschweiz, Olten.
Hochuli Freund, Ursula/Stotz, Walter (2006b). Projekt ‚Spezialisierung in der Beratung junger Erwachsener' des Sozialdienstes der Stadt Bern. Evaluationsbericht. Fachhochschule Nordwestschweiz, Olten.
Hochschule für Soziale Arbeit (2008). Kompetenzprofil der Hochschule für Soziale Arbeit FHNW auf der Grundlage der ‚Dublin Descriptors'. Verfügbar unter: https://www.ch//soziale-arbeit/intranet/mitarbeitende/bachelor-master (abgerufen am 20.09.2010).
Hoerster, Norbert (2002). Ethik des Embryonenschutzes. Ein rechtsphilosophischer Essay. Reclam, Stuttgart.
Hoffmann, Erika L. L. (1963) Über die sozialpädagogischen Methoden. S. 80–99 in: Besser, Luise et al. (Hrsg.) Die Herausforderung des Pädagogen durch die heutige Zeit. Schriften des Pestalozzi-Fröbel-Verbandes, Heidelberg.
Hörster, Reinhard (2005). Kasuistik/Fallverstehen. S. 916–926 in: Otto, Hans-Uwe/Thiersch, Hans (Hg.). Handbuch Sozialarbeit Sozialpädagogik. 3. Auflage. Reinhardt, München/Basel.
Hof, Christiane (2002). Von der Wissensvermittlung zur Kompetenzorientierung in der Erwachsenenbildung? S. 80–89 in: Nuissl, Ekkehard/Schiersmann Christiane/Gruber, Elke (Hg.). Kompetenzentwicklung statt Bildungsziele? Report Zeitschrift für Weiterbildungsforschung, Heft 6. Bertelsmann, Bielefeld.
Hollis, Florence (1971). Soziale Einzelhilfe als psychosoziale Behandlung. Lambertus, Freiburg i. Br..

Hongler, Hanspeter/Willener, Alex (1998). Die Projektmethode in der soziokulturellen Animation. Fachverlag HFS Zentralschweiz, Luzern.
Honneth, Axel (1992). Kampf um Anerkennung. Zur moralischen Grammatik sozialer Konflikte. Suhrkamp, Frankfurt a. M..
Hüttemann, Matthias (2006). Evidence-based Practice – ein Beitrag zur Professionalisierung Sozialer Arbeit? S. 156–167 in: Neue Praxis, Heft 2.
International Federation of Social Workers (IFSW/IASSW) (2004). Definition von Sozialarbeit, angenommen von der Generalversammlung der IFSW in Montreal, Juli 2000. Verfügbar unter: http://www.ifsw.org/p38000409.html (abgerufen am 22.01. 2010).
Jacob, André/Wahlen, Karl (2006). Das Multiaxiale Diagnosesystem Jugendhilfe (MAD-J). Reinhardt, München/Basel.
Jakob, Gisela (1999). Fallverstehen und Deutungsprozesse in der sozialpädagogischen Praxis. S. 99–125 in: Peters, Friedhelm (Hg.). Diagnosen – Gutachten – hermeneutisches Fallverstehen. Rekonstruktive Verfahren zur Qualifizierung individueller Hilfeplanung. IGFH, Regensburg.
Jakob, Gisela, Wensierski, Hans-Georg von (1997). Rekonstruktive Sozialpädagogik. Konzepte und Methoden sozialpädagogischen Verstehens in Forschung und Praxis. Juventa, Weinheim.
Jaspers Karl (1973). Philosophie. 3 Bände. 4. Auflage. Springer, Berlin/Heidelberg/New York.
Jurt, Luzia (2005). Evaluation. S. 53 f. in: FHA, Fachhochschule Aargau Nordwestschweiz, Departement Soziale Arbeit (2005). Wörter – Begriffe – Bedeutungen. Ein Glossar zur Sozialen Arbeit der Fachhochschule Nordwestschweiz. 2. Auflage, Brugg.
Kähler, Harro D. (2009). Erstgespräche in der sozialen Einzelhilfe. 4. überarbeitete Auflage. Lambertus, Freiburg i.Br..
Kähler, Harro D. (2005). Soziale Arbeit in Zwangskontexten. Wie unerwünschte Hilfe erfolgreich sein kann. Reinhardt, München/Basel.
Kähler, Harro D. (1999). Beziehungen im Hilfesystem Soziale Arbeit. Zum Umgang mit BerufskollegInnen und Angehörigen anderer Berufe. Lambertus, Freiburg i.Br..
Kallmeyer, Werner/Schütze, Fritz (1977). Zur Konstitution von Kommunikationsschemata der Sachverhaltsdarstellung. Dargestellt am Beispiel von Erzählungen und Beschreibungen. S. 159–274 in: Wegner, Dirk (Hg.). Gesprächsanalysen. Buske, Hamburg.
Kant, Immanuel (2008). Kritik der praktischen Vernunft/Grundlegung zur Metaphysik der Sitten. Suhrkamp, Frankfurt a. M..
Klafki, Wolfgang et al. (1970). Funk Kolleg Erziehungswissenschaft. Eine Einführung. Band 2. Suhrkamp, Frankfurt a. M..
Klatetzki, Thomas (2005). Professionelle Arbeit und kollegiale Organisation. Eine symbolisch interpretative Perspektive. S. 253–283 in: Klatetzki, Thomas/Tacke, Veronika (Hg.). Organisation und Profession. VS Verlag für Sozialwissenschaften, Wiesbaden.
Kleve, Heiko, et al. (2003). Systemisches Case-Management. Falleinschätzung und systemische Hilfeplanung in der Arbeit mit Einzelnen und Familien – methodische Anregungen. Kersting, Aachen.
Kleve, Heiko (2002a). Systemische Kontextklärung in der sozialarbeiterischen Beratung. S. 16–23 in: Sozialmagazin, Heft 3.
Kleve, Heiko (2002b). Die postmoderne Theorie Sozialer Arbeit. Ein möglicher Blick auf die real- und theorie-historische Entwicklung der Sozialarbeit/Sozialpädagogik. in: Das gepfefferte Ferkel. Online-Journal für systemisches Denken und Handeln. Verfügbar unter: http://www.ibsnetworld.de/ferkel/sept-kleve.shtml (abgerufen am 10.09. 2010).
Knapp, Guntram (1988). Narzissmus und Primärbeziehung. Psychoanalytisch-anthropologische Grundlagen für ein neues Verständnis von Kindheit. Springer, Berlin/Heidelberg/New York.
Kobelt, Alenka (1999). Sozialpädagogische Diagnostik zwischen Verstehen und Handeln. S. 240–252 in: Peters, Friedhelm (Hg.). Diagnosen – Gutachten – hermeneutisches Fallver-

stehen. Rekonstruktive Verfahren zur Qualifizierung individueller Hilfeplanung. IGFH, Regensburg.

Kobi, Emil E. (2003). Diagnostik in der heilpädagogischen Arbeit. 5., vollständig überarbeitete Auflage. Edition SZH/SPC, Luzern.

König, Joachim (2007). Einführung in die Selbstevaluation. Ein Leitfaden zur Bewertung der Praxis Sozialer Arbeit. Lambertus, Freiburg i.Br..

Körner, Jürgen/Ludwig-Körner, Christiane (1997). Psychoanalytische Sozialpädagogik. Eine Einführung in vier Fallgeschichten. Lambertus, Freiburg i.Br..

Kraimer, Klaus (2008). Objektive Hermeneutik. Erscheint in: Miethe, Ingrid/Bock Irmgard (voraussichtlich 2011) (Hg.). Handbuch Qualitative Forschung in der Sozialen Arbeit. Budrich, Opladen & Farmington Hills. Verfügbar unter: http://www.klauskraimer.de/studienbrief_7_objektive_hermeneutik.pdf (abgerufen am 01.09.2010).

Kraimer, Klaus (2000). Die Fallrekonstruktion − Bezüge, Konzepte, Perspektiven. S. 23−57 in: Ders. (Hg.). Die Fallrekonstruktion. Sinnverstehen in der sozialwissenschaftlichen Forschung. Suhrkamp, Frankfurt a.M..

Krauss, E. Jürgen (2006). Methoden der Sozialen Arbeit − Stellenwert, Überblick und Entwicklungstendenzen. S. 119−132 in: Galuske, Michale/Thole, Werner (Hg.). Vom Fall zum Management. Neue Methoden in der Sozialen Arbeit. VS Verlag für Sozialwissenschaften, Wiesbaden.

Kreft, Dieter/Mielenz, Ingrid (Hg.) (2008). Wörterbuch Soziale Arbeit. Aufgaben, Praxisfelder, Begriffe und Methoden der Sozialarbeit und Sozialpädagogik. 6., überarbeitete und aktualisierte Auflage. Juventa, Weinheim/München.

Krenz, Armin (1994). Kompendium zur Beobachtung und Beurteilung von Kindern und Jugendlichen. 6. Auflage. Edition Schindele, Heidelberg.

Kunstreich, Timm/Langhanky, Michael/Lindenberg, Michael/May, Michael (2004). Dialog statt Diagnose. S. 26−39 in: Heiner, Maja (Hg.). Diagnostik und Diagnosen in der Sozialen Arbeit − Ein Handbuch. Dt. Verein für öffentliche und private Fürsorge, Frankfurt a.M..

Kunstreich, Timm/Müller, Burkhard/Heiner, Maja/Meinhold, Marianne (2003). Diagnose und/oder Dialog. Ein Briefwechsel. S. 11−31 in: Widersprüche, Zeitschrift für sozialistische Politik im Bildungs-, Gesundheits- und Sozialbereich, Heft 88.

Kutzner, Stefan (2005). Der Übertragungsmechanismus als Fallstrick in der Sozialhilfe. Zur Kooperation zwischen Sozialarbeiter und Klient. S. 105−124 in: Pfadenhauer, Michaela (Hg.). Professionelles Handeln. VS Verlag für Sozialwissenschaften, Wiesbaden.

Landwehr, Norbert/Müller, Elisabeth (2006). Begleitetes Selbststudium. Didaktische Grundlagen und Umsetzungshilfen. hep, Bern.

Lewin, Kurt (1946). Verhalten und Entwicklung als eine Funktion der Gesamtsituation. S. 271−329 in: Lewin, Kurt (1963) (Hg.). Feldtheorie in den Sozialwissenschaften. Huber, Bern.

Lichtenberg, Georg Christoph (2006). Schriften und Briefe. Sudelbücher, Heft K. in: Promies, Wolfgang (Hg.). Band 1−2, Hanser München/Wien.

Lob-Hüdepohl, Andreas (2007). Berufliche Soziale Arbeit und die ethische Reflexion ihrer Beziehungs- und Organisationsformen. S. 113−161 in: Lob-Hüdepohl, Andreas/Lesch, Walter (Hg.). Ethik Sozialer Arbeit. Schöningh, Paderborn/München/Wien/Zürich.

Löcherbach, Peter (2004). Assessment im Case Management und sozialpädagogische Diagnostik. S. 69−83 in: Schrapper, Christian (Hg.) (2004). Sozialpädagogische Diagnostik und Fallverstehen in der Jugendhilfe. Anforderungen, Konzepte, Perspektiven. Juventa, Weinheim/München.

Lotz, Walter (2003). Sozialpädagogisches Handeln. Eine Grundlegung sozialer Beziehungsarbeit mit Themenzentrierter Interaktion. Grünewald, Mainz.

Luban-Plozza, Boris (Hg.) (1984). Praxis der Balint-Gruppen. Beziehungsdiagnostik und Therapie. 2., neu überarbeitete Auflage. Lehmanns, München.
Lueger, Dagmar (2005). Beobachtung leicht gemacht. Beobachtungsbögen zur Erfassung kindlichen Verhaltens und kindlicher Entwicklungen. Beltz, Weinheim/Basel.
Lüttringhaus, Maria/Streich Angelika (2007). Zielvereinbarungen in der Sozialen Arbeit: Wo kein Wille ist, ist auch kein Weg. S. 135–149 in: Gilllich, Stefan (Hg.). Nachbarschaften und Stadtteil im Umbruch. Triga, Gelnhausen.
Luhmann, Niklas/Schorr, Karl Eberhard (1973). Das Technologiedefizit der Erziehung und Pädagogik. S. 11–40 in: Dies. (Hg.). Zwischen Technologie und Selbstreferenz. Suhrkamp, Frankfurt a. M..
Marti, Adrienne/Mösch Payot, Peter/Pärli, Kurt/Schleicher, Johannes/Schwander, Marianne (Hg.) (2009). Recht für die Soziale Arbeit. Grundlagen und ausgewählte Aspekte. 2., aktualisierte Auflage. Haupt, Bern/Stuttgart/Wien.
Martin, Ernst (2007). Sozialpädagogische Berufsethik. Auf der Suche nach dem richtigen Handeln. 2. überarbeitete Auflage. Juventa, Weinheim/München.
Martin, Ernst/Wawrinowski, Uwe (2006). Beobachtungslehre. Theorie und Praxis reflektierter Beobachtung und Beurteilung. 5. Auflage. Juventa, Weinheim/München.
McGoldrick, Monica/Gerson, Randy/Petri Suely (2009). Genogramme in der Familienberatung. 3. vollständig überarbeitete und erweiterte Auflage. Haupt, Bern.
Meinhold, Marianne (1988). Intervention in der Sozialarbeit. S. 70–93 in: Hörmann Georg/Nestmann, Frank (Hg.). Handbuch der psychosozialen Intervention. VS Verlag für Sozialwissenschaften, Wiesbaden.
Meinhold, Marianne (1987). Hilfsangebote für Klienten der Familienfürsorge. S. 197 ff. in: Karsten, Maria-Eleonora/Otto, Hans-Uwe (Hg.). Die sozialpädagogische Ordnung der Familie. Juventa, Weinheim/München.
Merchel, Joachim (2005). Planung. S. 1364–1374 in: Otto, Hans-Uwe/Thiersch, Hans (Hg.). Handbuch Sozialarbeit Sozialpädagogik. 3. Auflage. Reinhardt, München/Basel.
Merchel, Joachim (2004). Pädagogische Dokumentation zwischen Etikettierung und Ausweis fachlichen Handelns. S. 15–41 in: Henes, Heinz/Trede, Wolfgang (Hg.). Dokumentation pädagogischer Arbeit. Grundlagen und Methoden für die Praxis der Erziehungshilfen. IGfH-Eigenverlag, Frankfurt a. M..
Merchel, Joachim (2003). ‚Diagnose' in der Hilfeplanung. Anforderungen und Problemstellungen. S. 527–542 in: Neue Praxis, Zeitschrift für Sozialarbeit, Sozialpädagogik, Jg. 33.
Merchel, Joachim (1999). Zwischen ‚Diagnose' und Aushandlung'. Zum Verständnis des Charakters von Hilfeplanung in der Erziehungshilfe. S. 73–96 in: Peters, Friedhelm (Hg.). Diagnosen – Gutachten – hermeneutisches Fallverstehen. Rekonstruktive Verfahren zur Qualifizierung individueller Hilfeplanung. IGFH, Regensburg.
Merchel, Joachim (1994). Von der psychosozialen Diagnose zur Hilfeplanung. Aspekte eines Perspektivenwechsels in der Erziehungshilfe. S. 44–63 in: Institut für soziale Arbeit (Hg.). Hilfeplanung und Betroffenenbeteiligung. Votum, Münster.
Merten, Ueli (2005). Kooperation. S. 107 f. in: FHA, Fachhochschule Aargau Nordwestschweiz, Departement Soziale Arbeit (2005). Wörter – Begriffe – Bedeutungen. Ein Glossar zur Sozialen Arbeit der Fachhochschule Nordwestschweiz. 2. Auflage. Brugg.
Merten, Roland (2008a). Professionalisierung. S. 669–672 in: Kreft, Dieter/Mielenz, Ingrid (Hg.) (2008). Wörterbuch Soziale Arbeit. Aufgaben, Praxisfelder, Begriffe und Methoden der Sozialarbeit und Sozialpädagogik. 6., überarbeitete und aktualisierte Auflage. Juventa, Weinheim/München.
Merten, Roland (2008b). Sozialarbeitswissenschaft. S. 761–763 in: Kreft, Dieter/Mielenz, Ingrid (Hg.). Wörterbuch Soziale Arbeit. Aufgaben, Praxisfelder, Begriffe und Methoden der Sozial-

arbeit und Sozialpädagogik. 6., überarbeitete und aktualisierte Auflage. Juventa, Weinheim/ München.

Merten, Roland (2002). Sozialarbeit/Sozialpädagogik als Disziplin und Profession. S. 29–87 in: Schulze-Krüdener, Jörgen/Homfeldt, Hans Günther/Merten, Roland (Hg.). Mehr Wissen – mehr Können? Soziale Arbeit als Disziplin und Profession. Schneider Verlag, Hohengehren.

Merten, Roland/Olk Thomas (2002). Sozialpädagogik als Profession. Historische Entwicklung und künftige Perspektiven. S. 570–613 in: Combe, Arno/Helsper, Arno (Hg.) (2002). Pädagogische Professionalität. Untersuchungen zum Typus pädagogischen Handelns. 4. Auflage. Suhrkamp, Frankfurt a. M..

Merten, Roland (Hg.) (1998). Sozialarbeit. Sozialpädagogik. Soziale Arbeit. Begriffsbestimmungen in einem unübersichtlichen Feld. Lambertus, Freiburg.

Merten, Roland (1997). Autonomie der Sozialen Arbeit. Zur Funktionsbestimmung als Disziplin und Profession. Juventa, München.

Michel-Schwarze, Brigitta (Hg.) (2009). Methodenbuch Soziale Arbeit. Basiswissen für die Praxis. 2., überarbeitete und erweiterte Auflage. VS Verlag für Sozialwissenschaften, Wiesbaden.

Michel-Schwarze, Brigitta (2002). Handlungswissen der Sozialen Arbeit. Deutungsmuster und Fallarbeit. Leske + Budrich, Opladen.

Miethe, Ingrid/Fischer, Wolfram/Giebeler, Cornielia/Goblirsch, Martina/Riemann, Gerhard (Hg.) (2007). Rekonstruktion und Intervention. Interdisziplinäre Beiträge zur rekonstruktiven Sozialarbeitsforschung. Budrich, Opladen/Farmington Hills.

Minuchin, Salvador (1981). Familien und Familientherapie. Theorie und Praxis der strukturellen Familientherapie. Lambertus, Freiburg i.Br..

Mollenhauer, Karl/Uhlendorff, Uwe (1995). Sozialpädagogische Diagnosen II – Selbstdeutungen verhaltensschwieriger Jugendlicher als empirische Grundlage für Erziehungspläne. Juventa, Weinheim/München.

Mollenhauer, Karl/Uhlendorff, Uwe (1992). Sozialpädagogische Diagnosen – Über Jugendliche in schwierigen Lebenslagen. Juventa, Weinheim/München.

Mollenhauer, Karl/Brumlik, Micha/Wudtke, Hubert (1975). Die Familienerziehung. Juventa, Weinheim/München.

Moreno, Jakob L. (1989). Psychodrama und Soziometrie. Edition humanistische Psychologie, Köln.

Moser, Vera (2010). Bedeutung von beliefs – Aspekte pädagogischen Handelns. Verfügbar unter: http://www.kreis-offenbach.de/media/custom/350_4858_1.PDF (abgerufen am 14.05.2010).

Mühlum, Albert (2004). Sozialarbeitswissenschaft. Wissenschaft der Sozialen Arbeit. Lambertus. Freiburg i.Br..

Mühlum, Albert (2001). Sozialarbeit – Sozialpädagogik. Ein Vergleich. 3., überarbeitete und aktualisierte Auflage. Eigenverlag des Deutschen Vereins für öffentliche und private Fürsorge, Frankfurt a. M..

Müller, Burkhard (2009). Sozialpädagogisches Können. Ein Lehrbuch zur multiperspektivischen Fallarbeit. 6. Auflage. Lambertus, Freiburg i. Br..

Müller, Burkhard (2008). Intervention. S. 426–430 in: Kreft, Dieter/Mielenz, Ingrid (Hg.) (2008). Wörterbuch Soziale Arbeit. Aufgaben, Praxisfelder, Begriffe und Methoden der Sozialarbeit und Sozialpädagogik. 6., überarbeitete und aktualisierte Auflage. Juventa, Weinheim/ München.

Müller, Burkhard (2007). Nähe, Distanz, Professionalität. Zur Handlungslogik von Heimerziehung als Arbeitsfeld. S. 141–157 in: Dörr, Margret/Müller, Burkhard (Hg.) (2007). Nähe und Distanz. Ein Spannungsfeld pädagogischer Professionalität. 2. Auflage. Juventa, Weinheim/ München.

Müller, Burkhard (2005). Professionalisierung. S. 731–750 in: Thole, Werner (Hg.). Grundriss Soziale Arbeit. Ein einführendes Handbuch. 2., überarbeitete und aktualisierte Auflage. VS Verlag für Sozialwissenschaften, Wiesbaden.
Müller, Burkhard (2002 a). Sozialpädagogische Interaktions- und Klientenarbeit. S. 79–90 in: Otto, Hans-Uwe/Rauschenbach, Thomas/Vogel, Peter (Hg.). Erziehungswissenschaft: Professionalität und Kompetenz. Leske & Budrich, Opladen.
Müller, Burkhard (2002 b). Sozialpädagogische Arbeitsbündnisse – Beziehungen zwischen den Generationen. S. 263–281 in: Schweppe, Cornelia (Hg.). Generation und Sozialpädagogik. Theoriebildung, öffentliche und familiale Generationenverhältnisse, Arbeitsfelder. Juventa, Weinheim/München.
Müller, Burkhard (1991). Die Last der grossen Hoffnungen. Methodisches Handeln und Selbstkontrolle in sozialen Berufen. Völlig überarbeitete Neuausgabe. Juventa, Weinheim/München.
Müller, C. Wolfgang (2008). Sozialarbeit/Sozialpädagogik. S. 756–761 in: Kreft, Dieter/Mielenz, Ingrid (Hg.). Wörterbuch Soziale Arbeit. Aufgaben, Praxisfelder, Begriffe und Methoden der Sozialarbeit und Sozialpädagogik. 6., überarbeitete und aktualisierte Auflage. Juventa, Weinheim/München.
Müller, Jörg P. (1999). Grundrechte in der Schweiz. Im Rahmen der Bundesverfassung von 1999, der UNO-Pakte und der EMRK. 3. Auflage. Haupt, Bern.
Münchmeier, Richard (2008). Geschichte der Sozialarbeit/Sozialpädagogik. S. 366–372 in: Kreft, Dieter/Mielenz, Ingrid (Hg.). Wörterbuch Soziale Arbeit. Aufgaben, Praxisfelder, Begriffe und Methoden der Sozialarbeit und Sozialpädagogik. 6., überarbeitete und aktualisierte Auflage. Juventa, Weinheim/München.
Münchmeier, Richard (1981). Zugänge zur Geschichte der Sozialarbeit. Juventa, München.
Mullen, Edward J./Bellamy Jennifer L./Bledsoe Sarah E. (2007). Evidenzbasierte Praxis in der Sozialen Arbeit. S. 10–25 in: Sommerfeld, Peter/Hüttemann, Matthias (Hg.). Evidenzbasierte Soziale Arbeit. Nutzung von Forschung für die Praxis. Schneider, Baltmannsweiler.
Nadai, Eva/Sommerfeld, Peter (2005). Professionelles Handeln in Organisationen – Inszenierungen der Sozialen Arbeit. S. 181–205 in: Pfadenhauer, Michaela (Hg.). Professionelles Handelns. VS Verlag für Sozialwissenschaften, Wiesbaden.
Naegle, Georg (1983). Abschied vom Prinzip der Sozialstaatlichkeit? Anmerkungen zur Wiederentdeckung des Subsidiaritätsprinzips. S. 39–47 in: Theorie und Praxis der Sozialen Arbeit. Heft 34.
Narr, Wolf-Dieter (2005). Menschenrechte, Bürgerrechte, Grundrechte. S. 1186–1193 in: Otto, Hans-Uwe/Thiersch, Hans (Hg.) Handbuch Sozialarbeit Sozialpädagogik. 3. Auflage. Luchterhand, Neuwied.
Neuffer, Manfred (2005). Case Managment. Soziale Arbeit mit Einzelnen und Familien. 2., überarbeitete Auflage. Juventa, Weinheim/München.
Niemeyer, Christian (2005). Sozialpädagogik, Sozialarbeit, soziale Arbeit – „klassische" Aspekte der Theoriegeschichte. S. 123–137 in: Thole, Werner (Hg.). Grundriss Soziale Arbeit. Ein einführendes Handbuch. 2., überarbeitete und aktualisierte Auflage. VS Verlag für Sozialwissenschaften, Wiesbaden.
Niemeyer, Christian (1999). Theorie und Praxis der Sozialpädagogik. Votum, Münster.
Nohl. Herman (1970). Die pädagogische Bewegung in Deutschland und ihre Theorie. 7., unveränderte Auflage. Verlag G. Schulte-Bulmke, Frankfurt a. M..
Oehler, Patrick (2010). Strukturierungshilfe bei der Erfassung eines Gemeinwesens. Fachhochschule Nordwestschweiz, Olten. Unveröffentlichtes Manuskript.
Oevermann, Ulrich (2009). Die Problematik der Strukturlogik des Arbeitsbündnisses und der Dynamik von Übertragung und Gegenübertragung in einer professionalisierten Praxis von Sozialarbeit. S. 113–142 in: Becker-Lenz, Roland/Busse, Stefan/Ehlert, Gudrun/Müller, Silke.

Professionalität in der Sozialen Arbeit. Standpunkte, Kontroversen, Perspektiven. VS Verlag für Sozialwissenschaften, Wiesbaden.

Oevermann, Ulrich (2005). Wissenschaft als Beruf – Die Professionalisierung wissenschaftlichen Handelns und die gegenwärtige Universitätsentwicklung. S. 15–49 in: Stock, Manfred/Wernet, Andreas (Hg.). Hochschule und Professionen. Die Hochschule – Journal für Wissenschaft und Bildung, Heft 1, HoF Wittenberg.

Oevermann, Ulrich (2002). Theoretische Skizze einer revidierten Theorie professionalisierten Handelns. S. 70–182 in: Combe, Arno/Helsper, Werner (Hg.). Pädagogische Professionalität. Untersuchungen zum Typus pädagogischen Handelns. 4. Auflage. Suhrkamp, Frankfurt a. M.

Oevermann, Ulrich (2001). Die Struktur sozialer Deutungsmuster. Versuch einer Aktualisierung. S. 35–81 in: Sozialer Sinn Heft 1. Lucius & Lucius, Stuttgart.

Oevermann, Ulrich (2000a). Dienstleistungen der Sozialbürokratie aus professionstheoretischer Sicht. S. 57–78 in: von Harrach, Eva/Loer, Thomas/Schmidtke, Oliver (Hg.). Verwaltung des Sozialen. Formen der subjektiven Bewältigung eines Strukturkonflikts. Universitätsverlag, Konstanz.

Oevermann, Ulrich (2000b). Die Methode der Fallrekonstruktion in der Grundlagenforschung sowie der klinischen und pädagogischen Praxis. S. 58–156 in: Kraimer, Klaus (Hg.). Die Fallrekonstruktion. Sinnverstehen in der sozialwissenschaftlichen Forschung. Suhrkamp, Frankfurt a. M..

Oevermann, Ulrich (1986). Kontroversen über sinnverstehende Soziologie. Einige wiederkehrende Probleme und Missverständnisse in der Rezeption der ‚objektiven Hermeneutik' S. 19–83 in: Aufenanger, Stefan/Lenssen, Margrit (Hg.). Handlungs- und Sinnstruktur. Bedeutung und Anwendung der objektiven Hermeneutik. Kindt, München.

Oevermann, Ulrich (1981). Fallrekonstruktionen und Strukturgeneralisierung als Beitrag der objektiven Hermeneutik zur soziologisch-strukturtheoretischen Analyse. S. 1–56, verfügbar unter: http://www.gesellschaftswissenschaften.uni-frankfurt.de/uploads/391/8/fallrekonstruktion-1981.pdf (abgerufen am 05.09.2010).

Oevermann, Ulrich/Allert, Tillmann/Konau, Elisabeth/Krambeck, Jürgen (1979). Die Methodologie einer ‚objektiven Hermeneutik' und ihre allgemeine forschungslogische Bedeutung in den Sozialwissenschaften. S. 352–434 in: Soeffner, Hans-Georg (Hg.). Interpretative Verfahren in den Sozial und Textwissenschaften. Metzler, Stuttgart.

Olk, Thomas (1986). Abschied vom Experten. Sozialarbeit auf dem Weg zu einer alternativen Professionalität. Juventa, Weinheim/München.

Otto, Hans-Uwe/Thiersch, Hans (Hg.). (2005). Handbuch Sozialarbeit/Sozialpädagogik. 3. Auflage. Reinhardt, München/Basel.

Pärli, Kurt (2009). Die Person in Staat und Recht. S. 75–138 in: Marti, Adrienne et al. (Hg.). Recht für die Soziale Arbeit. Grundlagen und ausgewählte Aspekte. 2., aktualisierte Auflage. Haupt, Bern/Stuttgart/Wien.

Pantuček, Peter (2009). Soziale Diagnostik. Verfahren für die Praxis Sozialer Arbeit. 2., verbesserte Auflage. Böhlau, Wien/Köln/Weimar.

Pantuček, Peter (1999). Soziale Diagnose. Möglichkeiten und Grenzen eines relativ selbständigen Abschnitts „Diagnose" im Family Casework. Kurzfassung eines Referates am 19.05.1999. Verfügbar unter: http://www.pantucek.com/texte/swk_diagnose.html (abgerufen am 02.05.2010).

Parpan-Blaser, Anne (2005). Praxisfelder der Sozialen Arbeit. S. 135f. in: FHA, Fachhochschule Aargau Nordwestschweiz, Departement Soziale Arbeit (2005). Wörter – Begriffe – Bedeutungen. Ein Glossar zur Sozialen Arbeit der Fachhochschule Nordwestschweiz. 2. Auflage. Brugg.

Pearson, Richard E. (1997). Beratung und soziale Netzwerke. eine Lern- und Praxisanleitung zur Förderung sozialer Unterstützung. Beltz, Weinheim/Basel.

Peters, Friedhelm (Hg.) (1999). Diagnosen – Gutachten – hermeneutisches Fallverstehen. Rekonstruktive Verfahren zur Qualifizierung individueller Hilfeplanung. IGFH, Regensburg.
Peters, Friedhelm (1999a). Über Diagnosen, Gutachten, Fallverstehen, Aushandlungsprozess. S. 5–23 in: Ders. (Hg.). Diagnosen – Gutachten – hermeneutisches Fallverstehen. Rekonstruktive Verfahren zur Qualifizierung individueller Hilfeplanung. IGFH, Regensburg.
Peterander, Franz/Speck, Otto (Hg.) (1999). Qualitätsmanagement in sozialen Einrichtungen. Reinhardt, München.
Pervin, Lawrence A./Cervone, Daniel/John, Oliver P. (2005). Persönlichkeitstheorien. 5., vollständig überarbeitete Auflage. UTB Reinhard, München.
Pfadenhauer, Michaela (Hg.) (2005). Professionelles Handeln. VS Verlag für Sozialwissenschaften, Wiesbaden.
Pfadenhauer, Michaela (2003). Professionalität. Eine wissenssoziologische Rekonstruktion institutionalisierter Kompetenzdarstellung. Leske + Budrich, Opladen.
Pfaffenberger, Hans (1966). Das Theorie- und Methodenproblem in der sozialen und sozialpädagogischen Arbeit. S. XIII – XXXVI in: Friedländer, Walter A./Pfaffenberger Hans (Hg.). Grundbegriffe und Methoden in der Sozialarbeit. Luchterhand, Neuwied/Berlin.
Rauschenbach, Thomas/Zürcher Ivo (2005). Theorie der Sozialen Arbeit. S. 139–178 in: Thole, Werner (Hg.). Grundriss Soziale Arbeit. Ein einführendes Handbuch. 2., überarbeitete und aktualisierte Auflage. VS Verlag für Sozialwissenschaften, Wiesbaden.
Rawls, John (2006). Eine Theorie der Gerechtigkeit. Suhrkamp, Frankfurt a.M..
Reichertz, Jo (1995). Die objektive Hermeneutik. Darstellung und Kritik. S. 379–423 in: König, Eckard/Zedler, Peter (Hg.). Bilanz qualitativer Forschung. Band I, Deutscher Studienverlag, Weinheim.
Richmond, Mary E. (1917). Social Diagnosis. New York.
Rogers, Carl R. (2009). Entwicklung der Persönlichkeit. Psychotherapie aus der Sicht eines Therapeuten. 17. Auflage. Klett-Cotta, Stuttgart.
Rüegger, Cornelia (2009). Soziale Diagnostik als Teil der professionellen Rationalität Sozialer Arbeit. Skizzierung eines Orientierungsrahmens einer eigenständigen und integrativen sozialen Diagnostik. Edition Soziothek, Bern.
Salomon, Alice (1926). Soziale Diagnose. Die Wohlfahrtspflege in Einzeldarstellungen. Berlin.
Schattenhofer, Karl/Thiesmeier, Monika (2001). Kollegiale Beratung und Entscheidung – Die Inszenierung einer Diagnose. S. 62–69 in: Ader, Sabine et al. (Hg.). Sozialpädagogisches Fallverstehen und sozialpädagogische Diagnostik in Forschung und Praxis. Votum, Münster.
Schäfter, Cornelia (2010). Die Beratungsbeziehung in der Sozialen Arbeit. Eine theoretische und empirische Annäherung. VS Verlag für Sozialwissenschaften, Wiesbaden.
Schilling, Johannes (2005). Didaktik/Methodik Sozialer Arbeit. Grundlagen und Konzepte. 4. überarbeitete Auflage. Ernst Reinhardt, München.
Schleicher, Johannes (2009). Einleitung. S. 19–22 in: Marti, Adrienne et al. (Hg.). Recht für die Soziale Arbeit. Grundlagen und ausgewählte Aspekte. 2. aktualisierte Auflage. Haupt, Bern/Stuttgart/Wien.
Schlittmaier, Anton (2006). Ethik und Soziale Arbeit. S. 43–52 in: Sozialmagazin, Heft 2.
Schlittmaier, Anton (2004). Ethische Grundlagen Klinischer Sozialarbeit. S. 5–50 in: Pauls, Helmut/Reicherts, Michael (Hg.). Schriftenreihe zur psychosozialen Gesundheit, Band 3. ISPG, Weitramsdorf bei Coburg.
Schluchter, Wolfgang (1980). Rationalismus als Weltbeherrschung. Suhrkamp, Frankfurt.
Schmidbauer, Wolfgang (2003). Hilflose Helfer. Über die seelische Problematik der helfenden Berufe. 12., überarbeitete und erweiterte Neuauflage. Rowohlt, Reinbek.
Schrapper, Christian (2008). Diagnostik, sozialpädagogische, und Fallverstehen. S. 197–205 in: Kreft, Dieter/Mielenz, Ingrid (Hg.). Wörterbuch Soziale Arbeit. Aufgaben, Praxisfelder,

Begriffe und Methoden der Sozialarbeit und Sozialpädagogik. 6., überarbeitete und aktualisierte Auflage. Juventa, Weinheim/München.

Schrapper, Christian (Hg.). (2004). Sozialpädagogische Diagnostik und Fallverstehen in der Jugendhilfe. Anforderungen, Konzepte, Perspektiven. Juventa, Weinheim/München.

Schröer, Wolfgang (2008). Gerechtigkeit, soziale. S. 355 f. in: Kreft, Dieter/Mielenz, Ingrid (Hg.). Wörterbuch Soziale Arbeit. Aufgaben, Praxisfelder, Begriffe und Methoden der Sozialarbeit und Sozialpädagogik. 6., überarbeitete und aktualisierte Auflage. Juventa, Weinheim/München.

Schütze, Fritz (1993). Die Fallanalyse. Zur wissenschaftlichen Fundierung einer klassischen Methode der Sozialen Arbeit. S. 191–221 in: Rauschenbach, Thomas/Ortmann, Friedrich/Karsten, Maria-Elenonora (Hg.). Der sozialpädagogische Blick. Lebensweltorientierte Methoden in der Sozialen Arbeit. Juventa, Weinheim/München.

Schütze, Fritz (1992). Sozialarbeit als ‚bescheidene Profession'. S. 132–170 in: Dewe, Bernd/Ferchhoff, Wilfried/Radtke, Frank-Olaf (Hg.). Erziehen als Profession. Zur Logik professionellen Handelns in pädagogischen Feldern. Leske + Budrich, Opladen.

Schütze, Fritz (1987). Das narrative Interview in Interaktionsfeldstudien: Erzähltheoretische Grundlagen, Studienbrief der Fernuniversität Hagen, Teil I. Merkmale von Alltagserzählungen und was wir mit ihrer Hilfe erkennen können. Universität Hagen.

Schütze, Fritz (1983). Biografieforschung und narratives Interview. S. 283–293 in: Neue Praxis, Heft 3.

Schwabe, Matthias (2008). Methoden der Hilfeplanung. Zielentwicklung, Moderation und Aushandlung. 2. Auflage. IGHF-Eigenverlag, Frankfurt a. M..

Schwabe, Matthias (2002). Das Hilfeplangespräch als ‚Planungsinstrument': Möglichkeiten, Grenzen und Gefahren eines kommunikativen Verfahrens bei der Steuerung und Zielorientierung von Erziehungshilfen. S. 4–12 in: Forum Erziehungshilfen, Heft 1.

Schwander, Marianne (2009). Recht und Rechtsordnung. S. 23–74 in: Marti, Adrienne et al. (Hg.). Recht für die Soziale Arbeit. Grundlagen und ausgewählte Aspekte. 2., aktualisierte Auflage. Haupt, Bern/Stuttgart/Wien.

Schweitzer, Jochen (1998). Gelingende Kooperation. Systemische Weiterbildung in Gesundheits- und Sozialberufen. Juventa, Weinheim/München.

Schweitzer, Jochen (1987). Therapie dissozialer Jugendlicher. Ein systemisches Behandlungsmodell für Jugendpsychiatrie und Jugendhilfe. Juventa, Weinheim/München.

Schwing, Rainer/Fryszer, Andreas (2009). Systemisches Handwerk. Werkzeug für die Praxis. 3. Auflage. Vandenhoeck & Ruprecht, Göttingen.

Senge, Peter M.(1998). Die fünfte Disziplin. Kunst und Praxis der lernenden Organisation. 5. Auflage. Klett-Cotta, Stuttgart.

Senge, Peter M. et al. (1996). Das Fieldbook zur Fünften Disziplin. 2. Auflage. Klett-Cotta, Stuttgart.

Shazer, Steve de (2006). Das Spiel mit Unterschieden. Wie therapeutische Lösungen lösen. 5. Auflage. Carl-Auer-Systeme, Heidelberg.

Simmen, René/Buss, Gabriele/Hassler, Astrid/Immoos, Stephan (Hg.) (2008). Systemorientierte Sozialpädagogik. 2., vollständig überarbeitete Auflage. Haupt, Bern.

Sommerfeld, Peter/Calzaferri, Raphael/Hollenstein, Lea (2007). Die Dynamiken von Integration und Ausschluss. Studie zum Zusammenspiel von individuellen Aktivitäten und sozialen Systemen nach der Entlassung aus stationären Einrichtungen. Schlussbericht, Nationales Forschungsprogramm NFP 51 ‚Integration und Ausschluss'. Verfügbar unter: http://www.nfp51.ch/files/SchlussberichtProjektSommerfeld.pdf (abgerufen am 06.09.2010).

Sommerfeld, Peter/Nadai, Eva (2005). Professionelles Handeln in Organisationen – Inszenierungen der Sozialen Arbeit. S. 181–206 in: Pfadenhauer, Michaela (Hg.). Professionelles Handeln. VS Verlag für Sozialwissenschaften, Wiesbaden.

Spaemann, Robert (2001). Grenzen. Zur ethischen Dimension des Handelns. Klett-Kotta, Stuttgart.
Speck, Otto (1998). System Heilpädagogik: eine ökologisch reflexive Grundlegung. 4. Auflage. Reinhardt, München/Basel.
Spiegel, Hiltrud von (2006). Methodisches Handeln in der Sozialen Arbeit. Grundlagen und Arbeitshilfen für die Praxis. 2. Auflage. Reinhardt, Basel.
Spiegel, Hiltrud von (1994). Selbstevaluation als Mittel beruflicher Qualifizierung. S. 11–55 in: Heiner, Maja (Hg.). Selbstevaluation als Qualifizierung in der Sozialen Arbeit. Fallstudien aus der Praxis. Lambertus, Freiburg i.Br..
Staub-Bernasconi, Silvia (2007). Soziale Arbeit als Handlungswissenschaft. Systemtheoretische Grundlagen und professionelle Praxis. Ein Lehrbuch. Haupt, Bern.
Staub-Bernasconi, Silvia (2005). Soziale Arbeit und soziale Probleme. Eine disziplin- und professionsbezogene Selbstbestimmung. S. 245–258 in: Thole, Werner (Hg.) (2005). Grundriss Soziale Arbeit. Ein einführendes Handbuch. 2., überarbeitete und aktualisierte Auflage. VS Verlag für Sozialwissenschaften, Wiesbaden.
Staub-Bernasconi, Silvia (1998). Soziale Probleme – Soziale Berufe – Soziale Praxis. S. 11–137 in: Heiner, Maja/Meinhold, Marianne/von Spiegel, Hiltrud/Staub-Bernasconi, Silvia (1998). Methodisches Handeln in der Sozialen Arbeit. 4. überarbeitete Auflage. Lambertus, Freiburg i.Br..
Staub-Bernasconi, Silvia (1995). Systemtheorie, soziale Probleme und Soziale Arbeit: lokal, national, international. Oder: Vom Ende der Bescheidenheit. Haupt, Bern/Stuttgart/Wien.
Steinhausen, Hans-Christoph/Winkler Metzke, Christa/Kannenberg Roland (1996). Handbuch. Elternfragebogen über das Verhalten von Kindern und Jugendlichen. Zürcher Ergebnisse zur deutschen Fassung der Child Behaviour Checklist. Psychiatrische Universitäts-Poliklinik für Kinder und Jugendliche, Zürich.
Stemmer-Lück, Magdalena (2004). Beziehungsräume in der Sozialen Arbeit. Psychoanalytische Theorien und ihre Anwendung in der Praxis. Kohlhammer, Stuttgart.
Stichweh, Rudolf (1994). Wissenschaft, Universität, Professionen. Soziologische Analyse. Suhrkamp, Frankfurt a.M..
Stimmer, Franz (2006). Grundlagen des methodischen Handelns in der sozialen Arbeit. 2., überarbeitete und erweiterte Auflage. Kohlhammer, Stuttgart.
Strasser, Urs (2005). Wahrnehmen, Verstehen, Handeln – Förderdiagnostik für Menschen mit einer geistigen Behinderung. 6. Auflage. Edition SZH/SPC, Luzern.
Thiersch, Hans (2002). Sozialpädagogik – Handeln in Widersprüchen? S. 209–222 in: Otto, Hans-Uwe/Rauschenbach, Thomas/Vogel, Peter (Hg.). Erziehungswissenschaft: Professionalität und Kompetenz. Leske + Budrich, Opladen.
Thiersch, Hans (1993). Strukturierte Offenheit. Zur Methodenfrage einer lebensweltorientierten Sozialen Arbeit. S. 11–28 in: Rauschenbach, Thomas/Ortmann, Friedrich/Karsten, Maria-E. (Hg.). Der sozialpädagogische Blick. Lebensweltorientierte Methoden in der Sozialen Arbeit. Juventa, Weinheim/München.
Thiersch, Hans (1992). Lebensweltorientierte Soziale Arbeit. Juventa, Weinheim.
Thiersch, Hans (1986). Die Erfahrung der Wirklichkeit. Juventa, Weinheim
Thiesen, Peter (2003). Beobachten und Beurteilen in Kindergarten, Hort und Heim. Beltz, Weinheim/Basel/Berlin.
Thole, Werner (Hg.) (2005). Grundriss Soziale Arbeit. Ein einführendes Handbuch. 2., überarbeitete und aktualisierte Auflage. VS Verlag für Sozialwissenschaften, Wiesbaden.
Thole, Werner (2005a). Soziale Arbeit als Profession und Disziplin. Das sozialpädagogische Projekt in Praxis, Theorie, Forschung und Ausbildung – Versuche einer Standortbestimmung. S. 15–60 in: Ders. (Hg.). Grundriss Soziale Arbeit. Ein einführendes Handbuch. 2., überarbeitete und aktualisierte Auflage. VS Verlag für Sozialwissenschaften, Wiesbaden.

Trenczek, Thomas/Tammen, Britta/Behlert, Wolfgang (2008). Grundzüge des Rechts. Studienbuch für soziale Berufe. Reinhardt, München/Basel.
Tronto, Joan C. (2000). Demokratie als fürsorgliche Praxis. S. 25–42 in: Eckart, Christel (Hg.). Fürsorge, Anerkennung, Arbeit. Feministische Studien extra. Dt. Studien-Verlag, Weinheim.
Tronto, Joan C. (1993). Moral Bounderies – a Political Argument for an Ethic of Care. Routledge, New York/London.
Turner, Francis J. (2002). Diagnosis in Social Work. New Imperatives. Binghamton, NY.
Urban, Ulrike (2004). Professionelles Handeln zwischen Hilfe und Kontrolle. Sozialpädagogische Entscheidungsfindung in der Hilfeplanung. Juventa, Weinheim/München.
Uhlendorff, Uwe/Cinkl, Stephan,/Marthaler, Thomas (2006). Sozialpädagogische Familiendiagnosen. Deutungsmuster familiärer Belastungssituationen und erzieherischer Notsituationen in der Jugendhilfe. Juventa, Weinheim/München.
Uhlendorff, Uwe (1999). Sozialpädagogisch-hermeneutische Diagnose in der Jugendhilfe. S. 126–142 in: Peters, Friedhelm (Hg.) (1999). Diagnosen – Gutachten – hermeneutisches Fallverstehen. Rekonstruktive Verfahren zur Qualifizierung individueller Hilfeplanung. IGFH, Regensburg.
Uhlendorff, Uwe (1997). Sozialpädagogische Diagnosen III. Ein sozialpädagogisch-hermeneutisches Diagnoseverfahren für die Hilfeplanung. Juventa, Weinheim/München.
Van Dick, Rolf/West, Michael A. (2005). Teamwork, Teamdiagnose, Teamentwicklung. Hogrefe, Göttingen/Bern/Toronto/Seattler/Oxford/Prag.
Verein für Kommunalwissenschaften e.V. (2005). Diagnostik in der Kinder- und Jugendhilfe. Vom Fallverstehen zur richtigen Hilfe. Dokumentation der Fachtagung vom 21.–22. April in Berlin. Verein für Kommunalwissenschaften e.V., Berlin.
Walter, John/Peller, Jane E. (2004). Lösungsorientierte Kurztherapie. Ein Lehr- und Lernbuch. 6. Auflage. Modernes Leben, Dortmund.
Wendt, Rainer Wolf (1991). Die Handhabung der sozialen Unterstützung. Eine Einführung in das Case-Management. S. 11–55 in: Ders. (Hg.). Unterstützung fallweise. Case Management in der Sozialarbeit. Lambertus, Freiburg i.Br..
Wernet, Andreas (2000). Einführung in die Interpretationstechnik der Objektiven Hermeneutik. Leske + Budrich, Opladen.
Widulle, Wolfgang (2007). Gesprächsführung in der Sozialen Arbeit. Ein Lern- und Arbeitsbuch. 2. überarbeitete Auflage. Edition Soziothek, Rubigen.
Wigger, Annegret (2009). Der Aufbau eines Arbeitsbündnisses in Zwangskontexten – professionstheoretische Überlegungen im Licht verschiedener Fallstudien. S. 143–158 in: Becker-Lenz, Roland/Busse, Stefan/Ehlert, Gudrun/Müller, Silke. Professionalität in der Sozialen Arbeit. Standpunkte, Kontroversen, Perspektiven. VS Verlag für Sozialwissenschaften, Wiesbaden.
Wilhelm, Elena (2005). Disziplinen. S. 43 in: FHA, Fachhochschule Aargau Nordwestschweiz, Departement Soziale Arbeit (2005). Wörter – Begriffe – Bedeutungen. Ein Glossar zur Sozialen Arbeit der Fachhochschule Nordwestschweiz. 2. Auflage. Brugg.
Willener, Alex (2007). Integrale Projektmethodik für Innovation und Entwicklung in Quartier, Gemeinde und Stadt. Interact Verlag, Luzern.
Winkler, Michael (1988). Eine Theorie der Sozialpädagogik. Klett-Cotta, Stuttgart.
Winkler, Michael (1995). Vom Ende der Methode. Eine Skizze zur Entwicklung der Sozialen Arbeit. S. 123–141 in: Proksch, Roland (Hrsg.) Entwicklungen in der Sozialen Arbeit. Festschrift zum 70. Geburtstag von Prof. Dr. Heinrich Schiller. Roderer, Regensburg
Wirth, Louis (1931). „Clinical Sociology". S. 49–66 in: The American Journal of Sociology, H.1.
Zwicky, Heinrich/Fehlmann, Maja (2005). Soziale Sicherung. S. 167f. in: FHA, Fachhochschule Aargau Nordwestschweiz, Departement Soziale Arbeit (2005). Wörter – Begriffe – Bedeutungen. Ein Glossar zur Sozialen Arbeit der Fachhochschule Nordwestschweiz. 2. Auflage, Brugg.

Zwilling, Michael (2007). Handlungsmethoden in der Sozialen Arbeit. Zur Entwicklung eines integrativen Modells. Dr. Kovac, Hamburg.

Abbildungsverzeichnis

Abb. 1	Differenz Disziplin – Profession (Merten 2002:44)	27
Abb. 2	Systematisierung von Praxisfeldern (Thole 2005a:22)	31
Abb. 3	Kompetenz als situationsbezogene Relation zwischen Person und Umwelt (Hof 2002:86)	120
Abb. 4	Anforderungen an eine Methode	131
Abb. 5	Prozessmodell Kooperative Prozessgestaltung	136
Abb. 6	Gliederungsmöglichkeit einer Situationserfassung	155
Abb. 7	Elemente reflektierter Beobachtung (Martin/Wawrinoski 2006:8)	163
Abb. 8	Kopfzeile eines Beobachtungsbogens	164
Abb. 9	Beobachtungsbogen: Variante für themenbezogene Beobachtung	165
Abb. 10	Beobachtungsbogen: Variante mit definiertem Beobachtungsbereich	165
Abb. 11	Beobachtungsbogen Variante mit Interaktionen	166
Abb. 12	Beurteilung der Erfassungsmethoden	170
Abb. 13	Vorgehen bei der Analyse	177
Abb. 14	Beispiel eines Genogramms	186
Abb. 15	Beispiel eines Zeitstrahls	189
Abb. 16	Beispiel einer Netzwerkkarte	191
Abb. 17	Beurteilung der Analysemethoden	207
Abb. 18	Theoriegeleitetes Fallverstehen	220
Abb. 19	Vorgehensschritte beim theoriegeleiteten Fallverstehen	224
Abb. 20	Beurteilung der Diagnosemethoden	239
Abb. 21	Hierarchisierung von Zielen	255

Franz Hamburger

Einführung in die Sozialpädagogik

3., aktual. Auflage 2012
238 Seiten. Kart. € 22,90
ISBN 978-3-17-022318-9

Grundriss der Pädagogik/
Erziehungswissenschaft, Band 17

Urban Taschenbucher, Band 677

Die Sozialpädagogik ist ein breites und vielseitiges Praxisfeld. Konflikte und Krisen im Lebenslauf werden sozialpädagogisch begleitet von der Kindheit bis ins Alter. Die praktischen Hilfen sollen die Entfaltung des Individuums ebenso wie die Ordnung der Gesellschaft gewährleisten. Auf die Praxis der Sozialen Arbeit, deren Voraussetzungen, Dynamiken und Folgen bezieht sich die wissenschaftliche Sozialpädagogik. Mit ihren Begriffen und Theorien strukturiert sie den „sozialpädagogischen Blick" auf die Wirklichkeit. In diesem Band werden nicht nur Theorie und Praxis der Sozialpädagogik einleitend beschrieben, auch ihre Geschichte und die Perspektiven der weiteren Entwicklung werden diskutiert.

Professor Dr. Franz Hamburger lehrte am Pädagogischen Institut der Johannes Gutenberg-Universität.

www.kohlhammer.de

W. Kohlhammer GmbH · 70549 Stuttgart
Tel. 0711/7863 - 7280 · Fax 0711/7863 - 8430 · vertrieb@kohlhammer.de